KON-TEXTE
Wissenschaften in philosophischer Perspektive

Herausgegeben von
Hans Goller und Johannes Müller

Die monographisch angelegte Reihe KON-TEXTE gibt Einblicke in wissenschaftstheoretische, anthropologische und ethische Grundfragen der Sozialwissenschaften und Naturwissenschaften wie Psychologie, Soziologie, Physik und Biologie. Behandelt werden fächerübergreifende Themen, aktuelle Probleme und Grenzfragen der jeweiligen Fachgebiete. Anliegen der Reihe ist es, interdisziplinäres Denken zu fördern und einseitige Positionen und Einschätzungen zu vermeiden. Sie will zwischen den Wissenschaften vermitteln und so zur theoretischen Grundlegung und philosophischen Reflexion einzelwissenschaftlicher Befunde beitragen.

Rüdiger Funiok

Laura Schwarz

Medienethik

Verantwortung
in der Mediengesellschaft

Zweite, durchgesehene und
aktualisierte Auflage

Verlag W. Kohlhammer

Gedruckt mit Unterstützung der
Bayerischen Landeszentrale für neue Medien

Alle Rechte vorbehalten
© 2011 W. Kohlhammer GmbH Stuttgart
Gesamtherstellung:
W. Kohlhammer Druckerei GmbH + Co. KG, Stuttgart
Printed in Germany

ISBN 978-3-17-021825-3

Inhaltsverzeichnis

Vorwort

Ein Buch über Medienethik stößt bei den einen auf Skepsis – Braucht es so
etwas? –, bei andern auf lebhaftes Interesse: Ja, das ist heute dringend nötig!
Dass es Moral im Sinne von Medienqualität geben muss und wohl auch gibt,
machen ehemalige Nachrichtensprecher (U. Wickert) oder Intendanten wie D.
Stolte (2004) oder P. Voß (1998) bzw. Präsidenten von Medienanstalten wie N.
Schneider (2006) in ihren Reflexionen über die Praxis klar, nachdenkliche
Journalisten (wie H. Riehl-Heyse) und Journalistik-Professoren allemal.

Das vorliegende Buch ist in erster Linie als Einführung für Studierende der
Kommunikationswissenschaft und der Philosophie gedacht. Es will einen
Überblick über die wichtigsten theoretischen Fragestellungen von Medienethik
geben und dabei nicht nur der Forderung nach einem guten Informationsjournalismus Nachdruck verleihen. Aus dem Bemühen um angemessene Breite
entstanden sechs unterschiedlich lange Kapitel.

Das erste Kapitel behandelt die besondere Art, wie eine angewandte Ethik im
Zusammenspiel von philosophischer Ethik und fachwissenschaftlicher Gegen-
standsstrukturierung zu konsensfähigen Normen kommen kann. Am Leitbegriff
der Verantwortung orientierte Fragestellungen bieten hierfür einen gangbaren
Weg. Dennoch werden die grundsätzlichen Zweifel daran, ob man heute
überhaupt zu systemübergreifenden moralischen Normen kommen kann, nicht
unterschlagen. Auch dass die Institutionalisierung von Medienethik auf das
Medienrecht angewiesen ist, dass Moral oft instrumentalisiert wird, kommt zur
Sprache.

Das zweite Kapitel stellt die demokratische Funktionen der Medien in den Mittelpunkt der Forderungen nach einer Medienordnung, die diese Funktionen
nationalstaatlich und international sichert. Die Zunahme von Unterhaltung und
Inszenierung bei der Politikvermittlung, aber auch die globale Ökonomisierung
der Medienproduktion sind die Randbedingungen, unter denen auch Forderungen nach Wahrung von Persönlichkeitsrechten – wie der Konfrontationsschutz
von Kindern und Jugendlichen – heute zu formulieren und durchzusetzen sind.

Die korporative Verantwortung von Medienunternehmen und ihren Abteilun-
gen ist Thema des dritten Kapitels. Welche Selbstverpflichtungen gibt es bei
ethisch sensiblen Unternehmen und Branchen, welche sind von einer demokratischen Öffentlichkeit anzumahnen? – Der vierte Teil ist dem Professionsethos
der Medienschaffenden gewidmet: den Journalisten, auch den Bildjournalisten,
den Moderatoren von Unterhaltungssendungen, den PR-Managern und
Gestaltern von wirtschaftlicher und politischer Werbung. Die meisten dieser
Berufe sind verbandlich organisiert und haben zur Sicherung einer qualitätvol-
len beruflichen Praxis Selbstkontrollgremien eingerichtet.

Im fünften Kapitel geht es um die Mitverantwortung des Publikums. Inwieweit kann diese kaum organisierte und mit jedem Medienangebot wechselnde soziale Größe überhaupt ein einflussreicher Akteur sein? Die kritisch auswählende Mediennutzung als Ideal wird mit unterschiedlicher Rollenverantwortung begründet, aber auch aus den Zielen einer humanen Bedürfnis- und Glücksethik.

Das sechste Kapitel über ethische Fragen zum Internet wird mit seinen 16 Seiten diesem sich rasant verändernden und ständig erweiternden Medienbereich – manche sprechen lieber von einer Infrastruktur der modernen Gesellschaft – sicher nicht gerecht. Aber vielleicht ist in der oft aufgeregten Debatte eine Problemsichtung angemessen, die sich auf die heute deutlichen ethischen Fragen beschränkt und ihre Lösungen lediglich andeutet.

Ursprünglich war auch ein siebtes Kapitel über das Unterrichten von Medienethik geplant. Um wenigstens einige Hinweise zu geben: Innerhalb eines Grundkurses auf der Kollegsstufe oder im Studium lässt sich Medienethik auf sechs verschiedenen Ebenen behandeln (vgl. Loretan 1999, 297 f.; Thomaß 1998, 31). Für die früher anzusetzende Medienerziehung eignen sich Wertklärungen (Funiok 1996/ 1997), Dilemma-Geschichten (Tulodziecki 1987; 1988) und ethisch relevante Entscheidungssituationen (Huff & Frey 2005). Für die Aus- und Fortbildung von Medienberufen sind US-amerikanische Lehrbücher (z.B. Day 1997) seit jeher lohnende Fundgruben; für den deutschen Sprachraum haben unter anderem Thomaß (2003) und Knieper (2003) didaktische Anregungen gegeben.

Die vorliegenden Überlegungen verdanken sich fast ausschließlich dem medienethischen Diskurs, wie er im deutschen Sprachraum in den letzten 25 Jahren geführt wurde. Diese Beschränkung hat zum einen arbeitsökonomische Gründe, ist aber auch durch unterschiedlichen Wert- und Argumentationsstile bedingt. Sicher ist die deutsche Gesellschaft – nach der staatlichen Wiedervereinigung und mit ihrem multikulturellen Charakter – kein einheitliches Gebilde, aber es gibt doch eine eigene Tradition an praktischer Philosophie und kommunikationswissenschaftlicher Theoriebildung.

[Der letzte Absatz des Vorworts zur 1. Auflage, mit Datum Juli 2007, enthielt persönliche Danksagungen, die ich für die 2. Auflage – lediglich aus Platzgründen – weglasse.]

Für die 2., durchgesehene und aktualisierte Auflage habe ich lediglich kleinere orthographische und stilistische Korrekturen vorgenommen, im 5. Kapitel (Publikumsethik) auch Kürzungen um zwei Seiten. Hinzugekommen sind die medienethischen Neuerscheinungen (von Mitte 2007 bis Ende 2010); sie finden sich in der Auflistung der Seiten 26-30 und im Literaturverzeichnis (S. 191 ff.) – darunter auch ein Aufsatz des Verfassers (Funiok 2011), der das Thema des oben erwähnten und nicht mehr ausgeführten siebten Kapitels behandelt.

München, Oktober 2010   Rüdiger Funiok

1 Begründungen und Argumentationsweisen der Medienethik

1.1 Gegenstand und Berechtigung

1.1.1 Medienethik – eine Arbeitsdefinition

Ethik bezeichnet die wissenschaftliche Beschäftigung mit der Moral, wie sie in einer Gesellschaft oder einem ihrer Teilbereiche praktiziert wird, mit den dabei entwickelten moralischen Orientierungen (Idealen und Werten), mit (aktuellen oder historischen) moralischen Überzeugungen und ihren (impliziten oder expliziten) Begründungen konkreter Normen und Regeln. Im Unterschied zu engagierten Disputen über Moral versucht Ethik als *wissenschaftliche* Unternehmung eine kritische Distanz zu einzelnen Wertüberzeugungen und weltanschaulichen Positionen einzunehmen, indem sie nach ihrer vernunftgemäßen Begründung und Gültigkeit für die gesamte Gesellschaft, also nicht nur für eine weltanschaulich homogene Gruppe, fragt. Als Theorie richtigen Handelns formuliert Ethik konsensfähige Kriterien und will Handlungsorientierung für Entscheidungssituationen bieten. Ethik ist also eine prinzipiell anwendungsorientierte Theorie.

Medienethik stellt eine spezielle Bereichsethik oder einen Fall Angewandter Ethik dar. Andere Beispiele sind Bio-, Medizin-, Umwelt- oder Wirtschaftsethik. Medienethik betrachtet unter ethischer Perspektive die gesellschaftlichen Vorgaben und den Prozess der Erstellung (Produktion), der Bereitstellung (Distribution) und der Nutzung (Rezeption) medienvermittelter Mitteilungen, also der Massenmedien (Presse, Film, Hörfunk, Fernsehen) sowie neuerer medialer Angebots- und Austauschformen (Internet).

Aber ist nicht menschliche Kommunikation das umfassende Gegenstandsfeld, und sollte daher nicht von *Kommunikationsethik* anstatt von Medienethik gesprochen werden? Medienkommunikation ist sicher ein kommunikativer Prozess, aber ein spezifischer (und verglichen mit der personalen Kommunikation ein in der Dimension des Feed-back reduzierter). Doch gleichzeitig ist Medien-„kommunikation" oder Mediennutzung ein verbreitetes und in unserer „Mediengesellschaft" bedeutsames Phänomen – darauf verweisen nicht zuletzt die Nutzungszeiten der Massenmedien für das Jahr 2009 hin (Media Perspektiven, Basisdaten 2009). Sie liegt bei zehn Stunden täglich. Am längsten nutzen Deutsche ab 14 Jahren im Durchschnitt täglich das Fernsehen (fast vier Stunden: 228 Minuten – meist am Abend); es folgt das Radio (mit 182 Min. gut drei Stunden – mehr am Morgen und Vormittag, oft im Auto, auch bei der Arbeit); im Internet bewegt man sich täglich 70 Minuten lang. Das gibt insgesamt acht Stunden. Die verbleibenden zwei Stunden verteilen sich – mit jeweils rund einer halben Stunde – auf die Nutzung von Tonträgern (CDs, Cassetten, MP3-Aufnahmen), das Lesen von Tageszeitungen, von Büchern und

Zeitschriften sowie das Anschauen von Filmaufzeichnungen und den Kinobesuch.

Eine ausschließlich auf Face-to-Face-Situationen bezogene *Kommunikationsethik* reflektiert das Kompetenz- und Machtgefälle, das es in der Beratung, Therapie, Seelsorge oder Erziehung gibt, aber auch in den Team- und Führungsgesprächen von Betrieben und Institutionen. Die Möglichkeit von Täuschung und Manipulation wird zwar bei der Massenkommunikation eher angenommen, aber sie besteht in der personalen Kommunikation gleichfalls. Auch wenn Kommunikation in der Regel gewaltfrei abläuft, so hat die Senderseite immer die Intention, die Empfängerseite zu beeinflussen. Sie will die andere Seite dazu bewegen, Informationen oder Appelle wahrzunehmen, Einstellungen oder Wissensstrukturen aufzubauen, sich einbeziehen oder unterhalten zu lassen.

Der in Medienkommunikation enthaltene *Medienbegriff* ist derjenige der Medien und Kommunikationswissenschaft, wie ihn Mock (2006) näher analysiert hat. Das Pluralwort Medien bezeichnet allgemein „Gegenstände, Sachverhalte oder Objekte, mit deren Hilfe Kommunikation hergestellt wird"(S. 188). Es handelt sich „nicht um einen Substanzbegriff, sondern um einen Funktions- oder Beziehungsbegriff". (S. 189) Für die Medien- und Kommunikationswissenschaft impliziert der Medienbegriff gleichzeitig ein Verständnis von Kommunikation – und zwar ein relativ einfaches und grundsätzliches, das im Wesentlichen als Signaltransfer und Sinnkonstruktion aufgefasst wird und weitere Bestimmungen (akustischer/visueller/sprachlicher/schriftlicher Code oder einseitiger/zweiseitiger Prozess) zunächst außer Acht lässt.

Nach Mock sind in der medien- und kommunikationswissenschaftlichen Theoriebildung mit Medium/Medien vier Bedeutungsebenen angesprochen; (Massen-) Medien sind demnach immer:

1. *Mittel der Wahrnehmung*: physikalische Medien wie unsere Sinne, aber auch Luft und elektromagnetische Felder als Voraussetzung von Interaktion und Kommunikation (physikalische Medien);

2. *Mittel der Verständigung*: die Zeichensysteme, welche den Transfer, Austausch und Konstruktion von Bedeutungen ermöglichen, wie Sprache, Schrift, Geräusche, Gestik, Mimik etc. (semiotische Medien);

3. *Mittel der Verbreitung*: Materialien, technische Artefakte oder Geräte wie Papier, Telefon, Fernseher, Computer, Internet etc., welche Mitteilungen übertragen, wiedergeben, verarbeiten oder speichern (technische Medien);

4. *eine Form von Kommunikation*, in der wir bestimmte Kommunikationsmittel (wie Brief, Telefon, E-Mail, Zeitung, Hörfunk, Fernsehen etc.) in spezifischer Weise, unter Ausbildung sozialer und individueller Gewohnheiten, gebrauchen und die von Institutionen wie Verlagen, Rundfunksendern, Netzunternehmen erstellt und publiziert werden (soziologische Medien).

Diese überzeugende Begriffsexplikation ist lediglich durch den Verweis auf zwei Funktionsbündel zu ergänzen, die im weiteren Verlauf immer wieder angesprochen werden. Da ist einmal der gesellschaftliche Grundauftrag an die Medieninstitutionen: Öffentlichkeit herzustellen, d.h. für Publika Informationen mittels durchsetzungsfähiger Themen auszuwählen, aufzubereiten und bereitzustellen und damit die *öffentliche Kommunikation* anzuregen. Dies geschieht in einem periodischen Spiralprozess, der auch Publizistik genannt wird (vgl. Rühl 1993). Rühl (1998; 1999) wird zu Recht nicht müde darauf hinzuweisen, dass diese Grundaufgabe der Medieninstitutionen das primäre Charakteristikum von Massenmedien ist und nicht deren technische Neuerungen. Massenmedien sind von ihrer gesellschaftlichen Funktion her zu bestimmen und daher immer *publizistische Medien.*

Das zweite Funktionsbündel, das die Begriffsexplikation von Mock nicht berücksichtigt, betrifft die individuellen Bedeutungen oder Funktionen der Massenmedien:

- Medien ermöglichen soziale *Teilhabe*, sie können Gemeinschaft stiften auf lokaler, nationaler oder internationaler Ebene – und das unter Beteiligung unserer Gefühle;
- Medien ermöglichen den Aufbau von *Wissen*, sei es tagesaktuelles oder längerfristiges Bildungswissen, Alltagswissen oder wissenschaftliches Wissen;
- Von der Jugend bis ins hohe Alter greifen wir ihre Inhalte und Formate auf, um uns selbst zu verstehen und zu definieren (*identitätsstiftende* Funktion);
- Medien bieten also das Material für unser *Weltverstehen*, unser Weltbild, einschließlich der Transzendenz, und stellen gleichzeitig deren Bedingung dar (was nicht in den Medien ist, ist nicht in unserem Bewusstsein);
- Medien transportieren Werte und Überzeugungen, sie erzählen von Menschen, und wir verstehen deren Handeln als Beispiele richtigen oder kritikwürdigen Verhaltens; sie können interkulturelle Brücken schlagen oder vorurteilshafte Ablehnung verstärken.

All diese und weitere Medienfunktionen sind für die ethische Betrachtung bedeutsam. Die Produktion, Distribution und Rezeption medialer Angebote lässt sich handlungstheoretisch als „Medienhandeln" bezeichnen; die dazugehörenden Akteure sind Einzelpersonen, aber auch Unternehmen oder öffentliche Institutionen, staatliche oder gesellschaftliche Kontrollorgane. Die verteilte und gestufte Verantwortlichkeit dieser Medienakteure ergibt sich aus den verschiedenen Rollen, aus den legitimen ökonomischen Zielsetzungen, aber auch aus dem gesellschaftlichen Auftrag. Es wird zunehmend anerkannt, dass die ethische Perspektive zu den unverzichtbaren Fragestellungen der Medienwissenschaft bzw. Publizistik- und Kommunikationswissenschaft gehört – nicht nur die politischen, rechtlichen, technischen, institutionellen, ökonomischen, soziologischen und psychologischen Aspekte.

Ethische Erörterungen sind in besonderer Weise verbunden mit den Begründungen der freiheitlich-demokratischen Medienordnung, des Medienrechts, mit den professionellen Normen der Medienschaffenden (Professionsethik), mit den Einrichtungen gesellschaftlicher Kontrolle (Rundfunkräte) und der Freiwilligen Selbstkontrolle privater Medienanbieter; schließlich ist die ethische Perspektive auch Teil der Überlegungen zur Mitverantwortung und Einflussnahme der Rezipienten und einer kritischen Öffentlichkeit. Diese „Kristallisationspunkte" oder „Verortungen" medienethischer Diskurse (Leiner 2006) bilden die wichtigsten Unterbereiche und Konkretionen von Medienethik. Sie lassen sich auch als „Ansätze" oder „Typen" von Medienethik bezeichnen. Ungeeignet scheint in diesem Zusammenhang der Begriff medienethische „Theorien"; denn die wichtigsten Grundbegriffe und Kategorien der Angewandten Ethik gelten in allen diesen Bereichen.

1.1.2 Unterbereiche einer integrativen Medienethik

Bei aller Unterschiedlichkeit dieser Unterbereiche ist von einem *integrativen Konzept von Medienethik* auszugehen. Statt die einzelnen Konkretionen gegeneinander auszuspielen oder zu verabsolutieren, gilt es aufzuzeigen, wie sie sich ergänzen, teilweise überlappen und in Teilaspekten durchdringen. Wichtige Grundnormen gelten für alle genannten Ebenen. Dies zu betonen, erhöht die Chance, ethische Orientierungen auch in Feldern zu verankern, wo ihre Bedeutung noch weniger deutlich gesehen wird (wie in der Publikumsethik oder in der Organisationsethik).

Die vorliegende Skizzierung der Unterbereiche von Medienethik stimmt überein mit vielen integrativen Systematisierungen (z.B. von Pürer 1992; Debatin 1997a; Thomaß 1998; Schicha & Brosda 2000; Karmasin 2002a). Festgemacht an den wichtigsten Akteuren, seien diejenigen Unterbereiche der Medienethik kurz aufgezählt, die ab Kap. 2 ausführlicher behandelt werden. Die hier gebotene Vorschau dient einzig dazu, den Gegenstand der Medienethik konkreter zu bestimmen.

1.1.2.1 *Begründungen der Medienordnung*

Medienethik ist auf einer obersten Ebene verbunden mit der *politischen Ethik*. Beide sammeln rechtsphilosophische Begründungen für eine demokratische Medienordnung, greifbar in der Verfassung und den Mediengesetzen. Die dort garantierten Kommunikationsgrundrechte der Bürgerinnen und Bürger (Freiheit der Informationsbeschaffung und Meinungsbildung, Versammlungsfreiheit) bedürfen zu ihrer Realisierung in großen, funktional differenzierten Gesellschaften *freier Medien*, die ihre *Aufgabe der „Herstellung von Öffentlichkeit"* möglichst umfassend erfüllen. Mit der Informationsfunktion verbunden ist die (im Namen der Bürger und Bürgerinnen) vollzogene Kritik- und

Kontrollfunktion gegenüber dem Staat (Medien als „Vierte Gewalt"). Relevant ist aber auch die Funktion der sozialen Integration und Orientierung („Wo kommt mein eigner Standpunkt im angebotenen Spektrum vor?").

Medienethik setzt sich mit dafür ein, diesen idealen Funktionen der Medien Geltung zu verschaffen: durch Anregungen zu Erhalt und Fortentwicklung einer demokratischen Medienordnung, zu einer entsprechenden Medien- und Sozialpolitik, zur Arbeitsweise der Fremd- und Selbstkontrollgremien. Die medienethischen Anregungen sind nicht nur an Politik, Rechtsprechung und Selbstkontrollinstanzen zu richten, sondern an die gesamte demokratische Öffentlichkeit. Zu den Aufgaben der Medienethik in diesem ersten Bereich gehört es auch, die Entwicklung der Medienstrukturen und -märkte aufmerksam und kritisch zu beobachten. Die bedenklichen Tendenzen bestehen in zunehmender Ökonomisierung, in der Oligopolbildung, in Cross-Media-Konvergenzen, im gestiegenen Stellenwert von PR (als „Fünfte Gewalt"), in der Zunahme rein unterhaltender und werbender Elemente. Die medienethische Reflexion muss mit dafür sorgen, dass diese Veränderungen nicht zu schwerwiegenden Verwerfungen in den oben skizzierten idealen Funktionen der Medien führen.

1.1.2.2 Berufsethos der Medienschaffenden

Die im Grundgesetz (Art. 5) garantierte Medienfreiheit ist eine „dienende" Freiheit. Sie findet ihre Grenzen im Jugendschutz, aber auch in andern gesetzlichen Bestimmungen wie dem Verbot der Aufstachelung zum Angriffskrieg, zur Verstärkung rassistischer Vorurteile. Kontrolliert wird der Gebrauch der ökonomischen und künstlerischen Medienfreiheit durch vorgesetzliche freiwillige Selbstkontrollgremien. Zu ihren Aufgaben gehört es, Fehlleistungen der Medien zu unterbinden oder nachträglich zu sanktionieren. Damit kommen sie nicht nur gesetzlichen Regulierungen zuvor – was einem Eigeninteresse entspricht –, sondern handeln auch im Interesse der demokratischen Öffentlichkeit, welche auf funktionierende und qualitätsvolle Medien angewiesen ist. Im öffentlichen Interesse ist auch die Aufrechterhaltung eines Optimums an Meinungsvielfalt in den Medien – sei es durch inhaltliche Auflagen bei der Konzessionierung, durch kartellrechtliche Marktregulierungen bei privaten Medien oder durch Herstellung einer internen Pluralität in den öffentlich-rechtlichen Rundfunkanstalten.

Die meisten Veröffentlichungen zur Medienethik befassen sich mit der *Berufsethik der Medienschaffenden*, also mit deren professionsethischen Maßstäben und der Frage, welchen Verpflichtungsgrad und welche Orientierungsfunktion sie bei der täglichen Arbeit haben oder haben sollten. Wenn auch zuzugeben ist, dass die journalistische Ethik der älteste und der am weitesten ausgearbeitete Unterbereich von Medienethik darstellt, so ist er nicht der einzige. Schon auf der Professionsebene gibt es neben den Journalisten noch weitere Medienberufe.

In die Verantwortung der Medienschaffenden und der Medienunternehmen fällt die Verantwortung für die *Medieninhalte* oder *Medienformate*. Die Beurteilung von Medienprodukten ist sicher auch eine Sache des vom Publikum gewählten Kultur- und Rezeptionsniveaus, Geschmack ist eine schicht- oder milieuabhängige und subjektive Größe. Ethisch relevant ist jedoch das unverzichtbare Minimum an Demokratieverträglichkeit und -förderlichkeit, auf welches unsere Medienordnung wenigstens die journalistischen Programmteile verpflichtet. Da lässt sich z.B. fragen: Wie viel Unterhaltungselemente (die sich in der Nachsilbe „-tainment" ausdrücken), wie viel Emotionalisierung oder Inszenierung vertragen die politischen Informationen? (vgl. Schicha 1998, 40 ff.) Wie wird die Unabhängigkeit des politischen Journalismus von den PR-Vorgaben der Parteien, Regierungsstellen, Unternehmen und Verbänden gewährleistet?

1.1.2.3 *Wirtschafts- und Unternehmensethik der Medienunternehmen*

Da der ökonomische Aspekt seit jeher das Medienhandeln prägte und die heutige Medienbranche und Informationstechnik einen bedeutsamen Wirtschaftsfaktor bilden, ist Medienethik immer auch *Institutionenethik* von Medienunternehmen. Es sind die Unternehmen, welche in ihrer Firmenkultur, ihren Leitbildern und in konkreten Vorgaben die Rahmenbedingungen schaffen, in denen journalistische und künstlerische Tätigkeiten ausgeführt werden. Die Institutionenethik fragt daher auch nach den Institutionalisierungsformen von Verantwortlichkeit z.B. in Ethikkommissionen, Clearing- und Ombudsstellen.

1.1.2.4 *Ethik der Medienrezeption*

Medienethik ist schließlich auch *Publikums- oder Nutzerethik*. Sie regt zur Reflexion darüber an, welche Einflussmöglichkeiten der „aktive Nutzer" hat und was eine verantwortliche Mediennutzung bedeutet. Als Rezipienten orientieren wir uns nicht nur an eigenen Bedürfnissen – auch diese können Ausgangspunkt ethischer Überlegungen werden –, sondern ebenso an der sozialen Umwelt, in welcher wir leben. Kinder lernen in der Familie verschiedene Medien nutzen (Hörkassetten, Fernsehen, Comics, Bücher, Computerspiele) und orientieren sich in ihrer Nutzung am Beispiel der Eltern sowie der Geschwister oder ihrer Peergroup. Angesichts der heutigen „Mediatisierung von Lebensfeldern und Informatisierung von Lebensvollzügen" (Schmälzle 1992, 33; vgl. auch Krotz 2010) erscheint es notwendig, dass wir uns gegenseitig Hilfestellungen zur Erweiterung und Aktualisierung unserer „Medienkompetenz" geben, die wesentlich eine Aufgabe der Selbstbildung bleibt.

Zur Publikumsethik gehört die *anthropologische* Reflexion unserer kommunikativen Grundbedürfnisse, einschließlich des Lust-, Unterhaltungs- und

Beziehungsmoment und der entsprechenden Gefühle (Döveling 2005). Sie entscheiden über die faktische Funktion der Medien im Leben des Einzelnen, seiner Bezugsgruppen und in der Gesamtgesellschaft (Westerbarkey 1991).

1.1.2.5 *Internet- oder Netzethik*

Hier werden ethisch relevante Fragestellungen unseres Computergebrauchs gestellt. Der vernetzte Computer verdient eine eigene Behandlung – bildet er doch als „Hypermedium" die Konvergenz der bisher bekannten Massenmedien, gleichzeitig eine enorme Verbilligung und Zugangserleichterung des Austausches von Mitteilungen aller Art und stellt zudem eine für Arbeit, Dienstleistungen und Verkehr unentbehrlich gewordene Infrastruktur dar. Bei der Computerethik geht es nicht nur um eine Professionsethik der EDV-Spezialisten (vgl. Capurro 1998), sondern ebenso um Probleme, die sich aus der Perspektive der normalen Nutzer stellen.

Es ist naiv zu meinen, die informationstechnischen Geräte, Programmwelten und Netzwerke würden von selbst eine humane Kommunikationskultur entwickeln. Es braucht vielmehr eine anhaltende politische Wachsamkeit, um den Schutz personenbezogener Daten zu gewährleisten, und eine individuelle Aufmerksamkeit beim Kauf von Geräten, um benutzerfreundlichere, d.h. auch alters- und behindertengerechte Benutzeroberflächen (vgl. Funiok 1993) zu favorisieren.

An Benennungen gibt es „Informationsethik" (Capurro u.a. 1995; Kuhlen 2004), „Cyberethik" (Kolb u.a. 1998; Schwenk 2002), „Ethik im Netz" (Capurro 2003) oder „Internetethik". Obwohl sich hier zugegebenermaßen neue (eigenproduktive, zumindest interaktive) Nutzungsarten entwickeln und sich Gerechtigkeitsfragen (Digital Divide), Jugend- und Datenschutzprobleme sowie Anfragen an die Qualität der angebotenen Informationen verschärft stellen, so knüpfen die ethischen Fragen doch an die in der Medienethik erörterten Reflexionen an. Daher erscheint es als gerechtfertigt, die ethischen Fragen zur Internetnutzung unter das „Dach" Medienethik zu subsumieren.

Die Auflistung dieser Herausforderungen und Anfragen diente dazu, den Gegenstandsbereich, das Materialobjekt der Medienethik zu umreißen. Das Formalobjekt bilden die philosophischen Methoden und Argumentationsprinzipien, wie sie in Kap. 1.2 erörtert werden. Mit der Angabe des Materialobjekts ist ein wissenschaftlicher Gegenstandsbereich freilich noch ungenügend abgesichert. Es ist nach der ihm zugesprochenen Relevanz zu fragen.

1.1.3 In Frage gestellte Relevanz

Seit Beginn der 80er-Jahre sprechen viele von einem „verstärkten Ethikbedarf" für kontrovers diskutierte Handlungsbereiche; im Mittelpunkt der gesellschaftlichen Debatte stehen gegenwärtig die Anwendungen der Gentechnik. Im Medienbereich sind es die groben journalistischen Fehlleistungen, die alle paar Jahre Anlass zum Nachdenken über Ethik – und zum Zweifel an der Existenz von Moral – geben: die Geiselnahme von Gladbeck, das Foto des toten Uwe Barschel, die Vorverurteilung im Fall des kleinen Joseph von Sebnitz (vgl. Müller-Ullrich 1996). Solche selbstverständlich vom Presserat gerügten „Medienskandale" machen für einige Wochen Medienethik zum Thema – und nähren die Zweifel an ihr. Aber auch in „ruhigen Zeiten" ist es für viele Zeitgenossen fraglich, ob Journalisten und andere Medienschaffende eine Moral haben.

Verweist man auf durchgeführte Journalistenbefragungen, die diesem Berufsstand durchaus das Bewusstsein von Sorgfaltspflicht, der Achtung des Persönlichkeitsschutzes und Verantwortlichkeit bei der Recherche bescheinigen (Kepplinger & Vohl 1976; Scholl & Weischenberg 1998; Thomaß 1998; Kepplinger & Knirsch 2000; Gardner u.a. 2005; Weischenberg & Malik & Scholl 2006), so beseitigt das nicht die grundsätzliche Skepsis. Zu tief sitzt der Verdacht, oft von den Medien getäuscht zu werden, und zu stark wiegt die Einschätzung, dass das Berufsethos der Journalisten das nicht verhindert.

Vor allem bei (mit Idealen erfüllten) Studierenden geistes- und sozialwissenschaftlicher Fächer begegnet mir immer wieder die tief sitzende Skepsis, dass moralische Orientierungen zu wenig verbreitet sind. Als Beispiel mag die Interviewfrage eines Diplomanden dienen, die er mir kurz vor Abschluss seiner Diplomarbeit in einem E-Mail schickte:

> „Ich habe den Eindruck, dass das Thema Medienethik in Deutschland nur ein Schattendasein führt. In der Praxis spielt sie so gut wie keine Rolle – jedenfalls handeln Journalisten nicht bewusst nach den Regeln des Pressekodex – und in der Wissenschaft gibt es noch keine Einigung darüber, worin das journalistische Ethos besteht (bzw. ob es überhaupt ein Ethos gibt). Der Presserat hat sich nicht als Ort etablieren können, an dem ein ständiger Diskurs über Fragen der Medienethik geführt wird. Treffen meine Eindrücke zu?"

Gegen diese bedenkliche Fundamentalskepsis lassen sich drei Argumente vorbringen. Diese Skepsis beruht zum einen auf einem schiefen Menschenbild. Denn niemand hält sich bei seiner beruflichen Praxis ständig den Ethik-Kodex seines Berufs oder die einschlägigen Rechtsvorschriften vor Augen – kein Arzt, kein Ingenieur, keine Verkäuferin. Sie alle müssen unter Zeitdruck entscheiden und reflektieren vielleicht mit Kollegen in einer Dienstbesprechung oder für sich selbst am Wochenende, ob sie in dieser oder jener Entscheidungssituation auch die moralisch richtige Wahl getroffen haben. Der größte Teil des professionellen Handelns besteht aus Routinen oder ergibt sich aus den konkreten Arbeitsanforderungen. Ethische Überlegungen kommen meist nur in „Unterbrechungen" zum Zuge, in denen Reflexion möglich wird, oder wenn Beschwerden von Betroffenen kommen. Natürlich gibt es manche Berufsvertreter, die auch berechtigte Klagen abwiegeln und das eigene Gewissen dann in falscher Weise besänftigen („Es tun doch alle").

Wer einen solchen Mangel an Verantwortung jedoch als Argument gegen die Existenz und Gültigkeit von Moral anführt, verkennt – und das ist der zweite Kritikpunkt am Fundamentalzweifel – die grundlegende *Unterscheidung von Sein und Sollen*, von Faktizität und Geltung. Ein anerkanntes moralisches Gebot verliert dadurch, dass es missachtet wird, nichts von seinem Verpflichtungscharakter. Schwarze Schafe gibt es in jedem Beruf; deswegen steht er nicht gänzlich ohne Moral da – vor allem nicht, wenn die Standesorganisation „gute professionelle Praxis" in einem Kodex von Selbstverpflichtungen veröffentlicht und zudem Gremien eingerichtet hat, die Übertretungen missbilligen und aus der Spruchpraxis heraus den Kodex aktualisieren. Zugegeben: Es mangelt in vielen Berufen noch an Kenntnis und Anerkennung der berufsethischen Verpflichtungen, auch an deren Durchsetzbarkeit. Die Forderung nach Professionalität und Qualität, nach Transparenz und öffentlicher Verantwortung hat noch nicht alle Berufe in gleicher Weise erreicht. Da Medien jedoch nicht nur anderen zur Öffentlichkeit verhelfen, sondern in dieser Vermittlungsleistung oft selbst Thema des öffentlichen Gesprächs sind, sind sie es gewohnt, auf ihre Verantwortung angesprochen zu werden. Medienethik dürfte also kein Fremdwort sein; von manchen wird es als zu abgehoben empfunden – sie sprechen dann eher von Medienqualität.

Hinter der angesprochenen Fundamentalskepsis steckt drittens eine rigorose Moral, welche in etwa so argumentiert: Wenn die Verpflichtungen schon aufgestellt sind, dann müssen sie – bitte schön – immer und vollständig eingehalten werden, sonst kann man auf sie verzichten. Eine derartige Schlussfolgerung ist dem Charakter von Moral und den sie tragenden Menschen nicht angemessen – zu jedem Gebot gibt es immer Ausnahmen, berechtigte und fadenscheinige. Ein Schwarz-Weiß-Denken passt auch nicht in eine Welt, die aus Licht *und* Schatten besteht, die Richtiges und Falsches kennt.

Es bleibt also weiterhin sinnvoll, sich mit Medienethik zu befassen. Der gegenteiligen Ansicht sind diejenigen, die zwar eine allgemeine Moral für wichtig halten, aber bestreiten, dass es für die Medien eine eigene braucht. Was es da zu fordern gebe, lasse sich im Wahrheitsgebot und in der Verpflichtung zur Achtung der Personwürde zusammenfassen, und diese Pflichten gehörten zur *Alltagsmoral*. Diese Position wendet sich also gegen den Anspruch der Medienethik, eine eigene Bereichsethik zu sein. Es genügt aber nicht, Medien nur unter kommunikativen Aspekten zu betrachten – in denen wir gewohnt sind, auf Wahrhaftigkeit und Personwürde zu achten. Aspekte von ökonomischer und politischer Macht treten hinzu, kulturelle Dominanzen und technologische Zwänge; auch diese sind ethisch zu reflektieren.

Die Wichtigkeit von Medienethik ergibt sich zudem aus der zunehmenden „Medialisierung" unserer Lebenswelt. Damit wird die Tatsache angesprochen, dass immer mehr Lebensbereiche von medialen Strukturen und Inhalten mitgeprägt sind. Kollektive und individuelle Lebensvollzüge sind heute in so „dichter" Weise medienvermittelt, dass eine ethische Reflexion angesagt ist. Einige Beispiele dafür (vgl. Greis 2003c, 324):

• Eine Vielzahl von Lebensvollzügen in Arbeit und Freizeit sind heute mit Mediennutzung verbunden. Dabei prägen die Medienformate, die Aussagen und der Lebensstil von Medienstars und entsprechende Modeangebote das Bild, das sich Heranwachsende wie Erwachsene von der Gesellschaft und von sich selbst machen. Selbst wenn dies in kritisch-rezeptiver Medienpädagogik bewusst zu machen ist, sind die grundsätzlichen Überlegungen zu Weltbild, Menschenbild und Identitätsbildung philosophischer Art.

• Gesellschaftliche Diskurse werden über Medien vermittelt; dabei bilden sich Vorstellungen vom guten Leben, modifizieren sich gesellschaftliche Wertvorstellungen. Die Ethik hilft bei der sachgerechten Analyse und Kritik dieser veröffentlichten Meinungen und Wertpositionen.

• Sehr viele ethische Diskurse, z.B. zur Medizinethik, werden medial vermittelt. Die Art und Weise, wie ethische Probleme in den Medien (dar-)gestellt werden, ist auch mit ethischen Kriterien zu untersuchen. Insofern ist Medienethik eine Querschnittsethik.

Alle diese Fragen zeigen:

Es „ist heute wichtiger denn je .., explizit nach ethischen Orientierungen in der Medienentwicklung zu fragen. Standortsicherung, Medienordnungspolitik, Förderung von Medienkompetenz usw. – das alles sind wichtige und unverzichtbare Ziele. Sie können aber human- und sozialverträglich nur erreicht werden, wenn die ethische Orientierung im Medienbereich nicht ausgeklammert wird." (Funiok/Schmälzle 1999, 15 f.)

Die Relevanz von Medienethik wurde gegenüber zwei Einwänden – es gebe keine Medienethik und sie sei überflüssig – fürs Erste verteidigt. Weitere Einwände werden im Abschnitt „Angewandte Ethik" (1.3) erörtert. Ein dritter Einwand, der ebenfalls später (1.5.1) ausführlicher behandelt wird, soll jedoch eingangs nicht unbeachtet bleiben: der Vorwurf, von allgemein verpflichtenden Werten und Normen könne nicht mehr die Rede sein, vor allem im Kontext von Wissenschaft nicht.

1.1.4   Umstrittene Wissenschaftlichkeit

Die Position, dass Ethik als „Reflexionstheorie der Moral" zwar moralische Kommunikationen wertneutral beschreiben könne, eine Normbegründung aber wissenschaftlich nicht möglich sei, wird von Niklas Luhmann und den Anhängern seiner soziologischen Universaltheorie vertreten. Seit etwa 1990 wurde die Systemtheorie Luhmanns in der Kommunikationswissenschaft (Wendelin 2008), der Pädagogik, ja sogar der Theologie als Theoriewerkzeug aufgegriffen. Die mitgelieferte Leugnung der normativen Ethik – die mehr als einer Halbierung der ethischen Theorie gleichkommt – ist jedoch nicht schlüssig und vom Grundkonzept der Luhmannschen Systemtheorie ablösbar. Als jemand, der theologische Ethik und systemtheoretisches Denken in Einklang zu bringen vermag, plädiert Filipović (2003) dafür, den Vorschlag Luhmanns (1997, 35) aufzugreifen und diese Leugnung lediglich als Ironie zu verstehen – um dann mit ethischer Argumentation nach neuen Problemstellungen zu suchen.

Meist wird jedoch nur das uneingeschränkte Verdikt vom Ende normativer Ethik kolportiert. Es formuliert die verbreitete Überzeugung, eine rationale, wissenschaftliche Begründung allgemein gültiger Normen sei nicht mehr möglich. Damit stellt diese Position die öffentlichkeitswirksamste Leugnung der Möglichkeit und Aufgabe dar, konsensfähige Normen für die moderne Gesellschaft zu benennen und zu begründen. Das fordert zur Gegenargumentation heraus.

Im Unterschied zur normativen Ethik wählt die deskriptive einen anderen Zugang zur Moral (s. ausführlicher 1.2.2). Letztere untersucht die gelebte Alltagsmoral mit empirischen Methoden – nicht die hohe Sphäre moralischer Prinzipien mit ihrer Begründungslogik. Wie Luhmann konstatieren Bergmann & Luckmann (1999) ein deutliches „deskriptives Defizit" der Wissenschaft von der Moral und untersuchen daher das alltägliche Moralisieren. Denn wenn es auch in unserer Gesellschaft wenig allgemein verbindliche Moral gebe, so werde doch im privaten Kreis – und in entsprechenden Fernsehshows – hemmungslos „moralisiert", finden Klatsch, Entrüstung und Anklagen allgemeinen Beifall.

„Auf den ersten Blick scheint es ja so zu sein, daß in dem Maß, in dem die Moral ihre Funktion als gesellschaftlicher Integrationsmechanismus verliert, sie selbst mehr und mehr an Präsenz und Bedeutung verliert oder sich – wie die Religion (...) – ins Private zurückzieht. Von einem Verschwinden der Moral kann jedoch keine Rede sein. Moralisiert wird im Alltag unter Freunden, Nachbarn und Kollegen allenthalben, und zwar nicht nur beim Klatsch. Moralisiert wird auch in den Medien, wobei insbesondere das Fernsehen mit seiner Offenheit für Kampagnen und Skandale aller Art ein Moralisierungsmedium ersten Ranges ist. Hier – aber auch an den Universitäten – trifft man auf Klagevirtuosen und Mitgefühlsartisten, auf Jammergemeinschaften und Indignationszirkel, hier wird man zum Adressaten von Betroffenheitsrhetorik und Appellationskaskaden, hier organisieren sich Selbstbemitleidungskonventikel und Entrüstungsforen." (Bergmann & Luckmann 1999, 34)

„Moralisieren" ist das zentrale Untersuchungsmerkmal der Kommunikations-
analysen in den beiden von Bergmann & Luckmann (1999) herausgegebenen
Bänden. Für philosophische Ethiker hat „Moralisieren" einen schlechteren
Klang, es kennzeichnet die „Instrumentalisierung" von Moral (s. ausführlicher
1.5.2). Für das Soziologenteam geht es darum, moralische Stellungnahmen von
anderen kommunikativen Modi zu unterscheiden – wobei auch nonverbale und
paralinguistische Elemente zu beachten und in der Transkription zu erfassen
sind:

> „Für eine moralische Stellungnahme braucht es nicht mehr als eine unscheinba-
> re Körperdrehung; ein leichtes Hochziehen der Augenbrauen, ein gewisser
> Tonfall in der Stimme, ein leises Lachen genügen, um der Kommunikation eine
> moralische Färbung zu geben." (a.a.O., 14)

Die Wurzel dieser kommunikativen Akte – die inneren moralischen Einstellungen – werden von ihnen in ihrer äußeren kommunikativen Erscheinungsform
untersucht, sie sehen Moral als „kommunikative Konstruktionsleistung".
Moralische Kommunikation liegt für sie immer dann vor, „wenn in der
Kommunikation einzelne Momente der Achtung oder Mißachtung, also der
sozialen Wertschätzung einer Person, mittransportiert werden und dazu ein
situativer Bezug auf übersituative Vorstellungen von ‚gut' und ‚böse' bzw.
vom ‚guten Leben' stattfindet." (S. 22) Das zentrale operationalisierbare Element ist Achtung/Missachtung oder in einem deutschen Wortspiel „Achtung/
Ächtung" – bezieht sich doch die wertende Stellungnahme auf Personen, ihre
Motive und Absichten, auf ihren „wahren Charakter". Dieses Kriterium für das
Moralische in einer Kommunikation wurde schon von Gurevitsch (1897)
formuliert und in den 70er-Jahren des 20. Jahrhunderts vom Interaktionssozio-
logen Ervin Goffman sowie dann von Luhmann aufgegriffen, der schrieb:

> „Alle Moral bezieht sich letztlich auf die Frage, ob und unter welchen Bedin-
> gungen Menschen einander achten bzw. mißachten. Mit Achtung (estime,
> esteem) soll eine generalisierte Anerkennung und Wertschätzung gemeint sein,
> mit der honoriert wird, daß ein anderer den Erwartungen entspricht, die man für
> eine Fortsetzung der sozialen Beziehungen voraussetzen zu müssen meint.
> Achtung wird personbezogen zugeteilt, jeder kann sie für sich gewinnen und
> verlieren (obwohl in älteren Gesellschaften Gruppenzugehörigkeiten als Vor-
> aussetzung für Achtung/Mißachtung bedeutsam sind). In jedem Fall ist die
> Person als Ganzes gemeint – im Unterschied zur Schätzung einzelner Verdien-
> ste oder Fähigkeiten, fachlichen, sportlichen, amourösen Könnens usw. ... Als
> Moral eines sozialen Systems wollen wir die Gesamtheit der Bedingungen be-
> zeichnen, nach denen in diesem System über Achtung und Mißachtung ent-
> schieden wird." (Luhmann 1984, 318 f.)

So allgemein verbreitet dieses „Moralisieren" in der Alltagskommunikation
auch sei, es sei immer mit *Risiken für den Moralisierungsagenten* verbunden.
Wer moralisiert, laufe selbst Gefahr, moralisch beurteilt und mit Missachtung
sanktioniert zu werden. Daher werden Vorsichtsmaßnahmen ergriffen – man
moralisiert nur verdeckt, wertet indirekt oder deutet das moralische Urteil nur

an. Dies gelte vor allem von der „Achtungskommunikation" im öffentlichen Raum, im beruflichen und im politischen Kontext. Neben diesen subjekt-bezogenen Gefahrenmomenten sei das Moralisieren jedoch *auch sachlich problematisch*: Meinungen werden nicht mehr differenziert genug dargestellt, wenn man sie auf „gut" und „böse" reduziert; das Moralisieren setzt Mei-nungsrepräsentanten unter „Bekenntnisdruck"; es kann nach Entrüstungsaktio-nen zu „moralischen Lawinen", ja sogar „Moralisierungsepidemien" kommen, die dem Sachverhalt nicht mehr angemessen seien.

Vorsicht ist also angesagt im Umgang mit der Moral. Dies gilt vor allem bei der Anwendung moralischer Wertungen im öffentlichen Raum – zu deutlich ist die Pluralität der Moralen und die Furcht vor Glaubenskriegen. Die Folge dieser „Zurücknahme der Geltungsansprüche" ist nach Bergmann & Luckmann eine abnehmende Verbindlichkeit der öffentlichen Moral. Dafür habe Moral eine stärkere – wenigstens eine ungebrochene – Kraft in abgeschlossenen so-zialen Gruppen, wo man sich der Zustimmung aller Beteiligten sicher ist. Im „lokalen" Raum dieser „U-Moral" passiert es schon mal, dass es „zu hem-mungslosen und ungeschützten Moralisierungsorgien kommt (wofür etwa die ‚Lästerkommunikation' beim gemeinsamen Fernsehen als Beispiel stehen kann)." (a.a.O., 35) Wichtig ist freilich die Feststellung, dass diese „lokale" Moral eine flatterhafte „Gelegenheitsmoral" ist, ihrem Charakter nach ohne starke Geltungsansprüche, von kurzer Reichweite und extrem konformistisch. Die Autoren schließen mit der Frage, ob damit nicht eine moderne Form der alten, fallspezifischen „Volksmoral" vorliegt – während die große, ernste „Überzeugungsmoral" („E-Moral") der kanonisierten Hochmoral entspricht (welche die philosophische Ethik beschreibt, könnte man hinzufügen).

So zutreffend diese Beschreibungen des alltäglichen Gebrauchs von Moral sein mögen, sie widerlegen nicht die Möglichkeit und Richtigkeit normbegrün-dender Ethik, wie sie in Europa seit Sokrates betrieben wird. Was macht das moralisch Gute zum Guten? Wodurch unterscheidet es sich vom nur Nützli-chen? Wie lassen sich die in der Gesellschaft vorhandenen Auffassungen vom Guten begründen? Welche ist die zutreffende?

Aristoteles verstand zwar unter dem „guten Handeln" nicht nur das moralisch richtige, sondern auch das sachlich angemessene und vorzügliche Tun. Die ent-scheidende Mitte hat vortreffliches Handeln jedoch in der moralischen Tüch-tigkeit, in der charakterlichen Ausrichtung auf das moralisch Gute. Ein Zitat aus seiner Nikomachischen Ethik:

„Ein kluger Mensch scheint sich also darin zu zeigen, dass er wohl zu überlegen weiß, was ihm gut und nützlich ist, nicht in einer einzelnen Hinsicht, z.B. in Be-zug auf Gesundheit und Kraft, sondern in Bezug auf das, was das menschliche Leben insgesamt gut und glücklich macht." (1140a 25)

Es gibt also viele Dinge, die uns zunächst nützlicher erscheinen als das Gute. Und es braucht ein gewisses Maß an Einsicht, an praktischer Vernunft, um zu verstehen, dass das Gute im moralischen Sinn das wahrhaft Nützliche ist. Die Begründung, die dafür gegeben wird, lautet: Nur wenn Menschen mit gutem Charakter die öffentliche Kultur der Polis bestimmen, wird es eine humane und demokratische Kultur sein.

Solche philosophischen Argumentationen auszugrenzen und als „wissenschaftlich nicht mehr möglich" zu bezeichnen, zeigt nur die falsche Selbstbegrenzung der Sozialwissenschaften und ihrer interdisziplinären Ausrichtung. Wenn es richtig ist, dass Ethik – nach der Entdeckung der Pluralität (und des Kampfes) der Kulturen, Religionen, Weltanschauungen – ein Megathema des 21. Jahrhunderts wird, ist der Verzicht auf die philosophische Behandlung von Moral nicht einzusehen, ja sträflich; denn es braucht die Philosophie und ihre Methode, um die anstehenden Wertfragen gemeinsam und in einem rationalen Diskurs zu klären.

1.1.5   Entwicklung im deutschen Sprachraum

Die Medienethik hat sich im deutschsprachigen Raum – im Unterschied zum US-amerikanischen – erst relativ spät entwickelt. Im historischen Rückblick von Christians (2000) etablierte sich in den USA – neben der Anwendung von Codes of Ethics in der journalistischen Ausbildung – Mass Communication Ethics als akademisches Unternehmen schon in den letzten Dekade des 19. Jahrhunderts; eine weitere Blütezeit waren die 20er-Jahre des 20. Jahrhunderts, bis es schließlich zu einer Fülle von – jetzt auch international vorgetragenen – Ansätzen in den 80er-Jahren kam. Dennoch stellt Christians in seiner Conclusion fest: „The fragility of the field is obvious." Vor allem seien die Versuche, Medienethik als angewandte Ethik und damit als interdisziplinäres Projekt von Philosophen und Kommunikationswissenschaftlern zu etablieren, in beiden Fakultäten bisher noch immer durch Isolierung und Marginalisierung gekennzeichnet.

Auch im deutschen Sprachraum sind derartige Versuche institutionell (z.B. durch Lehrstühle für Medienethik) und methodisch noch wenig gefestigt. Mit Recht konstatieren Rühl und Saxer zu Beginn der 80er Jahre, dass

> „die deutschsprachige Kommunikationswissenschaft die Frage der Ethik von Journalismus und Massenkommunikation mit ihren spezifischen, eben mit kommunikationswissenschaftlichen Erkenntnismitteln noch kaum angegangen hat." (Rühl & Saxer 1981, 471)
> „In dem 1970 von Elisabeth Noelle-Neumann und Winfried Schulz herausgegebenen Fischer-Lexikon ‚Publizistik' steht beispielsweise in der Einleitung die lapidare Festellung: ‚Das derzeit geringe – oder allenfalls äußerst partielle – Interesse für ethische Fragen hat in letzten zwei Jahrzehnten keine neuen Arbei-

ten zum Thema Ethik des Journalismus entstehen lassen. Wir haben darum auf einen Artikel dazu verzichtet.' Dem kann man nur hinzufügen: Seit der Herausgabe dieses Buches sind – sieht man von Gelegenheitspublikationen einmal ab – auch in der kommunikationswissenschaftlichen Literatur kaum Veröffentlichungen zum Thema Ethik erschienen. Die Kommunikationswissenschaft verhält sich, um es ganz schlicht zu sagen, diesem Thema gegenüber abstinent." (Rühl 1980b, 29 f.)

Noch Mitte der 80er-Jahre kritisiert Saxer (1986), die ethische Diskussion verlaufe „mehrheitlich reaktiv und sicher nicht im Sinne einer strukturierten Dauerreflexion, und sie bleibt fragmentarisch" (a.a.O., 21), es fehle an einem stringenten theoretischen Bezugsrahmen. Am Ende dieses Abschnitts soll gefragt werden, ob diese Mängelanzeigen heute noch zutreffen.

Geschichtlich waren es eher die Praktiker der massenmedialen Kommunikation, welche sich den Fragen der Verantwortung im Medienbereich stellten: Redakteure mussten gegenüber Kontrollgremien und der Öffentlichkeit bestimmte Programmentscheidungen rechtfertigen, die Arbeit der ihnen unterstellten Journalisten kontrollieren, und diese hatten günstigenfalls schon in ihrer Ausbildung medienethische Überlegungen kennen gelernt, auf jeden Fall als Mitglied eines Berufsverbandes einem „Code of Ethics" zugestimmt. Während es in den USA schon zu Beginn des Jahrhunderts Journalistenschulen gab, die ihre Absolventen auf die Kenntnis und Befolgung der berufsethischen Regeln einschworen, hat Medienethik in der deutschen Journalistenausbildung bisher nur eine geringere Rolle gespielt (den neuesten Stand untersuchte in europäischer Perspektive Thomaß 1998).

Wilke (1987) nennt als Gründe für diese weitgehende Vernachlässigung historisch-gesellschaftliche Voraussetzungen (Wertepluralismus, Wertewandel), aber auch wissenschaftstheoretische Idealbildungen (von „Wertfreiheit" der Wissenschaften bei M. Weber) und die Wandlungen der Journalistik sowie der Publizisitik- und Kommunikationswissenschaft. Emil Dovifat, der wohl einflussreichste Vertreter der Publizistikwissenschaft vor und im Zweiten Weltkrieg, hatte die „Gesinnung" als bedeutsames Moment in der Publizistik herausgestellt und vom Journalisten Verantwortung verlangt. Dass diese in der Zeit des Nationalsozialismus kaum im politischen Sinne wahrgenommen wurde bzw. werden konnte, kompromittierte die ethische Argumentation im Medienbereich. Seit Beginn der 60er-Jahre „kam nicht nur das Interesse an ethischen Fragen abhanden, sondern es schwand auch die Überzeugung, sich dieses Themas überhaupt wissenschaftlich annehmen zu können". (Wilke 1987, 233 f.)

Den *Beginn der deutschsprachigen Medienethikdebatte* kann man mit einem Aufsatz von Saxer (1970) ansetzen. Stärker wahrgenommen wurde die gemeinsame Bestandsaufnahme von Rühl & Saxer (1981) zum 25-jährigen Bestehen des Deutschen Presserats. Zum Teil setzten sie sich dabei mit H. Boventer auseinander, dessen Bedeutung man verkürzte, würde man ihn nur als Vertreter eines zu überwindenden individualethischen Ansatzes betrachten; damit würde man seinen Monografien (1984 b; 1986; 1989; 1995), Sammelbänden (1988; 1993) und zahlreichen Aufsätzen nicht gerecht. Bedeutsam in dieser Anfangsphase sind auch drei Aufsätze des theologischen Ethikers A. Auer (1979; 1980; 1981). Als eine der ersten hat die Katholische Akademie in Stuttgart die medienethische Debatte öffentlich gemacht.

Es mag manchen erstaunen, dass sich an ihr neben Publizistikwissenschaftlern auch *Theologen* beteiligten. Wird hier nicht die Autorität des christlichen Glaubens eingeführt, wo es um allgemein konsensfähige Wertbezüge gehen müsste? Seit Mitte der 1970er-Jahre entwickelten jedoch Vertreter der (katholischen) Christlichen Sozialethik oder der Evangelischen Ethik normative Überlegungen, die nicht mehr nur Christen – auf der Grundlage der Offenbarung – ansprechen, sondern auch von jenen kritisch mitvollzogen werden können, die den christlichen Standpunkt nicht teilen. Dies geschah unter Einbeziehung empirischer Ergebnisse der zuständigen Fachdisziplinen und entsprechender Institutionen. Die katholischerseits entwickelte „Theologische Ethik" wollte „Autonome Moral" sein (A. Auer) und mit „Christlicher Soziallehre" besonders die sozialen Strukturen untersuchen (W. Korff, G. W. Hunold, L. Honnefelder, A. Holderegger). Es ist daher falsch, diese Vertreter und ihre Schüler (Th. Hausmanninger, M. Heimbach-Steins, Th. Bohrmann, A. Greis, W. Veith, A. Filipović) als „theologische Denker" im Sinne weltanschaulicher Gebundenheit zu betrachten. Ähnliches gilt von der Evangelischen Ethik (M. Kock, M. Schibilsky, G. Thomas, M. Leiner).

Es ist ein Kennzeichen dieser Autoren, die ethischen Prinzipien einer demokratischen und die Menschenwürde achtenden Medienproduktion herauszuarbeiten; solche prinzipiellen Überlegungen kommen den journalistischen Praktikern und Theoretikern gelegentlich zu abstrakt vor, sie bleiben aber unverzichtbar – wenn sie auch einer Operationalisierung bedürfen. Hierbei sind Idealnormen in Praxisnormen umzuwandeln, wie in 1.2.4 ausführlicher gezeigt wird.

Im Folgenden sei eine Auflistung der medienethischen Publikationen versucht – ohne Anspruch auf Vollständigkeit und ohne sie im Einzelnen zu kommentieren, das würde den Rahmen dieses Überblicks sprengen. Dabei zeigt sich, dass die Zahl und thematische Vielfalt der Veröffentlichungen seit Mitte der 80er-Jahre stark zugenommen hat.

An *Monografien* mit explizit medienethischem Schwerpunkt sind seit Mitte der 1980er-Jahre zu nennen: Boventer (1984b; 1986b; 1989; 1995), Karmasin (1993; 1996b; 1998; 2000; 2005), Hausmanninger (1993), Wiegerling (1998),

Leschke (2001), Nethöfel (1999), Capurro (2003), Kuhlen (2004), Beck (2006), Fenner (2010). Schon 1980 beginnt die Reihe der medienethischen *Dissertationen und Habilitationen.* Mit Schwerpunkt auf der *journalistischen Berufsethik* und der Selbstkontrollgremien gab es 12 Studien: Gottschlich (1980); Köcher (1995), Haybäck (1989), Wild (1990), Thomaß (1998), Krainer (2001), Eisermann (2001) Schütz (2003), Stapf (2006), Pohla (2006), Schicha (2007), Leifert (2007), Brosda (2008). – Mit Schwerpunkt auf *Internetethik* finden sich 6 Studien: Döring (1999), Greis (2001), Schwenk (2002), Weber (2005), Nagenborg (2005), Heesen (2008). – Die Ethik von *PR und Werbung* behandeln 6 Studien: Becher (1996), Bohrmann (1997), Hanas (1998), Filipović (2000), Könches (2001), Förg (2004). – Der Ethik der *Medienrezeption,* einschließlich anthropologischen Fragen widmen sich nur zwei Studien: Priesemann (1998), Jansen (2003). In *philosophischer Perspektive* entwickeln Medienethik 6 Studien: Hausmanninger (1993), Platter (1994), Friedrich (1997), Weil (2001), Müller (2001), Alsdorf (2007). – In *kirchlich-theologischer Perspektive* beschäftigen sich mit Medienethik 6 Studien: Deussen (1973), Kos (1997), Pötscher (1998), Uden (2004), Derenthal (2006), König (2006), Filipović (2007).

Hinzu kommt eine stattliche Anzahl von *Sammelbänden.* Dabei ist eine thematische Untergliederung schwierig, weil die meisten mehrere Unterbereiche der Medienethik abdecken: Maier (1985), Boventer (1988b; 1993a), Erbring & Ruß-Mohl (1988), Wunden (1989; 1994; 1996; 1998), Stuiber & Pürer (1991), Haller & Holzhey (1992), Holderegger (1992; 1999), Wolbert (1994), Armbrecht & Zabel (1994), Wilke (1996), Funiok (1996; 1999a), Kolb (1998), Brosda & Schicha (2000), Rath (2000), Pattyn (2000), Gerhardt & Pfeifer (2000), Karmasin (2002a), Hausmanninger & Bohrmann (2002), Hausmanninger (2002; 2003) Grimm & Capurro (2002; 2005), Debatin & Funiok (2003), Greis & Hunold & Koziol (2003a), Grimm & Horstmeyer (2003), Scheule (2004), Baum (2005), Capurro (2007), Debatin (2007), Avenarius & Bentele (2010), Schicha & Brosda (2010).

Wie steht es mit medienethischen Abhandlungen in deutschsprachigen Zeitschriften? Während es in den USA seit 1986 ein *Journal of Mass Media Ethics – Exploring Questions of Media Morality* (mit 3 Heften pro Jahr) gibt, hat sich im deutschen Sprachraum noch kein medienethisches Periodikum etabliert. Immerhin erscheinen medienethische Abhandlungen, Tagungs- und Literaturberichte in allgemeinen kommunikationswissenschaftlichen und ethischen Zeitschriften. Drei Zeitschriften tragen (Medien-)Ethik in ihrem Namen („International Review of Information Ethics", „Zeitschrift für Kommunikationsökologie und Medienethik", „Forum Medienethik"), eine den Begriff Verantwortung im Untertitel („tv diskurs – Verantwortung in audiovisuellen Medien"). Im Folgenden werden diese in alphabetischer Reihenfolge aufgeführt und die Autorennamen der Beiträge in zeitlicher Reihenfolge angeführt. Dabei wird deutlich, dass die meisten Beiträge in „Communicatio Socialis" (35 Beiträge – davon einige Kommentare zu päpstlichen Dokumenten) erschienen,

gefolgt von der „Publizistik" (24 Beiträge); obwohl weniger zahlreich, hatten die Letzteren für die wissenschaftliche Debatte besonderes Gewicht.
Aus Politik und Zeitgeschichte. Beilage zur Wochenzeitung Das Parlament. Boventer 1988; Boventer 1993b; Bohrmann 2000; Funiok 2000; Leif 2001; Jarren 2001; Dowe & Märker 2003; Lorig 2004; Konken 2005.
Communicatio Socialis (CS) – Internationale Zeitschrift für Kommunikation in Religion, Kirche und Gesellschaft (CS), 4 Hefte pro Jahr, ab 1968. Deussen 1969; Saxer 1970; Boventer 1975; Schmolke 1977; Boventer 1981; Wunden 1981; Boventer 1983b; Funiok 1983; Fleck 1984; Boventer 1986a; Merkert 1986; Wilke 1987; Pürer 1990; Haybäck 1990; Schmolke 1990; Turrey 1990; Holderegger 1995; Jacobi & Höhns 1997; Röthlin 1997; Evers 1999; Karmasin 1999; Kopp 2000; Linke & Pickl 2000; Schicha 2000; Loretan 2001; Loretan 2002; Weber 2002; Rolfes 2002; Karmasin 2002b; Avenarius 2003; Eilers 2002; Rademacher 2003; Gruber 2004; Raabe 2004; Saxer 2005; Altmeppen 2008; Arnold 2008a; Saxer 2008; Bradtka 2009; Jackob 2009.
Ethik und Sozialwissenschaften – Streitforum für Erwägungskultur. 4 Hefte pro Jahr mit jeweils 2 Diskussionseinheiten. Ab 2002 unter dem Titel *Erwägen – Wissen – Ethik.* 4 Hefte pro Jahr, seit 1990. Ropohl 1994; Bülow 1994; Grunwald 1996; Ropohl 2001.
European Journal of Communication. Christians 1995; Hamelink 1995.
forum medienethik (1994-2003), hrsg. vom Forschungsprojekt Medienethik der Universität Tübingen und der Fachstelle für Medienarbeit, Diözese Rottenburg-Stuttgart. Pro Jahr 2 Themenhefte mit jeweils 12-14 Artikeln und einem Literaturdienst zum Thema.
International Review of Information Ethics (IRIE) Online-Zeitschrift. Seit 2004, jährlich 2-3 Ausgaben.
Media Perspektiven, hrsg. im Auftrag der Arbeitsgemeinschaft Rundfunkwerbung. 12 Hefte pro Jahr. Saxer 1984; Saxer 1987; Groebel & Gleich 1990; Barthelmes 2001.
medien+erziehung – Zeitschrift für Medienpädagogik (merz), ab 1956, hrsg. vom JFF – Institut für Medienpädagogik in Forschung und Praxis München (H. 5/2005: Digital Divide)
Medienheft (vormals ZOOM Kommunikation und Medien) – Zeitschrift für Medienentwicklung und ihre gesellschaftspolitische Diskussion), ab 2002 Online-Zeitschrift (Texte, Dossiers, Nachrichten), hrsg. vom Katholischen Mediendienst und Reformierte Medien Schweiz (www.medienheft.ch). Saxer 1984; Loretan 1994; 1995; 1996; 1997; 2001.
Medien Praktisch – Zeitschrift für Medienpädagogik (1976-2003), hrsg. vom Gemeinschaftswerk der Evangelischen Publizistik (gep) Frankfurt a. M.: Tulodziecki 1987; Reich 1991; Tulodziecki & Aufenanger 1992; Funiok 1996/97; Capurro 1998; Debatin 1999; Hausmanninger 2001.
Medienpädagogik – Onlinezeitschrift, seit 2004 (wenigstens 2 Ausgaben pro Jahr)
Medium – Zeitschrift für Medienkritik (1971-1996), hrsg. von der Evangelischen Konferenz für Kommunikation Frankfurt a. M.
Message – Internationale Zeitschrift für Journalismus, hrsg. von Michael Haller, Leipzig, in Zusammenarbeit mit „British Journalism Review", Lu-

ton, und „Problemi dell' Informatione", Bologna. 4 Ausgaben pro Jahr, jeweils mit misslungenen und vorbildlichen Fällen und Formen von Journalismus, Forschungen zum Journalismus und einer Rubrik „Normen", unter welcher Beispiele aus der Spruchpraxis des Deutschen und des Schweizerischen Presserats behandelt werden.

Publizistik – Vierteljahreshefte für Kommunikationsforschung, ab 1955, hrsg. in Verbindung mit der Deutschen Gesellschaft für Publizistik- und Kommunikationswissenschaft (DGPuK): Binkowski 1981; Rühl & Saxer 1981; Boventer 1983c; Boventer 1984a; Schulz 1990; Pürer 1992; Langenbucher 1993; Westerbarkey 1995; Thomaß 1996; Pöttker 1998; Jarren 1999; Schönhagen 1999; Schwarz 1999; Rühl 1999; Vowe 1999; Brosius 2000; Ladeur 2000; Merten 2000; Wolling 20001; Debatin 2002; Hausmanninger 2002; Ludwig 2002; Hartmann & Dohle 2005; Debatin 2006; Arnold 2008b; Bernhard & Scharf 2008; Trepte u.a. 2008; Schweiger & Weihermüller 2008; Brüggemann u.a. 2009; Engesser & Wimmer 2009; Pöttker 2010.

Rundfunk und Fernsehen (RuF), seit 2001 *Medien & Kommunikationswissenschaft (M&K)*, hrsg. vom Hans-Bredow-Institut für Medienforschung an der Universität Hamburg. Seit 1953, 4 Hefte pro Jahr. Kob 1978; Europäisches Fernseh- und Filmforum 1994; Meyen 2001b; Willems 2002; Hanitzsch 2007; Hanitzsch 2009; Hanitzsch & Seethaler 2009.

Stimmen der Zeit. Seit 1875. 12 Hefte pro Jahr. Auer 1979b; Roth 1979; Keller 1979; Auer 1980; Merkert 1980; Auer 1981; Elsässer 1982; Boventer 1983a; Roth 1983; Roth 1986; Merkert 1988; Fuchs 1991; Feige 1994; Simonis 2001; Laux 2002; Müller 2003.

tv diskurs – Verantwortung in audiovisuellen Medien, hrsg. von der Freiwilligen Selbstkontrolle Fernsehen (FSF) Berlin. Seit 1997, 4 Hefte pro Jahr. Die gelegentlichen medienethischen Artikel befassen sich mit Fragen der Medienselbstkontrolle und für Kinder und Jugendliche problematische Inhalte.

Zeitschrift für Didaktik der Philosophie und Ethik (ZDPE). Seit 1979, 4 Hefte pro Jahr. Sonderheft „Medienethik" 3/2006.

Zeitschrift für Evangelische Ethik – Kommentare, Studien, Berichte, Dokumentationen, Diskussionen, Rezensionen, Bibliographie. Seit 1957, 4 Hefte pro Jahr. Lüscher 1983; Saxer 1986; Wunden 1986; van der Meiden 1987; Schlögel 2001; Kaiser 2001; Thomas 2003.

Zeitschrift für Kommunikationsökologie (ZfK) seit 1999, ab 2005 *Zeitschrift für Kommunikationsökologie und Medienethik (ZfKM)*, hrsg. vom Institut für Informations- und Kommunikationsökologie Duisburg, jährlich 2 Hefte. Ab 2003 enthält Heft 1 jeweils die Beiträge der Jahrestreffen des Netzwerks Medienethik: „Medienethik in der Aus- und Fortbildung von Medienberufen" (2003); „Medien und globale Konflikte" (2004); „Mediale Praxis und Medienethik" (2005); „Bildethik" (2006); „Europäische Medienethiken" (2007); „Ethische und normative Dimensionen der politischen Kommunikation"(2008); „Web 2.0 – Neue Kommunikations- und Interaktionsformen als Herausforderung der Medienethik" (2009); „Ethik der Kommunikationsberufe: Journalismus, PR und Werbung" (2010).

(Zeitschrift für) Medienpsychologie – Zeitschrift für Individual- und Massenkommunikation, seit 1989. Rödding 1994; Galliker u.a. 1996; Grimm 1997; Frindte & Obwexer 2003; Hopf 2004.

Als medienethische Texte bedeutsam sind die Stellungnahmen gesellschaftlicher Gruppen, die Konventionen oder Programme von UNO und UNESCO, die Richtlinien der Europäischen Kommission. Auch „Kommunikationsordnungen" von Global Players, wie der Bertelsmannkonzern und den christlichen Kirchen mit ihren Erklärungen gehören dazu. Die kirchlichen Dokumente werden in Dissertationen vor allem aus kirchlich-theologischer Perspektive behandelt.

Päpstliche Kommission für die Sozialen Kommunikationsmittel (1971). *Pastoralinstruktion „Communio et Progressio" über die Instrumente der sozialen Kommunikation*, veröffentlicht im Auftrag des II. Vatikanischen Ökumenischen Konzils.

Päpstlicher Rat für die Sozialen Kommunikationsmittel. *Ethik der Werbung* (1997); *Ethik in der sozialen Kommunikation* (2000); *Ethik im Internet* (2002); *Kirche und Internet* (2002).

Kirchenamt der Evangelischen Kirche in Deutschland & Sekretariat der Deutschen Bischofskonferenz (1997). *„Chancen und Risiken der Mediengesellschaft" – Gemeinsame Erklärung der Deutschen Bischofskonferenz und des Rates der Evangelischen Kirche in Deutschland*. Hannover u. Bonn. (vgl. Schlögel 2001)

Europäisches Fernseh- und Filmforum (1994). *Verantwortlichkeit in der Mediengesellschaft. Stellungnahme zum Europäischen Fernsehen aus der Sicht der Nutzer.*

Europäische Kommission: Grünbuch *Leben und Arbeiten in der Informationsgesellschaft: Im Vordergrund der Mensch* (1996); Grünbuch *Jugendschutz und Schutz der Menschenwürde in den audiovisuellen und den Informationsdiensten* (1996); Grünbuch *Zur Konvergenz der Branchen Telekommunikation, Medien und Informationstechnologien* (1997); Grünbuch *Informationen des öffentlichen Sektors in der Informationsgesellschaft* (1998); Grünbuch *Urheberrechte in der wissensbestimmten Wirtschaft* (2008).

Bertelsmann-Stiftung (I. Hamm & Th. Hart) (2001). *Kommunikationsordnung 2010.*

Eine wichtige Institutionalisierung von Medienethik stellt die Errichtung von *Selbstkontrollgremien* und die öffentliche Darstellung ihrer Arbeit dar. Nach der „alten" *Freiwilligen Selbstkontrolle der Filmwirtschaft* (FSK, gegründet 1949) entstand der *Deutsche Presserat* (1956; Jahrbuch ab 1978), der Österreichische Presserat (1961) und der Schweizer Presserat (Stellungnahmen ab 1990 im Internet veröffentlicht). Später kam der *Deutsche Werberat* (1972) hinzu, der Deutsche PR-Rat (1987), die *Freiwillige Selbstkontrolle Fernsehen* (FSF, gegründet 1993; Periodikum *tv diskurs* seit 1997), die *Unterhaltungssoftware Selbstkontrolle* (USK, gegründet 1994) und die *Freiwillige Selbstkontrolle Multimedia Diensteanbieter* (FSM, gegründet 1997).

An *wissenschaftlichen Vereinigungen*, die sich ausschließlich mit medienethischen Fragestellungen beschäftigen, gibt es im deutschen Sprachraum zwei: seit 1996 das *Netzwerk Medienethik* (Darstellung bei Wunden 2001) und die 2001 errichtete *Fachgruppe „Kommunikations- und Medienethik"* der „Deutschen Gesellschaft für Publizistik- und Kommunikationswissenschaft" (DGPuK). Seit 2002 veranstalten beide eine gemeinsame Jahrestagung, jeweils im Februar in München.

Der *Verein zur Förderung der publizistischen Selbstkontrolle (FPS)*, gegründet 2004, hat es sich zum Ziel gesetzt, die Praxis der Medienselbstkontrolle bekannter zu machen und die betreffenden Gremien anzuregen, ihre Spruchpraxis an einheitlichen Kriterien auszurichten.

Initiative Qualität im Journalismus (IQ). Charta 2002 vom Deutschen Journalisten-Verband (DJV) angenommen, inzwischen von weiteren 11 Institutionen mitgetragen. Das Aus- und Weiterbildungskonzept haben 25 Einrichtungen unterzeichnet.

Netzwerk Recherche e.V. Gegründet 2002, Vorsitzender Thomas Leif. Als eine kritische Plattform will diese Initiative journalistische Recherche in der Praxis stärken, indem sie den verbesserungswürdigen Zustand der Recherche in deutschen Medien bekannt macht und Aus- und Weiterbildungskonzepte entwickelt. Das Netzwerk Recherche vergibt jährlich den „Leuchtturm-Preis" für vorbildlichen investigativen Journalismus und den Negativpreis „Verschlossene Auster" für schlechte Kommunikation und Missachtung der Öffentlichkeit.

Nachrichten-Aufklärung. 1997 von Peter Ludes u.a. gegründet. Diese Initiative wählt jährlich aus Vorschlägen diejenigen wichtigen Nachrichten und Themen aus, die in den Medien nicht genügend berücksichtigt wurden, und veröffentlicht diese Liste (von zumeist 10 Themen). Literatur: Pöttker 1999b; Pöttker & Schulzki-Haddouti 2007.

Ethikrat der Akademie für Publizistik, Hamburg – Medienethische Online-Beratung für Journalisten. Seit Juli 2003. Ein Vierer-Gremium berät Journalisten in konkreten Entscheidungssituationen; Vertraulichkeit wird gewährleistet.

Journalisten-Preise: Sie sind nach Ruß-Mohl (1994) ein Infra-Strukturfaktor zur Qualitätssicherung im Journalismus. Die Zeitschrift „V.i.S.d.P. – Magazin für Medienmacher" listete Ende 2006 insgesamt 50 deutsche Journalistenpreise auf. Wenn auch die Preisgelder recht beachtlich sind (von 10.000 bis 70.000 €), so mangelt es nach Ruß-Mohl (2003, 343 f.) in Deutschland – im Unterschied zu den USA – sehr an Aufmerksamkeit in den Medien und damit in der Öffentlichkeit.

Auch wenn diese Auflistung zeigt, dass die deutschsprachige Medienethik seit Mitte der 1980er-Jahre an Publikationen, Selbstkontrollgremien und Vereinigungen zugenommen hat, ist abschließend zu fragen: Hat sich die Situation der Medienethik auch qualitativ verbessert? Dazu sollen die drei wichtigsten

Mängelanzeigen und Forderungen an die Medienethik aufgegriffen werden, wie sie Saxer (1970; 1986; 1992), Rühl (1980b) und Rühl & Saxer (1981) formuliert haben.

(1) *Überwindung der Instrumentalisierung medienethischer Aussagen*: Saxer (1970) hatte bemängelt, dass gesellschaftliche Gruppen – hier stellt er den politisch-wirtschaftlichen Kreisen die Kirchen und Schulen gegenüber – mit jeweils ihrer Werthierarchie „die publizistische Ethik zu verbessern" suchen (a.a.O, 30), also ihre Wertposition auf die Journalisten projizieren. Diese hätten jedoch die in der Gesellschaft vorhandene Wertpluralität zum Ausdruck zu bringen. Wo von außen „die Verwirklichung ethischer Werte angesonnen wird" (a.a.O, 24), liege eine Verschleierung von Gruppeninteressen vor. Wenn Journalistenverbände selbst in Feiertagsreden ihr Ethos reflektieren, komme es oft zu idealisierten Darstellungen der eigenen Rolle und Verantwortbarkeit. Ethik verkomme so zur Ideologie (Saxer 1986, 22); dem müsse mit Ideologiekritik begegnet werden. Es stellt in der Tat eine bleibende Aufgabe der Ethik dar, diese Instrumentalisierungen von Moral zu durchschauen und zu vermeiden (s. 1.5.2). – Ein unbefangener Blick in die heutigen Veröffentlichungen zeigt, dass dies der deutschsprachigen Medienethik weit gehend gelungen ist; lediglich Leschke (2001) sieht bei fast allen Autoren nur Ideologie und beschränkt sich – wohl um ihr nicht selbst zu verfallen – auf deskriptive Wertanalysen der Medieninhalte.

(2) *Ausreichende wissenschaftliche Fundierung:* Mit Recht haben die beiden Kommunikationswissenschaftler Rühl und Saxer gefordert, dass Medienethik auf dem Stand der aktuellen fachwissenschaftlichen Differenzierungen des komplexen Medienkommunikationsprozesses sein müsse. Aufzugreifen sei, was die Forschung zum aktuellen Rollenselbstbild, zu den journalistischen Routinen sage oder wie sie die gegenseitige Abhängigkeit von Public-Relations und journalistischer Recherche bzw. Auswahl sehe. Auch müsse klar sein, dass die in den Kodizes formulierten Handlungsmaximen „den Publizisten bei ihren Entscheidungen in Normkonflikten helfen können, diese aber nicht aus der Welt schaffen." (Saxer 1970, 31). Zu ergänzen sei vor allem die individualethische Betrachtungsweise, und zwar durch die weit wichtigere organisationsethische Perspektive, also die Mesoebene des Mediensystems (Rühl & Saxer 1981, 479 ff.; Saxer 1992, 115). Auch sollten die gesinnungs- und die verantwortungsethische Perspektive miteinander versöhnt werden (Saxer 1970, 28).

Diese Forderungen wurden inzwischen von der anderen, an Medienethik beteiligten Wissenschaft, nämlich der Moralphilosophie, weitgehend eingelöst: Die meisten ihrer Entwürfe verstehen sich primär als sozial- oder strukturethische. Es gibt sogar gelungene Versuche, die Luhmann'sche Systemtheorie – welche vielen Kommunikationswissenschaftlern als Metatheorie gilt – mit Forderungen der christlichen Soziallehre (z.B. nach Teilhabegerechtigkeit) zu verbinden (vgl. Filipović 2007). Daneben werden die demokratische Öffentlichkeit und inhaltliche Vielfalt, Wahrhaftigkeit, aber auch die souverän auswählende Aktivität der Rezipienten als Prinzipien gesehen. Angenommen haben durchgehend alle philosophischen und theologischen Ethiker die Tatsache, dass wir in einer wertpluralen Gesellschaft leben. In ihr gibt es zwar sich widersprechende Auffassungen, welche Werte ein gelungenes Leben ausmachen, aber Einigkeit herrscht über die Notwendigkeit und Möglichkeit eines demokratischen Konsenses, wie eine gerechte Verteilung materieller und geistiger Güter zu bewerkstelligen ist (vgl. Laux 2002). Gelungen scheint auch die Abgrenzung der Medienethik zur Medienpolitik bzw. Medienrecht und zur Medienpädagogik (Medienkompetenz) – bei gleichzeitiger Verbindung zu diesen anderen Faktoren einer demokratischen Medienkultur.

(3) *Empirische Erfassung der Steuerungsressource Moral:* Rühl und Saxer hatten gefordert, den spezifischen Beitrag der Moral zur gesellschaftlich gewünschten Steuerung des Mediensystems empirisch zu erfassen – im Vergleich mit und in Interaktion zu den anderen Steuerungsressourcen wie Recht, staatliche Regulierungen vs. Selbstkontrolle sowie reaktionsinternen organisatorischen Normen. Dieser Forderung sind die meisten Autoren – wie mir scheint zu Recht – kaum nachgekommen, liegt ihr doch ein Missverständnis über die Eigenart der Moral zugrunde. Wie in 1.2.2 näher ausgeführt, sind mit dem individuellen oder kollektiven Ethos Verpflichtungen formuliert, die zwar bindend sind, denen man sich aber doch entziehen kann und oft auch entzieht – aus moralischer Schwäche oder in Anspruchnahme einer berechtigten Ausnahme. Es geht nicht an, diese Inkonsequenzen der Moral oder ihrer Reflexionstheorie Ethik als Schwäche anzulasten, und sie als unklare und schwache Steuerungsressource zu diskreditieren.

Ist die Entwicklung der deutschsprachigen Medienethik also eine Erfolgsgeschichte? Zweifellos hat die Quantität und Qualität der Publikationen seit Mitte der 80er-Jahre erheblich zugenommen. Unzweifelhaft ist, der Medienentwicklung folgend, auch die Zahl der Selbstkontrolleinrichtungen größer geworden; im Zuge des Abbaus staatlicher Kontrollfunktionen kam es – auch im Vorgriff auf Europäischen Regelungen – zu neuen Kombinationen von staatlicher bzw. gesetzlicher Regulierung und Selbstkontrolle (z.B. im Staatsvertrag zum Jugendmedienschutz 2003). Dabei ist in den Medienbranchen das Bewusstsein gewachsen, die Selbstkontrolle zwar mit einem gewissen gesetzlichen Freiraum, aber in gesamtgesellschaftlicher Verantwortung wahrnehmen zu sollen.

Darf man also mit der Entwicklung der deutschsprachigen Medienethik zufrieden sein? Die Ansehnlichkeit der hier erstellten Auflistung von Publikationen kann über das geringe Ausmaß, vor allem die mangelhafte Qualität der *öffentlichen Diskussion medienethischer Fragen* hinwegtäuschen. Denn wenn ihnen auch grobe journalistische Fehlleistungen oder Schüler-Amokläufe zu kurzfristiger Aufmerksamkeit verhelfen, so muss die Beschäftigung mit ihnen noch an Kontinuität und Qualität gewinnen – in der Öffentlichkeit und in der Kommunikationswissenschaft.

1.2   Ethik: Wissenschaftliche Beschäftigung mit der Moral

1.2.1   Unterscheidung von Moral und Ethik

Moral wird gelebt, zu ihr wird erzogen, es gibt sie in allen sozialen Kontexten – sichtbar an den Sanktionen bei Verletzung für wichtig erachteter moralischer Normen. Unter Moral ist die Gesamtheit der in der Gesellschaft vorfindbaren moralischen Urteile, Normen, Ideale, Tugenden und Institutionen zu verstehen (vgl. Ricken 2003, 7). Das Gegenteil von moralisch ist nicht unmoralisch im Sinne von sittlich schlecht, sondern „außermoralisch", d.h. zu einem anderen Bereich des menschlichen Lebens als dem der Moral gehörig. Die moralische Sprache gebraucht normative Ausdrücke wie „richtig", „gesollt", „gut" in einem nicht nur zweckdienlichen, sondern in einem absoluten Sinn.

Ethik ist die wissenschaftliche Beschäftigung mit dem Bereich der Moral. In der Alltagssprache werden die Begriffe Moral und Ethik – vor allem die Adjektive ethisch und moralisch – meist gleichbedeutend verwendet; für die Fachdiskussion ist jedoch an dieser Unterscheidung festzuhalten. Woher kommen beide Begriffe Moral und Ethik, die oft verwechselt werden? Als eigenständige philosophische Disziplin wird Ethik erstmals bei Aristoteles systematisch entfaltet. Er ordnet die Ethik mit der Ökonomie und der Politik der Philosophie zu, die sich mit der Praxis, dem Handeln beschäftigt. Im Unterschied zur theoretischen Philosophie, die ihr Interesse auf das Erkennen und das Sein richtet, untersucht die *praktische Philosophie* die menschlichen Handlungen auf ihre Ziele und Kriterien hin – u.a. unter dem ethischen Aspekt des letzten Ziels allen „guten" Handelns, d.h. des (schlechthin) Guten und Richtigen.

Warum beginnt man bei philosophisch-ethischen Überlegungen immer in der Antike und kommt auch um die Behandlung von historischen Positionen wie die von David Hume und Immanuel Kant nicht vorbei? Nida-Rümelin (1996, 7) verweist auf die erstaunliche Konsistenz der Theorien und Kriterien der philosophischen Ethik:

> „Im Gegensatz zu den meisten anderen wissenschaftlichen Disziplinen, ja sogar im Gegensatz zu anderen Branchen der Philosophie, haben diese Kriterien und Theorien oft bis heute erstaunlich wenig an Aktualität eingebüßt. Während die naturphilosophischen Spekulationen der Vorsokratiker oder die erkenntnistheoretischen Systeme der Rationalisten nur mehr von philosophiehistorischem Interesse sind, können die Ethiken des Aristoteles, Mills oder Kants auch ein systematisches Interesse beanspruchen."

Aristoteles leitet Ethik (ta _e_thika) vom griechischen Begriff _e_thos (= Aufenthaltsort, Gewohnheit, Brauch, Charakter) her und betont, dass „Tugenden" – wir würden heute sagen: aus Wertorientierungen entstandene Grundhaltungen – durch „ethos" (Gewöhnung) entstehen (Nik. Ethik II, 1), durch die Übernahme von gesellschaftlichen Moralvorstellungen und Normen. Wesentlich für sittliche Grundhaltungen sei aber auch das Bemühen des Einzelnen, die beim Handeln mögliche Vollkommenheit zu *erkennen* und willentlich anzustreben. Im Lateinischen übersetzt Cicero das griechische Verständnis von Ethik mit dem Begriff „philosophia moralis" (Moralphilosophie). Der Ausdruck „mos" (Plural: „mores") vereinigt die Bedeutungen beider griechischer Ethos-Begriffe: Sitte und Gewohnheit auf der einen und Charakter und begründete Entscheidung bzw. Tugend auf der anderen Seite. Vom lateinischen Begriff leitet sich unser deutsches Wort *Moral* ab.

Manche Autoren sprechen nicht von Moral (vielleicht wegen der heutigen Konnotation mit „Sexualmoral"?), sondern von *Ethos* als der „Gesamtheit der normativen Gehalte, die im menschlichen Leben und seinem Miteinander bestimmend sind." (Kluxen 1997, 35). Für beide Begriffsverwendungen gilt: Moral oder Ethos sind – auch wenn sie auf strukturale Vorgaben der Natur aufbauen – Teil einer konkreten Kultur oder Lebenswelt, sie sind geschichtlich gewachsen und damit singulär. Dennoch sind sie immer unter der universalistischen Perspektive der Moralität zu rechtfertigen, d.h. sie müssen allgemeinen ethischen Prinzipien genügen. Die Pluralität von Moralen und Ethos-Formen darf freilich nicht in dem Sinn missverstanden werden, als könne man über Moral nichts Eindeutiges sagen. Ferner gibt es im Bereich des menschlichen Handelns keine „moralfreien" Räume; denn als Menschen können wir nicht umhin, unser Handeln daraufhin zu befragen, ob es gelungen oder misslungen, sinnvoll oder sinnlos, gut oder böse ist. Und „Moral" oder „Sittlichkeit" stehen für die Notwendigkeit, moralische Sinngesichtspunkte geltend zu machen; „es gibt kein Handlungsfeld, das nicht bereits moralisch ausgelegt ist." (Wieland 1996, 48)

Im Unterschied zur Moral der Gesamtgesellschaft oder Sprachgemeinschaft meint das *Ethos einer bestimmten Berufsgruppe* deren besondere Art einer guten, qualitätsvollen Berufsausübung, deren typische Moralauffassung. Die tradierten Routinen und Regelsysteme eines Ethos gewinnen ihre Verbindlichkeit unter anderem dadurch, dass sie sich in der Praxis bewährt haben – es sind die Konzepte, an denen sich individuelles und soziales Handeln normalerweise ausrichtet. Für die Medienethik zentral ist die Beschäftigung mit dem Berufsethos der Medienschaffenden, mit den Selbstkontrollgremien, die dieses Ethos der Gesellschaft gegenüber vertreten und nach innen für dessen Berücksichtigung in der Berufspraxis sorgen.

1.2.2 Deskriptive und normbegründende Ethik

Begriffsklärungen machen klar, um welche Sache es geht und um welche nicht. Wann ist eine Handlung moralisch bedeutsam, was macht die *Eigenart des Moralischen* aus? Nach Holderegger (1995, 384 f.) sind hier drei Elemente wichtig:

Erstens ist menschliches Handeln nur dann moralisch bedeutsam, wenn es einem bewusst Handelnden zugerechnet werden kann, wenn *Bewusstheit und Freiwilligkeit* vorliegen, wenn es „verantwortet" werden kann.

Moral hat zweitens immer Sollenscharakter, d.h. es handelt sich um Ansprüche oder *Appelle*, welche im Unterschied zum Recht auf *freiwillige* Zustimmung (Selbstverpflichtung, sittliche Bindung) ausgerichtet sind. Die bewusste Anerkennung des moralischen Imperativs ist dabei das Entscheidende: die praktische Vernunft vermag zwischen gut und böse zu unterscheiden und sie fordert dazu auf, das Gute zu tun, das Falsche zu unterlassen. Dieser freien Anerkennung widerspricht es nicht, dass man bei Abweichungen von der allgemeinen Moral oder vom Gruppenethos mit Sanktionen zu rechnen hat – in Form von Kritik, Zurechtweisung, Verurteilung oder sogar Ausschluss aus der Gemeinschaft. Bayertz (2002, 33) fügt dem hinzu: Die Gesellschaft könne sich nicht auf die Moralität der Individuen allein verlassen, nicht alle seien jederzeit moralischen Argumenten zugänglich; auch sollte die Gesellschaft „ihre Strukturen so einrichten, daß einerseits die ‚günstigen Gelegenheiten' zum unmoralisch-Sein möglichst rar bleiben, und daß sich andererseits moralisches Handeln ‚lohnt'."

Ein drittes Element ist – wiederum nach Holderegger – die Tatsache, dass wir das eigene Handeln und das Handeln anderer Menschen ständig *bewerten*. Dies geschieht einmal nach Kriterien der sachlichen Angemessenheit, der technischen, taktischen oder strategischen Richtigkeit; diese ist aber in vielen Fällen nicht mit moralischer Richtigkeit identisch. Eine zweite Form der Bewertung menschlichen Verhaltens ist die der sozialen Angemessenheit: passt es in den sozialen Kontext mit seinen Konventionen, Trends, Überzeugungen, moralischen Standards? Die eigentlich moralische Bewertung benutzt Kriterien, welche über die Zweckrationalität und die soziale Angepasstheit hinausgehen: Moralisches Verhalten ist eine Sache des Charakters, eine Gewissensforderung – etwas, was den Einzelnen (oder auch eine Berufsgruppe) unbedingt angeht.

Über diese Grundelemente der moralischen Handlungsqualität besteht unter philosophischen Ethikern Konsens. Sie streiten sich jedoch darum, wie die Eigenart des Moralischen *näher* zu bestimmen ist. Der Utilitarismus hebt darauf ab, dass moralische Präferenzen meist auch mit außermoralischen Neigungen und Wünschen verbunden sind. Die deontologischen Ethiken verstehen das Moralische als unbedingte Pflicht des freien, sich selbst bindenden „Subjekts". Die teleologische Argumentation begründet Richtig und Falsch von den Konsequenzen des Handelns her. Aber die Grundbestimmungen der moralischen Handlungsqualität bleiben davon unberührt.

Ethik – als die Wissenschaft von der Moral oder die Reflexion auf Moral – kann zwei unterschiedlichen *Methoden* folgen: Sie kann sich philosophischer, aber auch erfahrungswissenschaftlicher Methodik bedienen. Im einen Fall folgt sie den in zweieinhalb Jahrtausenden entwickelten Begründungsweisen von Moral, im andern Fall erforscht sie empirisch die vorhandenen moralischen Überzeugungen, mit soziologischen, ethnologischen oder psychologischen

Kategorien und Methoden. Dabei wird nicht der Versuch gemacht, den Wahrheitsgehalt moralischer Urteile zu klären, die Kriterien der moralischen Beurteilung bleiben ausgeklammert. Moralische Überzeugungen werden vielmehr als faktisch vorhanden beschrieben, sie erscheinen als subjektiv, kulturell verschieden und wandelbar. Für den Bereich der Medienethik gibt es vor allem Untersuchungen zur journalistischen Berufsmoral (Thomaß 1998; Scholl & Weischenberg 1998).

Obwohl die philosophische und die erfahrungswissenschaftliche Ethik sich in ihrer wissenschaftlichen Methode und ihrem Anspruch nach unterscheiden, wird man doch für den Bereich der Medienethik für eine Kooperation plädieren – vor allem, wenn einem das Praktizieren von Moral und deren Plausibilität im Medienbereich ein Anliegen sind. Im pragmatistischen Ethik-Verständnis von Georg Herbert Mead und John Dewey steht nicht die diskursive Rechtfertigung von Normen und Werten im Vordergrund, sondern deren kreative Anwendung und Konkretisierung auf die kontingente Handlungssituation hin (Joas 1997, 267). Die faktische Gültigkeit von Normen und ihre philosophische Begründung hängen auch für solche Autoren zusammen, die fordern, zur Begründung von Moral nicht nur logische Herleitungen, sondern auch den Verweis auf fraglose moralische Gewissheiten oder Tugenden gelten zu lassen (z.b. Müller 1995, 154). Eine philosophische Ethik, die sich deshalb auch die Verteidigung und Weiterentwicklung von Moral zur Aufgabe macht, wird notwendigerweise Interesse an der konkreten empirischen Ausprägung des Ethos haben.

Im Unterschied zur *deskriptiven* Ethik ist die philosophische Ethik jedoch immer eine *normative* Ethik im Sinne von normbegründender und normexplizierender Ethik, d.h. sie fragt nach der Legitimierbarkeit der Normen und Ideale, sie versucht mit logischen Mitteln (Maximen und Ableitungen) eine inhaltliche Begründung dieser Normen zu geben – sie werden auch Begründungen erster Ordnung genannt (Ricken 2003, 5). Diese *normbegründende* Ethik ist die „starke" Form von Ethik und wird in ihrer Wissenschaftlichkeit und „Objektivität" von vielen (auch von Philosophen) angezweifelt. Es spricht jedoch vieles dafür, die normbegründende Ethik für die inhaltlichen Bestimmung von Normen für notwendig zu halten. Denn nur wenn man die Kriterien für moralisch gutes und schlechtes Handeln angibt – sie werden oft in formalen Regeln zur Güterabwägung und Vermeidung unerwünschter Nebenfolgen gekleidet –, nur dann wird man dem Gesamtphänomen des Moralischen gerecht und macht ethische Grundüberzeugungen und die Widersprüche zwischen ihnen argumentierbar. Das gilt auch für den Bereich der Medienmoral, für die Bestimmung von Verantwortlichkeiten im Prozess der Medienkommunikation.

Die philosophische Ethik befasst sich aber auch vergleichend mit den formalen Eigenarten der Begründungen (Begründungen zweiter Ordnung) oder untersucht die Besonderheiten der moralischen Sprache. Diese Form philosophischer Ethik wird *Metaethik* genannt. Ricken (2003, 7) gibt Beispiele für diese beiden Begründungsebenen der philosophischen Ethik:

„‚Ein gegebenes Versprechen soll gehalten werden', ‚Jeder Mensch ist als Zweck an sich selbst zu behandeln' sind Aussagen der normativen Ethik. ‚Es gibt keine objektiv verbindlichen, richtigen und begründbaren moralischen Normen' oder ‚Moralische Sätze dienen ausschließlich dem Ausdruck von Gefühlen' sind Aussagen der Metaethik. ‚Darf man einen unschuldigen Menschen töten?' ist eine Frage, welche die normative Ethik zu beantworten hat. ... ‚Worin unterscheidet sich der moralische Gebrauch des Wortes gut vom außermoralischen Gebrauch?' ist eine Frage der Metaethik".

Bevorzugter Gegenstand vieler philosophischen Untersuchungen der letzten Jahrzehnte war die *moralische Sprache*. Mit ihren normativ-vorschreibenden Ausdrücken und Sätzen unterscheidet sie sich elementar von deskriptiven Sprachformen. Viele sprachphilosophischen Ethiker bemühten sich ausdauernd, die normativen Elemente der Sprache in deskriptive Prädikatoren zu überführen – teils um ihre Bedeutung genauer zu verstehen, teils um sie als zu vage aus der wissenschaftlich-deskriptiven Sprache auszuklammern.

Die Analyse der moralischen Sprache klammert die Frage der Begründung des Normativen aus. Sie wird oft als *Metaethik im engeren Sinn* bezeichnet. Da sie auch den Wahrheitsanspruch moralischer Sätze prüft, ist sie auch eine Metatheorie der normativen Ethik (vgl. Ricken 2003, 19 f.).

1.2.3 Verschiedene Begründungen der Pflicht, moralisch zu handeln

Die allgemeine Ethik ist ein primär theoretisches Projekt, sie befasst sich nicht mit der Lösung konkreter moralischer Probleme – das tun die Bereichsspezifischen Ethiken oder die Angewandte Ethik. Die Allgemeine Ethik interpretiert und diskutiert, wie sich Moral mit Vernunftargumenten begründen lässt und welche Erkenntnisweisen in der ethischen Theoriebildung legitim sein sollen. Wie lässt sich also die Pflicht, moralisch zu handeln, plausibel erklären? Die verschiedenen historischen Theorien begründen Moralität nach jeweils ihrer paradigmatischen Grundintuition (vgl. Nida-Rümelin 1996; Ott 2001).

1.2.3.1 *Tugendethik*

Da ist einmal das tugendethische Paradigma, welches von Aristoteles stammt und gegenwärtig eine Renaissance erfährt (vgl. Müller 1998, 13 ff.). „Ethische Tugend ist nach Aristoteles die Verfassung des Strebevermögens, die zur richtigen Entscheidung befähigt." (Ricken 1998, 185). Moralische Tugenden sind sozialisatorisch erworbene Einstellungen und Haltungen, kraft derer wir geneigt sind, das Gute zu tun. Tugenden sind eine Weise des Sich-selber-Habens, sie konstituieren einen ‚Habitus', sind Teil der individuellen und sozialen Identitätsentwicklung. Für die Identität haben Tugenden die Funktion der Erinnerung an die Erfordernisse bekannter sozialer Kontexte, an das eigene Leistungsvermögen. (vgl. Beirer 1995, 93 f.) Als Lebensorientierungen und Leitbilder des Handelns sind sie gelebte Überzeugungen von richtig und falsch – stabile Verhaltensdispositionen, aus denen heraus wir nach vernünftiger Überlegung, meist aber intuitiv moralisch urteilen und handeln.

Die Summe relevanter Tugenden bilden einen „guten Charakter" oder wie es heute oft heißt: eine angemessene „moralische Kompetenz". Voraussetzungen dafür sind nach Beirer (1995, 99-103) Einzelkompetenzen wie:

- Lernbereitschaft und Lernfähigkeit,
- Kritik- und Konfliktfähigkeit,
- Fähigkeit zu Zusammenarbeit und Kommunikation,
- Fähigkeit zu solidarischen Handeln,
- Fähigkeit zu Selbstwahrnehmung und Selbsterkenntnis,
- Bereitschaft zu Selbstannahme, Selbstgestaltung und Selbstverantwortung;
- Fähigkeit zur Einheit von Denken und Fühlen, Verstand und Willen;
- Fähigkeit zu Freiheit und Verantwortung,
- Fähigkeit zur Annahme und Bewältigung von Schuld,
- Fähigkeit zu Abschied, Leid und Trauer,
- Fähigkeit zur Sinnannahme und Sinngestaltung.

Dabei fordere die aristotelischen Mesótes-Lehre nicht nur zum abwägenden Reflektieren zweier Extrempositionen auf, sondern zu einer „gefühlten" Identitätsbalance in der Mitte des jeweiligen Menschen.

Die abendländische Tradition kennt seit Platon ein Viergestirn an Tugenden: Klugheit (oder Weisheit), Gerechtigkeit, Tapferkeit (oder Mut) und Mäßigung. Die Klugheit nimmt dabei insofern eine Sonderstellung ein, als sie eine umfassende Beurteilungskompetenz darstellt; mit ihr vermögen wir auch in komplexen und zunächst unüberschaubaren Situationen nach unserer Verantwortung zu fragen und konkrete Lösungen zu suchen, wie wir ihr gerecht werden können. Aber beim Handeln aus Tugend geht es nicht primär um denkerische Prozesse, sondern um Handeln aus Gewohnheit, aus einer stabilen Handlungsbereitschaft heraus. Aus-Tugend-Handeln führt im Idealfall zu einer Kultivierung der Gefühle: Moral als „Vernunft der Gefühle" (vgl. Mayer 2002). Tugenden sind keine rein formalen Kompetenzen, sie lassen sich nur im Blick auf bestimmte Werte, innerhalb eines konkreten sozialen Kontextes üben, in welchem normative Vorstellungen darüber tradiert werden, was zu einem „guten Leben" oder einer guten Berufspraxis gehört.

Den Werthaltungen von vorbildlichen Berufsvertretern (moral exemplars) kommt der Moralpsychologe Charles W. Huff mittels biographischer Interviews auf die Spur. Er fragt seine Interviewpartner nach den Momenten, auf die sie besonders stolz sind, aber auch nach ihren größten Niederlagen und Fehlern. Er will wissen, wer ihre Vorbilder sind und welche Unterstützung sie durch ein wertesensibles Umfeld (moral context) erwarten. Schließlich erstellt er in qualitativer Auswertung eine Rangliste der feldspezifischen Pflichten und Tugenden. Für Ingenieure und Informatiker steht z.b. die sorgfältige Dokumentation des Bauwerks oder Computerprogramms an oberster Stelle. (vgl. Huff & Barnard & Frey 2008; Huff & Barnard 2009) Für die Journalisten hat eine ähnliche Befragung Gardner u.a. (2001) durchgeführt; was dabei an vorbildlichem Ethos von US-amerikanischen Journalisten genannt wurde, wird weiter unten (S. 133 f.) wiedergegeben.

Für die *Mediennutzungsethik* betont Lübbe (1994, 314) die Bedeutung der Tugend der Mäßigung: „Die mit Abstand wichtigste moralische Regel … ist die, im Medienkonsum mäßig zu bleiben" – und das auch gegenüber moralisch einwandfreien Inhalten wie Nachrichten; es müsse in jedem Fall durch Maßhalten einem ‚Passivismus' entgegengewirkt werden. Eine Verbindung von Tugend – als der Bereitschaft, Verantwortung für das eigene Handeln zu übernehmen und es zu rechtfertigen – und der Kenntnis und Praktizierung professioneller Qualitätsstandards ist auch für einen Teil der *Journalismusethiken* zentral. Die so gefasste berufliche Tugend (vgl. Boventer 1984b; 1985; 1989; Schütz 2003) beinhaltet im Einzelnen: vorbildliche Handwerklichkeit, eigenständiges Urteil, das Bemühen um ein dem Berichtgegenstand angemessenes Wissen, Transparenz herstellende Offenheit und nicht zuletzt persönlicher Mut, demokratisches Engagement und – darin eingeschlossen – Solidarität mit Gruppierungen und Anliegen, die wenig Möglichkeiten haben, öffentliche Aufmerksamkeit zu gewinnen.

1.2.3.2   *Utilitarismus und Konsequentialismus*

Das zweite Paradigma ist das *utilitaristische*. Es besteht gemäß der Darstellung von Nida-Rümelin (1996, 7–20) einmal in einer speziellen Werttheorie, die besagt, dass ausschließlich menschliches Wohlergehen von Wert sei – dieses kann „hedonistisch" von einer Lust/Leid-Bilanz oder von den erfüllten Präferenzen einer Person her bestimmt werden (Präferenz-Utilitarismus). Das zweite Theorieelement ist das Prinzip der einfachen Aggregation: individuelles Wohlergehen wird addiert zu gesellschaftlichen Zuständen (jene sind besser, die für mehr Menschen dieses individuelle Wohlergehen ermöglichen). Als drittes Element dient das konsequentialistische Kriterium, demzufolge eine Handlung dann als moralisch richtig gilt, wenn ihre Folgen (für mein eigenes Wohlergehen und das möglichst vieler) optimal sind.

Im Zuge der Aufweichung seiner Werttheorie wurde der Utilitarismus zunehmend mit dem Konsequentialismus, also der unparteiischen Bewertung der Folgen einer Handlung gleichgesetzt; aber dieser Begründungsweg wird auch von anderen ethischen Ansätzen her beschritten, z.B. der deontologischen (vgl. Ricken 1998, 226 ff.). Neben der Folgenabschätzung ist in modernen Formen des Utilitarismus die Erörterung von Kooperationsproblemen zentral – diese werden meist am „Gefangenendilemma" erörtert. Kooperatives Verhalten, so die Kritik von Nida-Rümelin, optimiert aber von seinem Ansatz her nicht individuelles Wohlergehen und widerspricht konsequentialistischer Rationalität. –

Medienethische Ansätze greifen von diesem Paradigma lediglich die Folgenbewertung auf – wobei meist von Verantwortung die Rede ist. Auch wird das
utilitaristische Paradigma oft in Verbindung mit der Luhmannschen Gesell-
schaftstheorie aufgegriffen – vor allem im Kontext wirtschaftsethischer
Überlegungen (z.B. von Gerecke & Suchanek 1998).

1.2.3.3 Pflichtethik (Deontologie) und Diskursethik

Einen ähnlich eingeschränkten Gebrauch machen Medienethiker vom dritten,
dem *deontologischen* (kantischen) Paradigma oder der Pflichtethik. Ihre
Grundintuition ist die Freiheit und Selbstzweckhaftigkeit jedes Menschen –
womit seine Würde umschrieben wird –, seine Fähigkeit und Pflicht zu sittlicher Selbstbestimmung oder freier Selbstbindung an das als universell gültige
Pflicht Erkannte. Mit dem kategorischen Imperativ („Handle stets so, dass die
Maxime deines Willens jederzeit als Prinzip einer allgemeinen Gesetzgebung
gelten könnte") hat Kant eine formale Regel formuliert, mit welcher die eigene
sittliche Entscheidung auf ihre Universalisierbarkeit geprüft und mit Vernunftargumenten gerechtfertigt (oder kritisierbar) wird. – Zur Eigenart der meisten
journalistischen Kodizes gehört ihre „deontologische" Sprachform; im französischen Sprachraum nennt sich die journalistische Berufsethik sogar generell
„Déontologie".

Eine ins Kommunikative gewendete Neuauflage der Kant'schen Pflichtethik ist
die von J. Habermas (1983) und K.-O. Apel (1976; 1984) formulierte *Diskursethik*. In ihr sollen die „normativen Geltungsansprüche" einer Handlungsregel
nicht nur durch ein inneres Denkspiel, sondern in gewaltfreier Kommunikation
mit anderen begründet werden. Dieses Konzept wurde vielfach aufgegriffen
und hat seine Fruchtbarkeit erwiesen u.a. für die theologische Ethik (vgl. Arens
1996b; Arens 1997; Junker-Kenny 1998). Diskursethik ist nicht nur ein
Vorschlag für das Begründungsproblem von Moralität, sie stellt auf pragmati-
scher Ebene auch ein Verfahren ethischer Konsensfindung dar (vgl. Gottschalk-Mazouz 1999), ein unverzichtbares Hilfsmittel zur Realisierung von
Unparteilichkeit (vgl. Fenner 2008, 222).

Zusammen mit dem „Strukturwandel der Öffentlichkeit" (Habermas 1962)
ergeben sich Denk- und Praxisanregungen für eine Theorie der Öffentlichkeit
(Heming 1997), die Analyse der politischen Kommunikation in den Medien
(Gomes 2002) und für die gesamte Medienethik (Arens 1996a; Loretan 2002).
Dabei geht es um die Etablierung eines Dialogverfahrens, in welchem alle Mitglieder einer Gesellschaft (durch Repräsentanten) Fragen der sozialen Gerechtigkeit und einer partizipativen Medienordnung aushandeln. Auch innerhalb
von Berufsständen oder Medienbranchen kann dieses idealtypische Verfahren
zur Konsensfindung über Kodizes und Kriterien für Beschwerdeausschüsse
nutzbar gemacht werden. Wenn für die gemeinsame Urteilsbildung von den
Beteiligten Unparteilichkeit gefordert wird, kann das nicht bedeuten, sie sollten
von ihren persönlichen Überzeugungen und lebensweltlichen Vorgaben abse-
hen. Es geht lediglich – aber das ist viel – um die Bereitschaft, bei aller Wert-

pluralität einen für alle tragbaren Kompromiss auszuhandeln und so „prozedurale Gerechtigkeit" (Höhn 1992, 97-99) zu praktizieren.

1.2.3.4 Vertragstheorien

Das *vertragstheoretische* Paradigma (Kontraktualismus), welches von Hobbes begründet und heute von Rawls' „Theorie der Gerechtigkeit" (1971) geprägt ist, geht nach Nida-Rümelin (1996, 24–29) von dem Grundgedanken aus: Es gibt ein allen Personen gemeinsames Interesse daran, dass bestimmte Regeln befolgt werden – Regeln, die wahrhaftiges Reden und gegenseitiges Vertrauen vernünftig erscheinen lassen. Rawls' Modell stellt ein mehrstufiges Verfahren zur Sicherung institutioneller Gerechtigkeit bereit und ist für ein Ordnungsrecht, welches in sonst auf individuelle Bedürfnisbefriedigung eingestellten Gesellschaften Einschränkungen formuliert, unverzichtbar. Schon für Locke galt: Die Grundrechte des Individuums bekommen nicht erst durch den grundlegenden „Gesellschaftsvertrag" ihre Gültigkeit, sondern bestehen als unveräußerliche Menschenrechte schon vor jedem Vertrag, der dann die konkreten individuellen Rechte absichern hilft. – Auch für die Medienethik ist die ethische Begründung der demokratischen Grundordnung und mit ihr der Meinungs- und Medienfreiheit unverzichtbar. Selten aber werden diese historischen und systematischen Linien zurück verfolgt (eine Ausnahme macht Vowe 1999 und Pöttker 2010); diese Lücke soll deshalb im vorliegenden Entwurf (in Kap. 2) geschlossen werden.

Den Rückgriff auf individuelles Recht praktiziert das *individualrechtliche* Paradigma (Libertarismus). Dieser Ethik-Ansatz kann sich nach Nida-Rümelin (1996, 29–31) auf einen breiten moralischen Konsens nicht nur in westlichen Industriegesellschaften stützen. Während die Menschenrechte zunehmend als universal gültig betrachtet werden, erscheinen die individuellen Rechte auf einer mittleren Ebene als begründungsbedürftig. Die ethischen Begründungen werden konsequentialistisch, kontraktualistisch, deontologisch oder tugendethisch versucht. In jedem Fall kommt es zu einer Systematisierung der intuitiven Zuschreibungen fundamentaler Rechte. Der Vorzug dieses Paradigmas liegt für Nida-Rümelin darin, dass es sich „relativ eng an die lebensweltliche Moral anzuschließen" vermag (31).

1.2.3.5 Wertethik

Während die bisherigen Ethik-Theorien „kognitivistische", d.h. die Moralität mit Vernunftargumenten begründende Theorien waren, ist das *phänomenologische* Paradigma der *Wertethik* eine „emotivistische" Theorie, weil sie sich auf das Wert*fühlen* stützt. In der Darstellung von Pieper ([4]2000, 238–244) geht es diesem Ansatz darum, das gesellschaftliche und individuelle Wertbewusstsein, aber auch ein moralisches Sensorium wie das Gewissen phänomenologisch zu analysieren. Auch wenn die Wertethik (Klassiker waren N. Hartmann, M. Scheler, H. Reiner) heute unter Philosophen seltener vertreten wird, wird eine

Systematik der Werte vor allem in der Technik- und Umweltethik praktiziert –
im Zusammenhang mit Technikbewertung und Technikfolgenabschätzung
(vgl. Ropohl 1998 b; Hubig 1993, 139 ff. – wo zwischen „Vermächtniswerten"
und „Optionswerten" unterschieden wird). Auf das semantische Feld um den
Wertbegriff wird im übernächsten Abschnitt (1.2.5) noch näher eingegangen.

1.2.3.6 Postmoderne Ethik

Schließlich ist noch die *postmoderne* Ethik zu nennen, die wohl noch zu jung
ist, um eine unter Philosophen anerkannte Begründungsmethode zu entwickeln. Für die Medienethik bedeutsam ist sie wohl vor allem innerhalb der
Publikumsethik. Der oben von Lübbe vehement vorgetragene, rigide Ver-
zichtsappell wird von Vertretern dieses Ansatzes zur „spielerischen Selbstbeherrschung" (Früchtl 1998) verflüssigt. Das Verpflichtende soll nicht mehr
zwingen; es ist als das „Authentische" ein Moment der Identitätsfindung und
der ästhetischen Lebensführung. Kultur ist „Lebenskunst"; das Gute gilt es
unter dem „Schein" des Ästhetischen, welches deutlich individualistische und
inszenatorische Elemente besitzt, zu entdecken. Bei diesem Ethikentwurf
besteht freilich die Gefahr, dass er die zweifellos bestehende Wertepluralität
überbetont und als Ethik der gut Situierten die Forderung nach Kommunikati-
ons- und Selbstverwirklichungschancen für alle (Gerechtigkeit) vernachlässigt.

Die heutige Leichtfertigkeit, nach Moral zu rufen und sich mit ihr zu schmü-
cken, kritisiert Jürgen Werner in der Süddeutsche Zeitung 6./7.7.2002, S. I.).

„Es fehlt nicht an Moral, wir gehen mit der Moral nur unmoralisch um. Das ist
der Skandal. Die Entwicklung strebt dahin, Gut und Böse, Wahrheit und Lüge
weniger als sittliche, denn als farbliche Valeurs zu nehmen. Moral ist Mode geworden. Wie man vor Jahren gern zur Coolness etwas Sarkasmus getragen hat,
so schmückt sich der Mensch von Welt heute mit der Klage über den Werteverfall. ... Es gibt eine Kategorie in der Moral, die nicht ihr höchstes Prinzip dargestellt, aber als ihr tiefster Gedanke gelten kann: der Ernst. Jede Mode lebt vom
Spiel, vom Formenspiel, über das sie auf Menschen wirkt; sie besitzt nichts
anderes als diesen Effekt. Eine Moral hingegen, die zur Mode geworden ist,
verliert mehr als ihren Einfluss auf Menschen, wenn sie bloß als äußere Er-
scheinung auftritt, als komischer Anstandsanstrich. Sie verschwindet mit der
Mode. Das ist das Gefährliche und Unerträgliche an der Mode, dass sie ihre
Herrschaft auf Gebiete ausdehnt, auf denen üblicherweise Strenge, gepaart mit
Nachsicht und Sachlichkeit, regiert: in der Wissenschaft, der Religion, der
Politik. ... Die Moral sollte bleiben, was man ihr immer unterstellt hat: ver-
staubt. Andernfalls wird sie zum *dernier cri*."

Die hier versuchte Kurzcharakteristik der Ethik-Theorien konnte bei weitem
nicht alle relevanten Aspekte aufzählen, schon gar nicht behandeln. Dieser
Überblick sollte lediglich verdeutlichen, dass in der normativen Ethik eine
Vielfalt von Theorien nebeneinander bestehen, die zum Teil miteinander
kombiniert werden, ohne dass bisher eine vereinheitlichende Theorie gefunden
wurde.

1.2.4 Normen, Ideal- und Praxisnormen

Ein weiterer Grundbegriff der Ethik ist *moralische Norm*. Moralische Normen formulieren mehr oder weniger konkrete Handlungsregeln: „Diese bestimmte Handlung oder Unterlassung ist moralisch möglich oder erlaubt, sie ist geboten oder sie ist verboten". Von Normen ist in den mit Moral beschäftigten Sozialwissenschaften meist mehr die Rede als in der philosophischen Ethik. Das hängt damit zusammen, dass der Normbegriff im späten 19. Jahrhundert einsetzt und sich erst im 20. Jahrhundert voll etabliert (Korff 1996, 59), dann aber in viele Bereichen – Sprache, Recht, Technik, Wissenschaft, Ästhetik – Eingang gefunden hat. Für viele philosophische Ethiker bleibt Norm ein zu neuer Begriff, von dem aus die alte Frage nach dem Prinzip der Sittlichkeit nicht beantwortbar erscheint – weshalb alte Begriffe wie „Gerechtigkeit", „Pflicht", „gutes Leben" oder „Tugend" häufiger benutzt werden.

Korff (1996) macht darauf aufmerksam, dass es moralischen Normen gegenüber nicht nur eine Gehorsamsverantwortung gibt, sondern in Zeiten wissenschaftlich-technischen und kulturellen Wandels verstärkt auch eine Gestaltungsverantwortung. Nachdem viele sich ausdifferenzierende Bereiche nicht mehr religiös-weltanschaulich und auch nicht mehr berufs- und standesethisch normiert werden, ist es in vielen modernen Handlungsbereichen nötig, neue Normen zu entwickeln und verbindlich zu machen. Welche Normen und Beschränkungen müssen wir, wollen wir verantwortlich handeln, uns im Verbrauch der natürlichen Ressourcen auferlegen, im Einsatz medizinischer Techniken – und eben auch im Wachstumsbereich Medien?

Mit Bayertz (1991, 12) und Irrgang (1998, 156 f.) lassen sich fünf idealtypische Abstraktionsebenen normativer Argumentation unterscheiden:

1. Auf einer untersten, sehr konkreten Ebene liegen die moralischen *Urteile* (Beispiel: „Das Foto des toten Uwe Barschel in der Badewanne hätte nicht abgedruckt werden dürfen"). Solchen abschließenden Urteilen geht eine mehr oder weniger systematische Situationsanalyse voraus, auch die Frage nach (professionellen) Regeln, den geltenden Normen und Loyalitäten. Im moralischen Urteil wird ausgedrückt, was zu tun oder zu unterlassen ist, was als richtig oder falsch zu gelten hat. In den Entscheidungen des Presserates werden solche Urteile gefällt, aber auch in der täglichen Arbeit der Redaktionen – z.B. bei der Frage, ob ein bestimmtes Detail veröffentlicht werden soll oder nicht.

2. Auf einer zweiten Ebene finden sich konkrete *Regeln oder Normen*, oft von beschränkter Reichweite (Beispiel: „Bei der Beschaffung von Nachrichten, Informationsmaterial und Bildern dürfen keine unlauteren Methoden angewandt werden" – Ziffer 4 des Pressekodex). Diese Selbstverpflichtungen haben viele Berührungspunkte mit medienrechtlichen Bestimmungen; aber sie sind zunächst einmal moralische Regeln, die sich eine Profession selbst gegeben hat.

3. Auf einer dritten Ebene befinden sich die allgemeinen moralischen *Grund-überzeugungen oder Haltungen (Tugenden)*, aus denen heraus man intuitiv handelt und die eine hohe Plausibilität besitzen. Es ist Aufgabe der Ethik, diese Intuitionen zu begründen, d.h. die in ihnen enthaltenen Prinzipien herauszuarbeiten, eine Rangordnung der angesprochenen Normen und Werte aufzustellen.

4. Einen höheren Abstraktionsgrad weisen die ethischen *Prinzipien* auf der vierten Ebene auf. Neben der Anerkennung der Personalität (oder Selbstzwecklichkeit) werden bei der Beurteilung menschlicher Handlungen die Bedeutungen für die individuellen Entwicklungschancen und die Sicherung personaler Freiheit (Individualverträglichkeit des Handelns) ins Kalkül gezogen. Ferner lässt sich die Bedeutung einer Handlung für die Mitwelt, die Entwicklungschancen anderer, die Erhaltung ihrer personalen Freiheit, die Gestaltung eines gerechten Miteinanders abschätzen (Sozialverträglichkeit). Und schließlich kann man nach der Auswirkung für die natürliche Umwelt fragen, ob die betreffende Handlung geeignet ist, die Lebensgrundlage der gegenwärtigen und zukünftigen Generationen zu erhalten (Umweltverträglichkeit).

5. Auf einer hochabstrakten, fünften Ebene befinden sich die *ethischen Theorien*, mit denen diskutiert wird, wie man das Grundprinzip des moralischen Handelns bestimmen kann. Damit ist die Ebene der Allgemeinen Ethik oder der Metaethik erreicht. (vgl. 1.2.3)

Ethisch zu *argumentieren* bedeutet, die Verbindung von konkreten normativen Ansprüchen mit den obersten Prinzipien herzustellen, sei es in deduktiver oder induktiver Weise. Solche Prinzipien können das Prinzip der Moralität sein oder das der Zweckrationalität. Man kann mit einem Syllogismus ein allgemeines Gebot mit Tatsachenaussagen verknüpfen und so zu einem singulären Gebot überführen; man wird die Situation, die gegebenen Interessen und Konflikte analysieren, nach Handlungsalternativen suchen und fragen, welche Werte und normen für sie sprechen – und schließlich zu einer Konklusion kommen (vg. Fenner 2008, 14-21). Dabei lassen sich *Idealnormen* von *Praxisnormen* (vgl. Birnbacher 1988 und 2000; Kaminsky 2000; Stapf 2006). Um Medienethik praktisch werden zu lassen, müssen die unverzichtbaren demokratischen Funktionsbestimmungen der Medien oder die Zielvorgaben für journalistische Qualität zwar als anspruchsvolle Leitbilder gültig bleiben, aber sie müssen gleichzeitig – mittels „Durchführungsregeln", die die berufliche Realität und Arbeitsroutinen berücksichtigen – in praktikable Anweisungen, in sog. Praxisnormen überführt werden.

„Eine Praxisnorm z.B., die aus moralphilosophischer Perspektive gut begründet ist, sich aber in einem konkreten juristischen System oder aus ökonomischen Gründen nicht realisieren lässt, ist eben keine angemessene Praxisnorm. Medienethik ist nicht allein mit der Moralität der Medienpraxis befasst, sondern auch mit der Realisierung von Moral in der Medienpraxis." (Kaminsky 2000, 48)

1.2.5 Werte, Wertewandel, Wertekultur

Ohne hier eine Wertethik – vgl. oben 1.2.3.5 – entfalten zu können, sei nur das semantische Feld um den Wertbegriff abgeschritten: die (individuelle) *Wertbildung und Wertebindung*, die (soziale) *Wertekommunikation* – speziell diejenige im pädagogischen Kontext (Werteerziehung mit den Modellen Wertvermittlung, Werteklärung oder Wertermittlung, Wertfühlung, Wertanalyse und -argumentation), die Frage nach *Werthierarchien*, *Wertekonflikten*, nach dem *Wertewandel* und der *Wertepluralität* bzw. *Werteuniversalität*.

Wie die Norm wird der Wertbegriff in der philosophischen Ethik weniger verwendet als in den Sozialwissenschaften. Das hängt damit zusammen, dass sich eine Wertphilosophie erst relativ spät (im 19. Jahrhundert) entwickelte und – in Auseinandersetzung mit Kants Betonung der Pflicht – die Neigung zum Guten, das „Wertfühlen" hervorhob. Im Spektrum der Begründungsmöglichkeiten moralischer Urteile wird dieser Ansatz als Intuitionismus bezeichnet.

> „Moralisch handeln heißt also, im Blick auf den Wert der Dinge handeln, wertgerecht handeln, Verantwortung für Wertvolles übernehmen, etwas dazu tun, daß die Welt an unserem Ort womöglich besser und schöner wird, zumindest aber nicht schlechter." (Kutschera 1999, 221)

Auch wenn dem Wertbegriff die höheren philosophischen Weihen fehlen, so ist er gleichzeitig ein sozialwissenschaftliches (im Kontext mit dem Wertewandel gebrauchtes) Konzept und schon von daher für eine Angewandte Ethik bedeutsam.

„Allgemein wird das als *Wert* angesehen, was nach individueller und kollektiver Einschätzung als erstrebenswert, gut bereichernd, beglückend und fördernd gilt" (Beirer 1995, 80). Werte können dabei zunächst auf Bedürfnisse bezogen gedacht werden: Wenn diese nicht befriedigt werden, denkt man über Wege nach, die entsprechenden Wertobjekte zu realisieren (vgl. Schweppenhäuser 2003, 12 f.). *Sittliche Werte* – und nur um diese geht es hier – sind Gesinnungen, Überzeugungen, Einstellungen und Handlungen (Tugenden), an denen wir unser Verhalten ausrichten. Werte sind Teil unseres Weltverständnisses und gründen in persönlich überzeugenden Erfahrungen, bei denen es zu einer Wertbindung kommt.

Joas (1997) hat aufgezeigt, dass der Wertbegriff 1887 mit Nietzsches „Genealogie der Moral" und von William James, Émile Durkheim, Georg Simmel und Max Scheler bis John Deweys pragmatistischer Religionstheorie („A Common Faith", 1934) intensiver, später nur noch vereinzelt (z.B. von Charles Taylor) entfaltet wurde. Das Sprechen von Werten ersetzt für Joas die Rede vom moralisch Guten und Rechten (1997, 262–274). Es ist Joas zuzustimmen, wenn er betont, dass Werte durch subjektive Erfahrungen mit Evidenzcharakter entstehen. Werte sind *Wertbindungen*, die sich in der persönlichen Entwicklung als Elemente der Herausbildung des Selbst, als Identitätsbildung manifestieren. Zunächst werden die Werte der Bezugspersonen (Eltern, Verwandte,

Lehrer) übernommen. Spätestens ab der Pubertät werden diese jedoch kritisch geprüft, teils verworfen, teils nochmals, dieses Mal aus eigener Werterfahrung und -einsicht angeeignet. Aber auch nachdem das Selbst geformt ist, verändern sich – bis ins 3. und 4. Lebensalter hinein – Wertebindungen aufgrund von Erfahrungen, bei denen man über sich hinausgeführt wird (Selbsttranszendenz). Diese können sich in einem individuellen Selbstgespräch (z.B. in der freier Kommunikation mit dem Göttlichen) ereignen, bei einem sozialen Engagement, bei Wanderungen in der Natur oder als kollektiven Ekstase bei „spirituellen", politischen oder sportlichen Vergemeinschaftungserlebnissen (vgl. Joas 2004).

Damit eine Kommunikation über Werte – beim alltäglichen Zusammenleben, aber auch in der schulischen Werteerziehung – gelingt, müssen Werte *begründet* werden: mit Vernunftargumenten, mit dem Transparentmachen der gemachten Voraussetzungen, mit der Aufforderung, diese Sicht nachzuvollziehen. *Plausi- bel* und *sozial verbindlich* sind Werte freilich nur innerhalb einer bestimmten Gemeinschaft und Lebenswelt, in der es dieselben maßgeblichen Erfahrungen und Wertbindungen gibt – und sich eine Tradition darüber gebildet hat, welche Werte das Leben gelingen lassen. Bezogen auf die Gesamt- oder Weltgesellschaft sind solche Wertekanones partikulär.

Es gab und gibt verschiedene Versuche, Listen von kulturell relativ stabilen Werten aufzustellen. Der Pädagoge H. v. Hentig (1999, 162) zählt 12 Werte oder Wertkomplexe auf:

„1. Das Leben; 2. Freiheit / Selbstentfaltung / Selbstbestimmung / Autonomie; 3. Frieden / Freundlichkeit / Gewaltlosigkeit; 4. Seelenruhe – zum Beispiel aufgrund der erfüllten Pflicht oder aus Übereinstimmung mit dem eigenen Gewissen / also auch Schuldlosigkeit; 5. Gerechtigkeit; 6. Solidarität / Brüderlichkeit / Gemeinsamkeit (=Nichteinsamkeit) (Gemeinwohl ist die alles zusammenfassende Idee); 7. Wahrheit; 8. Bildung / Wissen / Einsicht / Weisheit; 9. Lieben können / geliebt werden; 10. Körperliches Wohl/ Gesundheit/ Freiheit von Schmerz/ Kraft; 11. Ehre/ Achtung der Menschen/ Ruhm; 12. Schönheit."

Eine andere, oft zitierte Aufzählung ist die der fundamentalen Bedürfnisse des Psychologen Maslow. Rokeach (1973) hat 18 Zielwerte und 18 Instrumentalwerte in einem – für die meisten US-amerikanischen Psychologen gültigen – Katalog zusammengefasst. Die Philosophin M. Nussbaum (1993) zählt 10 menschliche Funktionsfähigkeiten auf, welche gegen oft bestehende Grenzen gelebt sein wollen. Der norwegische Soziologe und Friedensforscher J. Galtung (1994, 114) nennt vier Gruppen von Bedürfnissen auf, die in vielen Gesellschaften Anlass zur Gewährung von Menschenrechten sind: Überlebens-, Wohlergehens-, Identitäts- und Freiheitsbedürfnisse.

Wichtig ist in unserem Zusammenhang eine allgemeine *Verhältnisbestimmung von Werten und Normen*: Werte begründen das moralische Handeln – Normen begrenzen und sanktionieren es. Werte haben, verglichen mit Normen, etwas

Attraktives, sie gehen – bei aller Verbindlichkeit – mit der Erfahrung von Freiheit, des Bei-sich-Seins, der Eröffnung von Horizonten zusammen. Normen haben demgegenüber etwas Restriktives, Einschränkendes, konkret Festmachendes. Das lässt sich aber mit Giesecke (2005) auch positiv ausdrücken:

Erstens: „Normen schreiben bestimmte Handlungen vor" und konkretisieren
           damit sonst abstrakt bleibende Werte;
Zweitens: „Sie schützen die in einer Gemeinschaft besonders angesehenen
           Werte, indem sie Übertretungen sanktionieren."
Drittens: „Sie setzen einen Rahmen für individuelle, an persönlichen Werten
           orientierte Handlungen." (S. 32)

Gemeinsam ist Normen und Werten ein kollektives Moment: Normen entstehen ja deutlich durch Konsensbildung, aber auch individuell angestrebte Werte wollen „wenigstens im Prinzip mit anderen geteilt werden". (S. 33)

Werte kommen ins Spiel, wo Menschen einander erklären, warum sie etwas tun. *Wertekommunikation* findet also im Alltag statt – mit pädagogischer Absicht in der Schule, welche unter der Zielsetzung umfassender Bildung nicht nur Sachwissen vermitteln, sondern auch die moralische Valenz menschlicher Handlungen verdeutlichen sollte. Schule und Universität können Werte freilich nicht „vermitteln" im Sinne einer „Übertragung" externer, offizieller Werte in die als leer gedachte Herzen der Heranwachsenden hinein. Dieses können im Rahmen schulischer Werterziehung in einer wertpluralen Gesellschaft lediglich aufgefordert werden, bereits erworbene Werte zu reflektieren, sie mit anderen Wertorientierungen zu konfrontieren, um sie möglicherweise zu revidieren oder sich erneut, aber mit besserer Begründung anzueignen. (vgl. Funiok 2007).

Beim Modell der „Wertvermittlung" werden die Eigen- und Widerständigkeit des zu bildenden Subjekts und der heutige Wertpluralismus nicht wirklich gesehen. Anders ist das bei der Methode der „Wertklärung" (Raths u.a. 1976) oder bei der „Wertentwicklung", wo durch Dilemmageschichten die Entwicklung der moralischen Urteile angeregt und durch den Kontext einer „Gerechten Schule" gefördert wird (Kohlberg 1981; 1995; Gilligan 1982/1984; Oser & Gmünder 1984). Das „Wertfühlungsmodell" (Eid u.a. 1995) empfiehlt das Einüben von Empathie mit dem Anderen oder mit der Natur: das „Modell zur Sensibilisierung für eine Überlebensverantwortung" (Jonas 1979; Treml 1992). Übertragbar auf die ethische Aus- und Fortbildung von Medienberufen (s. Kap. 4) ist jedoch nur das *„Wertanalysemodell"*. Entlastet vom zeitlichen und ökonomischen Druck des Berufsalltags wird in einem Simulationsspiel ein konkreter Fall aufgegriffen, die Situationsbedingungen und Voraussetzung des Wertkonflikts erarbeitet, die impliziten Normen und Loyalitäten analysiert, nach den Werten oder Tugenden der Akteure und ihren Begründung gefragt – um schließlich eine sorgfältig begründete Entscheidung zu treffen, die dennoch oder gerade wegen der gründlichen Wertanalyse und -argumentation den Charakter eines Kompromisses haben wird.

Dabei wird es immer auch um eine angemessene *Hierarchie der Werte*, d.h. um ihre gestufte Ordnung gehen. Wir leben in einer Gesellschaft, die schon lange Frieden, Sicherheit und relativen Wohlstand genießt, in der eine individuelle Lebensplanung oder auch offen zur Schau getragene Genussorientierung nicht mehr verurteilt wird. Gerade da sind den Werten der privaten Lebenswelt (wie Wahrhaftigkeit, Offenheit, Echtheit in Beziehungen) die sozialen Tugenden für ein weiteres Umfeld (wie Solidarität, Barmherzigkeit, Mitgefühl) an die Seite zu stellen und zu verdeutlichen, dass auch die Grundwerte und Grundrechte (wie Recht auf Leben, Gleichheit aller Menschen, Gleichwertigkeit der geschlechtlichen Orientierung, Meinungs- und Informationsfreiheit usw.) nicht weiter bestehen, wenn wir sie nicht aus aktuellen Anlässen ständig bejahen und aufmerksam sind für sie gefährdende politische Entwicklungen.

Neben der direkten Kommunikation über Werte gibt es auch eine *repräsentative*. Das Fernsehen ist nach Schneider (2006, 114 ff.) der bevorzugte Ort dieser stellvertretenden Wertekommunikation: Nicht nur in den Talkshows, die zumeist Wertfragen behandeln, sondern auch in den Figuren der Unterhaltungsformen werden Werte präsentiert: in den positiven und negativen Helden, in den Wertgegnern (Verbrechern) und in den Dummköpfen oder Pechvögeln. Dem Fernsehen mangelt es also nicht an Werten, wohl aber ist die Art seiner Wertkommunikation nicht so elaboriert wie die schulische Werteerziehung und weniger an expliziter Wertbegründung interessiert. Analog zur Alltagspublizistik (Rühl 2001) und zum Alltagswissen, das auch den Klatsch und Tratsch einbezieht, geht es hier um eine unterhaltende, d.h. vom eigenen Handeln entlastete, alltagsorientierte Wertkommunikation. Weil Schule die Aufgabe hat, unsere Wertbindungen – auch die in der medialen, stellvertretenden Wertekommunikation gebildeten – zu reflektieren, lohnt es sich, die Wertangebote des Fernsehens und die individuelle Rezeption einer Analyse zu unterziehen (vgl. Funiok 1997).

Zwischen Werten gibt es ständig *Konflikte*: innerhalb einer Person und ihrer Biografie, zwischen den Individuen und ihren Lebenswelten. „Stets geht es darum, eine Balance zwischen den individuellen Bestrebungen, also auch den eigenen Werten, und denjenigen Normen zu finden, die jeweils vor Ort gelten." (Giesecke 2005, 32). Dies lernen Kinder schon sehr früh; um sich zurecht zu finden, wollen sie, dass die ihren Wünschen teilweise entgegenstehenden Normen stabil bleiben.

Wertkonflikte sind auch typisch für das *professionelle Medienhandeln* und seine ethische Reflexion. In der journalistischen Praxis ist das Informationsrecht der Allgemeinheit mit dem Recht auf Schutz der Privat- und Intimsphäre derer, über die berichtet wird, abzuwägen; ebenso die Pflicht zu umfassender Recherche mit dem Veröffentlichungsdruck. Der Widerspruch zwischen demokratischer und hochkultureller Orientierung und ökonomischen Zwängen kennzeichnet die Diskussion über Medienqualität. Und das Publikum ist hin- und her gerissen zwischen dem Einsatz seiner kritischen Urteilskraft und seinem Wunsch nach entspannender Unterhaltung. Das Ausbalancieren dieser Konflikte oder Widersprüche, das Entwickeln von Kriterien für einen mittleren

Ausweg aus diesen Aporien sind für Krainer (2001 b, 158) geradezu „die zentrale methodische Herausforderung der Medienethik." Krainer weist noch auf ein weiteres Konfliktmoment hin: Manche unverzichtbare medienethische Norm – z.b. die größtmögliche „Objektivität" oder Accuracy – habe „nur" die Qualität einer nicht operationalisierbaren Norm. Sie sei lediglich ein Richtziel, eine „regulative Idee" im kantischen Sinn. Die bleibende Aufgabe einer solchen Richtgröße bestehe darin, die Differenz von Ideal und Realität offen zu halten, interne Evaluationen anzuregen und Kritik von außen als berechtigt zu akzeptieren, ohne sich völlig in Frage gestellt zu fühlen.

Hinzu kommt der gesellschaftliche *Wertewandel*, der in den letzten Jahren vielfach soziologisch untersucht wurde (z.B. von Inglehart 1998; Klages u.a. 1992). Er besteht nicht in einem generellen Werteverlust, wie konservative Denker jeweils behaupten, sondern veränderten Prioritätensetzungen oder anderen Konkretisierungen weiterhin gültiger Werte. So ergiebig der Begriff Wertewandel innerhalb der Soziologie und der dort entwickelten deskriptiven Ethik erscheinen mag, für philosophische Ethiker ist er Anlass, auf andere, grundlegendere Begriffe und Prinzipien zu sprechen zu kommen: auf die Idee der Gerechtigkeit, auf das richtige Zueinander von Zielen und Mitteln, auf die Harmonie der Tugenden.

„Fernsehen ist ein Ort, an dem Werte und ihr Wandel beobachtet werden können", so leitet Schneider (2006) seine Überlegungen zur Rolle des Fernsehen im Wertewandel ein (a.a.O., 118–122). Zwar biete das Fernsehen im Großen und Ganzen die Mainstream-Werte und würde selten Tabus brechen, die nicht bloß Konventionen sind. Aber indem es Untugenden wie Schadenfreude öffentlich zur Schau stellt, den öffentlichen Lebensvollzug im Container als völlig normal unterstellt oder Scham über ein gebrochenes Versprechen als überholte Tugend ausgibt – und das nicht nur einmal, sondern über Jahre hinweg –, dadurch bewirke das Fernsehen doch einen Wertewandel. Was „man mit bloßem Auge kaum noch erkennt, das ist es, worauf man wirklich achten muss, wenn man die Rolle des Fernsehens im Kontext von Werten und Tabu richtig bestimmen ... möchte." (a.a.O., 120) Ähnlich wie die „Nachrichtenaufklärung" Themen beleuchtet, die von den Mainstream-Medien vernachlässigt werden, könnten sorgsame Inhaltsanalysen (mit den Worten Schneiders) solche „Haarrisse" und die anschließenden „Ermüdungsbrüche" unseres moralischen Bodens zur Tage fördern.

Unerlässlich ist auch der Blick auf die historische Entwicklung von einem geschlossenen und einheitlich religiös fundierten Wertesystem im Mittelalter zur Säkularisierung, Pluralisierung, funktionalen Ausdifferenzierung und Individualisierung der Werte in der Moderne. Es stellt sich die Frage, ob und wie bei der unzweifelhaften *Wertepluralität* noch von einer *Universalität* die Rede sein kann. Laux (2002) schlägt vor, zwischen der Frage nach dem guten, gelingendem Leben und der Gerechtigkeitsfrage zu unterscheiden. Während partikulare Weltanschauungsgemeinschaften konkrete Lebenswelten entstehen lassen und in ihnen die (nur dort gültigen) Bedingungen für ein gelingendes Leben formulieren, sind die demokratischen Handlungsregeln universalistischer Natur. Sie

gewährleisten Gleichbehandlung und Gleichberechtigung, sichern Überpartei-
lichkeit und stützen sich dabei auf die Grundwerte der Personwürde, Gleichheit, der gleichen Freiheit und Verantwortung sowie der Gewissens- und
Religionsfreiheit. Weiterführend ist die These von Laux:

> „Partikulare Weltanschauungsgemeinschaften und universalistischer Gerechtig-
> keitsdiskurs bzw. gesellschaftliche Gerechtigkeitspraxis stehen nicht in einem
> Widerspruchs-, sondern in einem Voraussetzungsverhältnis." (a.a.O., 510)

Die unverzichtbaren Gerechtigkeitsdiskurse haben eine Schwäche: Sie können
moralische Imperative zwar explizieren, möglicherweise auch überzeugend begründen, aber kaum zu ihrer Befolgung motivieren und auch nicht „ex nihilo"
entsprechende Lebenswelten aufbauen. Das aber ist die Stärke von (nicht-
fundamentalistischen) Weltanschauungsgemeinschaften; sie stützen (von ihrer
jeweiligen Tradition her) Gerechtigkeitsforderungen, setzen sie in gemeinwohlorientierte Praxis (für alle) um, kämpfen um Gerechtigkeit unter un-
gerechten Bedingungen und geben auch für die Erfahrung der Vergeblichkeit
gerechten Handelns bzw. für die Vernichtung so vieler Gerechter eine Sinn-
antwort. Eine ähnliche Funktion weist Laubach (2003) der Religion für die
Angewandte Ethik zu.

Manche Leser mag es erstaunen, dass der Verfasser – als Angehöriger einer
katholischen Ordensgemeinschaft – die Bedeutsamkeit von Religiosität für die
praktizierte Moral nicht stärker hervorhebt. Ethik sollte aber auf der *inhaltlichen* Ebene ohne Religion und Glaube auskommen, damit ihre Argumentationen für alle nachvollziehbar sind. Auf der *motivationalen* Ebene hilft in der Tat
ein achtsamer Lebensstil, der zu Sensibilität allem Lebenden gegenüber anregt,
auch offener zu sein für die konkrete Achtung (und Missachtung) von Menschenwürde und Persönlichkeitsrechten in den Medien. In diesem Sinne religiöse und spirituelle Menschen sind in der Regel auch aufmerksamer für
soziale Probleme, bereiter zu solidarischem Handeln, mitfühlender mit Minderheiten – und damit auch besonders verantwortliche Medienproduzenten und
-nutzer.

Grundsätzlicher Art ist auch der Hinweis auf die Vieldeutigkeit des Wertbegriffs.
Hubig (1997) zeigt das bei den Wertkonflikten in der Technikbewertung auf:
Werte sind einmal Eigenschaften von Objekten, aber auch Kriterien und dann
wieder Imperative; er nennt acht Grundwertkomplexe des technischen Handelns,
welche zueinander in Instrumental- und in Konkurrenzbeziehungen stehen,
sowie wichtige Werthaltungen (Vermächtnis- und Optionswerte). Ähnliche
Differenzierungen sind wohl auch bei journalistischer Qualität oder Medienqualität angebracht. Die Bezugnahme auf Werte, Qualitäts- und Gütekriterien
enthält nicht nur das Moment der moralischen Selbstverpflichtung, sondern vor
allem eine Reihe inhaltlicher Bestimmungsaufgaben: Qualität von Medienprodukten als multidimensionaler Begriff, z.B. als Schnittmenge ökonomischer und publizistischer Qualität; die Letztere enthält neben einer handwerk-
lichen und ästhetischen auch eine ethische Dimension (ausführlicher 4.1.4).

1.3   Medienethik als Bereichsspezifische Ethik

Nach der Überzeugung der meisten deutschsprachigen Autoren ist Medienethik eine Bereichspezifische Ethik und als Angewandte Ethik (der Sammelbegriff für die verschiedenen Bereichsspezifischen Ethiken) zu verstehen. Damit ist kein, von der üblichen Ethik abgesetztes Unternehmen gemeint; vielmehr wird der Praxisbezug, ohne den die Ethik nicht „Praktische Philosophie" genannt werden könnte, auf einen spezifischen Bereich hin ausbuchstabiert.

Im Einzelnen ist dabei auf vier Fragenkomplexe einzugehen:

(1) Nach welcher Methode geht die Angewandte Ethik vor? Wie grenzt sie sich von der Allgemeinen Ethik ab, wo braucht sie diese dennoch?
(2) Was bedeutet es, wenn die Allgemeine und die Angewandte Ethik Normen „begründen" will?
(3) In welcher Weise haben bisher philosophische Ethiker und Medienpraktiker sowie -wissenschaftler zur Entwicklung der Medienethik zusammengewirkt?
(4) Und wie lassen sich normative Ethik und empirische Wissenschaft miteinander ins Gespräch bringen, ohne dass dabei normative Aussagen unmerklich aus deskriptiven Aussagen abgeleitet werden, es also zu einem in der Ethik unerlaubten „naturalistischen Fehlschluss" kommt?

1.3.1 Das Verhältnis von Angewandter zu Allgemeiner Ethik

Beginnen wir mit dem ersten Fragekomplex, dem Verhältnis von Allgemeiner und Angewandter Ethik. In einer ersten und vorläufigen Bestimmung kann und muss „die Angewandte Ethik als die Anwendung ethischer Prinzipien auf konkrete Probleme definiert werden." (Bayertz 1991, 19) Das ist das Kernanliegen der (positiv verstandenen) Kasuistik. Im Sinne der Hermeneutik geht es um „die Aktualisierung philosophischer Einsichten in veränderten Lebenskontexten" (Düwell 2002, 243), um eine „Übersetzung" von Idealnormen oder ethischen Prinzipien (Gerechtigkeit, Achtung vor Menschenwürde, Wahrhaftigkeit) in konsensfähige, erfüllbare Praxisnormen.

Das kann einmal dadurch geschehen, dass man die deontologischen Normen oder Handlungspflichten in *konkrete Normen ausdifferenziert* und interpretiert (und dabei ähnliche Begriffe und Perspektiven verwendet). Oder man setzt Idealnorm und Praxisnormen in eine bloß instrumentelle Beziehung; dabei müssen die Folgerungen dem ethischen Prinzip adäquat sein, aber nicht notwendig die konkrete Argumentationsweise. So kann in der Öko-Moral aus Motivationsgründen biozentrisch argumentiert werden, um das anthropozentrische Ziel eines „gesellschaftlich zweckmäßigen Umgangs mit der Natur" zu erreichen (vgl. Birnbacher 2000, 34– 37). Im Unterschied zur Allgemeinen Ethik gehört es also zu den Aufgaben der Angewandten Ethik, auch mit Bezug zu divergierenden (außermoralischen) Interessen, „nach Wegen zur Realisierung

der Moral zu suchen, die faktisch wirksam und moralisch akzeptabel sind."
(Bayertz 1991, 28) Daher gilt, „daß in der Regel nicht die Normenbegründung
das größte Problem darstellt, sondern die Normenanwendung und vor allem die
Normendurchsetzung." (Scholtz 1995, 82) Diese Überführung von ethischen
Prinzipien auf konkrete Handlungsnormen ist auch in einem innovativen und
konstruktiven Sinne nötig: Gerade weil die bisherige Handlungsorientierung
zur Bewältigung der neuen Situation nicht ausreicht, sind prospektiv neue
Prinzipiengewichtungen und Handlungsregeln zu entwickeln. Diese, auf Ge-
genwarts- und Zukunftsbewältigung ausgerichtete Gestaltungsaufgabe gilt vor
allem für die Bereichsethiken.

Als zweite Bestimmung lässt sich die Angewandte Ethik als *problembezogene
Ethik* definieren.

> „Sie konstruiert keine hypothetischen Beispiele zur Illustration einer ethischen
> Theorie, sondern greift öffentliche Probleme der gegenwärtigen Gesellschaft
> auf ... Ihr Ziel ist es, die moralischen Aspekte dieser Probleme zu analysieren
> und das begriffliche und theoretische Instrumentarium der Moralphilosophie für
> ihre Lösung fruchtbar zu machen." (Bayertz 1991, 23)

Angewandte Ethik nimmt also gesellschaftlich relevante Fragestellungen auf,
die – im Unterschied zu den schon stärker abgesicherten Problemstellungen der
allgemeinen Ethik – „im politischen Sinne aktuell und insofern historisch und
lokal spezifisch sind." (Kaminsky 1999, 146) Angewandte Ethik nimmt also
die Vermittlungsaufgabe zwischen Philosophie und Politik in die Hand – wobei
sie sich ihrer spezifischen Mittel, nämlich der abwägenden und an Verantwortung appellierenden Argumentation, und nicht der politischen Aktion bedient, wie das die Studentenbewegung 1968 tat. Diese Vermittlung gelingt
nach Meinung von Birnbacher, Kaminsky und Brosda & Schicha (2000), wenn
die ethische Argumentation kontextsensitiv und fallorientiert vorgeht und die
situativen Realbedingungen berücksichtigt bzw. problematisiert. Das Ergebnis
sind dann konkrete, situativ richtige Handlungsempfehlungen – im Sinne einer
vorläufigen Problembewältigung, selten einer endgültigen Problemlösung.

In der konkreten Situation liegen fast immer *Wertkonflikte*, ein Widerstreit von
Pflichten vor. Bezogen auf diese Prinzipienkollisionen hat Ethik nach Bayertz
(1991, 32) zunächst eine analytische Aufgabe: Welche Art von Konflikt liegt
genau vor? Erst die Konstatierung eines Dilemmas bringe Klarheit darüber,
gegen welches Prinzip man sich bei der bewussten Wahl entscheidet, d.h. welche „moralischen Kosten" in Kauf genommen werden (müssen). Hinzu kommt
die Theorienvielfalt der Fachwissenschaften: Was sind die relevanten Akteure,
Handlungsbedingungen, unvermeidbaren Sachgesetzlichkeiten? Das Ziel der
ethischen und fachwissenschaftlichen Klärung ist nicht eine theoretisch „saube-
re" Lösung, sondern die bestmögliche Lösung unter Abwägung aller involvier-
ten faktischen und normativen Aspekte. Auch zwischen moralischem Sollen
und faktischem Können muss eine realistische Vermittlung gesucht werden.
(„Ultra posse nemo tenetur" – „Niemand ist zu mehr verpflichtet als er kann")

Doch trotz dieser Vermittlungsaufgabe müssen Angewandte Ethiken *prinzi-pienorientiert* bleiben. Der Ausdruck „Anwendung" suggeriert vielleicht die Vorstellung, als verfügten wir über allgemeine, für alle Handlungsbereiche gültige oberste Prinzipien und könnten mit ihnen auf konkrete Handlungsbereiche herunterdeduzieren. Aber die situativen Bestimmungen, die bereichspezifischen Regeln und Kriterien sowie die Ergebnisse empirischer Wissenschaften sind – wie im dritten Unterpunkt noch auszuführen ist – ein notwendiger Bestandteil des hier praktizierten ethischen Argumentierens.

Um nochmals nach der Methode, dem typischen Argumentationsweg in diesen Bereichsspezifischen Ethiken zu fragen: Soll man auf der höchsten Ebene ethischer Prinzipien und Theoriebildung ansetzen oder auf der Ebene der Entscheidungssituation, d.h. soll man deduktiv oder induktiv vorgehen? Vielfach wird diese Alternative auch als „top-down" (von oben nach unten) und „bottom-up" (von unten nach oben) bezeichnet (vgl. Haller & Holzhey 1992, 15 ff.; Fenner 2010, 19–24). Es geht weniger um ein Entweder-Oder, „sondern um ein produktives Inbeziehungsetzen der Prinzipien- mit der Sachebene. Medienethik sollte sowohl prinzipiengeleitet wie empirisch abgesichert sein." (Funiok & Schmälzle 1999, 29) Bereichsethiken berücksichtigen dezidiert die strukturellen, personalen und situativen Bedingungen des moralischen Handelns und Entscheidens – und das sind im journalistischen Alltag oft Erschwernisse im Sinne hoher Anforderungen an Problemerfassung und des Zwanges zu schnellen Entscheidungen, die oft unter „hoher Anspannung und emotionaler Beteiligung" zu treffen sind. „Moralpredigten" helfen wenig (Birnbacher 2000, 35 f.).

1.3.2 Normbegründung in der Angewandten Ethik

Auch beim zweiten Fragenkomplex – wie man es zu verstehen habe, dass Ethik Normen „begründe" – finden Allgemeine und Angewandte Ethiken zu unterschiedlichen Konzepten. Worin bestehen sie? Die Frage, wie sich eine vorhandene oder zu fordernde Moral begründen lässt, ist auch deshalb wichtig zu klären, weil es darüber – unter Sozialwissenschaftlern wie Philosophen – überzogene Vorstellungen gibt.

Von Aristoteles lässt sich die Logik praktischen Folgerns übernehmen (vgl. Müller 1995, 145 ff; 1996, 108–156). Demnach folgern wir nicht nur, wenn wir Ziele und Folgen bewusst abwägen, sondern auch, wenn wir aus einer erworbenen Werthaltung heraus spontan oder gewohnheitsmäßig reagieren. Als moralische „Handlungsfilter" fungieren einmal Tugenden und Normen, aber auch die Kenntnis von moralischen Kernkriterien („Du sollst nicht morden!") und von entsprechenden Ausnahmebedingungen (Notwehr). Schließlich kommen wir zu einem sicheren moralischen Urteil aufgrund von Rollenvorgaben in sozialen Positionen, durch den Aufforderungscharakter bestimmter Situationen oder durch soziale Übereinkünfte und Institutionen (z.B. der des Eigentums).

In allen diesen Fällen ist also nicht nur die ethische Theorie, sondern auch das *alltägliche Moralverständnis* heranzuziehen. Ausgangspunkt ethischer Begründungen sind nicht in erster Linie philosophische Axiome, sondern fraglose praktische Gewissheiten – die freilich von der ethischen Reflexion auf Stimmigkeit oder Vollständigkeit zu überprüfen sind. Dabei kann die Ethik moralische Maßstäbe unter bestimmten Umständen ergänzen und korrigieren – aber nicht dadurch, dass sie diese überhaupt „erschaffe", sondern sie in ihrem Sinngehalt verteidige. Mit Normen allein wird man der Komplexität moralischer Orientierungen nicht gerecht; moralische Maßstäbe werden in der Biografie des einzelnen wie in sozialen Kontexten wesentlich durch individuelle und kollektive „Tugenden" etabliert. Weil Tugenden auf Sozialisationserfahrungen zurückgreifen, bieten sie situationsspezifisches Wissen, die Kenntnis von Ausnahmebedingungen und bewährte Muster einer Integration von Impulsen, Interessen und Zielen.

Die bevorzugte und oft ausschließliche Beschäftigung mit den Prinzipien kann sich auf eine lange philosophische Diskussion über die Begründung moralischer Urteile berufen. Doch gibt es eine Reihe von Autoren – sie werden als „Objektivisten" in der ethischen Erkenntnislehre bezeichnet –, die hier nicht nur ein Oben von ethischen Prinzipien (und konkreteren materialen Kriterien) und ein Unten, bestehend aus der individuellen und institutionellen Handlungs- und Erfahrungssituation (als der Anwendungsebene) annehmen, sondern zusätzlich eine *mittlere Ebene*. Auf ihr sind die intuitiven Urteile über das Gute und Böse anzusiedeln, die *moralischen Überzeugungen*, welche sich nicht nur in Urteilen, sondern auch in spontanen Reaktionen und Gesten äußern: die mit Gewissheit gegebenen moralischen Annahmen. Diese mittlere Ebene spielt nach ihrer Meinung eine zentrale Rolle nicht nur bei der Anwendung auf konkrete Situationen, sondern auch für die Begründung moralischer Urteile. Wie sich zeigen wird, stehen die moralischen Überzeugungen nicht in direkter Konkurrenz zu den ethischen Prinzipien, relativieren und präzisieren jedoch ihre Funktion in der ethischen Theoriebildung sowie ihre Praxisrelevanz.

Um ein Beispiel für ein moralisches Urteil aus dem Bereich der journalistischen Berufsethik zu wählen: „Es ist dir nicht erlaubt, offensichtlich falsche Behauptungen über einen Menschen zu verbreiten". Dass Lügen moralisch verwerflich ist – abgesehen vielleicht von extremen Zwangssituationen, in denen man durch eine Falschaussage das Leben eines Menschen zu retten versucht –, gehört zu den durchgängig akzeptierten Überzeugungen der Alltagsmoral. Das Verbot der Falschaussage wird mit Gewissheit auch im Kontext der journalistischen Berufsausübung für gültig gehalten. Es ist zwar allgemein akzeptiert, auch in seiner unbedingten Gültigkeit, und dennoch werden mögliche Ausnahmen mitgedacht oder bei der Beurteilung eines konkreten Einzelfalls entwickelt. Unsere moralischen Überzeugungen sind bei aller intuitiven Klarheit und Gewissheit *komplexe kognitive Systeme*.

Es hat in der Geschichte der Ethik fortgesetzte Versuche gegeben, diese und andere moralische Überzeugungen von einem einheitlichen theoretischen Prinzip des Moralischen abzuleiten, nämlich von der Pflicht, das Gute zu tun („Sittlichkeit" – vgl. 1.2.3). Man kann dies mit Kant deontologisch tun und dabei von einer Pflicht sich selbst gegenüber ausgehen; oder man versucht es teleologisch durch das Aufzeigen der zerstörerischen Folgen für das gegenseitige Vertrauen; andere sehen kontraktualistisch eine stillschweigende Übereinkunft als Grundlage für den Gehalt und die Geltung moralischer Normen; wieder andere gehen von einer Konsenstheorie aus oder vom Standpunkt einer bestimmten Verantwortungsethik. Aber bieten solche unterschiedlichen Ableitungen der moralischen Normen aus einem theoretischen Einheitsgrund eine *Begründung* des Verbots von Falschaussagen?

Die entscheidende Frage lautet hier: Was heißt es, moralische Normen zu begründen? „Nicht weniger als: durch Argumente eine Gewißheit herbeizuführen, die verlorengegangen oder erschüttert worden ist oder jedenfalls nicht besteht." (Müller 1995, 135) Aber vermögen diese unterschiedlichen Theorien die Moral wirklich zu begründen – in dem Sinn, dass sie durch diese Ableitungen gewisser wird? Nach den Autoren, welche die moralischen Überzeugungen als zentralen Ausgangspunkt für die Begründung von Moral ansehen (wie Müller 1995; Nida-Rümelin 1996), liegt hier ein Missverständnis über die Funktion solcher Ableitungen vor. Die ethischen Theorien machen Vorschläge dafür, wie man sich die Ausrichtung unserer Normen und Maßstäbe auf ein übergeordnetes Ziel denken kann – für den Utilitaristen ist es z.B. die Beförderung des allgemeinen Wohlbefindens. Oder sie betonen, dass ethische Normen generalisierbar und konsensfähig sein müssen; sie versuchen also den Sinn der Moral mit einem formalen Verfahren wie dem kategorischen Imperativ oder der diskursethischen Verhandlung von Geltungsansprüchen zu beschreiben.

Moralische Normen und Urteile auf ein solches ethisches Grundprinzip zurückzuführen, heißt genau genommen nur: *erklären*, warum sie mit Recht zum Bereich der Moral gehören. Prinzipien können den Gehalt der Normen in einen größeren (wenn auch abstrakteren) Kontext stellen. Aber die Gültigkeit und Gewissheit konkreter Normen können solche Erklärungen nicht erhöhen. Mit anderen Worten: Sie *begründen die Moral nicht*. Wenn man fragt: Warum soll man nicht lügen?, kann man

> „etwa folgende Antwort geben: Man soll die Würde jedes Menschen respektieren; belügt man einen Menschen, so respektiert man seine Würde nicht; deshalb soll man keinen Menschen belügen. Die Überzeugung, man solle nicht lügen, wird nicht erst durch diese Herleitung begründet. Aber falls die Theorie wahr ist, läßt sie uns verstehen, warum wir nicht lügen sollen – warum unsere Überzeugung, man solle nicht lügen, wahr ist." (Müller 1995, 162)

Müller vergleicht die erklärende Funktion der Moralphilosophie mit derjenigen, welche die physikalische Theorie der Molekularbewegung für unsere im Alltag entwickelte Annahme hat, dass heißes Wasser schneller verdampft als kaltes. „Unsere Überzeugung, daß es sich so verhält, beruht auf Erfahrung; wir begründen sie nicht mit der physikalischen Theorie... Sie gibt eine *Erklärung* für etwas, das uns längst bekannt ist." (ebd.).

Um moralische Normen zu begründen, genügt es also nicht, sie rational zu erklären. Das neuzeitliche Wissenschaftsideal einer streng rationalen Begründung verleitet nach Nida-Rümelin viele Ethiker zu einem „epistemologischen
Fundamentalismus" (1996, 41), zu der Annahme nämlich, die logische Herlei-
tung von theoretischen Prinzipien der Ethik trage etwas zu der Art bei, wie wir
konkrete moralische Fragen lösen. Das Ausgangsmaterial für die normalen, all-
tagsmoralischen Begründungen seien vielmehr unsere normativen Überzeu-
gungssysteme. Ihr enorme Komplexität und Zuverlässigkeit werde vielfach
unterschätzt. Das belegen Nida-Rümelin (43) und ähnlich auch Brosda & Schicha (2000, 8) mit vier geläufigen Typen alltagsmoralischer Begründungen: Wir
begründen moralische Urteile durch Bezugnahme

(1) auf zugeschriebene individuelle Rechte (Menschenrechte, Bürgerrechte,
    wie sie jede demokratische Verfassung garantiert;
(2) auf eingegangene Verpflichtungen, wie sie sich aus vorausgegangenen
    Handlungen der verpflichteten Person ergeben, z.B. ein gegebenes Verspre-
    chen zu halten;
(3) auf Pflichten, d.h. bestimmten normative Erwartungen, die mit bestimm-
    ten sozialen Rollen verbunden sind;
(4) auf Prinzipien, wie: Man soll Schwächeren in Not helfen etc.

Die ethischen Prinzipien sind nach Nida-Rümelin zwar dazu geeignet, auf In-
konsistenzen in unseren moralischen Überzeugungen und ihre Anwendung
hinzuweisen; sie können Modifikationen und Revisionen anmahnen bzw. die
Adaption auf neue Anwendungsfälle sicherer machen. Aber der zentrale Ausgangspunkt unserer Urteilsbildung bleibe doch jener „Mittelbereich" unserer
moralischen Überzeugungen. Er stelle auch den eigentlichen *Konsensbereich*
dar, von welchem man mit größerer Sicherheit ausgehen könne als von den
theoretischen Prinzipien. Sie seien für die Anwendung auf konkrete Fälle zu
abstrakt und außerdem gebe es hier tief greifende Meinungsunterschiede, die
sich auch durch die Jahrhunderte lange philosophische Diskussion nicht ver-
ringert hätten.

Ähnliche Meinungsunterschiede gibt es „unten", bei der Einschätzung der konkreten Entscheidungssituation und der Anwendungsbedingungen. Sie bestehen
häufig in empirischen Annahmen, und diese beruhen auf unterschiedlichen Erfahrungen und Lebenseinstellungen. In konkreten moralischen Urteilen sind
Werturteile und Tatsachenurteile oft untrennbar vermischt, so z.B. bei der ethischen Begründung des Jugendschutzes: „Du sollst dein Kind nicht Medieninhalten aussetzen, die es verwirren und belasten" – „Bestimmte Gewaltdarstellungen verwirren und belasten Kinder dieses Alters". Beim zweiten, dem
Tatsachenurteil, gibt es stärkere Meinungsverschiedenheiten als beim ersten,
dem Werturteil. Die Methode Angewandter Ethik muss also die im Alltag vor-
findbare ethische Urteilsfähigkeit aufgreifen; sie „beruht darauf, zentrale Be-
standteile unseres moralischen Überzeugungssystems zu rekonstruieren und zu
systematisieren und auf diesem Wege Kriterien zu schaffen, die in solchen Situationen, in denen unser moralisches Urteil nicht eindeutig ist, Orientierung
bieten" (Nida-Rümelin 1996, 60). Da uns kein leicht zu rekonstruierendes Sy-

stem normativer Kriterien zur Verfügung steht, stellt sich das Anwendungs-
problem ganz neu:

„Konkrete anwendungsorientierte Probleme der moralischen Beurteilung sind
dann konstitutiver Bestandteil der ethischen Theoriebildung selbst. Feste moralische Überzeugungen ... (und) unsere moralischen Intuitionen bilde(n) das Material, aus dem das Gesamt der moralischen Urteilsfähigkeit entwickelt werden
muß." (ebd.)

Aufgabe dieser neuen Form Angewandter Ethik sei es, eine Gewichtung unter
den moralischen Überzeugungen vorzunehmen – etwa mit der Frage, welche
dieser Überzeugungen wir im Konfliktfall aufzugeben bereit sind. Auch hilft
diese Form Beziehungen zwischen ihnen herzustellen, einzelne moralische
Überzeugungen unter übergeordnete zu subsumieren, was zu einer Reduktion
von moralischen Begriffen, Beurteilungskategorien, Regeln und Werten führt.

Es sind also verschiedene Ebenen zu berücksichtigen: Ethischen Prinzipien,
Handlungsmaximen, Vorstellungen von gelingendem Leben, sozialwissenschaftliche Forschungsergebnissen, situationsspezifische Handlungsbedingungen. Der innere Zusammenhang dieser Ebenen lässt sich am Beispiel des
Jugendmedienschutzes, also des wirksamen Konfrontationsschutz für Kinder
gegenüber entwicklungsgefährdenden Inhalten aufzeigen (vgl. Funiok 2002a,
1. Kursabschnitt, S. 7 – unter Verwendung von Hausmanninger 2002a, 25).

Oberste Prinzipien der Moralität	wie Menschenwürde, Freiheit, Gleichheit
in Verbindung mit	
anthropologischen Grundannahmen,	wie Verletzbarkeit, Angewiesenheit auf andere
begründen	
moralische Handlungsmaximen.	wie die allgemeine Pflicht, die Men-schenrechte zu achten,
Diese begründen, in Verbindung mit	
Forschungsergebnissen zur Medien-aneignung	aus der (qualitativen) Jugendmedienfor-schung
und unter Berücksichtigung von	
reflektierten Vorstellungen vom guten Leben (mit Medien)	wie human- und sozialverträgliche Me-diennutzungsstile
allgemeine Handlungsregeln und Insti-tutionen	wie die Jugendschutzgesetze, Verpflich-tung von Sendern, von Eltern
und – *unter situationsspezifischen Be-dingungen* –	wie Besonderheiten des Films und des Prüfverfahrens; individuelle Lage dieses Kindes
konkrete Imperative.	einschränkende Auflagen zur Sendung; entsprechendes Verhalten der Eltern.

Was folgt aus diesen metaethischen Überlegungen zum Anwendungsbezug von Ethik für die Medienethik? Aus ihnen ergibt sich einmal die *Bedeutung der deskriptiven Forschungen* zum Berufsethos, zur Mediennutzung, zu medienpolitischen Entscheidungen. Diese Erhebungen und Analysen bringen die vorhandenen moralischen Überzeugungen der einzelnen, an der Medienkommunikation beteiligten Gruppen ans Licht. Die dabei geäußerten Überzeugungen aufeinander zu beziehen, sie zu klären und konsistenter zu machen, ist eine wichtige Aufgabe der Medienethik. Die faktische Geltung, d.h. die Befolgung von Normen, hängt auch von ihrer philosophischen Begründbarkeit ab: Wenn das Bewusstsein ihrer normativen Geltung abnimmt, so schwindet auch ihre faktische Geltung. Umgekehrt kommt aber auch das ethische Argumentieren nicht ohne den Bezug zum vorphilosophischen moralischen Bewusstsein aus – entweder in Form einer phänomenologischen Beschreibung oder durch Berücksichtigung systematischer empirischer Erhebungen; nur so behalten Bereichsethiken ihre Bodenhaftung.

1.3.3 Medienethik – Kooperationsfeld von Medienwissenschaft und philosophischer Ethik

Als drittes Element ist der interdisziplinäre Charakter jeder Bereichsethik zu reflektieren. Interdisziplinarität wird oft gefordert, sie ist in der Realität wegen der Unterschiede in der Wissenschaftskultur schwieriger als es zunächst scheint. Wunden (1996) sieht die *Schwierigkeiten im Dialog* zwischen Ethikern und Kommunikationswissenschaftlern weniger in dem Unterschied zwischen sozialwissenschaftlicher und geisteswissenschaftlicher Methodik selbst begründet, sondern in den

> „unzulänglichen Vorstellungen von den Zielen und Verfahren der Ethik auf Seiten der Kommunikationswissenschaftler. ... Unzulänglich ist zum Beispiel die Vorstellung, Ethik sei ein mehr oder weniger zufällig zustandegekommenes, weil willkürlich formuliertes und ziemlich unpräzises Sammelsurium von Regeln, die jeweils unbedingte Geltung beanspruchen." (Wunden 1996, 317)

Wunden (1996, 318 f.) beklagt, dass sich viele Kommunikationswissenschaftler kaum explizit über die „tragenden Grundwerte gesellschaftlicher medialer Kommunikation" Rechenschaft ablegen und so die Prinzipien eines demokratischen Journalismus zu wenig als normativen Grundannahmen erkennen – um sie konsequent in ihre kommunikationswissenschaftliche Theoriebildung zu übernehmen. Öffentlichkeitsprinzip, Wahrheitspflicht und Freiheit bzw. Unabhängigkeit seien solche Grundwerte journalistischen Handelns – mit ihren Entsprechungen in der Medienordnung, in den Medienunternehmen und beim Publikum. Gerechtigkeit im Zugang zu Medien wäre ein weiteres solches Prinzip.

Theologen tun sich hier leichter. So schlug der A. Auer (1979a) vor, die jeweilige Verantwortlichkeit der an der Medienkommunikation Beteiligten von den Sachgesetzen der Massenkommunikation her zu begründen, also eine „immanente Ethik" zu entwickeln.

„Es werden dem Kommunikator und dem Rezipienten nicht von außen irgend-
welche heteronome Normen aufoktroyiert. Vielmehr können ethische Weisun-
gen nur dann als begründet erscheinen, wenn das in ihnen artikulierte Sollen als
inneres Moment der medialen Kommunikation zu erkennen ist. Ethik zielt auf
die optimale Erfüllung des menschlich Sinnvollen. Die Kriterien des menschlich Sinnvollen scheinen im Vorgang der Kommunikation selbst auf und mel-
den ihre Verbindlichkeit an." (Auer 1979a, 61)

So verlockend dieser Gedanke ist, in der Eigenart der Medienkommunikation
grundlegende moralische Verbindlichkeiten zu entdecken, so schwierig dürfte
es sein, aus ihnen konkrete und unstrittige Verpflichtungen abzuleiten. Zu unterschiedlich wird das im Medienbereich „Sinnvolle" und „Entsprechende"
aufgefasst, zu widersprüchlich sind die Ergebnisse einer „optimalen Erfüllung"
des im Medienbereich Möglichen und Qualitätsvollen. Ein Konsens lässt sich
nicht allein durch den sozialwissenschaftlichen Blick auf die Sachgesetzlichkeiten erreichen, sondern nur wenn man unsere unstrittigen moralischen
Grundüberzeugungen hinzunimmt: etwa eine übereinstimmende Interpretation
der Menschenrechte, die grundlegenden Normen im Austausch von Mitteilungen wie Wahrheitspflicht, Manipulationsverzicht u.ä.. Medienethik sollte immer wieder an diese „Grundprinzipien der Kommunikationsethik" (vgl. Funiok
1996, 10) erinnern. Dabei kann deutlich werden, dass sie im wesentlichen der
Alltagsmoral und dem demokratischen Ethos angehören und nicht rein medien-
spezifisch gültig sind. Die Frage nach den Sachgesetzlichkeiten der Medienkommunikation bringt also zunächst einmal übergreifende, nicht nur für den
Medienbereich relevante moralische Gewissheiten ins Spiel.

Unter dem Stichwort Sachgesetzlichkeiten müssen andererseits – mit Unterstützung der Publizistik- und Kommunikationswissenschaft – die strukturellen
Besonderheiten der Medienkommunikation gegenüber der personalen Präsenz-
kommunikation gesehen werden. Vor allem Theologen und Verfasser kirchli-
cher Dokumente neigen dazu, die Erfüllung von Idealnormen der direkten
Kommunikation auch für die medienvermittelte öffentliche Kommunikation zu
fordern: Da ist von der Pflicht zu „menschendienlicher" Kommunikation die
Rede, von der „Herstellung von Verständigung" (Burkart 1995, 495 ff.; Kos
1997) oder von Gemeinschaft und Völkerverständigung („Communio et Progressio": Päpstliche Kommission 1971) als Ziel aller Medienkommunikation.
Bei der Massenkommunikation handelt es sich jedoch um eine indirekte und
einseitige Kommunikation: Die Kommunikationspartner bleiben getrennt und
weitgehend anonym. Mit Gehlen weist daher Wilke (1987, 240) auf die
Schwierigkeit hin, dass Medienethik in dem Sinne eine „Fernethik" darstellt,
„weil im Vergleich zur personalen Kommunikation die Handlungsfolgen nicht
unmittelbar zu beobachten sind und auch die Hemmungsschwellen anders liegen". Die meisten der von uns anerkannten Verpflichtungen seien auf eine soziale „Nahsicht" eingestellt; aufgrund der eigentümlichen Distanz in der Medienkommunikation ist man jedoch „weniger bereit, ethische Verpflichtungen
gegenüber nicht anwesenden Partnern einzuhalten." (ebd.)

Ein anderer Gesichtspunkt ist eine gewisse *Anonymisierung der Autorenschaft* von medialen Aussagen. Auch wenn Redakteure für ihre Beiträge namentlich verantwortlich zeichnen (müssen), so gilt dennoch, dass Medienprodukte immer das Ergebnis einer kollektiven Bearbeitung darstellen. Das Ausgangsmaterial stammt von Nachrichtenagenturen, aus Archiven oder Vorrecherchen anderer. Der einzelne Journalist hat sie auf ihre Glaubwürdigkeit hin zu überprüfen, aber er muss sich in einem beträchtlichen Maße auf andere verlassen können. Daher komme Medienethik nicht ohne „Differenzierung zwischen Person und Rollen, Positionen, Teilsystemen und anderen sozialstrukturellen Anforderungen" aus (Rühl & Saxer 1981, 503); auch die gewonnenen und nicht erreichten Publika seien Teil der „normativen Erwartungsstruktur". Schließlich sind massenmediale Produkte nicht nur Teil der politischen Kommunikation einer Gesellschaft, nicht nur Wissens- und Kulturvermittlung, sondern auch „Ware", die eine bestimmte Auflage oder Einschaltquote erbringen muss. Die *ökonomische* Dimension der Medien ist eine widerständige, aber nicht abschaffbare Bedingung, welche jede Medienmoral zu berücksichtigen (aber das heißt nicht: unkritisch hinzunehmen) hat.

1.3.4 Naturalistischer (deskriptivistischer) und normativistischer Fehlschluss

Der vierte und letzte Fragekomplex gilt dem Verhältnis von philosophischer Argumentation und fachwissenschaftlicher Gegenstandsbeschreibung (in Systematik und Empirie) und der damit verbundenen methodischen Problematik. Schon 1740 hatte Hume den unmerklichen Übergang „from Is to Ought" kritisiert, den manche theologischen Ethiker vollzögen. Moore hat in seinen Principia Ethica (1970) diesen Übergang als „naturalitistischen Fehlschluss" bezeichnet: Der Prädikator „gut" meine ein Präferenzurteil im Sinne „Dies soll sein" – und diese normative Aussage sei logisch nicht in einem deskriptiven Urteil wie „Diese Wirklichkeit wird als lustvoll erlebt" enthalten. Wenn die Empirie für die eigentliche Aufgabe der Ethik, Präferenzurteile als begründet oder unbegründet auszuweisen, nichts beitragen kann – muss sich die Ethik dann der Empirie verschließen, fragt Rath (2000). Schon die Allgemeine Ethik tue das nicht, indem sie wenigstens die Umsetzbarkeit und Sachadäquatheit von moralischen Urteilen an der Alltagserfahrung überprüfe. Für die Angewandte Ethik müssten jedoch nicht alltagsempirische Erkenntnisse, sondern spezifische wissenschaftliche Kenntnisse herangezogen werden.

Ethische Relevanz haben für Rath vor allem die „vorfindbaren internalisierten Handlungspräferenzen", also das empirisch zu erhebende Ethos der im Medienbereich handelnden Akteure (und er nennt da die Medienmacher, die Rezipienten und die Gesetzgeber). Dieses Ethos zu erheben, sei Aufgabe der deskriptiven Ethik. Dazu könne sie durch die normative Ethik angeregt werden; auch so etwas wie ein „media assessment" sei denkbar und wünschenswert – also der Versuch, ähnlich wie bei der Technikfolgenabschätzung, die individuellen und sozialen Auswirkungen von vorhandenen und zukünftigen Medientechnologien und Medienprodukten abzuschätzen. Was sein soll und was nicht sein soll, also die normativen Entscheidungen, müssten freilich in einem gesellschaftlichen Diskurs erörtert und konsensuell festgelegt werden.

Für das Verhältnis von normativen Aussagen zum Medienhandeln und seiner empirischen Beschreibung durch die Fachwissenschaften hält Rath (2000, 83 f.) drei Punkte fest:

„– Als angewandte Ethik bedarf die Medienethik eines empirisch abgesicherten Wissens über das Handlungsfeld Medien. Sie bekommt es aus der empirischen Medienforschung.

– Medienethik ist zugleich Themengeberin für die empirische Forschung, sofern sie das Fehlen eben dieses empirisch abgesicherten Wissens für ein spezielles Problemfeld anmahnt.

– Und schließlich erhält die Medienethik thematischen Input aus der empirischen Forschung, nämlich immer dann, wenn die empirische Forschung normative Probleme im Handlungsfeld Medien an die zuständige Disziplin verweist."

Neben dem naturalistischen Fehlschluss, den Rath „deskriptivistischen" genannt haben möchte, gelte es auch einen „normativistischen Fehlschluss" zu vermeiden. Er liegt nach Höffe (1981, 16) dann vor, wenn Ethiker meinen, allein aus begründeten Normen konkrete Handlungen und Handlungsoptionen bewerten zu können. Allein aus normativen Überlegungen heraus, ohne gründliches Befragen der Fachwissenschaften nach den spezifischen Sachgesetzlichkeiten des Handlungsbereichs, lassen sich keine konkreten Verbindlichkeiten formulieren; Ethik habe sich nun einmal „tief auf empirische Fragen einlassen." (Bayertz 1991, 29) Es bleibt also festzuhalten, „daß man solange nicht von einer ethischen Orientierung sprechen kann, wie man nicht einen langen Blick auf die hier und jetzt vorliegende empirische Wirklichkeit geworfen hat." (Schmitz 1996, 513) Die Methodik dieses Miteinanders von philosophischer Ethik und Fachwissenschaft ist für den Medienbereich noch wenig erprobt. Medienethik ist eine Bereichsspezifische Ethik „in statu nascendi". So ist abschließend Kaminsky (2000) zuzustimmen, die einen offenen interdisziplinären Diskurs zwischen den Einzelaspekten der Kommunikationswissenschaft und der philosophischen Ethik einfordert:

„Medienethik kann (unter den gegebenen Rahmenbedingungen) nur als ein multiperspektivischer interdisziplinärer und offener Diskurs vollzogen werden. Ohne kompetente Diskussionsbeiträge aus medienpraktischer, technischer, juristischer, soziologischer, psychologischer, ökonomischer und vor allem moralphilosophischer Perspektive kann die konkrete Vermittlung von Können und Sollen nicht gelingen. ... Die zu erarbeitenden Normen sind nämlich erst dann angemessen, wenn die aus ihnen resultierenden Handlungen mit allen relevanten Perspektiven in Einklang stehen." (a.a.O., 47)

## 1.4	Verantwortung als ethische Schlüsselkategorie

In den meisten deutschsprachigen Darstellungen zur Medienethik wird in irgendeiner Weise auf die Kategorie der Verantwortung zurückgegriffen – auch wenn es nur mit den Hinweisen auf die (oft nicht korrekt interpretierte) Gegenüberstellung von Gesinnungsethik und Verantwortungsethik bei M. Weber oder auf das Konzept einer „gestuften Verantwortung" bei R. Spaemann (1989) geschieht. Im Rahmen unserer ersten Kennzeichnungen der Medienethik ist es also angebracht zu fragen, ob und in welcher Weise Verantwortung eine für den Medienbereich fruchtbare ethische Kategorie darstellen kann und wo sie einer Ergänzung durch andere ethische Prinzipien bedarf. Dabei werden auch Überlegungen herangezogen, wie sie in der Technikethik, Wirtschafts-, Umwelt- und Wissenschaftsethik angestellt werden. Ziel ist es, zu einem *spezifischen* Verantwortungsbegriff zu gelangen – um den „Ruf nach Verantwortung" nicht als einen allgemeinen, kraftlosen Appell einzusetzen. Diesen oberflächlichen Gebrauch trifft man in manchen medienpolitischen Grundsatzpapieren; meist plädieren sie für eine Zurückhaltung des Staates und fügen am Ende noch schnell einige Sätze zur Mitverantwortung des Publikums und der Selbstkontrollgremien an – ein „bloß nachgeordneter Verantwortungsbegriff" (Debatin 1998a, 117).

### 1.4.1	Karriere des Verantwortungsbegriffs

Gemessen an den zweieinhalb Jahrtausenden ethischer Theoriebildung ist der Verantwortungsbegriff jüngeren Datums. Er war zunächst in der Sphäre der Gerichtsbarkeit beheimatet und geht auf entsprechende Ausdrücke im römischen Recht zurück: „Ein Mensch hat etwas zu verantworten, indem er vor einem Richter auf die Frage antworten muß, was er getan hat; denn eine bestimmte Tat und deren Folgen werden ihm zugerechnet." (Ropohl 1994, 110) Daran, dass Verantwortung (z.B. im Sinne von Haftung) eine wichtige juristische Kategorie war und ist, wird deutlich, dass *moralische Verantwortung* nur ein Teil des Bedeutungsspektrums dieses Begriffs ist. Bei unserer Suche nach Kategorien, an welchen sich die Medienethik orientieren kann, betrachten wir Verantwortung jedoch nur in diesem moralischen Sinn.

In der Moralphilosophie wurde der Verantwortungsbegriff erst in der Mitte des 19. Jahrhunderts ein eigenständiger Begriff: mit J. St. Mills Essay „On Liberty" (1854) und der Abhandlung „L'idée de responsibilité" von Lévi-Bruhl (1884) (vgl. Bayertz 1995, 3). Kurz nach dem ersten Weltkrieg formulierte M. Weber in seinem Vortrag „Politik als Beruf" (1919) die Maxime seiner Verantwortungsethik: „daß man für die (voraussehbaren) *Folgen* seines Handelns aufzukommen hat." (Weber 1968, 58) Ab Mitte des 20. Jahrhunderts häufen sich die Abhandlungen zum Thema Verantwortung. Spätestens seit H. Jonas 1979 sein „Prinzip Verantwortung" zum Grundprinzip einer unserem Zeitalter angemessenen Philosophie der Moral erklärte, ist Verantwortung „vollends in den Rang einer ethischen Schlüsselkategorie aufgestiegen" (Bayertz 1995, 4).

Während Jonas unsere Verantwortung gegenüber der Natur in einer neuen Weise begründete, behandelt Weber die programmatischen moralischen Entscheidungen eines Politikers, also eines im öffentlichen Raum Handelnden. Da Medienethik die Herstellungs-, Verteilungs- und Nutzungsentscheidungen öffentlicher Mitteilungen und Kulturprodukte reflektiert, sind die Überlegungen von Weber für sie relevanter. Wie Kaminsky (1998, 233 f.) zutreffend analysiert, „zielt Weber nicht auf die Beschreibung einer ethischen Methode im Sinne einer expliziten Vorgehensweise zur Normenbegründung, sondern er richtet sich auf eine strategische, ethisch-teleologische Urteilsbildung." Weber gehe es vor allem um die systematische Berücksichtigung von Handlungsfolgen und -erfolgen, auch von solchen, die man nicht selbst verursacht hat oder beeinflussen konnte.

> „Der Verantwortungsethiker ... rechnet mit eben jenen durchschnittlichen Defekten der Menschen, – er hat, wie Fichte richtig gesagt hat, gar kein Recht, ihre Güte und Vollkommenheit vorauszusetzen, er fühlt sich nicht in der Lage, die Folgen eigenen Tuns, soweit er sie voraussehen konnte, auf andere abzuwälzen." (Weber 1968, 58) Anders die Syndikalisten (Gewerkschaftler) und chiliastischen Propheten: Verantwortlich fühlen sich solche „Gesinnungsethiker nur dafür, daß die Flamme der reinen Gesinnung, die Flamme z.B. des Protestes gegen die Ungerechtigkeit der sozialen Ordnung, nicht erlischt." (Weber a.a.O.)

Damit man die Polarität der von ihm fokussierten politischen Haltungen oder Handlungsmaximen, zwischen denen für ihn „ein abgrundtiefer Gegensatz" besteht, dennoch nicht überinterpretiert, betont Weber: „Nicht daß Gesinnungsethik mit Verantwortungslosigkeit und Verantwortungsethik mit Gesinnungslosigkeit identisch wäre. Davon ist natürlich keine Rede." (Weber 1968, 57) Es bleibt also festzuhalten, dass Verantwortung bei Weber nicht notwendig eine konsequentialistische Begründung (Folgeethik) impliziert (wie z.b. Kepplinger & Knirsch 2000 annehmen), sondern sich auch mit der deontologischen Orientierung (Pflichtethik) verträgt. Im Weberschen Verantwortungsbegriff ist immer auch das kantische Moment des „Sich-in-die-Pflicht-Nehmens" enthalten. Und weil dieses Moment „deontologisch" genannt und im Deutschen oft mit „Gesinnung" assoziiert wird, entsteht das verbreitete Missverständnis, Weber habe für eine bloße Folgenverantwortung – abgesehen von jeder ethischen Gesinnung – plädiert. Korff betont die integrative Kraft des Verantwortungsbegriffs innerhalb der ethischen Theoriebildung:

> „Im Begriff Verantwortungsethik können erstmals zwei geschichtlich maßgeblich gewordene, zu völlig unterschiedlichen Ethikverständnissen führende Schlüsselkategorien des Sittlichen als in sich konsistente Aspekte einer einheitlichen ethischen Grundhaltung begriffen werden: die das Feld des Bedingten einholende ethische Grundhaltung der Klugheit und die den Anspruch des Unbedingten sichernde ethische Grundhaltung der Pflicht." (Korff 1985, 9 f.)

Auch in der Alltagssprache hat „Verantwortung" den früher dominierenden Begriff der „Pflicht" abgelöst und dessen Gehalt in sich aufgenommen. Das andere Element – die zur konkreten Handlungsentscheidung bzw. Urteilsbildung führende Situationserfassung und Problemlösungsbereitschaft – gehört, wie schon im vorausgehenden Abschnitt verdeutlicht, zur angewandten Ethik und wurde in der ethischen Tradition mit „Klugheit", also einer der vier Kardinaltugenden gefasst. Durch die Verklammerung dieser beiden Momente ist nach Korff „Verantwortung" mit Recht die ethische Schlüsselkategorie der Gegenwart geworden.

Als ethischer Grundbegriff, welcher „Sittlichkeit", d.h. die Verpflichtung zu moralischem Handeln plausibel macht, enthält Verantwortung auch die Betonung der *Handlungsfreiheit*: Verantwortlich zu machen ist nur, wer eine gewisse Handlungsautonomie besitzt und Handlungsalternativen erkennt. Und wer frei handeln kann, muss damit rechnen, zur Verantwortung gezogen zu werden; Verantwortung ist „gleichsam die Rückseite der Freiheit" (Debatin 1998a, 116). Ferner bedeutet Freiheit einmal (im „negativen" Sinn) die Abwesenheit von äußerem und inneren Zwang und (im „positiven" Sinn) die Notwendigkeit zur Selbstbestimmung und zur Übernahme von Verantwortung. Diese „Dialektik" des personalen Freiheitsbegriffs gründet in einer Bedingung des menschlichen Lebens, nämlich der ständigen Notwendigkeit, Entscheidungen zu treffen und diese vor sich und anderen zu begründen, zu rechtfertigen, zu verantworten. Der Mensch kann nicht wählen, ob er sich entscheidet oder nicht, denn auch jedes Nicht-Entscheiden wäre selbst wiederum eine Entscheidung. Ethik fragt „nach der richtigen Entscheidung oder dem richtigen Handeln, und eine richtige Entscheidung ist eine Entscheidung, die gerechtfertigt oder verantwortet werden kann" (Ricken [4]2003, 13)

In seiner „kurzen Geschichte der Herkunft der Verantwortung" sammelt Bayertz (1995) die Elemente des „klassischen" Verantwortungsbegriffs.

(1) Verantwortung kann zunächst „als die Zurechnung jener Folgen charakterisiert werden, die ein menschliches Subjekt durch sein Handeln kausal bewirkt hat." (S. 5) Anstelle des archaischen Sprachgebrauchs Schuld und Vergeltung sei die weniger vorverurteilende Frage nach dem zu bestimmenden Handlungssubjekt getreten, welchem der Schaden kausal zugeschrieben werden kann.

(2) Bei diesem Subjekt müssen, so habe der klassische Verantwortungsbegriff weiterhin herausgearbeitet, Voraussicht und Willen wenigstens ansatzweise vorhanden sein, damit von Verantwortung die Rede sein könne. Damit ist die Willensfreiheit des bewusst handelnden Menschen angesprochen. Willensfreiheit sei „kein rein empirisches, sondern ein *normatives* Prädikat"; denn wir „gehen nicht nur davon aus, daß Menschen frei handeln, sondern *fordern* es auch von ihnen." (S. 12)

(3) Als drittes Element habe der klassische Verantwortungsbegriff den *Bezug zu Normen und Werten* sowie zu Instanzen herausgearbeitet, vor denen man

sich für unberechtigte Handlungen mit schlimmen Folgen zu verantworten habe (dieser Normbezug fehle bei M. Weber, er spreche nur von den Folgen). Werte und Normen setzen stets eine Gemeinschaft voraus, welche in einem Rechtfertigungs-Dialog von mir Antwort (etymologisch steckt dies im englischen „responsibility") verlangen kann. „Verantwortlich kann man nicht *sein*, sondern wird man (von anderen) *gemacht*." (S. 16) Verantwortung sei keine Naturtatsache, sondern eine Verhandlungssache und der paradigmatische Ort dieses Dialogs von Rede und Gegenrede, von Beschuldigung und Verteidigung sei das Gericht.

Das Gericht ist aber nur eine der möglichen *Instanzen* – wenn auch die mit der stärksten äußeren Sanktionskraft bewehrte. Da gibt es auch das persönliche *Gewissen* oder den eigenen und fremden Anspruch an personale Authentizität: „Selbstverantwortung" (im Sinne von Weischedel [3]1972, 53). Wichtig in einer demokratischen Informationsgesellschaft ist ferner die Öffentlichkeit. Schließlich kann man als religiöser oder spiritueller Mensch die augenblickliche Handlung „sub specie aeternitatis" sehen, indem man den Blick auf die gesamte Menschheit richtet und die gegenwärtige Entscheidung vom Lebensende her betrachtet: Man fragt dann nach der Verantwortung „vor Gott". Einer weniger bekannten, aber gut begründeten theologischen Auffassung zu Folge sind wir in diesem „letzten Gericht" nicht nur Angeklagte, sondern auch unsere eigenen Richter: der Verantwortungs-Dialog findet wesentlich in uns selbst statt (vgl. Picht 1969, 320).

Dieses „klassische" Verantwortungskonzept hat nach Bayertz (1995) in den letzten Jahrzehnten einige wichtige Erweiterungen, aber auch Relativierungen gefunden. In Absetzung zur objektivierenden oder ontologisierenden Ansicht der früheren Zeit, ergebe sich Verantwortung aus der „Struktur der Sachverhalte", werde nun stärker die soziale Zuschreibung zum Zwecke der Verhaltenssteuerung und zur Sanktionierung betont. *Moralische* Verantwortung wird nicht mehr als vorgegebene, fraglos anerkannte Pflicht aufgefasst, sondern – innerhalb der Angewandten Ethik – als Problemlösungsinstrument konstruiert, in gewissem Sinne „erfunden". Vor allem beim technischen Handeln reflektiert man mit dem Verantwortungsbegriff die Risiken und die Zuständigkeit bei Arbeitsteilung.

> „Der nichtklassische Verantwortungsbegriff erweist sich damit als Ausdruck der Koordinations- und Steuerungsprobleme, die sich im Rahmen komplexer arbeitsteiliger Organisationen und in modernen Gesellschaften allgemein ergeben." (a.a.O., 34)

Noch stärker betont Heidbrink (2003) den probabilistischen und hypothetischen Charakter von Verantwortung bei technischen Großprojekten, die von komplexen Organisationen und Firmenverbünden realisiert werden. Uneinheitliche Organisationsstrukturen, ein enthierarchisierter und dezentralisierter Aufbau sowie die Abhängigkeit von externen Experten erschwerten eine klare Verantwortungsverteilung. Deshalb fordert Heidbrink für den Aufbau und die Organisation dieser Systeme eine neue Form, nämlich die „Designverantwortung". Diese sei Teil einer „Systemverantwortung", wie sie schon Bühl (1998,

162–164) – ein zu Unrecht im Schatten Luhmanns stehender Systemtheoretiker – skizziert hatte. Obschon auch Medien-Redaktionen als Systeme zu betrachten sind, gibt es hier doch klare Festlegungen der „Verantwortung im Sinne des Pressegesetzes" (V.i.d.P.). Daher lässt sich die von Heidbrink empfohlene „Zurechnungseinschränkung" nicht in derselben Weise übertragen, schon gar nicht eine „Akzeptanz von Unverantwortlichkeit" empfehlen.

Um einer *Verantwortungsdiffusion* aufgrund entpersönlichter und diffuser Zuständigkeiten in politischen und wirtschaftlichen Entscheidungsprozessen entgegenzuwirken, fordert Kaufmann neue „staatlich vermittelte kollektive Selbstbindungen ... An die Stelle des Rufes nach Verantwortung sollte der Ruf nach Institutionen treten" (Kaufmann 1994, zit. bei Feldhaus 1998, 279) Auf jeden Fall ist der moderne Verantwortungsbegriff ein deutlich politischer – wobei sowohl die lokale als auch die nationale und die globale Ebene relevant ist. Bayertz (1995) schließt seine Studie zur Entwicklung des Verantwortungsbegriffs mit den Bemühungen, die Zeitdimension der Verantwortung im Sinne von Antizipation zukünftiger Zustände und der Schadensprävention stärker zu beachten sowie (im Anschluss an Jonas) eine Fürsorge- und Vorsorge-Verantwortung zu begründen. Dabei das richtige Verständnis der Natur zu entwickeln, sei eine Form von (wissenschaftlicher und diskursiver) „Metaverantwortung".

Ein Moment gilt es hier mit Kaufmann (1992, 41) zu ergänzen: Von Verantwortung im vollen Sinn kann nur die Rede sein, wenn zur sozialen Zuschreibung das Moment der „normativen *Selbstverpflichtung des Subjekts*" hinzukommt. Die Bejahung des moralisch Richtigen geht mit dem Pflichtgefühl und der Entscheidung einher, sein Handeln nach Möglichkeit an dieser moralischen Erkenntnis auszurichten, also das Richtige zu tun, das Falsche zu unterlassen. Zum Wesen der Moral gehört diese freiwillige Selbstverpflichtung – des einzelnen Subjekts und der korporativen Subjekte wie Organisationen und Institutionen.

Wo diese Übernahme von Verantwortung im Sinne einer Selbstverpflichtung verweigert wird, kommt es zu *Verantwortungsabwehr oder -abschiebung.* Die Psychologie behandelt die Abwehr sozialer Verantwortung (z.B. Wegschauen und Untätigkeit in der wahrgenommene Notsituation anderer) als Persönlichkeitsmerkmal oder sozialpsychologisch als Teil der Wahrnehmung einer sozialen Situation (vgl. Bierhoff 1995); dabei ergeben sich erhebliche Unterschiede je nachdem, ob sich die Versuchspersonen als Teilnehmer (und Akteure) der Situation verstehen konnten oder als reine Beobachter. Verantwortungsabschiebung gibt es aber auch zwischen Individuen und Institutionen: Da wird Verantwortung zwischen Beschäftigten und dem Unternehmen, zwischen Wirtschaftsbranchen und politischen Autoritäten hin- und hergeschoben. Niemand sei angeblich zuständig, die Verhältnisse seien zu diffus und unübersichtlich. Die sarkastische Definition von Bierce „Verantwortung: eine abnehmbare Last, die sich leicht Gott, dem Schicksal, dem Zufall oder dem Nächsten aufladen läßt" kann nach Feldhaus (1998, 278) auf die heutige Komplexität der Sachverhalte und die Undurchsichtigkeit der Entscheidungsstrukturen angewendet werden – Verantwortung, eine abschiebbare Last. Um dieser Tendenz entgegenzuwirken, braucht es die oben von Kaufmann geforderte Institutionalisierung von Verantwortung. Sie kann aber nur gelingen, wenn die beteiligten Individuen und Korporationen den ihnen zugewiesenen Teil der Verantwortung auch wirklich übernehmen, sich selbst dazu verpflichten.

Nach diesem Blick auf die begriffsgeschichtliche Entwicklung und nach der ersten metaethischen Kennzeichnung als „ethische Schlüsselkategorie", ist es sinnvoll, die Komponenten eines – auch medienethisch – fruchtbaren Verantwortungsbegriffs zusammenzufassen. Dafür wird Verantwortung als ein mehrstelliger Relationsbegriff aufgefasst, dessen semantische Dimensionen sich in Frageform formulieren lassen.

1.4.2 Dimensionen der Verantwortung

Die ersten Versuche brachten vier Grundelemente in Beziehung: a) ein Subjekt der Verantwortung, b) ein Objekt der Verantwortung (Handlung oder Unterlassung mit Folgen) c) ein System von Bewertungsmaßstäben und d) eine Instanz, vor der man sich verantwortet. Hubig (1993, 71 f.) konkretisiert diese Elemente und ergänzt die Handlungsfolgen durch die sozial erwartete Verpflichtung; er kommt also auf folgende fünf Elemente:

„Ich übernehme Verantwortung

–   für etwas (Handlungsfolgen, Handlungen, Personen, Güter etc.)
–   in meiner Eigenschaft/Funktion als (als bestimmtes Handlungssubjekt)
–   vor jemandem (Instanz der Verantwortung: Personen, Natur, Gott, Gesellschaft, Staat)
–   unter bestimmten Kriterien (Werten, Prinzipien, Maßstäben)
–   im Blick auf (Schaden/Nutzen, Pflichterfüllung, Haftung etc.)"

Ropohl (1994, 111) hält eine siebenstellige Begriffsmatrix für angebracht, welche sich mit einer „7W"-Frage ausdrücken lasse:

(A)   WER (Handlungssubjekt) verantwortet
(B)   WAS (Handlung, Unterlassung, Produkt)
(C)   WOFÜR (Handlungserfolg, [un]voraussehbare Folgen, Neben-, Fern- und Spätfolgen)
(D)   WESWEGEN (moralische Normen und Regeln, gesellschaftliche Werte, Gesetze)
(E)   WOVOR (Instanzen wie Gewissen, Urteil anderer [auch der Öffentlichkeit], Gericht)
(F)   WANN (Zeitdimension: prospektiv – momentan – retrospektiv)
(G)   WIE (aktiv, virtuell, passiv)

Das oft geforderte Element WEM GEGENÜBER (Betroffene) sieht Ropohl in den Folgen, in den Normen und in der Instanz impliziert (a.a.O., 188). Eine wichtige Dimensionierung nimmt Ropohl (S. 112) jedoch innerhalb der WER-Frage vor. Als mögliche Handlungssubjekte nennt er das (1) Individuum, (2) die Korporation und (3) die Gesellschaft bzw. den Staat. Diese soziale Differenzierung habe Bedeutung für alle anderen Begriffsrelationen, wie aus seinem Schema ablesbar:

Es verantwortet	(1)	(2)	(3)
(A) WER	Individuum	Korporation	Gesellschaft
(D) WESWEGEN	moralische Regeln	gesellschaftliche Werte	staatliche Gesetze
(E) WOVOR	Gewissen	Urteil anderer	Gericht
(F) WANN	vorher: prospektiv	momentan	nachher: retrospektiv
(G) WIE	aktiv	virtuell	passiv

Tabelle 1: Morphologische Matrix der Verantwortungstypen
(aus: Ropohl 1994, 112)

Mit dieser „morphologischen Matrix" versucht Ropohl, einzelne Verantwortungstypen zu kennzeichnen. Der kollektivistische Verantwortungsbegriff, wie er der Idee der *Technikbewertung* zugrunde liege, lasse sich z.b. folgendermaßen rekonstruieren:

Akteur	(A 3) GESELLSCHAFT
verantwortet	(B 1) HANDLUNG
für	(C 1) FOLGEN VORAUSSEHBAR
wegen Bezug auf	(D 2) GESELLSCHAFTLICHE WERTE
vor dem	(E 2) URTEIL ANDERER
in der Zeit	(F 1) VORHER
beteiligt	(G 1) AKTIV

Debatin (1997a, 289) griff diese Anregung auf, indem er Verantwortungstypen mit der Bevorzugung ausgewählter Elemente charakterisierte: So betone die Gesinnungsethik nur das handelnde Subjekt, die Handlung und die Gewissensinstanz, also die reine Absicht – während die funktionalistische oder systemtheoretische Ethik Luhmanns nur das Dreieck Was (Handlung), Wofür (systemimmanenter Handlungserfolg) und Wovor (die im Code greifbaren Werte des Handlungssystems) ausführe.

Die soziale Differenzierung der Verantwortungssubjekte soll jedoch noch etwas vertieft werden, weil sie nicht nur für die Technikethik, sondern auch die Medienethik von Bedeutung ist. Das Medienhandeln der Journalisten und anderer Medienmacher sowie der Medienunternehmen ist, wie Debatin (1997a, 290 ff.) überzeugend aufzeigt, von Arbeitsteilung geprägt und damit ein *kooperatives Handeln* darstellt. Das kollektive *Handeln der Korporationen* ist nicht einfach als Summe der individuellen Einzelhandlungen zu betrachten. Es besitzt eine eigene Systemqualität, weil die Institutionen – ausgehend von gesellschaftlichen oder eigenen Werten – Handlungszwecke festlegen und organisatorische Mittel, auf die hin der in oder mit der Institution arbeitende Einzelne seine Handlungen auszurichten gezwungen ist. Nach Hubig (1993, 101–112) bestimmen Institutionen das Handeln des einzelnen zumindest im Sinne einer Richtungsweisung, oft schränken sie es ein, sie erweitern es aber auch; sie leiten die Mittelwahl und beeinflussen die Risiken, Belastungen, aber auch die Erfolgsgarantie individuellen Handelns.

Dabei legen sich Institutionen oft auf Werte fest, wählen Zwecke und Mittel, die sich mehr aus dem Systemerhalt, der Corporate Identity ergeben – und weniger aus der gesellschaftlichen Aufgabenstellung oder dem Eingehen auf Kundenwünsche. Institutionen neigen dazu, „Probleme der Außenwelt auf ihre eigenen Systemgrößen zu reduzieren und damit verfügbar zu machen: Entsprechend wird die Frage nach der Wahrheit umgebogen" (Hubig 1993, 111 mit Hinweis auf eine Beobachtung Luhmanns). Auch wenn es dabei zu Zwängen und Entfremdungserfahrungen des einzelnen kommt, bleiben für ihn doch weiterhin Handlungsspielräume. Zudem kann er die Institution mitverändern, neue Institutionen auf den Weg bringen oder Anti-Institutionen mitbegründen (Hubig spricht hier von einer „Umwegeethik").

Wie lässt sich für das korporative Handeln auch eine entsprechende, d.h. *korporative Verantwortung*, und zwar eine moralische begründen? Das Recht macht Korporationen verantwortlich, z.B. im Sinne von Haftung; das Gesetz spricht daher von einer „juristischen Person". Aber bedeutet moralische Verantwortung wahrnehmen und übernehmen nicht immer personale (und das heißt immer individuelle) Prozesse? Nach Hubig (1993, 108)

> „zeigt die allgemeine Diskussion, daß der moralische und sittliche Diskurs längst auf Institutionen als Handlungssubjekte ausgedehnt ist. Zwar wird ihnen nicht ein Wille wie beim natürlichen Subjekt unterstellt und tribunalisiert, sehr wohl werden ihnen aber Begriffe ‚Schuld', ‚Versäumnis' oder ‚gelingendes Handeln' zugeschrieben. Institutionen und Organisationen fürchten – wie die Werbung zeigt – Schuldzuweisungen... Wie lässt sich das Verhältnis von korporativer und individueller Verantwortung zueinander genauer bestimmen, theoretisch und praktisch?"

Bei dieser Verhältnisbestimmung gilt es zu vermeiden, dass es zu jener, schon oben erwähnten Abschiebung von Verantwortung kommt – und zwar in beiden Richtungen. Korporationen neigen dazu, in großen Schadensfällen (z.B. Flugzeugabsturz) einen einzelnen Schuldigen zu suchen (hier: den Piloten), um nicht zugeben zu müssen, dass es mangelnde Vorkehrungen oder Koordinationsfehler innerhalb der Firma waren, die zu dem Unglück führten. Umgekehrt sind einzelne Beschäftigte versucht, die Verantwortung für mangelhafte Leistung (z.b. kundenunfreundliches Verhalten) dem Betrieb anzulasten, der keine bessere Ausstattung bereitstelle, oder den Sachzwängen des Marktes und ähnlichen überindividuellen Mechanismen. Die letztere Form von Verantwortungsabschiebung „übersieht, daß die Institutionen und Organisationen zwar das individuelle Handeln prägen, indem sie Handlungsspielräume vorgeben, gleichzeitig aber auch dem Handeln der Individuen selbst zur Disposition stehen, wenn auch zementierte Machtverhältnisse dies zunächst zu verstellen scheinen." (Hubig 1993, 108) Die Individuen sind auch nach Lenk (1993) an der korporativen Verantwortung mitbeteiligt:

> „Jeder hat Mitverantwortung entsprechend der strategischen Zentralität im Wirkungs- und Handlungsmuster, im Macht- und Wissenszusammenhang des Systems – insbesondere auch, insoweit er das System, die Systemerhaltung aktiv oder durch Unachtsamkeit oder Unterlassung stören kann. Entsprechend der Anordnungsbefugnis nimmt die Verantwortung nach oben (mit wachsender formaler Zentralität) ... zu." (Lenk 1993, 126)

Die korporative Verantwortung ist also *lebendig* in der individuellen Verantwortung, aber sie *reduziert sich nicht summativ* auf die Gesamtzahl der Einzelverantwortungen – ein System ist immer mehr als alle seine Einzelteile zusammen. In den strategischen Planungen eines Unternehmens oder einer Behörde werden längerfristig gültige, also auch Angestelltenverhältnisse *überdauernde Festlegungen* über Werthierarchien, über Ziele und Mittel getroffen. Und diese Entscheidungen sind auch von der Institution als solcher zu verantworten. Es sind dann freilich jeweils konkrete Repräsentanten, also natürliche Personen (Vorstandsmitglieder, Pressesprecher), welche diese (fehlerhaften) Entscheidungen gegenüber der Öffentlichkeit erläutern, sich entschuldigen, Entschädigung anbieten u.ä. Die Verantwortung dieser Repäsentanten ist hier zunächst eine „politische", äußerlich-formale – im Unterschied zu ihrer persönlichen, nach dem Maß ihrer Beteiligung anzusetzenden Verantwortung.

Für die theoretische Verhältnisbestimmung formuliert Lenk:

> „Verantwortung wäre nach diesem Modell als durch Beteiligung ‚quasi-vergemeinschaftbar' zu betrachten, ohne echt teilbar zu sein: als gemeinsam und individuell jeweils mit-zutragen, aber wohl nicht als arithmetisch subtrahierbar oder verkleinerbar." (Lenk 1993, 127)
> „Die Verantwortung ist sozusagen nur quasi-verteilbar, ohne wirklich aufteilbar zu sein. Sie ist nicht echt teilbar, sondern nur beteiligungsoffen; sie ist eben mitzutragen, ohne irgendwie quantitativ verkleinerbar zu sein: Geteilte Verantwortung ist sozusagen nicht halbe, sondern doppelte getragene Verantwortung."
> (Lenk 1992, 106)

Für die Praxis geht es darum, dass eine vernünftige und praktikable Verteilung von individueller und korporativer Verantwortung in normativen Texten der

Firma festgeschrieben wird, um im Bedarfsfall auf sie zurückgreifen zu können. Debatin (1997a, 296) resümiert:

> „Nur wenn auf diese Weise eine klare Trennung zwischen korporativer und individueller Verantwortung vorgenommen wird und zugleich die Reichweite und die Grenzen der individuellen wie der korporativen Verantwortung bestimmt werden, können Individualethik und korporative Ethik praktisch miteinander vermittelt werden."

Die folgende Matrix stellt die Beziehungen der einzelnen Verantwortungselemente dar:

WER (Handlungssubjekt)	INDIVIDUUM	KORPORATION
WOFÜR (Handlungsfolgen)	kausal zurechenbare direkte Handlungsfolgen	synergistische und kumulative Effekte (Handlungsprodukte)
WEM gegenüber	von Handlungen und Handlungsfolgen Betroffene	
WOVOR (Verantwortungsinstanz)	Gewissen, Auftraggeber, Öffentlichkeit	Korporative Selbstverpflichtungen, Öffentlichkeit
WESWEGEN (Normen und Werte)	Rollenverantwortung vs. Universalverantwortung	Korporationsziele vs. soziale bzw. Universalverantwortung

Tabelle 2: Elemente der individuellen und korporativen Verantwortung
(aus: Debatin 1997a, 297)

Auch für Ropohl (1999, 240) „ist korporative Verantwortungsorganisation nicht etwa ein Angriff, sondern im Gegenteil eine subsidiäre Förderung der individuellen Verantwortung." Sie soll eine „Überforderung der Individuen durch moralische Appelle" verhindern (vgl. Gerecke & Suchanek 1998, 86). Ähnlich formulierte das Rühl schon 1980(b), als er die persönliche Verantwortung des Journalisten von der systemischen Verantwortung des Journalismus unterschied. Der Journalismus trage zum Beispiel die Verantwortung dafür, dass er Themen zwar auswählen und aufbereiten, aber über sie nie ganz vollständig informieren könne; es sei seine Pflicht, das Publikum grundsätzlich zu achten und als Partner in der öffentlichen Kommunikation zu behandeln. Innerhalb dieses Rahmens, der durch gesellschaftliche Erwartungen an die Medien geschaffen und vom Journalismus (als sozialem System) aufgenommen wird, gebe es freilich personengebundene Fähigkeiten, von denen das System profitiere (wie Intelligenz, Charm, Humor), die aber nicht zu seinen Systemeigenschaften zählen. Persönlich zu verantworten seien jene Fehlhandlungen, die vom Journalisten als Person verursacht sind (durch Fahrlässigkeit, subjektive Gefühläußerungen, Eigenwilligkeit). „Was in den Journalismus an Persönlichem eingebracht wird, was von der Person folglich auch verletzt werden kann, dafür ist die Person selbst verantwortlich." (Rühl 1980b, 45)

Korporative oder systemische Verantwortung befreit zwar die Einzelperson von bestimmten Verantwortlichkeiten, aber doch nicht vollständig. Dies bei der Wer-Frage im Blick auf die Mitglieder von Redaktionen und Medienunternehmen festzuhalten, vertieft sowohl die soziale wie die persongebundene Verantwortung. Die zeitliche Dimension von Verantwortung, also die Wann-Frage, kann weitgehend vernachlässigt werden, da das Medienhandeln im Unterschied zum technischen Handeln keine zeitlichen, sondern eher soziale Fernwirkungen zeigt.

Es gibt jedoch auch kumulative oder synergetische Wirkungen, die sich durch die *Programmentscheidungen einer ganzen Branche* – z.B. nahezu aller privaten Rundfunkanbieter – ergeben und damit nicht nur vom einzelnen Medienunternehmen, sondern branchenweit bzw. gesellschaftlich-politisch mitzuverantworten sind. Über die *Etablierung neuer Genres* und die Akzeptanz neuer Formen der Darstellung von Menschen entscheidet die Gesamtgesellschaft mit: Wie viel Nichtbeachtung bestimmter Gruppen wird akzeptiert, wie viel Kritik und Spott ist an medial interessanten Personen erlaubt, wie viel Menschenexperimente werden hingenommen? Grenzen lassen sich dabei nicht nur durch das Recht, sondern auch durch moralische Diskurse und dabei ausgesprochene Achtung bzw. Nichtachtung setzen.

Ein weiteres Wirkungselement in der sozialen Dimension ist die *lebensstilprägende* Kraft von medientechnischen Geräten (wie Handies oder Blackberries) und medialen Programmangeboten. Mit der Herstellung dieser Produkte wird „zugleich ein mehr oder minder bestimmtes Potential von Verwendungshandeln erzeugt". (Ropohl 1998a, 280) Das Vorhandensein dieser Produkte erzwingt zwar nicht ihre Nutzung, aber es ist unbestreitbar, dass Mediengeräte und -programme nicht nur eine technische und ökonomische, sondern auch eine lebenskulturelle Seite haben. Medien werden Teil unserer Alltagsroutinen, mit ihnen strukturieren wir unsere zeitliche Tageseinteilung, sie bilden wichtige Gesprächsanlässe, sie prägen individuelle und soziale Gewohnheiten: Wir wenden uns Medien in Suchroutinen zu, erwarten und beziehen aus ihnen einen bestimmten Nutzen, zahlen auch einen Preis, vor allem an Zeit und Aufmerksamkeit. Neue Programmversionen – ob im Computer oder Fernseher – stellen ganz wesentliche Aufforderungen und Zumutungen an den einzelnen Nutzer und an Nutzergruppen dar.

Geht man mit Kubicek (1995) von einem *soziotechnischen* Technik- und Medienbegriff aus, so wird klar, dass diese lebenstilprägende Auswirkung von Medienprodukten reflektiert und verantwortet werden muss. Wiederum darf die Verantwortung nicht abgewälzt oder nur hin und her geschoben werden. Die Käufer oder Rezipienten haben zwar das Faustpfand der Akzeptanzverweigerung – wenn sie z.b. den Nutzen einer Technik nicht sehen oder wenn sie zu kompliziert zu bedienen ist –, aber der Staat und die maßgeblichen Firmen sind unbestreitbar mitverantwortlich dafür zu machen, dass Medienprodukte auch (u.a. im Blick auf Kinder) individuell verträglich sind und sozial verträglich bleiben.

Eine, ebenfalls weitgehend sozial bedeutsame Differenzierung ergibt sich bei der Beantwortung der *Wofür-Frage*. Der Mensch trägt in all seinem Tun und Lassen Verantwortung

a) *für sich selbst* im Blick auf die eigenen Bedürfnisse und Entfaltungschancen, damit auf die Sicherung seiner personalen Freiheit;

b) *für seine soziale Umwelt* im Blick auf die Entfaltungschancen anderer – hier geht es um das Problem des gerechten Miteinanders der Menschen, um die Kommunikationskultur einer Gesellschaft u.ä.;

c) *für seine natürliche Umwelt* und damit um deren Erhalt als Lebensgrundlage für ihn selbst sowie für künftige Generationen.

Diese drei „Pflichtenkreise" oder Grundverantwortungen bilden für Feldhaus (1998), der hier Korff folgt, drei fundamentale ethische Kriterien: das Kriterium der Individualverträglichkeit (oder individuelle Angemessenheit), das Kriterium der Sozialverträglichkeit und das der Umweltverträglichkeit.

„Alle drei Kriterien lassen sich generell nicht unabhängig voneinander bestimmen, sondern stehen zueinander in ergänzender Beziehung. Der Mensch existiert stets zugleich als Individuum und als sozial angelegtes Lebewesen innerhalb eines gesellschaftlichen Systems und einer all dies umgreifenden naturalen Wirklichkeit." (Feldhaus 1998, 291)

Die *Individualverträglichkeit* lässt sich vom ethischen Prinzip der Personalität ableiten, welches vom Individuum als solchem, aber auch von seinen sozialen Bezügen und Bedingtheiten ausgeht und das Recht und die Pflicht zu Selbstbestimmung, Entscheidungsautonomie und persönlicher Entfaltung formuliert. *Sozialverträglichkeit* meint dagegen die Verträglichkeit des Handelns in seiner Verantwortung für die soziale Mitwelt; es geht um die Sicherung der Lebensbedürfnisse aller Menschen (auch der Jüngeren oder Älteren sowie der sozial und finanziell Schwächeren), um ein gerechtes Miteinander (Gerechtigkeit) und um ein solidarisches Verhalten untereinander (Solidarität). Weitere Akzentuierungen dieses Kriteriums sind „Verfassungs- oder Demokratieverträglichkeit", „Generative Verträglichkeit", „Kulturverträglichkeit" (wobei Kultur dann in einem qualitativen Sinne als „Kommunikationskultur" o.ä. gefasst werden müsste).

Das Kriterium der *Umweltverträglichkeit* stellt eine Operationalisierung des ethischen Prinzips der Gesamtvernetzung (Korff prägte dafür den Begriff „Retinität") dar; weil die Natur die Lebensgrundlage für die gegenwärtige und zukünftige Menschheit darstellt, ist Umweltverträglichkeit in gewisser Weise auch eine Konkretisierung des Prinzips der Personalität. Für die Medienethik ist dieses letzte Kriterium von untergeordneter Bedeutung; dennoch lässt sich

fragen: Wie lässt sich der Papierverbrauch der Printmedien durch das Nutzer-
verhalten begrenzen oder wenigstens der Verbrauch an neuem Papier? Wie
lässt sich bei elektronischen Medien der Stromverbrauch gering halten, wie
können Hersteller und Nutzer dazu beitragen, dass Computerbauteile besser
recyclebar werden? (vgl. Funiok 1999b, 238)

Nachdem die Dimensionen von Verantwortung, ausgehend von einer Begriffsmatrix, eher formal-abstrakt bestimmt wurden, sollen nun – mehr von der E-
thik-Theorie her – die wichtigsten Ebenen und Typen von Verantwortlichkeit
aufgezählt werden, wobei wiederum nach ihrer Relevanz für die Medienethik
zu fragen ist.

1.4.3 Wichtige Typen und Voraussetzungen der Verantwortung

Nach Lenk (1997) ist Verantwortung zunächst rein formal und abstrakt *Hand-
lungsergebnis-Verantwortung* . Diese ist inhaltlich zu füllen, indem man sie auf
konkrete Bereiche, Erwartungen, Normen oder Verträge bezieht. Die einfachs-
te Konkretisierung ist die *Rollen- und Aufgabenverantwortung*, welche mit
einer bestimmten – z.B. beruflichen – Rolle oder Zuständigkeit gegeben ist; sie
kann eher formell (durch Anordnung oder Vertrag) geregelt und auch rechtlich
fixiert, aber auch informell gegeben sein. Dabei kann es sich um individuelle
Verantwortlichkeit, auch um die oben diskutierte Mitverantwortung in Korporationen sowie die korporative Verantwortung der Institutionen gegenüber ihren Mitgliedern und der Gesellschaft handeln; sie kann Haftungs- und Entschä-
digungsverantwortung bedeuten, aber auch Fürsorge- und Vorsorgeverantwortung.

Eine andere Ebene von Verantwortlichkeit ist die *universalmoralische Verantwortung*, „die das Wohlergehen von Lebewesen, insbesondere anderen, betrifft,
aber u.U. auch mich selbst, deswegen gibt es in diesem Sinne auch eine Selbstverantwortung." (Lenk 1997, 95). Normalerweise sei diese moralische Verantwortung für die von meinen Handlungen betroffenen Personen direkt und situa-
tionsaktiviert; aber man müsse auch eine indirekte moralische Handlungsverantwortung (durch Unterlassung) für solche Menschen einbeziehen, die von
unserem Handeln abhängig sind. Wiederum spielt dabei die (moralische) Für-
sorge- und Vorsorgeverantwortung – z.B. von Eltern gegenüber ihren Kindern
– eine wichtige Rolle. Aber auch die (moralische) Verantwortung von Institutionen und die Mitverantwortung der Einzelnen in ihnen gehört dazu. Sowohl für
Individuen wie für Korporationen gilt die höherstufige Verantwortung zur Erfüllung vertraglicher Pflichten oder zum Einhalten von Gesetzen (auch Ethik-
kodizes), die Verantwortung für öffentliche Sicherheit, Gesundheit und Wohl-
fahrt.

Zwischen diesen Ebenen gibt es natürlich Verantwortungskonflikte. Diese versucht Lenk mit insgesamt 26 „Verantwortungspolaritäten" näher zu beschreiben. Die Zahl der ausformulierten *Prioritätsregeln* und Vorschläge für Güter-
abwägungen ist dann wiederum kleiner. Von ihnen sollen hier nur einige zitiert

(vgl. Lenk 1997, 111 f.), auf die Medienethik hin umgestellt und [in eckigen Klammern] kommentiert sein.

- *Die moralischen Rechte jedes betroffenen Individuums gehen als prädistributive (Grund-)Rechte vor Nutzenüberlegungen* [solche moralischen Rechte sind nach Werhane das Recht der gleichen Berücksichtigung, das Recht auf Sicherheit und Lebensunterhalt, das Recht auf Leben, das Recht nicht gequält zu werden, das Recht auf Freiheit im Sinne von Handlungs- und Wahlfreiheit, Autonomie und Privatheit, das Recht auf Privateigentum].
- *Universalmoralische Verantwortung geht in der Regel vor Aufgaben- und Rollenverantwortung.*
- *Universalmoralische und direkte moralische Verantwortung gehen vor sekundärer korporativer Verantwortung.* [Eine in der öffentlichen Funktion des Journalismus begründete Ausnahme von diesen beiden Prioritätsregeln ist die Berichterstattung über öffentlich relevantes Verhalten von „Personen der Zeitgeschichte" – bei ihnen haben Journalisten aufgrund eines öffentlichen Informationsinteresses ihre berufliche Veröffentlichungspflicht über die universalmoralische Pflicht der Achtung von deren Privatsphäre zu stellen – (vgl. Pöttker 1999)]
- *Direkte primäre moralische Verantwortung ist meistens vorrangig gegenüber indirekter Fern- oder Fernstenverantwortung* [wegen der Dringlichkeit und der beschränkten Verpflichtung; aber es gibt Abstufungen nach Folgenschwere und -nachhaltigkeit]
- *Konkrete Humanität geht vor abstrakten Forderungen und universalen Prinzipien* [konkret human- und sozialverträgliche Güterabwägung]
- *Menschengerechtes Handeln* [Human- und Sozialverträglichkeit] *geht vor bloß sachgerechtem Handeln.*
- *Das öffentliche Wohl, das Gemeinwohl soll allen anderen spezifischen und partikularen nichtmoralischen Interessen vorangehen.*

Diese Prioritätsregeln bieten Orientierungen, ohne feste Lösungen vorgeben zu wollen und zu können. Nach Kaufmann (1995, 88–90) ist Verantwortlichkeit „gerade dort gefragt, wo die herkömmlichen Mittel der Definition und Kontrolle von Pflichten versagen." Damit es in komplexen Handlungssituationen zu einer Selbstverpflichtung und zu einer „nichtprogrammierbaren Handlungsbereitschaft im Zusammenhang mit spezifischen Verantwortungen" kommt, brauche es ein „Bündel personenbezogener Fähigkeiten". Im einzelnen nennt Kaufmann *kognitive Fähigkeiten*, um in komplexen Situationen mit hohem Handlungsspielraum alle handlungsrelevanten Gesichtspunkte zu erfassen, im Entscheidungsprozess zu berücksichtigen und gegeneinander abzuwägen. Hier klingt die alte Tugend der Klugheit an.

Die hier erforderliche Situationserfassung kann sich jedoch in vielen Fällen auch *ganzheitlich und intuitiv*, nicht nur in analytischem Denken vollziehen. Mit Rath (1988) und Welsch (1993) fordert Kaminsky (1998, 250–253; 265–269) die Akzeptanz erfahrungsbezogener Erkenntnisformen wie der Intuition, des Gefühls (z.B. der Empathie) und künstlerischer Ausdrucksweisen. Wo eine lebendige Beziehung zwischen Verantwortungssubjekt und Verantwortungsobjekt bestehe, komme es zu jener, heute vielen Eltern nicht mehr gelingenden Form von Verantwortung, der Fürsorglichkeit (Kaminsky 1998, 270–277). Die – gerade von Frauen stärker geübten – emotionalen Situationsbewertungen sollen „keineswegs Rationalität ersetzen, durchaus aber ergänzen." (252) Eine derartig ganzheitliche Beurteilungsinstanz liege im Gewissen vor; es vermöge „die für die Kategorie Verantwortung so zentralen ‚außer-rationalen' Formen des Erkennens und Urteilens zu integrieren." (a.a.O, 285)

Es braucht nach Kaufmann aber auch *moralische Fähigkeiten* (moralische „Kompetenz"). Damit ist ein besonderes Maß an Selbstverpflichtung auf die in dem betreffenden Handlungsbereich geltenden Regeln gemeint, die Identifikation mit den vorherrschenden Werten und die Bereitschaft,

> „das verfügbare Wissen und die kognitiven Fähigkeiten im Interesse derjenigen einzusetzen, die in eben dieser Erwartung dem Verantwortungsträger Vertrauen entgegenbringen. Die moralische Qualität derartiger Regeln und Werte äußert sich insbesondere in der Verpflichtung, im Konfliktfalle eigene Interessen gegenüber den berechtigten Interessen Dritter zurückzustellen." (Kaufmann 1995, 89)

Schließlich seien *kommunikative* Fähigkeiten wichtig, um das Vertrauen Dritter zu gewinnen und zu erhalten. Hinzukommen müsse Darstellungsgewandtheit und Diskursfähigkeit. Alle drei Fähigkeitsdimensionen sind je für sich notwendig, sie stellen „aber nur gemeinsam hinreichende Bedingungen verantwortlichen Handelns" bereit (Kaufmann 1995, 90).
Damit Institutionen sich das Vertrauen ihrer Mitglieder und der Öffentlichkeit erhalten, müssen sie ihre korporative Verantwortung wirklich ernst nehmen – z.B. dadurch, dass im Leitbild und in Strategiekonzepten Wertprioritäten formuliert werden, dass neben unternehmensstrategischer auch gemeinwohlorientierte Zielsetzungen Gültigkeit besitzen und klare Verantwortungsabgrenzungen getroffen werden. Wie Hubig (1993, 111) betont, darf Ethik nicht zur Erzielung von PR-Effekten instrumentalisiert werden, sondern muss in langfristiger Perspektive ein unverzichtbares Element der Firmenidentität und des Vertrauenserhalts werden. In Ethik-Kommissionen können Firmen auch Laienräte (als Vertreter der Kunden oder der Öffentlichkeit) berufen. Ferner müssen Korporationen in Krisensituationen eine offene Kommunikation praktizieren, auch Fehler eingestehen und Entschädigungen leisten. Auf Dauer werden nur jene Institutionen Vertrauen genießen, die nicht nur verbal, sondern auch faktisch offen, selbstkritisch und wandlungsfähig sind. Das lernende Unternehmen muss also auch ein moralisch lernendes sein und notwendige Wertsetzungen und neue Kontroll-Institutionen auch in der gesamten Branche etablieren helfen.

1.4.4 Verantwortung – nur ein regulatives, kein inhaltliches ethisches Prinzip

Nach soviel positiver Charakterisierung der Verantwortung als „ethischer Schlüsselkategorie", als Hilfe zur umfassenden Situationserfassung und als Motivierung zum moralischen Urteilen und Handeln, ist im Blick auf die ethische Theoriebildung zu fragen: Welcher Art ist die Kategorie der Verantwortung? Liegt mit ihr nicht nur ein formales Prinzip vor?

Diese letztere Frage ist – mit Bayertz (1995), Kaminsky (1998) u.a. – zu bejahen. Anders als bei Jonas, dessen richtungweisendes Buch (1979) schon im Titel Verantwortung als Prinzip apostrophierte, ist für Vossenkuhl (1983, 113) Verantwortung lediglich „das Vermögen, Pflichten sich selbst und anderen gegenüber wahrzunehmen und zu erfüllen." (Ähnlich schon Weischedel [3]1972, 88) Und wenn man davon ausgeht, dass der Verantwortungsbegriff an die Stelle des Pflichtbegriffs getreten ist, so stellt sich nochmals dieselbe Frage, woran sich die Handelnden materiell-inhaltlich orientieren sollen. Auch die bloße Aufforderung zur Folgenbewertung und Güterabwägung ergibt noch keine Kriterien, mit denen man dies tun kann. Deshalb gilt:

> „Der Verantwortungsbegriff konstituiert keine Wertungen, sondern ‚transportiert' sie lediglich; er ist *evaluativ neutral*. Daraus ergibt sich, daß jede Theorie der Verantwortung parasitär gegenüber einer Theorie der Moral ist: Sie lebt von moralischen Wertungen, die sie selbst nicht begründen kann. Mit diesem metaethisch bedeutsamen Befund ergibt sich, daß eine Theorie der Verantwortung nicht mit der Theorie der Moral zusammenfallen kann, sondern dieser notwendigerweise untergeordnet ist." (Bayertz 1995, 65 f.)

> „Dies bedeutet aber nichts anderes, als dass ‚Verantwortung' selbst ein normatives Orientierungssystem nicht enthält oder produziert, sondern bereits voraussetzt." (Kaminsky 1998, 283)

Dieses „schwache" Verantwortungskonzept besitzt für Kaminsky jedoch ausreichende Stärken. Da es zu einer expliziten Situationsanalyse anleite, eigne es sich besonders für die angewandte Ethik. Dabei helfe diese Kategorie „ohne Leitidee und materiale Handlungsnorm" gerade, „die Pluralität von Orientierungssystemen anzuerkennen" und nach dem „vom handelnden Subjekt präferierten Orientierungssystem" zu fragen (281).

Wieland (1999) geht nur vom Weber'schen Verantwortungskonzept aus und sieht in ihm eine Spielart des utilitaristischen Denkens – eine Kennzeichnung, welche den soeben entfalteten Verantwortungsbegriff nicht trifft. Dennoch sind seine Grenzziehungen zur allgemeinen Ethik hin auch für diesen gültig. Wieland setzt die Verantwortungsethik in Beziehung zur Frage nach der Legitimität von Grundnormen mit unbedingtem Geltungsanspruch. Diese Grundlegung bleibe die Domäne der allgemeinen Ethik, auch wenn die Rede von Verantwortung von einem eigentümlichen Pathos, von Bekenntnissen und Proklamationen geprägt sei.

> „Wenn der Verantwortungsgedanke auch versagt, sobald er als Grundprinzip einer auf ihn zu stützenden allgemeinen Ethik in Anspruch genommen wird, so ist er dennoch geradezu hervorragend geeignet, im Rahmen einer ‚Ethik der zweiten Linie' die Aufgaben eines regulativen Leitprinzips zu übernehmen. Ethiken der zweiten Linie regulieren Lebens- und Sachbereiche, deren Abgrenzungen und Grundnormen bereits vorgegeben sind. ... Solche Regionalethiken

machen von Voraussetzungen Gebrauch, die sie selbst nicht mehr legitimieren können, weil deren Rechtfertigung Sache der allgemeinen Ethik ist." (95 f.)

Mit einer recht verstandenen Verantwortungsethik werde nur etwas weiterentwickelt, was in der ethischen Tradition mit Klugheit (phronesis, prudentia) oder mit praktischer Urteilskraft bezeichnet wurde. Das Metier dieser Ethik der zweiten Linie sei die konkrete Normierung unterhalb dieser obersten Handlungsnormen. Zur Bewältigung von neuartigen Handlungssituationen bedürfe es eben Klugheitsregeln, „topischen" Denkens (welches unsere moralischen Alltagsüberzeugungen zu systematisieren vermag – vgl. Nida-Rümelin 1996, 42) und praktischer Urteilskraft.

„Die eigentlichen Prinzipien alles Handelns, um deren Letztbegründung sich die Ethik von jeher bemüht, treten gewöhnlich, obwohl der Idee nach für alles Handeln verbindlich, immer nur in Grenzsituationen für die Regulierung des Handelns in Funktion, nicht aber in den Situationen, in denen der Alltag und das gewöhnliche Leben zu Entscheidungen zwingt." (Wieland 1999, 99)

„Von einer unverkürzten Ethik darf man dagegen allemal erwarten, daß sich der Akteur von ihr sagen lassen kann, welche Sache es wert ist, daß er für sie Verantwortung übernimmt, welche Ziele es wert sind, von einem der Nutzenmaximierung verpflichteten Handeln erstrebt zu werden." (a.a.O., 102)

Die von Wieland angesprochenen letzten Grundprinzipien inhaltlicher Art – z.B. die Selbstzweckhaftigkeit oder Personalität des Menschen – bleiben in der Tat die Domäne der allgemeinen Ethik; sie sind auch für die Bereichsspezifischen Ethiken wichtig, um Kriterien für humanes Handeln zu definieren, wenn dies auch nicht durch simple Deduktion möglich ist (wie in 1.3.1 behandelt).

Als Abschluss dieses einleitenden Teils gilt es noch die häufige Überschätzung der Möglichkeiten von Moral zu behandeln. Von vielen wird die Bezugnahme auf Moral nur akzeptiert, wenn sie effektiv ist und ihre Forderungen in jedem Fall durchsetzbar sind. Welcher Art ist die Wirkmächtigkeit von Moral? Sie ist in der Tat beschränkt. Eine andere Form von Begrenzung stellt die kritische Rolle der Ethik gegenüber der Moral dar. Besonders deutlich werden die Grenzen, aber auch die Chancen von Moral, wenn man sie mit den Möglichkeiten des Rechts vergleicht.

1. 5   Funktion und Grenzen von Moral und Ethik

1.5.1 „Steuerungsressource Moral" – Die Bedeutung von Moral und Ethik für individuelles und soziales Handeln

Als Rühl & Saxer (1981) im Blick auf das System Journalismus von einem verstärkten „Ethikbedarf" sprachen – was in der Folge von etlichen Autoren aufgegriffen wurde (z.b. Haller & Holzhey 1992, 9) –, meinten sie eigentlich die *Moral* der Journalisten sowie der Medienunternehmen und den normativen Diskurs darüber (auf diesen trifft der Begriff „Ethik" zu). Die Funktion von Moral wird im Anschluss an Rühl & Saxer gern als „Steuerungsressource" beschrieben – und das auch von Wissenschaftlern, die sich sonst nicht systemtheoretischer oder kybernetischer Begriffe bedienen. Welche Art von Handlungssteuerung kann individuelle und soziale Moral übernehmen? Was sagen dazu die Moralphilosophen, die sich mit dieser Frage schon seit zweieinhalb Jahrtausenden beschäftigen?

„Eine der vielen Wesensbestimmungen des Menschen lautet, er sei ein der Moral bedürftiges Wesen" (Hügli 1992, 56). Moral gab es also schon immer zu wenig – und das, weil wir von Natur aus „endliche, körperliche und sinnliche Wesen .., verwundbar durch andere und fähig, andere zu verwunden" sind und keine „selbstlosen, altruistischen, allwissenden Wesen". ... „Unsere Sympathie für die anderen ist jedoch bekanntlich ebenso beschränkt wie unser Wissen und unsere Urteilskraft. Summa summarum also: Moral ist das – evolutionsgeschichtlich noch erfolgreiche – Gegenmittel gegen die Folgen begrenzter Sympathie und des begrenzten Wissens unter den Bedingungen der gegenseitigen Verwundbarkeit." (Hügli 1992, 60)

Die individuelle Moral vermag das Handeln einer Person auf das als gut Erkannte (oder auf Vorbilder) hin zu *orientieren*, das Wollen der Person im Durcheinander von inneren Antrieben und äußeren Erwartungen zu *stabilisieren*, zur Anteilnahme an anderem „gerechten" Verhalten zu *motivieren*, das eigene und fremdes Handeln *kritisch* zu *bewerten*, dabei im positiven Fall Achtung vor sich und anderen zu fördern, also als gut zu legitimieren und es in eine übergeordnete Handlungsorientierung zu *integrieren*:

„Eine Person, so kann man sagen, hat Moral, wenn sie gewisse intrinsische Neigungen oder Abneigungen gegenüber bestimmten Handlungen verspürt; Schuldgefühle empfindet, falls sie dem Diktat dieser Neigungen nicht nachkommt; Aversionen zeigt gegenüber anderen Personen, die sich nicht im Sinn dieser Neigungen verhalten, und Bewunderung für jene, die sich in besonderem Maß in erwünschter Weise verhalten; das Tun des erwünschten und das Unterlassen des unerwünschten Verhaltens für besonders wichtig ansieht, über diese Dinge in einer besonderen Sprache spricht und sie auch auf besondere Weise glaubt rechtfertigen zu können." (Hügli 1992, 57 f.)

Während für das Individuum die Kenntnis der vorhandenen Moral und die Fähigkeit zu eigenverantwortlicher Anwendung und Weiterentwicklung durch Sozialisations- und Erziehungsprozesse einigermaßen gewährleistet wird –

moralische Bildung war schon immer ein fragiles Unternehmen –, braucht es in der Gesellschaft explizite normative Diskurse, um auch die soziale Moral zu erhalten und weiterzuentwickeln.

Die soziale Moral vermag Werte und Normen zwischen Individuen und Gruppen sowie Organisationen abzustimmen und anzugleichen – zu *integrieren* – und ermöglicht so gemeinsame Ideale und gemeinsames Handeln.

„Zum Sinn von Moral gehören vermutlich Funktionen, die sie in der Gesellschaft hat: Knappe und notwendige Güter allen zugänglich zu machen, gegenseitige Gewalt und Behinderung einzuschränken, wichtigen Erwartungen an Mitmenschen und der Kooperation mit ihnen eine verläßliche Grundlage zu geben usf." (Müller 1995, 160)

Alle die bisher genannten Funktionen von Moral lassen sich – wenn man nur das systemtheoretische oder kybernetische Vokabular zur Verfügung hat – als „Steuerungsfunktion" zusammenfassen (vgl. Debatin 1997b). Aber es ist wichtig zu beachten, dass Moral immer nur eine, an Vernunft und Freiwilligkeit appellierende, *interne* Handlungssteuerung ist. Dieser mangelnden Sanktionsbewehrtheit steht die Gewichtigkeit des Anspruchs gegenüber, den die Moral stellt: Zu ihrem Gegenstandsbereich gehört alles, was wir als menschliches Handeln ansehen.

„Der Bereich der Moral ist das Leben, nicht ein Ausschnitt des Lebens; unser Moralverständnis prägt unser Selbstverständnis. Außerdem *beansprucht* die Moral im Für und Wider unserer praktischen Überlegungen grundsätzlich das *letzte* Wort." (Müller 1995, 160)

Auch nach Luhmann hat sie den „Code" der Achtung und Nichtachtung oder anders ausgedrückt: „die öffentliche Attribution von Glaubwürdigkeit und Ansehen", den „Gewinn oder Verlust von Reputation" (Debatin 1997a, 294). Andere gesellschaftlich integrierende Faktoren wie „Bildung, Eigentum, Geld, Gesundheit, Macht, Wahrheit" (Horster 1997, 370) – für den Medienbereich wäre vor allem das Recht zu ergänzen – haben andere Steuerungsmöglichkeiten: materielle Belohnung und Gewaltsanktion, aber auch das Erleben eigener Entfaltung und Teilhabe (z.B. an dem Wissen der Menschheit). Wenn man der „Steuerungsressource Moral" – im Blick auf diese anderen Faktoren – vorwirft, ein (zu) schwaches Steuerungselement zu sein, und nur „eine ‚erfolgreiche' Moral, also eine, die auch befolgt und durchgesetzt wird" (Wunden 1996, 318) gelten lässt, so zeugt das von der mangelnden Kenntnis und Anerkennung der *Eigenart und Grenzen von Moral.*

Der Konflikt zwischen Moral und diesen anderen Steuerungsgrößen ist ein systematisch erwünschter Wertkonflikt und produktiv zu nutzen. Das Brecht'sche Bonmot „Zuerst kommt das Fressen, dann die Moral" drückt nur resignativ die Erfahrung aus, dass dieser Konflikt oft auf Kosten der Moral gelöst wird – der Mensch bleibt ein der Moral bedürftiges Wesen.

„Systemische Imperative wie Rentabilität, Markt- und Zielgruppenorientierung, Konkurrenz-, Zeit- und Erfolgsdruck, aber auch strukturelle Zwänge der Organisation, wie Organisationsroutinen, Redaktionsmanagement, Arbeitsverteilung und ‚redaktionelle Linie‘ können einem an medienethischen Werten und Normen ausgerichteten Handeln entgegenstehen. ... Solche Konflikte aber sind, wenn auch im Einzelfall belastend, im ganzen gesehen produktiv." (Debatin 1997b, 284)

Neben der Handlungssteuerung hat Moral die Funktion, zu *Reflexion* anzuregen und diese zu institutionalisieren. Nach Bayertz sind moderne Gesellschaften darauf angewiesen, aufgrund einer bisher noch nicht gekannten Wertepluralität und neuartiger Entscheidungsalternativen „eine intensivierte Selbstbeobachtung und Selbstreflexion" (Bayertz 1999, 75) zu entwickeln. Dazu müssten sie sich spezielle Organe (z.B. Selbstkontrollgremien, Ethikkommissionen) schaffen; neben der Wissenschaft und den Medien müsse „die angewandte Ethik als Teil dieser Selbstbeobachtung und Selbstreflexion begriffen werden." (ebd.) Wie im Abschnitt 1.3.3 schon ausgeführt, integriert die anwendungsorientierte Ethik empirische Aussagen zum Handlungsbereich und prinzipiengeleitete Aussagen der Ethik zu einer praktisch-ethischen Problembearbeitung. Und es wurde schon betont, dass dabei – im Sinne einer Methodenreflexion – reflektiert vorzugehen ist und sowohl die Möglichkeiten und Grenzen der Einzelwissenschaften wie der praktischen Philosophie zu beachten sind. Für die Medienethik sieht Debatin (1997b, 284) in der gegenstandsbezogenen Reflexion „eine Beobachtung zweiter Ordnung, die nicht nur philosophische Begründungs- und Reflexionsleistung erbringt, sondern zugleich Bildung von Öffentlichkeit über Öffentlichkeit". Im einzelnen:

„geht es *erstens* um ... die Reflexion der durch die medialen Operationen und Selektionen erzeugten Kontingenzen. ...Konkreter ausgedrückt ist hier etwa zu analysieren, warum, von wem, wie und mit welchen Folgen etwas ausgewählt und thematisiert wird; dabei geht es auch um die allgemeinere Problematik der Realitätskonstruktion durch die Medien ...
Zweitens ist hier die kritische Reflexion von ethisch problematischen Inhalten, Vorgängen und Handlungen im Mediensystem zu nennen [Debatin verweist auf Fallbeispiele wie das Gladbecker Geiseldrama, aber auch die mediale Kriegsberichterstattung und Reality-TV.] Im weiteren Sinne geht es hier aber auch um die kritische Analyse von problematischen medialen Formen wie z.B. Unterhaltung, Werbung oder Gewaltdarstellungen, und auch um kritische Diskurs- und Sprachanalyse, wie z.B. die Analyse von geschlechtsspezifischen Kommunikationsformen oder von Rhetorik und Demagogie in den Massenmedien.
Drittens gehört hierzu auch die kritische Reflexion und Bewertung der technischen, institutionellen, wirtschaftlichen und gesellschaftlichen Strukturen und Prozesse des Mediensystems ... also etwa die Auseinandersetzung mit und die Bewertung von neuen Informations- und Kommunikationstechnologien ..., die Untersuchung von Konzentrations- und Kommerzialisierungsbewegungen im Medienbereich, oder auch die Markt- und Machtabhängigkeit der Medien (z.B. Einschaltquoten, politische Einflußnahme)." (Debatin 1997b, 285)

Als Zwischenergebnis lässt sich festhalten: Die Funktionen von Moral für das individuelle und gesellschaftliche Handeln werden durch den Begriff „Steuerungsressource" nur partiell und missverständlich angesprochen. Eine Orientierung an den moralphilosophischen Aussagen zu Sinn und Bedeutung der Moral für unser Handeln erbringt gehaltvollere Aussagen. Vor allem Begriffe wie Orientierung und Motivation, Bewertung und Kritik, Integration und Reflexion sind zur bloßen Systemsteuerung hinzuzunehmen, damit die Eigenart und die Grenzen von Moral deutlich werden.

1.5.2 Aufgaben der Ethik gegenüber der Moral: Kritik an der Instrumentalisierung und Mithilfe bei der Durchsetzung von Moral

Eine andere Begrenzung erfährt die Moral durch ihre Reflexionstheorie, die Ethik. Birnbacher (2003, 57–63) zählt sechs Aufgaben der philosophischen Ethik auf:

(1) Moralische Phänomene für die Analyse und Reflexion verfügbar machen (*Phänomenologie der Moral*);
(2) Die Inhalte der Moral zu rekonstruieren und ihre sprachlichen und argumentativen Mittel zu analysieren (*Normativ-ethische und metaethische Analyse der Moral*);
(3) Sich mit der gegebenen Moral und mit den ethischen Begriffsbildungen, Begründungen und Voraussetzungen kritisch auseinanderzusetzen (*Moral- und Ethikkritik*);
(4) Bei der Konstruktion von moralischen Urteilen, Normen, Selbstverpflichtungen u.ä. zu helfen (*Normenkonstruktion*)
(5) Metaphysische (anthropologische) und erkenntnistheoretische Grundannahmen der Moral zu erhellen und zu diskutieren (*Ontologie und Erkenntnistheorie der Moral*);
(6) Nicht zur Ethik gehörend, aber in der Praxis nicht völlig auszuklammern sind die Fragen der praktisch-politischen Umsetzung, der pädagogischen Vermittlung und der Stützung von Moral durch das Recht (*Moralpragmatik*).

Die Frage, was es an verbindlicher Verantwortung im Medienbereich geben solle, ist sicher mit einer ethischen Analyse der vorhandenen Moral und der Neuformulierung bzw. Bekräftigung von geeigneten Normen zu beantworten, betrifft also die zweite und vierte Aufgabe der Ethik. Es geht darum, vorhandene (oder neu zu formulierende) Normen und Werte auf ihren logischen Gehalt hin zu untersuchen, Bedingungen und Ausnahmen ihrer Gültigkeit herauszuarbeiten, sie auf einheitliche ethische Prinzipien zurückzuführen und – mit Bezug auf moralische Grundüberzeugungen – als vernünftig zu erweisen, d.h. sie zu „begründen". Die logische Überprüfung deckt auch unzulässige Verallgemeinerungen auf, die von reduktionistischen Modellen – z.B. des Homo oeconomicus – in Richtung Moral formuliert werden. Aber auch bei Idealisten ist Vorsicht angesagt – überall dort, wo man von persönlich bejahten Idealen (z.B. der Bewahrung der Schöpfung oder der Unantastbarkeit werdenden menschlichen Lebens) unmittelbar Handlungsanweisungen ableiten zu können glaubt. Solche emphatischen Übergänge lassen sich als „Moralisieren" bezeichnen.

Um diese falschen Bezugnahmen auf Moral aufzudecken und Wege einer trag-fähigen ethischen Fundierung aufzuzeigen, soll im Folgenden die dritte Aufga-be, die der Moral- und Ethikkritik, stärker herausgestellt werden. Dabei geht die Ethik nicht nur mit den Moralverleugnern kritisch um, sondern auch mit übereifrigen Moralvertretern, die sich dadurch vor Kritik ihres Handelns oder Argumentierens schützen wollen, dass sie es lautstark als moralisch oder als moralisch gut begründet bezeichnen. Eine unverzichtbare Aufgabe der Ethik gegenüber der Moral ist also eine negative, *kritisierende* – indem sie Wider-sprüche in Moralkonzeptionen oder Lücken in der Begründung aufdeckt sowie vorschnellen Verlängerungen von empirischen Modellen oder moralischen Idealen zu Handlungsanweisungen Einhalt gebietet. In manchen Äußerungen zur journalistischen Berufsethik und zum Selbstverständnis der Selbstkontroll-gremien ist zudem eine Instrumentalisierung von Moral unübersehbar und da-hinter eine Immunisierungsstrategie vor externer Kontrolle und Kritik zu ver-muten. Medienethik hat die Aufgabe, diesen falschen Gebrauch von Ethik als solchen aufzuzeigen.

Eine andere Art des Moralisierens findet sich in „Sonntagsreden" an die Adres-se der eigenen Berufsgruppe, wo der Appell an moralische Normen und Selbstverpflichtungen mehr der Selbstaufwertung als einer Gewissenserfor-schung dient. Der „Stolz" auf die eigenen Werte und eine entsprechende Selbstachtung als Moral praktizierende Person gehört zur Eigenart des Morali-schen. Sich zu einer bestimmten Moral zu bekennen, ist ein Moment der Identi-tät von Personen wie Institutionen. Werte sind aber kein gewöhnlicher „Be-sitz", den man zu eigenen, außermoralischen Zwecken „gebrauchen" kann, sondern „Verpflichtungs-Güter" und Standards, die man nicht zitieren darf, ohne sich grundsätzlich selbst unter sie zu stellen. Saxer sieht im Umgang mit journalistischen Standesethiken „Strategien zur Legitimationsgewinnung bzw. -erhaltung" am Werk:

> „Grundsätzlich operieren solche Standesethiken in zwei Richtungen: Sie ver-pflichten die Mitglieder der Profession auf besondere Qualitätsstandards, fun-gieren aber zugleich auch als Element der Öffentlichkeitsarbeit der Profession." (Saxer 1992, 106)

Eine weitere Art des „Moralisierens" ist der Vorwurf an andere, sie hätten die Norm missachtet, einem selbst könne das nie passieren. Wer anderen derart Schuld zuweist und von seiner eigenen (Mit-)Schuld schweigt, versucht nur, den Blick von der eigenen Verantwortlichkeit abzulenken. Hier sind „morali-sche Verdikte" eine besonders starke Form der Abwertung. Ethik sollte auch diesen schlechten Gebrauch von Moral kritisieren.

Wenn moralische Verpflichtungen benannt werden, dann hat das zunächst einmal die Funktion der *Anerkennung dieser Normen*. Man stellt sich, den ei-genen Berufstand, die Medienordnung oder die eigene Mediennutzung grund-sätzlich unter diese Normen, man verpflichtet sich und andere darauf. Normen sind Ausdruck individueller und kollektiver Grund- und Wertüberzeugungen. Sie werden auch dann als verpflichtende Zielperspektive des eigenen Handelns akzeptiert, wo man Ausnahmen, besondere Bedingungen für sich in Anspruch

nimmt. So kann ein Journalist gründliche Recherche als eine wichtige Berufs-
norm anerkennen und zugleich darauf hinweisen, dass er in diesem Einzelfall,
der in der Redaktion für geklärt oder für nicht so relevant eingestuft wurde, von
dem Ideal gründlicher Recherche erheblich abgewichen ist.

Damit sind wir bei der *motivierenden* Aufgabe der Ethik. Auch wenn Ethik als
Wissenschaft theoriegeleitet vorgeht und nicht von pragmatischen Interessen
bestimmt sein soll –, so kann es vor allem der normativen Ethik nicht einerlei
sein, wie es um die individuelle Moral, das gemeinschaftliche Ethos, das Wertbewusstsein der Gesellschaft bestellt ist. Ethik kann und sollte Moral *verteidi-
gen* sowie an bleibende Maßstäbe und ihre Relevanz *erinnern*. So haben auch
medienethische Ausführungen immer die Funktion, individuelle oder öffentliche Aufmerksamkeit für diese Normen zu wecken. Da wird auf Verantwortungen hingewiesen, die im Alltagsgeschäft vernachlässigt oder durch den Zeit-
geist beiseite geschoben zu werden drohen. Der moralische Diskurs kann dafür
neu sensibilisieren.

> „Wenn sich auch Moral nicht *konstruieren* läßt, so kann doch Philosophie Ver-
> suchen ihrer *Destruktion* entgegentreten. Dazu ist es nämlich nicht nötig, die
> Wahrheit angegriffener Positionen zu beweisen. Es genügt zu zeigen, daß und
> warum der Angriff sein Ziel verfehlt: daß er sich problematischer Prämissen
> oder Folgerungsmuster bedient; oder daß die fragliche Position nicht wirklich
> die der Moral ist." (Müller 1995, 167)

Ethik hat den „geistigen Kampf" der Moral mit der Unmoral mitzukämpfen –
mit der Moralverneinung und der Erklärung, moralische Maßstäbe seien nicht
angemessen oder sie seien wissenschaftlich wie gesellschaftlich obsolet. Wenn
Maßstäbe unter Druck geraten, geht es darum, zu *unterscheiden*, wo wir legitime, in der moralischen Norm mitgedachte Ausnahmen beanspruchen dürfen
und wo wir – unter Berufung auf „Sachzwänge" oder auf soziale Isolierung –
ins Lager der Moralverneinung überwechseln.

> „Es kann doch, so scheint es, von mir kein Engagement gefordert sein, wo nie-
> mand sonst sich einsetzt; die Betätigung von Wahrhaftigkeit, Ehrlichkeit, Rück-
> sicht, Mut darf die Schmerzgrenze nicht erreichen, an der sie uns Entscheidun-
> gen zuungunsten vordergründiger Interessen abverlangen könnte – vor allem,
> wenn doch ‚alle', einem ‚gesunden' Empfinden folgend, zunächst einmal ihr
> Schäfchen ins trockene bringen. Hier sind *Unterscheidungen* erforderlich, wenn
> wir uns nichts vormachen und die Grenze zwischen ‚erlaubt' und ‚sehr nahelie-
> gend' nicht verwischen wollen." (Müller 1995, 169 f.)

Es sind weniger der metaethische Theorienpluralismus und die methodischen
Probleme der angewandten Ethik, die Medienethik „schwach" erscheinen lassen, sondern die mangelnde Anerkennung an sich unstrittiger Normen für den
eigenen Fall. Mit dem Blick auf die alten berufsethischen Forderungen der
Sorgfaltspflicht, der Wahrheit und Wahrhaftigkeit meint Hügli (1992, 67):
„Nicht eine neue Moral scheint gefragt, sondern vielmehr die Durchsetzung der
guten alten."

Für dieses Anliegen ist jedoch nicht nur die grundsätzliche Anerkennung von Normen wichtig, sondern ebenso die Entwicklung von Kriterien und Regeln für *Wertkonflikte*. Wie geht man mit Prinzipien um, die in der Praxis in Spannung zueinander stehen? Wie lassen sich oberste Werte auf das konkrete Alltagshandeln hin konkretisieren? Die konkreten Bedingungen sind keine Gegenargumente gegen die abstrakten Normen, sie fordern zur empirie- und prinzipiengeleiteten Anwendung heraus. Eine fachwissenschaftlich wie ethisch stimmige Lösung stellt bei aller Kompromisshaftigkeit ein zusätzliches Stimulanz für die Umsetzung dar.

Um diese positiven wie die negativen Aufgaben der Ethik gegenüber der Moral zusammenzuschauen, soll abschließend gefragt werden, was *Ethik kann und was sie nicht kann bzw. nicht tun sollte.* Zunächst wiederum die negativen, dann die positiven Aussagen:

„Die Ethik
* ist keine Weltanschauungslehre im Sinne einer Ideologie oder Dogmatik
* ist kein Religionsersatz
* liefert keine Super- oder Menschheitsmoral
* predigt nicht Moral
* gibt keine Handlungsanweisungen für den konkreten Einzelfall
* trifft nicht stellvertretend für Individuen Entscheidungen
* indoktriniert nicht
* macht die Menschen nicht besser
* erzeugt mittels Argumentation keinen guten Willen.
Hingegen betrachtet es die Ethik als ihre Aufgabe,
* Geltungsansprüche hinsichtlich ihrer moralischen Berechtigung zu problematisieren
* Handlungsstrukturen über Ziel-Mittel-Relationen aufzudecken
* das Sprachspiel der Moral am Beispiel der Norm- und Wertwörter zu analysieren
* das moralische Bewußtsein über sich selbst aufzuklären
* zur argumentativen Begründung und Rechtfertigung von Handlungen und Verhaltensweisen anzuleiten
* zur Einübung in praktische Urteilskraft anzuhalten
* zum Erwerb moralischer Kompetenz aufzufordern."
(Pieper & Thurnherr 1998, 8)

Die Möglichkeiten und Grenzen von Moral bzw. Ethik sind im folgenden gegenüber dem Recht und der rechtlichen Rahmenordnung zu verdeutlichen. Vor allem die Medienethik scheint stark von der Unterstützung durch das Medienrecht zu leben – und es gibt das „Bonmot, die Medienethik sei bloß eine Feuilleton-Fassung des Medienrechts." (Hügli 1992, 58) Deshalb soll als Abschluss dieses Kapitels die Eigenart des Moralischen an seiner Unterschiedenheit vom und gleichzeitigen Angewiesenheit auf das Recht verdeutlicht werden.

1.5.3 Recht und Moral

Es gibt eine Reihe von *Unterschieden* zwischen Moral und Recht, die auch gültig bleiben, wenn wir – in einem zweiten Schritt – die *Komplementarität* beider im Hinblick auf die Ordnung des Zusammenlebens betonen. Während sich in früheren Perioden der Geistesgeschichte die „Sitte" (äthos, consuetudo) und das „Gesetz" (nomos, lex) gegenüberstanden und durch „Gerechtigkeit", aber auch die „Natur des Menschen" vermittelt wurden, lautet seit der Entwicklung der Menschenrechte die neuzeitliche Polarität „Sittlichkeit" und „Recht" (vgl. Korff 1996). Ein erster Unterschied zwischen Recht und Sittlichkeit oder Moral liegt in der Art des *Zwangs* oder der *Durchsetzungsmacht*, die beide ausüben. Für Kant ist es bei der Moral ein innerer Zwang: der Appell des Sittlichen an den vernunftgeleiteten Willen, sich selbst an das als gut Erkannte zu binden. – Das Recht zwingt demgegenüber äußerlich, unter Androhung von Gewalt; es kann daher auf das Vorliegen oder Entwickeln einer Gesinnung verzichten. Rechtsnormen sind einklagbar und erzwingbar, moralische Normen sind es nicht. (vgl. Horster 1997, 369) Das Recht hat im Unterschied zur Moral eine Gewährleistungsaufgabe:

> „Das Recht ist verbindliche Ordnung des menschlichen Zusammenlebens ... es zielt und muß zielen auf soziale Geltung, d.h. auf tatsächliche Wirksamkeit. Recht muß vollzogen und umgesetzt, regelmäßig befolgt und auch durchgesetzt werden, wenn es seine sozialordnende Funktion im Zusammenleben der Menschen erfüllen soll." (Böckenförde 1999, 21)

Ein zweiter Unterschied betrifft das *Zustandekommen* beider Arten von Normierungen. Das Recht entsteht zu einem klar angebbaren Zeitpunkt durch (Mehrheits-)Beschluss des „Gesetzgebers", meist eines Parlaments; dieses legt den Zeitpunkt der Gültigkeit fest und veröffentlicht die Rechtsnormen in einem Gesetzesblatt. – Moralische Normen werden nicht in dieser formalen Weise in Geltung gesetzt. Das Wertebewusstsein einer Gesellschaft ist eine differenzierte, dynamische und plurale Größe; auch wenn es schwer ist, den demokratischen und den gesellschaftlichen Minimalkonsens exakt zu bestimmen, so gibt es ihn dennoch; das gesellschaftliche Wertebewusstsein reagiert auf Probleme manchmal langsamer, manchmal aber auch schneller als die Politik und die von parlamentarischen Prozessen abhängige Rechtssetzung. Ein dritter Unterschied ergibt sich bei der *Anwendung der Normen*: Beim Recht ist das ein klar geregelter, auf urteilende Instanzen verweisender Vorgang – bei der Moral muss dagegen der einzelne – das „Subjekt der Sittlichkeit" – urteilen, und meist handelt es sich dabei um Entscheidungen in einem Wertekonflikt (vgl. Horster 1997, 369 f.).

Eine vierte Unterscheidung betrifft den *Umfang* des durch beide Normierungen Geregelten. Während grundsätzlich alle Lebensbereiche unter Gesichtspunkten der Sittlichkeit als erstrebenswert, vernünftig und gerecht betrachtet werden können und müssen, wird Recht nur für solche Handlungskonstellationen und Konflikte gesetzt, für welche eine rechtliche Regelung möglich, notwendig und nützlich bzw. effektiv ist. (vgl. Korff 1996, 69) Dieser vergleichsweise „fragmentarische" Charakter des Rechts hat in modernen, pluralistischen Gesellschaften seine besondere Bedeutung:

„Das Recht versteht sich nicht einfachhin als Vollzugsinstrument vordefinierter ethischer Überzeugungen, also gleichsam als ‚verlängerter Arm der Moral‘ einzelner Gruppen, sondern wesentlich als Konfliktlösungsinstrument, das darauf zielt, die Handlungsfähigkeit der Gesellschaft gerade im Aufeinandertreffen unterschiedlicher Überzeugungen bei größtmöglicher Wahrung der Würde und Freiheit aller Beteiligten sicherzustellen." (Korff 1996, 70)

Moderne Rechtssysteme nehmen nach der Einschätzung von Korff (1996, 71) ihre Durchsetzungsmacht oft zurück, sind also „hoch-pazifizierte Konfliktlösungsinstrumente". Dabei integrieren sie Sachverstand und Expertenwissen in einem Ausmaß, wie es vom einzelnen nicht erreichbar ist. Das Recht besitzt der Moral gegenüber also eine deutlichere *Definitionsmacht*. „Die konkrete Gestalt des sittlich Verbindlichen scheint sich so dem einzelnen weithin eher über das Recht als über die ihm unmittelbar eigenen individuellen Einsichtskräfte zu vermitteln." (Korff 1996, 71) Diese neue Spielart einer Verrechtlichung sittlicher Anforderungen unterscheide sich jedoch von einem alten Legalismus, da sich das moderne Recht – bei aller Regelungsdichte – darum bemühe, „den Subjektstatus des Menschen als Träger der Sittlichkeit in größtmöglichem Umfang zu wahren." (a.a.O., 72)

Nach dieser Auflistung wichtiger Unterschiede zwischen Recht und Moral soll die *Komplementarität* beider Normierungsarten herausgestellt werden – und das im Blick auf Medienrecht und Medienethik. In Gesellschaften, welche die Presse- und Medienfreiheit garantieren und Medienproduzenten als Unternehmer arbeiten lassen, sind Gesetze nötig, um einerseits die Freiheit der Informationsbeschaffung und -verbreitung zu garantieren, andererseits die Grenzen der ökonomischen Rationalität festzulegen. Das Medienrecht wägt in vielen Fällen die Personenrechte (Erhalt des guten Rufes, Schutz der Privatsphäre) gegen das Recht der Öffentlichkeit auf Information als Grundlage demokratischer Meinungs- und Willensbildung ab. Die daraus legitimierte Arbeit der Journalisten und Journalistinnen erscheint von Verfassung, Strafgesetzbuch, Landespressegesetzen und Rundfunkstaatsverträgen soweit rechtlich geregelt, so dass sich die Frage erhebt, wozu es überhaupt noch einer Medienethik bedarf.

Einmal *gründet das Recht in der Moral,* da es Aufgabe des Rechts ist, Freiheit, (Zuteilungs- und Ausgleichs-)Gerechtigkeit, Gemeinwohl und Frieden zu sichern. Alles Recht will diesen ethischen Prinzipien dienen, deren wichtigstes und am besten ausdiffenziertes Prinzip die Gerechtigkeit ist. Ethische Argumentationen können also nationale oder europäische Mediengesetze, auch berufsrechtliche Normen als vernünftig erscheinen lassen und sie bekräftigen. Umgekehrt muss eine rechtlich abgesicherte Rahmenordnung dafür sorgen, dass es sich auszahlt oder zumindest keine Nachteile bringt, wenn man sich moralisch verhält. Was hier eher im Blick auf Medienunternehmen formuliert ist, muss entsprechend auf die *Fürsorgepflicht von Eltern* angewendet werden: Wenn diese ihre Kinder vor der Konfrontation mit unzuträglichen Programminhalten schützen wollen, so muss ihnen dies auch durch Jugendschutzgesetze, entsprechende Programmkontrollen und Kennzeichnungen möglich gemacht und erleichtert werden. Das Recht kann damit „als eine Art Schutzhülle für die private Lebensführung der einzelnen Person ... dienen, und zwar in doppelter Hinsicht. Es schützt die gewissenhafte Verfolgung eines ethischen Lebensentwurfs ebenso wie eine von moralischen Rücksichten freigesetzte Orientierung an jeweils eigenen Präferenzen" (Habermas 1996, zit. bei Horster 1997, 382).

Recht und Ethik *ergänzen sich* also: Ethik appelliert an Einsicht und will zu freiwilliger Selbstverpflichtung führen – das Recht kann demgegenüber mit Sanktionen aufwarten, was ebenso wichtig ist wie der Appell an die Vernunft und den guten Willen. Das Recht abstrahiert von der Gesinnung, die Ethik will diese fördern. Gesetze müssen (schon bekannte oder vorhersehbare) Sachverhalte und Entscheidungssituationen klar umschreiben, haben also gegenüber der Sittlichkeit „fragmentarischen Charakter" – die Moral und die Ethik fördern das Gespür für das Richtige, sie stärken die moralische Urteilskraft und stellen damit Orientierungen für vom Recht nicht vorhergesehene Fälle – neue Situationen und Entwicklungen im Medienbereich – bereit. Umgekehrt ist in vielen gesetzlichen Regelungen und Entscheidungen so viel Expertenwissen integriert, wie es ein einzelner im Normalfall nicht erwerben kann – man denke nur an die kartellrechtlichen Entscheidungen zu der sich ständig verändernden Medienkonzentration.

Sowohl bei den Unterschieden wie bei der Komplementarität von Recht und Moral dürfte deutlich geworden sein, dass moderne Gesellschaften beides brauchen: die Moral *und* das Recht. Für den Bereich der medienvermittelten öffentlichen Kommunikation muss es also auch beides geben: Medienrecht und Medienethik – und beide müssen zusammenwirken, um bei den ständigen Erweiterungen technologischer Art und den Grenzverschiebungen im Programmbereich (z.B. zwischen Öffentlich und Privat, zwischen Information und Unterhaltung, bloßem Spiel und sozialem Ernstfall) die Freiheit und Grundrechte nicht nur von Institutionen, sondern auch von Individuen zu sichern und Verantwortlichkeit und Selbstbeschränkung zu gewährleisten.

2 Ethik der Medienordnung und Medienpolitik

Im diesem Kapitel steht die politische Funktion der Medien im Vordergrund. Der gesellschaftliche Auftrag an die Medien, durch ihre Berichterstattung und Kommentierung demokratische Meinungsbildung zu ermöglichen und zu fördern, wird als unverzichtbare Funktionsbestimmung herausgestellt, wenngleich es dabei einen neuerlichen Strukturwandel von Öffentlichkeit zu berücksichtigen gilt. Diesen Wandel mit zu gestalten und in ihn ethische Überlegungen einzubringen, ist Aufgabe der Medienethik. Sie ist dabei vor allem politische Ethik und Strukturen-Ethik. Auch Wirtschaftsethik ist gefragt – geht es doch darum, wegen der strukturellen Defizite des Medienmarktes Regulierungen und Steuerungen im öffentlichen Interesse zu begründen. Auch in der „Mediengesellschaft", soll sie eine demokratische Wissensgesellschaft bleiben oder werden, ist eine kompetente Medienbegleitung der Politik unverzichtbar, ist das öffentliche Gut Medienqualität medienpolitisch zu sichern. Die nationale Medienordnung sowie die Rahmengesetze der Europäischen Union verdienen gesamtgesellschaftliche Aufmerksamkeit, ebenso die Strategien und Produkte globaler Medienunternehmen.

2.1 Öffentlichkeit als Legitimationsprinzip neuzeitlicher Demokratien

Um die Bedeutung politisch informierender und kommentierender Medien für die neuzeitlichen Demokratien zu verstehen, ist ein knapper *geschichtlicher Rückblick* (vgl. Habermas 1962; Hölscher 1978; Feige 1994; Peters 1994) und eine *demokratietheoretische Funktionsbestimmung* hilfreich.

2.1.1 Bedeutung der Medien für politische Kommunikation

In der antiken Polis war Öffentlichkeit im Sinne von „publicus" der allgemein zugängliche Raum, den die freien Bürger (neben ihrer privaten Hausgewalt) als Rechtssubjekte bildeten. In diesem Raum, örtlich meist auf der Agorá, führten sie über die Belange des Gemeinwesens öffentlich Diskurs und fanden zu gemeinsamem Handeln (z.B. Kriegserklärungen, Städtebünde, Gerichtsentscheide). Physische Anwesenheit in der Versammlung war unumgänglich. – Präsenz war auch für die Öffentlichkeit des mittelalterlich-städtischen Marktes erforderlich; auf ihm wurden neben Waren auch Nachrichten angeboten (seit der Erfindung des Buchdrucks auch in Form von bebilderten Nachrichtenplakaten). Die mittelalterliche Gesellschaft war in Stände gegliedert (Adel, Klerus, Bürger, Bauern, Handwerker, Handelsleute, Soldaten), die wirtschaftlichen und informationellen Kreisläufe blieben regional begrenzt.

In der frühen Neuzeit entwickelte der absolutistische Landesherr gegenüber den genannten Ständen seine zentralistische Verwaltung, die sich als Staat verstand. Öffentlichkeit wurde verkürzt zu einem Bereich, den diese landes-herrliche Obrigkeit gestaltete und (nach Staatsraison) auch zu beschränken wusste. In Opposition dazu bildete sich die „bürgerliche Öffentlichkeit" aus; sie kam in Caféhäusern, Salons und Clubs zusammen – als „Sphäre der zum Publikum versammelten Privatleute" (Habermas 1962). Diese Öffentlichkeit war nicht mehr durch eine feudale Staatsordnung legitimiert, sondern konstitu-ierte sich durch das Öffentlichmachen politischer Themen und die Teilhabe am gemeinsamen Diskurs. Die „öffentliche Meinung" war Zwischenergebnis oder Abschluss einer vernunftbegründeten Konsensbildung. Neuzeitliche Öffent-lichkeit war also wieder – wie in der Antike – eine diskursive Versammlungs-öffentlichkeit.

Die Rückbindung der öffentlichen Meinungsbildung an die physische Präsenz war mit der zunehmenden Zahl von Wahlberechtigten nicht mehr aufrecht zu erhalten. In den modernen Massendemokratien ist der Willensbildungsprozess auf die Vermittlung von (repräsentativen) Meinungskundgaben in Zeitungen, später auch im Radio und Fernsehen angewiesen. Die Herstellung von Öffent-lichkeit für Themen von allgemeinem Interesse und die kommunikative Legitimierung von politischer Autorität stellen seither eine grundlegende Funk-tion der Medien dar. Bielefeldt (1993) weist in einem Überblick über Demo-kratietheorien darauf hin, dass die demokratische Regierungsform in der klassischen Verfassungstypologie nur unter quantitativer Rücksicht (als Herrschaft der Vielen) und, wenn allein bestimmendes Merkmal, negativ bewertet wurde. Erst seit der Französischen Revolution wurde Demokratie qualitativ betrachtet und arrivierte zum Legitimationsprinzip des Politischen schlechthin, zur Verfahrensform der Sicherung von Gemeinwohl.

„Keine Regierung kann es sich heute noch leisten, sich nicht – zumindest dem Schein nach – zur Demokratie zu bekennen." (Bielefeldt 1993, 20) Demokratien arbeiten mit Mehrheitsentscheidungen; dieses Verfahren ist freilich nur formaler Art und kann von sich aus nicht soziale Gerechtigkeit und die Achtung der Würde von allen garantieren. „Es bedarf der Einbindung in andere, übergeord-nete Ziele und Normen: naturrechtliche Wertordnungen, wohlfahrtsstaatliche Zielsetzungen oder menschenrechtliche Freiheitsgarantien..., ein komplexes Gefüge von Institutionen und Verfahren – Grundrechte, Gewaltenteilung, Ver-fassungsgerichtsbarkeit usw." (a.a.O., 22)

Zu diesen, die Demokratie sichernden Institutionen gehören auch unabhängige Medien. Sie bilden nicht nur eine passive Plattform für Meinungskundgaben, sondern spielen „bei der Selektion und Definition politischer Probleme" eine aktive Rolle (Holderegger 1995, 385). Alsdorf (2007) stellt die Diskursivität als zentrales Merkmal sowohl der Öffentlichkeit wie eines wertorientierten Journalismus heraus. Neben einer qualitätsvollen Publizistik hängt das Gelin-gen medienvermittelter demokratischer Kommunikation auch ab „vom allgemeinen Niveau des staatsbürgerlichen Urteilsvermögens in einem Lande, aber schließlich auch davon, ob sich eine Bevölkerung in guten (oder wenigs-tens erträglichen) Verhältnissen befindet – oder in einer verzweifelten Krisen-lage." (Noelle 1966, 26). Medien ermöglichen freilich nicht nur politische

Kommunikation. Wie in den meisten Einleitungen zur Kommunikationswissenschaft nachzulesen (z.b. Meyen 2001a, 87–106; Neidhardt 1994b), haben Medien darüber hinaus folgende *lebensweltliche Funktionen:*

- Sie *strukturieren Zeit* im Tagesablauf – das galt wenigstens bisher für die periodisch erscheinenden oder in linearer Zeitperspektive sendenden Medien; eine zeitunabhängige Verfügbarkeit im Netz wird das ändern.

- Medienangebote *vermitteln Wissen* von tagesaktueller und langfristiger Bedeutung. „Was gibt es Neues" (ti kainón?) war die Frage der Athener auf ihrem Marktplatz. Heute versorgen uns die Medien mit Neuigkeiten aus der großen und kleinen Welt, die uns nicht durch Präsenz und eigene Beobachtung zugänglich sind. – Damit eine Mitteilung Sinn macht und verstanden werden kann, muss sie an das kulturelle Erbe einer Gesellschaft anknüpfen, sie muss alltagssprachlich formuliert sein und den praktizierten Kommunikationsformen entsprechen. Ohne das Bereitstellen und Anknüpfen an ein entsprechendes Hintergrundwissen können Informationen oder Themen nicht richtig eingeordnet und verstanden werden. Man kann hier auch von Bildungsfunktion der Medien sprechen – das aber im Sinne einer tagesaktuellen Bildung, eines „Gebrauchsverstehens" (Rühl 1994b).

- Medien schaffen die Liste der gerade aktuellen *Gesprächsthemen* (Agenda-Setting-Funktion). So vage andere Wirkungen der Medien sein mögen, Medien legen auf jeden Fall die Themen fest, welche öffentliche Aufmerksamkeit gewinnen und eventuell politische Behandlung erzwingen.

- Medien bieten Wertmuster und *Identifikationsangebote*, sie tragen also zum Gemeinschaftsgefühl einer Nation und zur Sozialisation des Einzelnen bei.

- Medien regen das *Alltagsgespräch* an und fordern zu sozialem Handeln auf. Sie bieten Anregungen für Gespräche im sozialen Netzwerk, sie sind Anlass für weitere Mediennutzung, d.h. es kommt zu „Anschlusskommunikationen".

Was hier in deskriptiver Sprache ausgedrückt ist, besitzt freilich auch einen normativen Gehalt: wenigstens in ihrer Gesamtheit sollen Medien alle diese Funktionen erfüllen, wollen sie als thematisch universale Medien gelten und zur sozialen Integration beitragen. Dasselbe gilt von Einzelanbietern wie dem öffentlich-rechtlichen Rundfunk, der die „informationelle Grundversorgung" aller Bevölkerungsschichten zu gewährleisten hat.

2.1.2 Kontrollierende und integrierende Funktion öffentlicher Meinung

Betrachten wir die Bedeutung der Massenmedien für die Demokratie näher! Noelle[-Neumann] (1966) wies schon zu Beginn ihrer Forschungstätigkeit zur *öffentlichen Meinung* darauf hin: Öffentliche Meinung hat nicht nur den negativen Zwangscharakter der sozialen Kontrolle und stellt an die politischen

Autoritäten kritischer Anfragen; sie habe auch den positiven Aspekt der sozialen Integration und der Aufforderung an die Regierenden, die erkannte Kluft zu den Regierten mit entsprechenden Mitteln zu schließen – z. B. durch Überzeugungsarbeit oder, wenn politisch und wirtschaftlich möglich, durch Nachgeben. Dabei verharre die öffentliche Meinung über lange Zeit in einem latenten Zustand, den sie mit „Meinungsklima" bezeichnet, und erwache erst dann zur „Öffentlichen Meinung, wenn sich die Einstellungen der Bevölkerung verändern" (a.a.O., 16). Diese, auch empirisch verifizierbare Auffassung entspricht also einem dynamischen Modell von Öffentlichkeit (vgl. Imhof 2003, 203).

Die hier entscheidende politische Funktion der Medien, ein „eminenter ‚Faktor' der öffentlichen Meinungsbildung" zu sein (Bundesverfassungsgericht, Fernsehurteil vom 28.2.1961), stellt zugegebenermaßen ein Ideal dar. Sie entspricht jedoch dem klassisch-liberalen Verständnis von Öffentlichkeit als „Sphäre öffentlicher, ungezwungener Meinungs- und Willensbildung der Mitglieder einer demokratischen politischen Gemeinschaft über die Regelung der öffentlichen Angelegenheiten" (Peters 1994, 45). Auch wenn dieser Idealtypus – nicht erst in der Massendemokratie – nur unvollkommen verwirklicht wurde und es immer neu zu einem „Strukturwandel von Öffentlichkeit" kommt, ist dennoch prinzipiell an diesem Ideal festzuhalten. Öffentlichkeit wird hier genommen als ein „regulatives Leitbild", als ein normatives Konzept. „Die Medien müssen Anteil an dieser moralischen Kraft erhalten, bewahren und ausbauen." (Holderegger 1995, 392). Die Medienethik kann also auf diesen *normativen Öffentlichkeitsbegriff* nicht verzichten.

Die empirisch oder systematisch arbeitende Kommunikationswissenschaft geht mit dem Öffentlichkeitsbegriff in der Regel sparsamer um und bringt verschiedene Differenzierungen an, welche schon deshalb zu berücksichtigen sind, damit die ethische Argumentation nicht von einem verkürzten Sachverständnis von Öffentlichkeit ausgeht. So betont Rühl (1994b, 71), dass Öffentlichkeit immer als *Relationsbegriff* zu verstehen ist, dass Öffentlichkeit stets in Wechselbeziehung zu bestimmten Gesellschaften (Teilpublika) zu deuten ist. Neidhardt (1994a, 32 ff.) hebt hervor, dass das Publikum – bei mangelnder Sensibilität der politischen Elite und der Medien – durch Protestbewegungen (wie Menschenrechts- oder Umweltgruppen) mobilisiert werden kann: mit der Folge einer sozialen und thematischen Erweiterung von Öffentlichkeit. Für die Medienethik stellen derartige Feststellungen keine Gegenargumente, sondern lediglich Differenzierungen des normativen Öffentlichkeitsbegriffs dar.

2.1.3 Modelle gelingender öffentlicher Kommunikation

Aus den genannten Funktionsbestimmungen medienvermittelter öffentlicher Kommunikation lassen sich (mit Neidhardt 1994b) fünf Modelle oder Umstände ableiten, welche öffentliche Kommunikation mehr oder weniger gelingen lassen.

(1)   *Verlautbarungsmodell*

„Die Sprecher liefern (mit Blick auf ihre eigene Klientel) ihre Statements ab
und wiederholen sich von Zeit zu Zeit. Sie zitieren immer nur sich selbst.
Öffentliche Kommunikation stellt eine bloße Serie von Monologen dar, ist also
eigentlich gar keine." (Neidhardt 1994b, 25). Damit sind autoritäre Kommuni-
kationsstrukturen angesprochen, wie es sie sowohl in politischen wie in
weltanschaulichen Gemeinschaften gab und gibt. Hier findet natürlich kein
wirklicher Austausch, keine reziproke Kommunikation statt.

(2)   *Agitationsmodell*

In diesem Fall nimmt die sprechende Person zwar die Konkurrenz wahr und
reagiert auf sie, dies aber nur strategisch und nicht kommunikativ, indem man
sich damit begnügt, die andere Seite anzugreifen und ihre Beträge zu diskreditieren. Das „negative campaigning", wie es im US-amerikanischen Wahlkampf
üblich ist, ist ein Beispiel dafür.

(3)   *Diskursmodell*

Bei diesem Modell öffentlicher Kommunikation „findet eine argumentative
Auseinandersetzung auch mit den Gegnern und Kritikern des eigenen Argu-
ments statt." (Neidhardt 1994b, 25). Es kommt zur Revision der eigenen
Beiträge, zum Fallenlassen falscher Behauptungen und zum Ausscheiden
unhaltbarer Argumente. Dieses dritte Modell stellt jenes Ideal „räsonierender,
literarisch gebildeter bürgerlicher Öffentlichkeit" dar, welches Habermas in
seiner Habilitationsschrift „Strukturwandel der Öffentlichkeit" (1962) als
bleibenden Maßstab für politische Öffentlichkeit in der Moderne herausgestellt
hat.

Das Diskursmodell, so ideal es erscheint, lässt jedoch Sondersituationen wie
die folgenden unberücksichtigt:

(4)   *Reaktanzmodell*

Es gibt zumindest bestimmte historische Situationen, in welchen die Öffentlichkeit – und mit ihr hoffentlich auch die Medien – eine Gegenmacht gegen
das herrschende System und die von ihm veröffentlichte Meinung herstellen
kann. Reaktanz wird von Psychologen als „eine motivationale Erregung zur
Wiederherstellung bedrohter Freiheit" (vgl. Brehm & Brehm 1981) bezeichnet.
Das Jahr 1989 war voll von diesen Erregungen und es war unübersehbar, dass
die Medien hier eine bedeutsame Rolle gespielt haben. Man sollte diese Erregung freilich nicht mit ungenügend recherchierten, d.h. falschen Beweismitteln
fördern, wie das z.B. bei den angeblichen Massenerschießungen durch Ceaus-
cescu der Fall war.

(5)   *Gemeinwohlorientierung und Zivilcourage sozialer Bewegungen und eines anwaltschaftlichen Journalismus*

Soziale Bewegungen zeichnen sich dadurch aus, dass sie die Bedürfnisse der Basis schneller aufgreifen und dezidierter an Problemlösungen arbeiten. Allerdings entsteht dabei nicht selten ein Betroffenheitspathos, welches diese Gruppe wie von einem Eigeninteresse bestimmt erscheinen lässt. Die politische Kultur lebt aber davon, dass es eine genügende Anzahl von Bürgerinnen und Bürgern gibt, die auch dann politisch aktiv werden, wenn es nicht um ihre eigenen Angelegenheiten geht, sondern um das Unrecht, das anderen geschieht; sie werden aktiv, weil sie demokratische Prinzipien verletzt sehen, weil die Rechte und die Würde anderer auf dem Spiel stehen.

Solche *anwaltschaftlich* agierenden Sprecher der Öffentlichkeit sind Schriftsteller, Wissenschaftler, Vertreter der Kirchen – also Mitglieder jener „freischwebenden", *nicht auf das Eigeninteresse fixierten Intelligenz*, auf welche schon Karl Mannheim seine Hoffnung setzte. Heute betonen vor allem die nordamerikanischen Kommunitaristen die Bedeutung dieser „starken demokratischen Einstellung". Auch bei uns gibt es deutliche Anzeichen für das Fortbestehen von Engagement im Sinne des Gemeinwohls: ehrenamtliche Dienste, Nachbarschaftshilfe, Spendenparlamente. Man ist zwar nicht mehr bereit, sich auf Dauer zu verpflichten und dafür einem Verein beizutreten – das wird durch die erzwungene berufliche Mobilität erschwert –, aber das soziale Engagement ist deswegen nicht verschwunden. Anlässe sich zu engagieren sind oft Medienberichte, sie lösen Spenden und Hilfsaktionen aus.

2.2   Bedingungen und Herausforderungen medialer Politikvermittlung

Neben den geeigneten Formen oder Modellen von Öffentlichkeit sind auch die *kognitive Bedingungen* für das Verstehen politischer Berichterstattung (die folgenden Punkte 1 und 5) wichtig – immer mit Blick auf das *demokratische Kernziel*, die Partizipation möglichst vieler am Aushandeln dessen, was für alle Geltung haben soll, zu sichern (Punkte 2–4). Es geht also um „die Angemessenheitsbedingungen, die erfüllt sein müssen, wenn mediale Konstruktionen ... den Anspruch erheben, in einem rechtfertigbaren Sinn noch Rekonstruktionen des Politischen ... zu sein." (Meyer 1999a, 147) Oder dramatischer formuliert: Wann wird die mediale Politikvermittlung dysfunktional, wodurch kommt es zu einer *„Kolonisierung der Politik durch das Mediensystem"?* (a. a. O., 155) Die Suche nach diesen normativen Kriterien ist rein funktionalistischen Auffassungen von der „Realität der Massenmedien" (Luhmann) oder einer generellen Kulturkritik (Postman) fremd. Aber es geht unter medienethischer Rücksicht nicht an, die Massenmedien und das sie nutzende Publikum aus der Verantwortung für die diskursive Qualität politischer Berichterstattung zu entlassen.

2.2.1 Erleichterung von Verstehen und kritischer Beurteilung

Medien haben nicht nur die Aufgabe, Informationen „abzuliefern", sondern auch den Aufbau von Wissen aus diesen Informationen zu erleichtern. Medienberichte finden um so sicherer Aufmerksamkeit und werden um so besser verstanden, je einfacher und konkreter die Sprache ist, je bekannter und anschaulicher die Schlüsselbegriffe und Denkschemata, je einleuchtender die Beispiele gewählt und je deutlicher Konsequenzen sichtbar gemacht werden. Im Blick auf ein breites Publikum muss die Komplexität von Themen reduziert werden; Medienberichte sind kunstvolle Aufbereitungen, sie stellen also immer spezielle Konstrukte von Wirklichkeit dar.

Medien verdichten und transformieren – und verkürzen damit auch. Um kritisches Verstehen und Transparenz zu ermöglichen, sollten diese Transformationen jedoch in „handwerklich" sauberer Weise und mit orientierender Absicht geschehen. So ist jeweils zu fragen, *wessen* Konstrukte ein Journalist in welcher Transformation weiter vermittelt: Gibt er die Intention ablenkender Selbstdarstellung kommentar- und kritiklos weiter oder liefert er auch ergänzende Informationen, die eine kritische Beurteilung ermöglichen?

2.2.2 Informations- und Aufklärungsorientierung trotz Inszenierung

Es gehört seit der Antike zu den Mitteln der Rhetorik als Kunst der wirkungsvollen öffentlichen Überzeugungsrede, dass Politiker ihren Auftritt effektdramaturgisch konzipieren, also sich selbst inszenieren oder von ihren Unterstützern inszeniert bekommen. Es sind die besonderen Bedingungen der heutigen „Mediengesellschaft", welche der Selbst- und Fremdinszenierung von Politik einen neue Qualität gegeben haben. Dabei ist zu sehen, dass sich nicht nur Politiker der Selbstinszenierung bedienen, sondern auch Unternehmen dieses Mittel in ihre Marketing- und Werbestrategien aufnehmen, ja selbst Privatleute ihre Einkaufserlebnisse und andere Alltags-Events inszeniert bekommen wollen bzw. gern selbst inszenieren. Wir leben also in einer „Inszenierungsgesellschaft"; dabei geht es „nicht um die populären Metaphern von der Welt als Theater oder von der Bühne der Politik, sondern um den Einbruch von Theatralität bis in die Mikrostrukturen unserer Alltagswelt." (Schicha & Ontrup 1999, 10) An Inszenierungsformen lassen sich nennen (vgl. Meyer 1999a, 151; Rager 1999): Öffentliche Rollen werden inszeniert, aber auch das persönliche Image; mediale Inszenierungen prägen unser Bild von Krankenhaus und Schule, von polizeilichen Ermittlungen und Gerichtsprozessen; dabei werden narrativ spannende Elemente hervorgehoben und auf emotionale Höhepunkte hin angeordnet; selbst der Alltag wird (im Reality-TV) inszeniert; bei Politikern und anderen Prominenten werden Skandale und Sensationen dankbar aufgegriffen oder konstruiert (vgl. Kepplinger, Ehmig & Hartung 2002).

Folgerichtig ist Inszenierung zu einem (wertfreien) Leitbegriff kulturwissenschaftlich orientierter Kommunikationswissenschaft geworden. Inszenierung meint etwas Spezifischeres als die Konstruktion von Wirklichkeit durch

Medien: Im Anschluss an Goffman (1969) werden die klassischen Elemente des Theaters (wie Rolle, schauspielende Person, performativer Akt) als Deutungsmuster zur Analyse sozialer Handlungen oder ihrer medialen Darstellung, vor allem im multimedial erzählenden Fernsehen, genommen.

„Im Rahmen der Entwicklung, die man gerne mit dem Begriff ‚Infotainment‘ bezeichnet, gibt sich die Inszenierung *durch* die Massenmedien (das heißt in den journalistischen Inszenierungen) als auch in den Inszenierungen *für* die Massenmedien (den Inszenierungen der Politiker und ihrer PR-Manager für die Fernsehkameras) immer deutlicher *als Inszenierung* zu erkennen. Das Magazin wird zum lockeren und unterhaltsamen Moderatorenspiel, wie bei der erfolgreichen ZDF-Sendung *Frontal.*" (Schicha & Ontrup 1999, 11)

Das Inszenierungspotential eines Stoffes wird oft zum journalistischen Selektionskriterium und Bearbeitungsmerkmal (Rager 1999), und selbst die Programmankündigungen und Programmanordnungen werden vom Fernsehen sorgfältig inszeniert (vgl. Bleicher 1998).

Mit der Frage nach der *Authentizität* von Inszenierung wird (nach Meyer 1999b) kein generelles Gegenargument formuliert, sondern eine doppelte Überprüfung gefordert. Die erste betrifft die „Übersetzungsleistung" der Inszenierung des Politischen: Ist sie dem „Vorausliegenden" (z.B. der politischen Beratung und Entscheidung) angemessen oder verfehlt sie diese? – ähnlich wie eine didaktische Reduzierung den Gegenstand treffen oder verfehlen kann. Die Analyse hätte zu fragen: Ermöglicht die Inszenierung ein angemessenes Verständnis der tatsächlichen Prozessen, Strukturen, Sachverhalte oder Positionen in der politischen Welt – und zwar mit den expressiven Mittel von *gezeigten* Bildern, Gesten? Kommt neben der ästhetischen Expressivität auch argumentative Propositionalität ins Spiel, ist der Behauptungscharakter der Inszenierung in Argumente zu übersetzen, also zu einem sprachlichen Diskurs hin anschlussfähig?

„Unter bestimmten Umständen kann eine Kurzgeschichte über handelnde Personen einen angemessenen – sozusagen ‚authentischen‘ – Einblick in einen politischen Prozeß und eine Interessenskonstellation geben, die zwar auf anderen Wegen erreicht wird als durch diskursive Information und Argumentation, aber ihr im Ergebnis strukturell ähnelt. Ebenso kann, um ein anderes Beispiel zu nennen, durch eine hochselektive dramatisierte Schnittfolge etwa von Menschen in prekären Positionen des Erwerbslebens ein angemessenes Bild von der sozialen und ökonomischen Gesamtsituation erzeugt werden, das dem nahe kommt, das durch eine diskursive Information und Rationalität vermittelt werden könnte. Der fast idealtypische Gegensatz zwischen diskursiver Rationalität im Prozeß von Diskussion und der Inszenierung als szenischer Darstellung von Sachverhalten kann sich bei kompetenten und sachlich angemessenen Inszenierungen durchaus *in den Ergebnissen* weitgehend aufheben. Freilich bleibt eine wesentliche Differenz im Prozeß ihrer Erzeugung." (Meyer 1999b, 170)

Für solche kritischen Analysen bedarf es freilich einer „Doppelkompetenz": der Vertrautheit mit der inszenierten Wirklichkeit, der Politik, und mit der

Kunst der Inszenierung. Die zweite Überprüfung vergleicht, ob der Inszenierung nichts anderes voraus liegt als die Inszenierung selbst oder eine Täuschungsabsicht: wenn die Inszenierung nur zur Erzeugung von Imageverbesserung und anderen Effekten dient und die Behauptungen durch die Realität nicht eingelöst werden; wenn kaum Informationen und Begründungen gegeben oder zu deren Überprüfung eingeladen wird. Meyer erinnert (a.a.O., 170) daran, dass Aristoteles die zugleich wirkungsvolle und wahrhaftige politische Rede mit der Einheit von Ethos, Pathos und Logos definiert.

Die Frage nach authentischer Selbstdarstellung von Privatleuten im Big-Brother-Container und in Casting Shows behandelt Schultz (2003). Er unterscheidet bei Inszenierung „das absichtsvolle Sichtbarmachen ansonsten unsichtbarer Gegenstände" vom „Verschleiern und Verstecken unliebsamer Hintergründe vor einem Publikum" (a.a.O., 128). Bei Authentizität geht es seiner Meinung nach – in Anlehnung an Habermas (1981) – entweder um das Verhältnis von Behauptungen zur Wirklichkeit (Wahrheit), um das Verhältnis eines Sprechers zu seinen (aufrichtigen oder manipulierenden) Behauptungen über die objektive Welt (Wahrhaftigkeit) oder um das „Verhältnis von Ausdrücken der subjektiven Welt zu den Innenwelten der Akteure: Meint ein Sprecher wirklich, was er sagt, und ist er so, wie er sich gibt und inszeniert? (Authentizität im engeren Sinn)" (Schultz 2003, 129). Dem rigorosen Beharren auf der Authentizitäts-Norm sei entgegenzuhalten, dass mediale Maskarade und spielerische Inszenierung notwendige Elemente der heute aufgezwungenen Identitätsarbeit darstellen und unproblematisch sind, solange es sich nicht um ausschließlich „egozentrische Erfolgsberechnungen" handelt. (a.a.O., 136)

2.2.3 Politische Bildung durch Information und durch Unterhaltung

Eine andere, noch weitgehend vernachlässigte Leitkategorie sind die von den Medien aufgegriffenen oder unterstützten *Emotionen*. Sowohl von Klassikern der Soziologie wie Durckheim und Weber als auch in neueren Emotionspsychologien wird das emotionale Erleben als ein eigenständiger, nur zum Teil mit Kognitionen fassbarer Erlebnisbereich. Vor allem konstruieren wir mit Emotionen unsere soziale Umwelt, wir schaffen Distanz und Verbundenheit, wir definieren Beziehungen und die dem anderen zugewandte Seite unseres Ichs (‚me'). Gefühle sind kulturell geprägt: Es gibt Vorschriften, was man zu fühlen und wie man das Gefühl auszudrücken hat. Diese „Gefühlsarbeit" ist Sozialisation und Identitätsbildung in einem. Auf die Fernsehrezeption angewandt haben das mit einem Aufsatz Krotz (1993) und mit einer Systematik und Inhaltsanalyse Döveling (2005). Das Fernsehen – als parasoziale, d.h. von der unmittelbaren sozialen Kontrolle befreite Kommunikationsform – dient uns sowohl als Ausflucht und Entlastung von der Gefühlsarbeit wie als Spielwiese der Gefühle; es ist lebenslanger Sozialisationsagent (der vormacht, worüber man sich freut/fürchtet und wie man das tut) und integriert damit in die Gesellschaft, ja vermag sogar ‚Fernempathie' mit den gesellschaftlich Fremden zu schaffen. Die zu Werbezwecken funktionalisierten Gefühle regen freilich auch zur skeptischen Überprüfung dieser Appelle an (vgl. Krotz 1993, 493), während Medienberichte über religiöse Großereignisse den Gruppenzusammenhalt unter Glaubenszugehörigen erhöhen oder den Aufbau vorübergehender Erlebnisgemeinschaften unterstützen und dabei mit innerer Zustimmung rechnen können (Döveling & Funiok 2007).

Emotionen werden meist den *unterhaltenden Mediengenres* zugeordnet, während informierende Medienformen für Kognitionen zuständig seien. In politischer Bildung Tätige plädieren für allseitige und kritische Informationssendungen, während sie in Unterhaltungssendungen eher die Verführung zu Ablenkung und Realitätsflucht sehen. „Information ist im Kontext einer räsonierenden Öffentlichkeit Bürgerpflicht, so scheint es." (Lübbe 1992, 6) Die Gegenüberstellung von Information und Unterhaltung ist aber problematisch. So sinnvoll sie für eine grobe Programmaufteilung sein mag, so wenig berechtigt ist sie aus der Rezipientenperspektive. Untersuchungen zu den Motiven von Liebesromanleserinnen oder des Publikums von Soaps zeigen, dass der Gegensatz von Unterhaltung für sie nicht Information, sondern Langeweile ist – das Eintönige, Traurige, Gedankenlose, Übertriebene (Radways 1987, zit. bei Klaus 1996, 410).

Unterhaltende Medienangebote befreien vorübergehend von den (sozialen und arbeitsmäßigen) Zwängen des Alltags und erlauben das Genießen eines mittleren Erregungszustandes (durch das Mithandeln der Abenteuer von Helden, das Teilen des Luxus von Prominenten). Das ist die Ebene des individuellen Stimmungsmanagements. In sozialer Perspektive stellen die Unterhaltungsangebote Anregungen zur Wahrnehmung und Reflexion der sozialen Umwelt dar, lassen Rollen erproben und laden zur Empathie mit anderen ein. Insofern enthalten sie durchaus auch sozial bedeutsame Mitteilungen, wenn auch in leicht fasslicher Form, ausgerichtet auf die Geschmacksrichtung des jeweiligen sozialen Milieus („Gute Zeiten, schlechte Zeiten" und „Musikantenstadel" oder „Lindenstraße" und „Harald Schmidt").

Unterhaltung ist also eine *Erwartungshaltung*, welche Rezipienten aller Milieus Medienangeboten gegenüber haben, und gleichzeitig ein Können von berufsmäßigen Entertainern sowie ein *Qualitätsmerkmal* journalistischer Arbeit, Ergebnis der Suche nach interessanten Aufmachern und anderen Leseanreizen. Die Journalisten wollen den Menschen etwas geben, was ihnen hilft, ihr Wissen zu erweitern und sich in unserer komplexen Welt zu orientieren. Analoges gilt von den Rezipienten: Sie wollen sich informieren und Stoff für die Alltagskommunikation mit ihrer Umgebung bekommen (die man kurioserweise im Deutschen „Unterhaltung" nennt). Wenn dabei problematische Reduzierungen und Irreführungen vermieden werden – immer in Anbetracht der Möglichkeiten und Regeln des unterhaltenden Genres –, so ist politische Bildung auch mit unterhaltenden und Infotainment-Sendungen möglich.

Schon die „Moralischen Wochenschriften" des 18. Jahrhunderts wollten zwar aufklären und bilden, taten das aber bewusst in unterhaltender Weise – sie verbanden bewusst und gekonnt Vergnüglichkeit mit Belehrung (vgl. Maar 1995, 126–130). Diese Dualität in den Publikumswünschen und in der Angebots-

struktur belegt die empirische Untersuchung von Altenloh (1914) am Beispiel
des damals noch jungen Films. Nach Meyen (2001b, 19) seien die 60er und
70er Jahre des 20. Jahrhunderts eine Sondersituation gewesen, in der das breite
Publikum an vielen Abenden auf die politischen Sendungen der ARD und des
ZDF zwangsverpflichtet wurde. Mit dem Aufkommen der privaten Sender
(1984) habe das latente Bedürfnis nach Unterhaltung ein breiteres Angebot (in
den verschiedenen Geschmacksrichtungen) bekommen und sei offenkundig
geworden.

Dennoch bleibt politische Bildung ein Ziel, welches besondere Maßnahmen
verdient und auch nötig hat. Nach Sarcinelli & Wissel (1998, 426 f.) sind

„folgende Aufgaben und Zielvorstellungen für die politische Bildungsarbeit vordring-
lich:
– Die mediale Angebotsvielfalt überhaupt kennen- und mit Vielfalt umgehen lernen!
– Die Medienwirklichkeit entschlüsseln lernen! (Gesetzmäßigkeiten der Bildmedien,
  Nachrichtenwerte, Konkurrenz, Ökonomisierung....)
– Mediale Wirklichkeitsangebote und -konstruktionen vergleichen lernen!...
– Durch intensive Auseinandersetzung mit Druckmedien einen Gegenakzent zur
  wachsenden Visualisierung setzen!...
– Über politische Prozesse jenseits medialer Darstellungen informieren und mit
  politischen Realitäten jenseits der Medien konfrontieren!...
– Politische Erfahrungen ‚aus erster Hand' ermöglichen!...
– Medien und gegebenenfalls auch mit Medien Politik selber machen! (Handlungs-
  orientierte politische Bildungsarbeit, selbsttätiger und selbstproduzierender Umgang mit Druck-, Hör- und Bildmedien...)."

2.2.4 Arbeitsteilung zwischen Forumszeitungen und Boulevardmedien

Man spricht gern vom „Ende der Massenkommunikation", seit immer mehr
Spartenkanäle für speziellen Zielgruppen konzipiert werden und zukünftig
im Netz abrufbar sind. Die Medien suchen sich also immer kleinere Teilpublika – bis hin zur individuellen Informationsaufbereitung. Diese differenziertere
Publikumswahl und zielgenauere Distribution von Information und Unterhaltung ist in sich nichts Schlechtes. Problematisch wird diese Entwicklung aber
dann, wenn es in vielen Spartenmedien keine nennenswerte Politikberichter-
stattung und (Anregungen zu) Meinungsbildung mehr gibt, sondern nur noch
Unterhaltung und Spezial-Interest-Informationen. Seriöse Zeitungen oder
Nachrichtenmagazine konfrontieren die Rezipienten mit der ganzen Fülle
öffentlich relevanter Themen – auch solchen, denen sie sich in aktiver Wahl
nicht zugewendet hätten, über die sie sich langweilen, ärgern oder irritiert sind.
Die Gefahr besteht, dass es nicht mehr genügend *gemeinsame Themen* gibt, die
von allen wahrgenommen werden. Kann die mediale Politikvermittlung unter
den Bedingungen eines ausdifferenzierten Mediensystems noch etwas Wesent-
liches zur gesellschaftlichen Integration beitragen? (vgl. den diesbezüglichen
Tagungsband der Luzerner Gespräche von Imhof, Jarren & Blum 2002).

Inhaltsanalysen – z.b. der deutschschweizerischen Medienarena von Kamber & Schranz (2002) – belegen, dass zwar von einer Entpolitisierung der Medien nicht gesprochen werden kann; denn die Politikvermittlung hat in allen Medien und Formaten einen hohen Stellenwert. Aber es gibt da unterschiedliche Schwerpunkte: Die Qualitäts- und Forumszeitungen informieren umfassend und kontinuierlich über die parlamentarischen Beratungen und Entscheidungsprozesse, realisieren also die *diskursive Informationsfunktion*, indem sie in Hintergrundberichten Spezialwissen bereitstellen und mit Kommentaren die Meinungsbildung anregen. Die Boulevardformate sorgen mit ihren Skandal- und Konfliktstilisierungen für eine kurzfristige, aber breitenwirksame Wahrnehmung von personalisierten politischen Prozessen und realisieren damit eher die *Kontroll- und Kritikfunktion* der Medien gegenüber dem politischen System. Die dabei entstehende Zuspitzung politischer Kontroversen wird von der seriös informierenden Presse relativiert und in Richtung einer demokratischen Konsensfindung gesteuert. Für die Demokratie und die politische Integrationsfunktion der Medien hängt also viel davon ab, ob es auch künftig noch eine nennenswerte Leserschaft seriöser Tageszeitungen bzw. eine quantité respectable von Zuschauern gibt, die sich differenziert informierenden Fernsehberichten (oder Blogs) zuwendet.

2.2.5 Erhalt von Glaubwürdigkeit der Medien

Nicht nur die Politik hat in den letzten Jahren einen Verlust an Glaubwürdigkeit hinnehmen müssen, sondern auch die Medien. Dies geschah unter dem Eindruck spektakulärer journalistischer Fehlleistungen, aber auch im Wissen um die immensen Bildbearbeitungsmöglichkeiten. Für eine lebendige politische Kultur sind jedoch glaubwürdige Medien unerlässlich – und Voraussetzungen dafür ist die Freiheit und Verantwortlichkeit der Medien, die Professionalität und das Ethos der in ihr Arbeitenden wichtig.

2.2.6 Wahrung der Grenzen von Öffentlichkeit

Nach den Funktionen der Öffentlichkeit und den Formen und Voraussetzungen für eine gelingende politische Kommunikation sollen abschließend noch die Grenzen des Öffentlichkeitskonzeptes zur Sprache kommen. Nicht nur aus den Bedingungen für Öffentlichkeit sind ethische Forderungen abzuleiten, sondern auch aus dem Respekt vor ihren Grenzen, sozusagen aufgrund der „Tugend des Unterlassens von Publizität" (Hasler 1992). Es geht zunächst um den *Schutz der Privatsphäre*.

„Öffentlich" wird meist von „privat" abgegrenzt, auch wenn diese Abgrenzung sich in den letzten zwei Jahrzehnten verschoben hat. Die Veröffentlichung des Privaten ist Mittel der Selbstdarstellung nicht nur von Politikern und Stars geworden, sondern auch für Bewerbungsschreibung von Schülern, für die Profilbildung der eigenen Kleinstfirma – bis hin zu den Webcams von Möchtegern-Stars. Aber die Notwendigkeit des Schutzes der Privatsphäre wird noch allgemein anerkannt; sie ist Ausdruck elementarer Persönlichkeitsrechte und wird durch Verfassung, Straf- und Zivilrecht garantiert. Es entstehen durch die technische Entwicklung und wirtschaftliche Interessen jedoch immer neue Gefährdungspotentiale durch die gezielte Sammlung und Auswertung personenbezogener Daten – zum Teil dadurch, dass der Minichip eines Kleidungsstücks, mit dem es gegen Diebstahl gesichert ist, außerhalb des Kaufhauses leicht von Dritten eingelesen und mit anderen Kaufdaten zu einem „Kundenprofil" verknüpft werden kann. Diese Erfassungsmöglichkeiten haben in einem Tempo zugenommen, mit dem das *Datenschutzrecht* kaum mehr mitkommt.

Damit es zu wirksamen Gesetzen kommt, müssen die Möglichkeiten und Gefahren auch öffentlich bekannt und gründlich genug diskutiert werden. Das Nichtwissen – oder die Begrenzung des Wissens – über Personen und ihre Lebensführung hat also eine wichtige soziale Funktion.

> „Wüßten wir von allen alles, wären wir nicht handlungs- und unser Gemeinwesen nicht politikfähig. ...Enthüllung kann nicht schon ein Wert an sich sein; sie muß ihr Recht, geht es um politische Öffentlichkeit, daran messen, ob und in welchem Maße sie für kollektive Entscheidungen notwendig ist. Es gehört zur Selbstkontrolle von Öffentlichkeit, die Maßstäbe dafür zu bestimmen und verpflichtend zu machen." (Neidhardt 1994b, 28)

Die gängige Auffassung von Demokratie fordert zwar Öffentlichkeit für alle Angelegenheiten des allgemeinen Interesses. Faktisch werden jedoch etliche Ausnahmen gemacht, vor allem im staatlichen Bereich. Die Tätigkeit der *Geheimdienste*, nichtöffentliche Beratungen staatlicher Gremien oder auch der Parteien, weite Bereiche der Verwaltung. Diese staatliche Geheimnistuerei – verbunden mit der verdeckten Sammlung von personenbezogener Daten – verdient kontinuierliche Beobachtung. – Effektive Öffentlichkeitsarbeit verbindet planmäßig Geheimhaltung und Veröffentlichung: gezieltes Themenmanagement ist gleichzeitig „Geheimnis-Management" (vgl. Westerbarkey 1994, 62). Sicher wird durch Informationen immer auch Transparenz hergestellt. Aber ebenso lassen sich Illusionen nähren, z.B. die einer offenherzigen Information. Denn eine planmäßige „Selbstveröffentlichung" will oft auch von kritischen Punkten abzulenken. Es ist daher Aufgabe gegenrecherchierender Journalisten und einer kritischen Öffentlichkeit, dieses Spiel zu durchschauen und wenigstens zu *versuchen* das herauszubringen, was verborgen werden soll.

Die hier am Öffentlichkeitsbegriff entfalteten medienethischen Forderungen ließen sich auch als sozialethische Forderungen an die öffentliche Kommunikation in der „Wissensgesellschaft" formulieren, wie es Filipović 2007 tut: Mit der Idee der Beteiligungsgerechtigkeit ist zu gewährleisten, dass alle Mitglieder einer Gesellschaft Alltagswissen vermittelt bekommen und dass den (bildungsmäßigen, sozialen, ethnischen) Tendenzen zur Exklusion entgegengewirkt wird. Für die praktische Realisierung kommen jedoch dieselben Institutionalisierungen und Initiativen in Frage, die im folgenden Abschnitt zu behandeln sind.

2.3 Akteure und Formen heute notwendiger Medienkontrolle

Medienethik könnte versuchen, aus dem vorgestellten normativen Öffentlichkeitskonzept – zusammen mit Gesetzmäßigkeiten der kognitiven Informationsverarbeitung und einer, den Differenzierungen des heutigen Mediensystems angepassten Politikvermittlung – Forderungen zu formulieren, denen zu Folge bestimmte Programminhalte (z.B. Qualitätspresse, werbefreie Fernsehprogramme für Kinder, Radioprogramme für Ausländergruppen) als schützenswert und förderungswürdig gelten können. Aber ein derart „traditioneller" Ansatz würde den Kontext der kulturellen und wirtschaftlichen Veränderungen zu wenig in den Blick nehmen, denen der Mediensektor seit 1984 unterworfen ist, um ein konkretes Jahr zu nehmen. In ihm kam es nicht zum stalinistischen Überwachungsstaat via Bildschirm, den uns Orwell menetekelte, aber in Deutschland wurde das duale Rundfunksystem eingeführt, die ersten intuitiv benutzbaren PCs kamen auf den Markt, der Internetvorläufer Bildschirmtext wurde eines Medienstaatsvertrags gewürdigt. Diese Einzelereignisse waren freilich nur Indikatoren für umfassende abstrakte Veränderungsprozesse: für eine zunehmende Ökonomisierung der Medienproduktion, für die Digitalisierung ihrer Speicherung und Verbreitung, für die Entwicklung traditioneller Verlagshäuser zu globalen Medienunternehmen, für den Wandel vom Rezipienten zum Informationsanbieter.

2.3.1 Merkmale der „Mediengesellschaft"

In historischer Perspektive (vgl. Jarren 2001, 10 f.) ist das Verhältnis von Medien und gesellschaftlichen Gruppen gerade um das besagte Jahr 1984 von einer tief greifenden Veränderung gekennzeichnet. Bei der Gesinnungs- und Richtungspresse des 19. und beginnenden 20. Jahrhunderts gibt es eine erkennbare thematisch-ideologische Bindung an die sie tragenden Kirchen, Parteien und Gewerkschaften. Diese *gesellschaftliche Rückbindung* prägt auch noch das Organisationsmodell des öffentlich-rechtlichen Rundfunks nach dem zweiten Weltkrieg, wo in den Rundfunkräten alle (damals) relevanten Gruppen vertreten sind und sowohl die Besetzung der Redaktionsleitungen wie die nachträgliche Programmkontrolle vornehmen. Dieses Modell kopiert man Mitte der 80er Jahre in den Landesrundfunkanstalten oder Landesanstalten für Neue Medien, welche die Lizenzen für die privaten Programmanbieter vergeben und auch für die Programmkontrolle zuständig sind.

Aber als internationale Multimediakonzerne mit wechselnden Aktionärsmehrheiten sind die großen Fernsehsender viel stärker auf *Marktziele* als auf gesellschaftliche Rückbindung orientiert und fühlen sich den nationalen gesellschaftlichen Gruppierungen kaum noch verpflichtet. Die gesellschaftliche Kritik an ihren Programmen – z.B. an Formaten wie ‚Big Brother' – verpufft ungehört, weil die Kontrollkommissionen nur mehr mit fachlich qualifizierten Referenten (z.B. Medienpädagogen), aber nicht mehr mit Vertretern der Gesellschaft besetzt sind. Proteste werden entweder vor Gerichten zurückzuweisen versucht oder als Aufmerksamsteigerung in das Marketing integriert. Da die privaten Rundfunkanbieter ökonomisch und soziokulturell bedeutsamer sind als die öffentlich-rechtlichen Anstalten, sind diese Veränderungen typisch für die seither entstandene „Mediengesellschaft".

Ihre Charakteristika sind (wiederum nach Jarren 2001, 11; ausführlicher in Jarren 1998):

• Die Medienangebote haben sich immer mehr ausgebreitet, sowohl in quantitativer (Zahl der Medien) wie in qualitativer Hinsicht (Formate und Angebotsformen).
• Stetig zugenommen hat die Vermittlungsleistung (Programm- und Datenmenge, Rund-um-die-Uhr-Angebot) und Vermittlungsgeschwindigkeit. In digitaler Technik gespeichert, besitzen alle schriftlichen, bildlichen, auditiven und audiovisuellen Datenformen ein einheitliches Multimedia-Format (vgl. Schanze 1995) und sind über Internet zu jeder Zeit abrufbar.
• „Die Medien durchdringen immer stärker und engmaschiger alle gesellschaftlichen Bereiche (‚Medialisierung'). So müssen Organisationen mit einer ständigen Medienberichterstattung rechnen und sich auf eine entsprechende ständige Nachfrage einstellen." (Jarren 2001, 11).
• Diese Medialisierung ist vor allem bei der politischen Kommunikation beschrieben worden. Sie zeigt sich an folgenden Tatsachen: Die politische Elite ist in ständigem Kontakt zu den Medien (bis hin zu „Medienpartnerschaften"); Parteien und andere politisch tätigen Organisationen richten ihr Handeln an den Gesetzmäßigkeiten des Mediensystems aus (zeitliche Zyklen, Aufbau von PR-Abteilungen); die meisten Menschen nehmen Politik vor allem durch deren mediales Erscheinungsbild wahr.
• Die Medien haben wegen ihrer Präsenz in den meisten gesellschaftlichen Bereichen eine hohe Aufmerksamkeit und Anerkennung gewonnen.
• Medienunternehmen sind global agierende Unternehmen geworden. Sie neigen dazu, sich im verschärften Wettbewerb zu Oligopolen zusammenzuschließen. Diese Tendenz zur Kartellbildung beschneidet die Chancen kleinerer und mittlerer Medienunternehmen. Mit Blick auf globale Absetzbarkeit haben es Produkte aus kleineren und weniger kaufkräftigen Kulturen schwerer, sich auf dem Medienmarkt zu positionieren.
• Große Medienunternehmen planen und produzieren vor allem nach ökonomischen Gesichtspunkten, indem sie sich am Werbemarkt und an ihren Kunden bzw. Konsumenten orientieren. Um eine hohe Zahl von ihnen zu erreichen und dauerhaft an sich zu binden, richtet sich die Programmgestaltung vordringlich am breiten Publikumsgeschmack aus – und nicht mehr an sachlichen Kriterien. Themen werden verständlicher gemacht durch Personalisierung, Human-Interest-Stories, Boulevardisierung und andere unterhaltende Gestaltungsmomente.
• Das wird ablesbar an der redaktionellen Organisation beispielsweise der Privatradios: nicht mehr einschlägig kompetente Experten für Politik, Wirtschaft, Kultur oder Sport bearbeiten die Nachrichten, sondern „locker vom Hocker" moderierende Allround-„Genies". Auch das Fehlen von normati-

ven Vorgaben für den Journalismus (Redaktionsrichtlinien) unterscheidet die privaten von den öffentlich-rechtlichen Sendern.

Zweifellos hat das Mediensystem in der „Mediengesellschaft" an Einfluss gewonnen und sich, vor allem vom politischen System, unabhängig gemacht. Damit sind nicht nur traditionelle gesetzlicher Regelungsmöglichkeiten verloren gegangen, sondern auch Formen von Verantwortung gegenüber den Parteien, Gewerkschaften, Verbänden, Neuen Sozialen Bewegungen – also den zwischen Gesellschaft und Staat vermittelnden Gruppen. Gleichzeitig erscheinen die Medien zunehmend auf das ökonomische System ausgerichtet und in ihrer Arbeit von den dort herrschenden Effizienzkriterien geprägt. Damit haben journalistische und andere künstlerische Standards es zunehmend schwerer, sich gegen ökonomische Argumente zu behaupten. Diese neue Abhängigkeit der Medien, ihre *Ökonomisierung*, bedeutet „die Zunahme monetärer und egoistischer Elemente in der Nutzenfunktion der Wirtschaftssubjekte und eine zunehmend striktere Anwendung des Nutzenmaximierungspostulats." (J. Heinrich, zit. bei Jarren 2001, 13).

2.3.2 Regulierung als Antwort auf das Marktversagen beim meritorischen Gut „Medienqualität"

Das Versprechen des freien Marktes ist es seit Adam Smith, dass die „unsichtbare Hand" neben dem Profit den Warenlieferanten auch die Versorgung möglichst vieler Menschen, die zahlen können, gewährleistet. Die ökonomische Theorie spricht hier von privaten Gütern und Dienstleistungen. Sie werden nach dem Ausschlussprinzip angeboten: nur wer dafür bezahlt, kommt in den Genuss des Konsums – und wenn das Gut knapp ist, gibt es ein, den Preis hochtreibendes Rivalisieren darum. Anders ist das bei öffentlichen Gütern, hier gibt es kein Rivalisieren, der gleiche Nutzen muss allen Mitgliedern eines Gemeinwesens zur Verfügung stehen, ohne dass sie eigens dafür zur Kasse gebeten werden – innere und äußere Sicherheit, gesunde Umwelt sind Beispiele dafür. Bei den öffentlichen Gütern versagt also der freie Markt, die Gesellschaft – in der Regel der Staat – muss deren Bereitstellung oder Erhaltung steuern und (durch Steuerumlagen oder Gewinnanreize) fördern. Um welche Art von Gütern handelt es sich bei den verschiedenartigen Medienangeboten: bei den unterhaltenden, bildenden, politisch informierenden Inhalten? Die meisten *Medienökonomen* rechnen die Medienangebote zu den *Mischgütern*, den sog. „meritorischen Gütern": sie werden von der Öffentlichkeit besonders geschätzt, „weil sie neben einem teilbaren und damit auch privatisierbaren Nutzen auch einen unteilbaren öffentlichen Nutzen stiften, also einen Nutzen für die Allgemeinheit." (Ruß-Mohl 1994, 88).

Nachrichten sind also zum einen profitable Waren, zum anderen öffentliche Güter. Eine Grundversorgung mit ihnen muss das Gemeinwesen allen zur Verfügung stellen, um die Teilhabe am Leben der Demokratie zu ermöglichen. Sicher gilt das nicht in gleichem Maße für Unterhaltungs- oder Sportsendungen – jenseits eines Ausmaßes, das als verzichtbaren Luxus eingestuft wird. Aber

die politisch bedeutsamen Medienangebote (informierender und unterhaltender
Art) gehören dazu; auch kulturelle Angebote, welche für die nationale Identität
wichtig sind (in Deutschland: Fußball während der Weltmeisterschaft). Damit
solche, stärker öffentliche als private Güter in ausreichender Zahl und Qualität
angeboten werden, braucht es staatliche Anreize und Förderungen, Schutzrech-
te für Innovationen, aber auch gesetzliche Regulierungen: Verbote für sozial
unverträgliche Inhalte (rassistischer Art) und Einschränkungen für jugendgefährdende Bilder (vgl. Hutter 2006, 188). Wenn der Markt das Kollektivprob-
lem einer ausreichenden Zahl und Qualität von Informationen und anderer
Kulturgüter aus strukturellen Gründen nicht allein lösen kann, bleibt die
Lenkung und Regulierung des Marktes nötig. Das gilt auch für die andere
Form des *Marktversagens*, die schon angesprochenen Monopol- und Oligopolbildungen. Solche Zusammenschlüsse ermöglichen zwar kostengünstigere
Produktion – und davon profitieren auch die Kunden. Aber Größenvorteile
führen auch zu Marktstrukturen ohne Wettbewerb, und die kommen den
Konsumenten und der Gesellschaft teuer zu stehen; sie sind daher zu verhin-
dern, zumindest einzuschränken.

Liberale Wirtschaftsethiker wie Homann lassen als Steuerungsmittel lediglich
eine rechtliche *Rahmenordnung* für die sonst freien Unternehmen gelten.
Andere Theoretiker halten das zusätzliche Mittel einzelner Marktinterventio-
nen für nötig: *Interventionen* der Exekutive (Regulierungsbehörden, z.B.
Kartellbehörden) und Interventionen der Legislative. Die Medienordnung und
das Medienrecht werden heute zunehmend nicht mehr im nationalen, sondern
im europäischen Rahmen gemacht; hinzu kommt die weltweite Perspektive, in
welcher die Regulierung global agierender Medienunternehmen und des welt-
umspannenden Internets zu sehen ist. (s. u. 2.2.4)

Zur Sicherung des öffentlichen Guts „Medienqualität" haben aber auch die
Medienbranchen selbst ihren Beitrag zu leisten: durch unternehmerische
Verantwortung (Unternehmensethik, s. Kap. 3) sowie durch Einrichtungen der
Medienselbstkontrolle von Branchen und Berufsverbänden. Und schließlich ist
die Aufmerksamkeit für die Strukturprobleme des Medienmarktes auch eine
gesamtgesellschaftliche Aufgabe. Kommunikationswissenschaft, Initiativen
und Einrichtungen der Zivilgesellschaft und ein (wenigstens bei Manipulati-
onsverdacht) wachsames Publikums sind zur Mitkontrolle herausgefordert.

2.3.3   Elemente eines gesellschaftlichen Regulierungsnetzwerks

Die bisherigen Regulierungskonzepte sahen Rundfunk vor allem in seiner
politischen Bedeutsamkeit und versuchten, mit rechtlichen Mitteln, aber auch
durch Organisationssteuerung (über die beteiligten Gruppen in den Rundfunkräten) die allgemeine Zielvorgabe Programmqualität auf ausgewogene Pluralität hin zu konkretisieren. Unsere Gesellschaft ist multikultureller und wertplu-
raler geworden, als das in den 1950er Jahren der Fall war. Das alte binnenplu-
rale Regulierungskonzept für den Rundfunk war zudem für Zeiten einer
geringen Zahl von Frequenzen und Anbietern richtig, greift aber nicht mehr

unter den „Viel-Kanal"-Bedingungen von heute. „Der Markt ist eben nicht auf die Erzeugung von gesellschaftlichen (Wert-) Vorstellungen oder auf eine Zielgröße wie Pluralität festzulegen." (Jarren 1999, 154)

Hinter den großen Rundfunkurteilen des Bundesverfassungsgerichts stand so etwas wie eine *Medienordnung*, eine positive Gesamtkonzeption; sie fortzuschreiben ist bei aller Schwierigkeit unerlässlich, um die Strukturmängel des Medienmarktes zu minimieren. Das geht nicht ohne, über das rein Ökonomische hinausgehende gesellschaftliche Ziele und Leitideen. Sie müssen sicher mit allen Beteiligten über einen längeren Zeitraum diskutiert werden, bevor sie Anerkennung finden. Aber es ist mit Aufgabe der Medienethik, diesen *Diskurs* anzustoßen und bis zu echten Lösungen lebendig zu erhalten.

Idealtypischerweise geht es bei der Medienregulierung nach Vowe (1999, 403) um die gleichzeitige Berücksichtung dreier Grundwerte; die Beiträge der Medien zur öffentlichen Kommunikation sollen mit dazu beitragen, (1) den Frieden in der Gesellschaft (Sicherheit, Sozialverträglichkeit), (2) die Öffnung von Spielräumen für gesellschaftliche Gruppen (Freiheit) und (3) die Einbeziehung aller gesellschaftlichen Gruppen (Gleichheit, Teilhabe) zu gewährleisten. Konkreter wird es, wenn man fragt, wer für die Medienregulierung künftig verantwortlich ist, welche Akteure das neue „Regulierungsnetzwerk" umfassen soll. Jarren & Donges (2000, 233-261) schlagen ein Mehrebenen-Akteur-Modell vor. In ihm haben die politischen Akteure (vor allem auf europäischer Ebene) weiterhin eine wichtige, wenn auch oft nur die moderierende Rolle. Daneben sind die Marktakteure zu sehen und stärker in die Verantwortung zu nehmen, aber auch die gesellschaftlichen Akteure zu mehr Engagement anzuhalten.

Bei den privaten Medienunternehmen seien deren *Unternehmensleitsätze* aufmerksam daraufhin zu lesen, welche Selbstbindungen sie gegenüber den eigenen Beschäftigten, vor allem dem journalistisch und künstlerisch arbeitenden Personal, sowie dem Publikum gegenüber enthalten. Gibt es Operationalisierungen dieser Selbstverpflichtungen, prozedurale Regelungen für deren Umsetzung und Erfolgskontrollen, eine transparent informierende Öffentlichkeitsarbeit? Ferner sei die Organisationsstruktur der Medienunternehmen daraufhin zu befragen, ob und wie die *redaktionelle und journalistische Autonomie* abgesichert ist. Wird – neben der Überprüfung der ökonomischen Rentabilität – auch die journalistische Qualität durch ein entsprechendes *Qualitätsmanagement* kontinuierlich überprüft und gesichert? Die Satzungen der Landesmedienanstalten verpflichten die privaten Anbieter zur Angabe der Besitzverhältnisse; sie sollten auch Angaben über organisatorische und normative Vorgaben für die redaktionelle Arbeit einfordern und damit Maßnahmen zur Erreichung und Beibehaltung der angezielten Qualität anregen.

In den Medienunternehmen arbeitend, aber mit einer professionellen Distanz
zu deren wirtschaftlichen Zielen sind die Journalisten, die Drehbuchautoren
und Regisseure von Spielfilmen, die Moderatoren unterhaltender Talkshows
und Ratesendungen an ihre Mitverantwortung zu erinnern. Ihre *berufskulturel-
le Organisation* sei verbesserungswürdig, deutlichere Selbstverständnis-
Diskurse und eine stärkere Kommunikation innerhalb der Berufsverbände
seien angesagt. Professionen und Branchen müssten die *Einrichtungen der
Selbstkontrolle*, vor allem die Arbeit in deren Beschwerdeausschüsse ernst
nehmen und verbessern – z.b. durch wissenschaftliche Untersuchungen, durch
Präzisierung und Vereinheitlichung der Kriterien und stärkere Öffentlichkeit
der Spruchpraxis (Ziele des „Vereins zur Förderung der publizistischen
Selbstkontrolle"). Zu den Aufgaben des Journalismus gehört auch die kritische
Begleitung des Mediensektors selbst. Dieser *Medienjournalismus* muss nicht
nur unabhängig bleiben gegenüber dem hauseigenen „Konzernjournalismus"
(vgl. Ruß-Mohl & Fengler 2000), sondern auch der eigenen Kritikwillkür und
Kritiksucht aus Eitelkeit. Diese Gefahr lässt sich vermeiden, indem man die
Rezensionskriterien transparent macht und begründet.

Nur so vermag sich auch bei den *gesellschaftlichen Akteuren* – wie dem unor-
ganisierten Publikum, aber auch der Medienforschung und den Kommunika-
tionswissenschaften – eine lebendige *Medienkritik* und kritische Begleitung der
Medienentwicklung zu etablieren. Dabei geht es z.b. um die Überprüfung der
Vollständigkeit und Wahrhaftigkeit von öffentlichen Aussagen. Kritik fördert
notwendigerweise auch den Dissens zutage, stellt noch ungeklärte Probleme
und verbesserungswürdige Zustände heraus. Kritik stört also das Harmoniebe-
dürfnis nicht nur der Herrschenden, sondern auch der Bürgerinnen und Bürger.
Die Notwendigkeit von Verbesserungen könnte durch Media-Watchdog-
Einrichtung, eine „Stiftung Medientest" (Krotz 1997) einsichtig gemacht
werden. Auch ein nationaler „Medienrat" könnte, als ein allgemeines Sachver-
ständigengremium, die Arbeit in den Medienräten der Landesmedienanstalten
unterstützend und kritisch begleiten, z.B. durch einen periodischen „Bericht
zur Lage des Fernsehens" (Groebel 1996).

Wie Jarren (1999) zu Recht betont, darf es nicht bei einer Aufzählung dieser
Akteure bleiben – es gilt sie auch zu *vernetzen*. Das könnte die Aufgabe einer
neuartigen Medienpolitik sein, die „von einer rechtsförmigen Steuerung zu
einer Netzwerkregulierung" übergeht, wobei „sich der Staat in die zweite Linie
zurückzieht und sich als moderierender Teil des Netzwerks begreift." (a.a.O.,
162) Es ist wohl ein Plädoyer für mehr Medienethik, wenn dazu aufgefordert
wird, „verstärkt auch normative Prämissen und ihre soziale Bedeutung zu
reflektieren." Es entspricht der hier vertretenen Auffassung von Medienethik,
die Mitverantwortung von Publikum und Gesellschaft zu betonen:

> „Schließlich ist Medienregulierung in modernen, pluralen Gesellschaften mehr
> denn je darauf angewiesen, dass sie gesellschaftliche Unterstützung – zumindest
> Akzeptanz – findet. Wenn also staatlich-politische Regulierung erfolgreich blei-
> ben will, so setzt das gesellschaftlich-politische Diskurse vor beginnenden Ver-
> handlungen und Regulierungsbemühungen voraus." (Jarren 1999, 162)

2.3.4 Europäische Medienpolitik

Die Regulierung der Medien – und ihre Deregulierung – werden heute zunehmend von der Europäischen Medienpolitik bestimmt. Eine umfassende Beschreibung hat Holtz-Bacha (2006) vorgelegt. Nach ihrer Einschätzung fehlt der Europäischen Medienpolitik noch eine befriedigende, alle Faktoren integrierende Leitvorstellung; zudem befindet sie sich noch in Entwicklung. Fest stehen lediglich die Akteure: die politischen Institutionen der Europäischen Union (EU), die inzwischen 27 Mitgliedstaaten umfasst. Als wichtigste ist die *Europäische Kommission* in Brüssel zu nennen; sie arbeitet permanent die legislativen und administrativen Gemeinschaftsaufgaben ab. Ihr gegenüber besitzt das (seit 1979 direkt gewählte) *Europa-Parlament* in Straßburg eine weitaus schwächere Position. Im noch älteren „Europa-Rat", ebenfalls in Straßburg, sind auch Nicht-EU-Staaten Mitglieder. Eine, von diesem Europarat 1950 ins Leben gerufene Einrichtung ist die Europan Broadcasting Union (EBU), deutsch „Europäische Rundfunkunion"; sie ist allen aus den „Eurovisions"-Sendungen bekannt – den in Rundfunkanstalten Arbeitenden aus den täglichen Schaltkonferenzen, bei denen Nachrichtenmaterial ausgetauscht wird.

Es steht zwar nur dem (aus den Regierungen der Mitgliedstaaten gebildeten) *Ministerrat* zu, verbindliche „Richtlinien" zu erlassen. Diese Supragesetze sind von den 27 Staaten der EU in angemessener Zeit in nationales Recht umzusetzen (in Deutschland führt das zu Novellierungen der Rundfunk- oder Jugendmedienschutz-Staatsverträge). Aber es ist wiederum die Europäische Kommission, welche diesen Umsetzungsprozess überwacht und dabei die Richtlinien interpretiert. Für die Medienpolitik sind gleich drei ihrer Generaldirektionen (mit jeweils einem Kommissar oder einer Kommissarin an der Spitze) zuständig: „Binnenmarkt und Dienstleistungen", „Wettbewerb" und „Informationsgesellschaft und Medien". Schon aus diesen Benennungen wird deutlich, dass Rundfunk, Telekommunikationsdienste und AV-Medien primär unter ökonomischer Sichtweise behandelt werden. Es geht um Herstellung eines fairen Wettbewerbs innerhalb Europas oder um die Förderung der europäischen Wirtschaft gegenüber anderen Wirtschafts- und Handelszonen. Konsequenterweise wird Rundfunk als grenzüberschreitende „Dienstleistung" bezeichnet.

Diese verkürzende Sichtweise auf Medienprodukte – die ja, wie oben ausgeführt, sowohl privatwirtschaftliche wie öffentliche Güter sind, also gemischte oder meritorische Güter darstellen – ergibt sich primär aus der mangelnden Zuständigkeit der Europäischen Behörden: Kultur ist allein Sache der Mitgliedsstaaten. So befasst sich die 1997 verabschiedete *Fernsehrichtlinie* (erste Fassung 1989) zwar auch mit anderen Rechtsgütern (Kap. V: Schutz Minderjähriger und öffentliche Ordnung; Kap. VI: Recht auf Gegendarstellung). Aber in ihren zentralen Teilen geht es um Begriffsbestimmungen (Kap. I) in dem sich schnell wandelnden Bereich – die fortschreitende Digitalisierung und Konvergenz der Medien (Fernsehen auf Handy) machten 2006 eine erneute Überarbeitung nötig –; in den zentralen Teilen werden Verbreitungs- und Herstellungsrechte geregelt sowie Fernsehwerbung, Sponsoring und Teleshopping (Kap. IV). Wegen ihrer ausschließlich wirtschaftlichen Zuständigkeit beharrt die Kommission z.B. gegenwärtig darauf: Staatliche Subventionen – in Form von gesetzlich erzwungenen Teilnahmegebühren und anderen Beihilfen – dürfen keine wettbewerbsverzerrende Wirkung im Konkurrenzfeld mit den privaten Rundfunkanbietern haben. Mit anderen Worten: Die Unterstützung des öffentlich-rechtlichen Rundfunks darf lediglich zur Erfüllung seines öffentlichen Auftrags verwendet werden, also nur für Programme, die der Förderung der Kultur und der Erhaltung des kulturellen Erbes dienen. Die Aufwendungen für die anderen Angebote (z.B. Erwerb von Sportrechten, Finanzierung von Onlineangeboten) sind in einem davon getrennten Haushalt aufzuführen; die Zugehörigkeit einer Sendegattung zur Kultur muss begründet werden.

Eine ähnliche Schlagseite hat das Grünbuch „Zur Konvergenz der Branchen Telekommunikation, Medien und Informationstechnologien" (1997). Das vorausgehende Grünbuch „Leben und Arbeiten in der Informationsgesellschaft: Im Vordergrund der Mensch" (1996) bezieht zwar die Medienentwicklung auf die „Herausforderungen Demokratie, Chancengleichheit, soziale Integration", ähnlich das nachfolgende Grünbuch „Informationen des öffentlichen Sektors in der Informationsgesellschaft" (1998). Aber der Schwerpunkt dieser rechtlich nicht verbindlichen Texte liegt weitgehend auf Definitionsproblemen technischer und rechtlicher Art.

Da der Europäischen Kommission die kulturelle Kompetenz fehlt, kann sie sich nur einer ökonomisch begründeten Argumentation bedienen und dazu rechtliche Normen erarbeiten. Inhaltliche Perspektiven auf das Fernsehprogramm verbieten sich ihr. Damit sind die Konflikte mit denjenigen Staaten vorprogrammiert, die die gesellschaftliche Funktion der öffentlich-rechtlichen Anstalten hochhalten und sie nicht nur als im Wettbewerb stehende Wirtschaftsunternehmen ansehen. Seit 1996 versucht das Europäische Parlament eine vermittelnde Rolle einzunehmen und eine „positive", auch die kulturellen Faktoren berücksichtigende Medienpolitik zu entwickeln, bisher freilich ohne nennenswerten Erfolg. Eine solche neue Medienpolitik würde einer Kompetenzerweiterung der Europäischen Institutionen für die Kultur gleich kommen. So bleibt es im Ganzen bei der restriktiven, vor allem den Wettbewerb sichernden Medienpolitik der Kommission.

Sie fühlt sich auch nicht für die Schaffung einer *europäischen Öffentlichkeit* verantwortlich. Was damit gemeint sein kann, systematisieren Brüggemann u.a. (2009) in einem Forschungsüberblick. Will man transnationale Öffentlichkeiten zutreffend beschreiben, müsse man dies mehrdimensional tun. Einmal sei neben der strukturellen auch die prozesshafte Perspektive relevant – sowohl was den langfristigen Wandel wie episodische Aufmerksamkeitskonzentrationen anlangt. Ferner gelte es nicht nur den Umfang und die Tendenz der politischen Berichterstattung zu analysieren, sondern auch den „kulturellen Unterbau" der (national unterschiedlichen) politischen Diskurskulturen – was für kulturtheoretische Betrachtungsweise spreche.

Europäische Öffentlichkeiten artikulieren sich für die Autoren einmal auf der Ebene transnationaler Medien: vom klassischen Auslandsrundfunk über internationale Medien wie *arte* oder *Euronews* bis zum globalen Publikum der *Financial Times*. Eine zweite Ebene stellen die für Europa stechenden politischen Akteure dar: die nationalen Regierungen als die dominierenden Sprecher, die EU-Institutionen (eher als Referenzpunkt) und die in Brüssel tätigen Journalisten mit ihren unterschiedlichen Tendenzen und Journalismuskulturen. Als dritte Ebene lasse sich die Berichterstattung und Kommentierung der Europapolitik in den nationalen Qualitätsmedien betrachten; sie hätte nicht nur von 1982 bis 2003 verdreifacht, sondern sei auch inhaltlich zunehmend konvergent geworden. Auch wenn es keine kollektive europäische Identität gebe, so ließen sich doch transnationale Verständigungsprozesse beobachten (vgl. a.a.O., 402). Das gelte vor allem, wenn man die Publikumsperspektive einbezieht und die aktiven Bürgerpublika der wirtschaftlichen und politischen Eliten betrachte. Für das breite Medienpublikum von Events wie den Eurovision Song Contest stünden eher Unterhaltungsmotive im Vordergrund.

Entlang dieser unterschiedlichen Publika wird nochmals die *Segmentierung* der europäischen Öffentlichkeiten deutlich:

„Entscheidungseliten und deren (auch transnationaler) Medienmenüs, im Gegensatz zu allgemein politisch Interessierten, die sich aus der Qualitätspresse informieren, bis hin zu Publika, für die Boulevard- und Regionalpresse, das Fernsehen und andere populäre Medien Quallen politischer Information sind." (Brüggemann u.a. 2009, 408)

Segmentierungen, die sich durch die sprachliche und kulturelle Vielfalt erklären, stellen aber nicht nur Hindernisse, sondern auch Herausforderungen dar. Es ist ein demokratisches Postulat, dass die Bürger und Bürgerinnen Europas ihre gemeinsame Politik – einschließlich der Medienpolitik – mit Wachsamkeit und Solidarität begleiten. Gelingt die Umsetzung dieses Ziels schrittweise, so wäre dies nicht nur Ausdruck der gemeinsamen Werte- und Rechtskultur, sondern würde sich auch in solidarischen Einstellungen auswirken: die Europäischen Ausgleichfonds oder wirtschaftliche Rettungsaktionen (wie die für Griechenland im Jahr 2010) würden dann nicht nur hingenommen, sondern befürwortet.

2.3.5 Internationale Erklärungen und Konventionen

Das Bemühen um eine gemeinsame Öffentlichkeit darf in Zeiten globaler Informationskanäle auch nicht an den Grenzen Europas Halt machen. Es gilt, eine Weltöffentlichkeit aufzubauen – als emotionale Agenda gibt es sie ja von Fall zu Fall bei sportlichen oder religiösen Großveranstaltungen, beim Tod international bekannter Persönlichkeiten, beim medial inszenierten Auftakt zu Kriegen. Es war und ist das Bemühen der UNESCO, der Kultureinrichtung der Vereinten Nationen mit Sitz in Paris, auch den alltäglichen globalen Informati-

onsaustausch zu verbessern, eine effektive und gerechte „Weltinformationsordnung" zu schaffen. Mitte der 70er Jahre des letzten Jahrhunderts wies der
McBride-Report auf die Dominanz von Nordamerika und Westeuropa bei den
Nachrichten-Agenturen, den Quellen politischer Berichterstattung und Kommentierung hin und forderte eine „Neue Weltinformations- und Kommunikationsordnung". Die Diskussion, ob der unausgewogene Informationsfluss durch
mehr Freiheiten oder mehr Regulierungen ausgeglichen werden solle, versan-
dete leider in ideologischen Auseinandersetzungen zwischen Ost und West,
Nord und Süd (vgl. Kleinwächter 2005, 109).

Was die Regierungen nicht von oben zu schaffen vermochten, wuchs seit Mitte
der 80eer Jahre gleichsam von unten. Preisgünstige und dezentrale Computer,
die dennoch miteinander über das weltweite Telefonnetz verbunden wurden,
veränderten Wirtschaft und Medien grundlegend. Gleichzeitig wurde freilich
das bekannte Informationsgefälle zum „digitalen Graben". Von 1997-2005
dauerten die von der UNESCO organisierten Beratungen zwischen Regierungen, Privatwirtschaft und zivilgesellschaftlichen Gruppen (mit bis zu 12.000
Teilnehmern!), bis der „Weltgipfel zur Informationsgesellschaft" (WSIS) seine
Erklärung veröffentlichen konnte. Ein ehrgeiziger „Aktionsplan" will es bis
2015 erreichen, dass alle Dörfer dieser Welt online sind – gegenwärtig stehen
den 600 Millionen „Onlinern" noch 5,5 Milliarden „Offliner" gegenüber.

Die Chancengleichheit zwischen armen und reichen Nationen zu fördern, die
Tendenz zur Exklusion ganzer Weltregionen und von sozialen Gruppen innerhalb nationaler Gesellschaften zu stoppen – das sind in der Tat auch medienethisch bedeutsame Zielsetzungen. Teilhabe an der Öffentlichkeit, als Voraussetzung für politische Mitbestimmung, gehört zu den Menschrechten (vgl.
Kilian 1998). In Art. 19 der Allgemeinen Erklärung der Menschenrechte von
1948 wird das Recht auf freie Meinungsäußerung festgeschrieben. Dieses
Recht umfasst auch das Recht, „Informationen und Ideen mit allen Verständi-
gungsmitteln ohne Rücksicht auf Grenzen zu suchen, zu empfangen und zu
verbreiten". Die Europäische Konvention zum Schutz der Menschenrechte und
Grundfreiheiten von 1950 bestätigte in Art 10 Abs. 1 diese Freiheit zum
Empfang und zur Mitteilung von Nachrichten ohne Eingriffe öffentlicher
Behörden und ohne Rücksicht auf Landesgrenzen. Der EG-Vertrag von 1963
kennt zwar noch keinen Grundrechtskatalog – der wird Teil der angestrebte
EU-Verfassung –, aber der Unionsvertrag von 1993 verpflichtet die Europäischen Staaten auf die Europäische Menschrechtskonvention von 1950. Auf
Weltebene versuchen zwar viele, nicht wirklich demokratisch legitimierte
Staaten die Meinungsäußerungsfreiheit mit Vorbehalten im Interesse der
nationalen Sicherheit oder mit dem heuchlerischen Hinweis auf den Schutz
personenbezogener Daten zu beschränken. Dennoch gehören diese informationellen Freiheiten inzwischen zum festen Bestand der Weltinformationsordnung.

Hier soll noch eine weitere Initiative der UNESCO zur Sprache kommen: der *Völkerrechtsvertrag zum Schutz der kulturellen Vielfalt,* welcher Ende 2005 von der Generalkonferenz verabschiedet wurde und als Konvention mit der Ratifizierung des 30. Staates in Kraft tritt (vgl. Metze-Mangold & Merkel 2006). In Art. 1 und 6 wird das Recht eines jeden Staates festgeschrieben, regulatorische und finanzielle Maßnahmen zu ergreifen, die darauf abzielen, die Vielfalt der kulturellen Ausdruckformen auf seinem Staatsgebiet zu schützen. Gleichzeitig verpflichtet sich die Staatengemeinschaft zu solidarischem Handeln, d.h. zur maximalen Förderung des weltweiten Austausches künstlerischer Ideen und kultureller Erzeugnisse (Art. 2, 12 u. 16) sowie zur Zusammenarbeit beim Erhalt von Auslöschung bedrohter kultureller Ausdrucksformen (Art. 8, 17). Die USA und Israel haben als einzige auch zuletzt noch gegen die Konvention gestimmt. Dafür sind sie führend bei den Verhandlungen der World Trade Organisation (WTO) zum Handel mit kulturellen Gütern und Dienstleistungen. Mit der, Anfang 1995 in Kraft getretenen Vereinbarung über die Öffnung der Dienstleistungsmärkte (GATS) unterliegt dieser ganze Bereich dem internationalen Handelsrecht, d.h. ist weiter zu liberalisieren.

Wenn man beide internationalen Rechtsvereinbarungen zusammen nimmt, kann man also von einem „dualen System" auf internationaler Ebene sprechen, freilich mit ungleichem Machtverhältnis. Das künftige Gewicht der Konvention zum Schutz der kulturellen Vielfalt „wird stark davon abhängen, welche politischen Initiativen die Vertragsstaaten alleine und gemeinsam ergreifen werden" (Metze-Mangold & Merkel 2006, 367) und wie gut das mit Art. 25 geschaffene Streitschlichtungssystem funktioniert. Es gibt schon Versuche der liberalen Seite, die bestehenden Regulierungen auf den Stand von 2003 einzufrieren (a.a.O., 366). Aber mit Ausnahme des Films und der Popmusik sind die USA nicht mehr das wirtschaftliche Schwergewicht unter den Kulturexporteuren; an erster Stelle steht die EU, gefolgt von der asiatischen Region. Insgesamt erwirtschaftet der Mediensektor bei hohen Wachstumsraten 7 % des weltweiten Bruttosozialproduktes, rangiert also vor der Autoindustrie. Aber es gehören auch Einrichtungen wie Bibliotheken, Museen und Dokumentationszentren dazu, die auf öffentliche Zuwendungen angewiesen sind.

> „Dabei geht es um mehr als um Marktanteile und Handelsbilanzen. Die Komplexität und Differenziertheit der kulturellen Bilder, die Gesellschaften aus ihrer jeweiligen Geschichte über sich selbst hervorbringen, die Geschichten, mit denen sich Vergangenheit und Zukunft verknüpfen, sind eine Freiheitsressource für jeden Einzelnen und für das soziale Wertesystem, auf dem die inneren Beziehungen einer Gesellschaft gründen." (Metz-Mangel & Merkel 2006, 364)

Medienethik wird sich also mit dafür einsetzen müssen, dass der meritorische Charakter von Kulturgütern anerkannt und ihre duale Finanzierung erhalten bleiben.

2.4   Jugendschutz als Beispiel für regulierte Selbstregulierung

2.4.1   Begründungen für die Notwendigkeit des Jugendmedienschutzes

Beim Jugendmedienschutz geht es um den *Konfrontationsschutz* von Kindern
(bis 14 Jahre) und Jugendlichen (14 – 18 Jahre) vor Medieninhalten, die – wie
es traditionell heißt – geeignet sind, sie in ihrer Entwicklung zu eigenverant-
wortlichen und gemeinschaftsfähigen Persönlichkeiten zu beeinträchtigen.
Welche Inhalte als problematisch gelten müssen, hat sich im Laufe der letzten
Jahrzehnte sicher stark geändert – zusammen mit dem Werteklima, der
Bedeutungszunahme der Medien, ihrer Angebotsdichte, den Veränderungen im
elterlichen und schulischen Erziehungsstil, in der Ästhetik der audiovisuellen
Medien. Die aktuelle qualitative Rezeptionsforschung bei Kindern und
Jugendlichen kann Anhaltspunkte dafür liefern, die tatsächliche Entscheidung
liegt traditioneller Weise bei einem (erwachsenen) Begutachtungs-Gremium.
Niemand, der persönlich mit Kindern zu tun hat und das Medienangebot
einigermaßen kennt, wird leugnen, dass es Mediendarstellungen gibt, die (nicht
nur) jungen Menschen nicht gut tun. Das sind grausame oder sonst unmensch-
liche Gewaltdarstellungen, unnötige Wiedergaben von leidenden Menschen,
Aufforderung zum Hass gegen ethnische oder religiöse Minderheiten, Anlei-
tungen zu Straftaten, das Zeigen gewaltsamer und unnötig geschlechtsbetonter
sexueller Handlungen (vgl. § 4 des Jugendmedienschutz-Staatsvertrags JMStV,
letzte Fassung 2008).

Bei der Begutachtung wird zudem immer von der Verarbeitungsfähigkeit eines
normal entwickelten, in geordneten Verhältnissen lebenden Kindes bzw.
Jugendlichen ausgegangen, nicht von entwicklungsgestörten Einzelnen oder
von sozialen Problemgruppen, die durch gesellschaftliche Ausgrenzung,
Arbeitslosigkeit der Eltern u.ä. als gefährdeter eingestuft werden müssen. Sie
machen in regelmäßigen Abständen durch Amokläufe in der Schule, in welcher
sie gescheitert sind, auf sich aufmerksam. Rechtzeitig kann sich um solche
Problemfälle – wenn sie überhaupt erkannt und das Geld und der Wille dazu
vorhanden sind – nur der *präventive Jugendmedienschutz* kümmern, d.h. sie
sind im günstigsten Fall mit medienpädagogischen Angeboten und umfassenden Förderungsmaßnahmen davon abzuhalten, gegen sich oder andere gewalt-
tätig zu werden, um sich in die Gesellschaft zu integrieren.

Art. 5 des Grundgesetzes verbietet zwar die Medienzensur, nennt aber ausdrücklich den Jugendschutz als Ausnahme. Folglich hat der staatliche Jugendmedienschutz seit seinen Anfängen – mit dem „Gesetz über die Verbreitung
jugendgefährdender Schriften" von 1953 (GjS) – den Anbietern *Vorkehrungen
auferlegt*, dass Kinder oder Jugendliche solche problematischen Inhalte
„üblicherweise nicht wahrnehmen". Das geschieht durch Freigabe nach
Altersstufen. Bei den Kinofilmen legte die „Freiwillige Selbstkontrolle der
Filmwirtschaft" (FSK), die als erste Selbstkontrolleinrichtung 1949 noch von
den Besatzungsmächten geschaffen wurde, Altersfreigaben fest (ab 6 Jahre, ab

12 Jahre, ab 16 Jahre), die das Fernsehen auf Sendezeiten übertrug (ab 12 Jahre freigegeben = Sendezeit bis 22 Uhr; ab 16 Jahre = bis 23 Uhr). Zusätzlich zu dieser Wahl der Sendezeiten verpflichtet die (wenig regulierungsverdächtige) Europäische Fernsehrichtlinie von 1997 in Art. 22 (3) ihre Mitgliedstaaten, dafür Sorge zu tragen, dass die Ausstrahlung von für Minderjährige nicht geeigneten Sendungen „durch akustische Zeichen angekündigt oder durch optische Mittel während der gesamten Sendung kenntlich gemacht wird."

Alle beruflich mit dem Jugendschutz Befassten wissen, dass diese Altersstufen nicht mehr auf der Höhe der Zeit sind; normale Jugendliche können heute – was die öffentlich zugelassenen Fernsehinhalte angeht – mit 14 Jahren als „medien-erwachsen" gelten, während weitere Unterteilungen den Verarbeitungsmöglichkeiten der Kinder angemessener sind (wie sie z.b. die Programmberatung der Arbeitsgemeinschaft der Landesmedienanstalten „Flimmo – Fernsehen mit Kinderaugen" vornimmt: 3-6, 7-10, 11-13 Jahre). Das gibt aber niemandem das Recht anzunehmen, Kinder und Jugendliche würden schon mit allem und jedem fertig. Vielleicht erwerben ja junge Menschen in der Mediengesellschaft durch informelles Lernen in der Familie und der Gruppe Gleichaltriger eine größere Medienkompetenz als das früher der Fall war. Aber eine differenzierte Beurteilungsfähigkeit wächst nicht von alleine. Es bedarf zumindest gelegentlicher systematischer Medienanalysen und -bewertungen, um die erworbenen Beurteilungskriterien zu reflektieren und zu erweitern. Im unterrichtlichen Kontext ist eine nichtdirektive Haltung der Lehrperson unerlässlich, in der aktiven Jugendmedienarbeit eine ausreichende Reflexion des Produktionsprozesses und in den Medien selbst ein qualitätvoller Medienjournalismus.

Hier soll auf die sachlichen Begründungen des Jugendmedienschutzes, seiner prohibitiven und seiner präventiven Maßnahmen, nicht weiter eingegangen werden. Sie gelten freilich zu Recht als Teil von Medienethik; ebenso sollte Medienethik die aktuelle Umsetzung des Jugendmedienschutzes konstruktiv-kritisch begleiten.

2.4.2 Zusammenwirken von staatlicher Regulierung und Medienselbstkontrolle

Bei der Kontrolle der Erstellung und Verbreitung von Medieninhalten gibt es idealtypischer Weise drei Möglichkeiten (vgl. Stapf 2005, 20 f.):

(1)   die staatliche Regulierung bzw. Kontrolle: hier legen Gesetze oder Verordnungen Ge- und Verbote fest, die von den kontrollierten Medienunternehmen zu befolgen sind und deren Einhaltung staatliche Aufsichtsbehörden überwachen. Aus der Sicht der Kontrollierten handelt es sich dabei um *Fremdkontrolle.*

(2)   Bei der *Selbstkontrolle oder -regulierung* übernehmen es die Medienbranchen oder die Berufsverbände der Medienschaffenden selbst dafür zu sorgen, dass

gesellschaftlich unerwünschte Produkte aus dem Markt oder Verkehr genommen werden. Das Problem dabei, dass Kontrollierende und Kontrollierte aus demselben Lager kommen. Die Selbstbindung an transparent gemachte Grundsätze und Normen muss, soll sie funktionieren, in einem gemeinsamen Verantwortungsbewusstsein wurzeln – Selbstkontrolle ist also eine Frage der Ethik. Kontrolle in Eigenregie ist grundsätzlich freiwillig – auch wenn bei Nichtübernahme der Eigenverantwortung eine gesetzliche Regulierung droht. Wenn sie vorher übernommen wird, erscheint sie selbstinitiiert; sie kann aber auch – wie im folgenden, dritten Fall – gesetzlich vorgesehen sein.

(3)   Von *regulierter Selbstregulierung* oder *Koregulierung* wird dann „gesprochen, wenn der Staat Einfluss auf die Selbstregulierung nimmt, um die Zielerreichung zu unterstützen oder bei Versagen der Selbstregulierung das Ziel selbst zu erreichen."

Es ist vielleicht nicht überflüssig zu betonen, dass hier ausschließlich die privaten Rundfunk- und Telemedien-Anbieter, nicht aber die öffentlich-rechtlichen Anstalten im Blick des Gesetzgebers sind. Diese Privilegierung der öffentlich-rechtlichen Sender in der deutschen Medienlandschaft erklärt sich mit daraus, dass das Radio nach dem 1. Weltkrieg von der Reichsrundfunkkammer aufgebaut und verwaltet wurde; nach dem 2. Weltkrieg ist dann auch das Fernsehen – mit bedingt durch die Frequenzknappheit, die eine (Außen)Pluralität an Anbietern erschwerte, und durch die politische Bedeutungszuschreibung – diesen historischen Pfad der Staatsnähe geführt worden. Demgegenüber haben die seit 1984 auf den Plan getretenen privaten Rundfunkanbieter den Pfad der privatrechtlichen Presse wählen müssen. Während der Presse und dem privaten Rundfunk Selbstkontrolle zugemutet wurde und sie dafür zum Teil ein differenziertes Regelwerk entwickelte (s. Pressekodex), glaubte man die Kontrolle der öffentlich-rechtlichen Programme in den guten Händen der „binnenplural" besetzten Rundfunkräte. In diesen, auch für die Programmkontrolle zuständigen Gremien haben Vertreter der Politik und wichtiger gesellschaftlicher Gruppen das Sagen. Aber die Behandlung von Beschwerden ist jeweils eine „Staatsaffaire" und wenig ausdifferenziert: Aus dem Rundfunkrat oder aus der Bevölkerung kommende Beschwerden werden immer gleich an den Intendanten gerichtet, es gibt keinen Beschwerdeausschuss und keine Verfahrensordnung – lediglich die in den Rundfunkstaatsverträgen formulierten Programmgrundsätze und weitere Redaktionsstatute zur Qualitätssicherung.

In den letzten Jahren wird international verstärkt auf die Mischform der Koregulierung gesetzt. 2003 geschah das auch in Deutschland, dem im innereuropäischen Vergleich ein funktionierender Jugendschutz und eine hohe Regulierungsdichte bescheinigt wird (vgl. Groebel 2003; Büttner 2005). Mit der Novellierung des Jugendschutzgesetzes (JuSchG) des Bundes und einem neuen Jugendmedienschutz-Staatsvertrag (JMStV) der Länder, welche traditionell ja für den Rundfunk zuständig sind, wurde zunächst ein Regulierungswirrwarr beendet; er war dadurch entstanden, dass gesetzliche Regelungen von den technischen Entwicklungen überholt wurden. Die beiden neuen Gesetzestexte brachten also eine *Vereinheitlichung* des Jugendmedienschutzes; sichtbarer

Ausdruck dafür ist die gemeinsame „Kommission für Jugendmedienschutz" (KJM). Sie ist jetzt nicht nur für den privaten Rundfunk, sondern auch für das Internet zuständig und kooperiert dabei mit der bewährten Mainzer Stelle „jugendschutz.net" und mit der „Bundessprüfstelle für jugendgefährdende Medien" (BPjM), das sind alle Offline-Medien wie Presse, Bücher, Videos und DVDs. Neu und ehrgeizig ist das Ziel, mit der übergeordneten Kommission Jugendmedienschutz (KJM), auch das weltweite Internet (mit Milliarden von Seiten) unter Jugendschutzgesichtspunkten zu kontrollieren. Immerhin ist durch die Aufsichtstätigkeit der KJM die Internet-Branche für Jugendschutzfragen sensibilisiert worden; dennoch gibt es Internetprovider, die der Aufforderung zur Entfernung jugendgefährdender Seiten aus dem öffentlich zugänglichen Netz nicht nachkommen.

Unter den seit 1993 entstandenen Selbstkontrolleinrichtungen wurden ab 2004 zwei als Kontrollinstanzen im Sinne des Jugendmedienschutzgesetzes *aner kannt*: die für die privaten Fernsehkanäle zuständige „Freiwillige Selbstkontrolle Fernsehen" (FSF) und „Die Freiwillige Selbstkontrolle Multimedia Diensteanbieter" (FSM) für Telemedien (Internet, auch Suchmaschinen). Vor dieser Anerkennung wurde die Ausstattung und Finanzierung der prüfenden Gremiums, vor allem aber die Auswahl, Unabhängigkeit und Sachkompetenz der Prüfer sowie die Richtlinien, nach denen Medienprodukte geprüft werden, unter die Lupe genommen. Auch wenn die anerkannten Selbstkontrollgremien danach ihre Arbeit selbständig erledigen – staatliche Stellen wären alleine wegen der Menge des zu prüfenden Materials überfordert –, so liegt das letzte Wort, wenn es einen Einspruch gegen eine Entscheidung des Selbstkontrollgremiums gibt, doch bei der Kommission für Jugendmedienschutz (KJM). Als übergeordnete und die Anerkennung aussprechende Stelle kann die KJM auch eigeninitiativ eine Entscheidung des Selbstkontrollgremiums nachprüfen, beanstanden und im Extremfall widerrufen.

Dass die Selbstkontrollgremien das Gesetz im Rücken haben, bedeutet aber nicht nur eine Begrenzung ihres Spielraums, sondern auch eine Stärkung gegenüber den Content-Anbietern. Sie können jetzt mit mehr Nachdruck z.B. von den privaten Fernsehanstalten verlangen, dass ihnen Drehbücher vor der Produktion und Rohschnittfassungen vor der Ausstrahlung zur Begutachtung vorgelegt werden. An weiteren Selbstkontrollstellen stehen zur Anerkennung an: die „Unterhaltungssoftware Selbstkontrolle" (USK) für Computer- und Videospiele (sie steht wegen der öffentlichen Debatte um Killerspiele unter besonderem Druck), die „Automaten-Selbst-Kontrolle" (ASK) für Spielautomaten und die „Interessensgemeinschaft Selbstkontrolle elektronischer Datenträger im Pressevertrieb" (DT-Control) für Zeitschriften beigelegte CDs und DVDs.

Ein „Regulierungsloch" stellt die gegenwärtig beliebte Verbreitung von selbst erstellten oder kopierten Fotos und Kurzvideos über das Mobiltelefon dar. Die Provider sind als reine „Durchleitungsdienstleister" (vgl. JMStV § 3) nur zur Speicherung für gerichtlich angeordnete Nachforschungen verpflichtet, nicht aber für den Inhalt verantwortlich. Die Medienproduktion von Privatpersonen ist aber – schon aufgrund des grundgesetzlich garantierten Fernmeldegeheimnisses (Art. 10 GG) – nicht Gegenstand einer staatlichen Kontrolle. Jugendschützer wünschen sich da eine kindersichere Grundfiguration von Mobiltelefonen, die Kindern verkauft werden. Leider führt ein rigoroses Handy-Verbot in Schulen dazu, dass Kinder und Jugendliche aus Trotz mit ihren Lehrpersonen nicht mehr über die Probleme des „Mobile Content" – und in Folge davon auch nicht mehr über andere medienpädagogische Fragen – sprechen wollen.

Für ein wirkliches Funktionieren ist es nicht unerheblich, ob der öffentlich (und staatlich) kontrollierte Jugendschutz einen deutlichen Rückhalt in der Bevölkerung hat. Die Befragung von Schorb & Theunert (2001) ergab, dass die meisten Eltern sich eine Unterstützung durch klare Kennzeichnungen der Programme aufgrund professioneller Prüfung wünschen; sie benutzen kaum Kindersperren und Filterprogramme. So kann man – in medienethischer Einschätzung – den Wunsch nach funktionierendem Jugendmedienschutz als ein Element des erzieherischen Ethos der Eltern verstehen. Sie wollen durch ihn nicht bevormundet, sondern in ihrer Erziehungsaufgabe und Fürsorge unterstützt werden.

Um das für die Ethik der Medienordnung und Medienpolitik Wichtigste nochmals zusammen zu fassen: Die europäischen Richtlinien – als Supragesetze, die von den Mitgliedstaaten der EU in nationale Gesetze umzusetzen sind – standen für die klassische Form von Mediengesetzen. Als internationales Recht im weiteren Sinn können die von der UNESCO angeregten Internationalen Konventionen gelten. Vorausgegangen war die Kennzeichnung des meritorischen Gutes „Medienqualität", dessen Bedeutsamkeit für die Herstellung demokratischer Öffentlichkeit und gesellschaftlicher Problembewältigung Eingriffe in das freie Marktgeschehen rechtfertigen. Diese Regulierungen waren schon immer und sind heute verstärkt – wie an der Idee eines Regulierungsnetzwerks deutlich – Sache verschiedener Akteure: der Politik, der Gesellschaft (einschließlich zivilgesellschaftlicher Gruppen), der Medienberufe und der Wirtschaft. Das zuletzt erläuterte Modell der Koregulierung im Bereich des Jugendmedienschutzes ist ein Beispiel dafür.

3 Medienethik als Unternehmens-Ethik

Die heutigen Medienunternehmen agieren aufgrund Kapitalverflechtung und Programmkonvergenz über Branchen- und nationale Grenzen hinweg. Das gilt selbst von den öffentlich-rechtlichen Anstalten, die ihre Serien weltweit verkaufen (z.b. sind deutsche Krimi sehr beliebt) und neben ihren Rundfunk- auch Online-Angebote produzieren. Umso deutlicher sind die großen privaten Medienunternehmen miteinander verflochten, wenn sie die ganze Wertschöpfungskette in sich vereinen: Programmplanung und -produktion (Content), Programmdistribution (Kabelnetze, Satelliten, Mobilfunk-Provider) und – für die Finanzierung besonders wichtig – die elektronische Werbung (im Fernsehen, Radio, Internet). Diese Diversifizierung einerseits und geballte Wirtschaftsmacht andererseits erschweren die Kontrolle durch das Medien- oder Wirtschaftsrecht, das auf nationaler Ebene historisch gewachsen und in verschiedene Bereiche bzw. Branchen aufgespalten ist. Umso bedeutsamer wird Ethik für eine im öffentlichen Interesse notwendige Korrektur des Ökonomie- und Marktversagens, das angesichts der Oligopolbildungen im Mediensektor unbestreitbar ist (vgl. z.b. Karmasin 1993; Reljić 2001; Kleinsteuber 2005).

3.1 Wirtschaftsethik als Verbindung ökonomisch und ethisch rationalen Handelns

Den Weg, Medienethik als Ethik der Medienunternehmen zu konzipieren, sind bisher nur Karmasin (1993; 1998; 1999b) und Zerfaß (1999) gegangen – und haben darin kaum Nachfolger gefunden, was Derenthal (2006, 158) zu Recht bedauert. Vielleicht liegt es daran, dass viele Medienethiker glauben, Appelle an internationale Unternehmen, ihre gesamtgesellschaftliche Verantwortung auch wahrzunehmen, hätten bei diesen kaum eine Chance anzukommen. Expliziten Kapitalismuskritikern erscheint die Unternehmensfreiheit gegenwärtig derart entfesselt und ohne nennenswerte Gegenkräfte, dass sie eine „Kolonialisierung der Lebenswelt" befürchten. Allgemein bejaht wird die Medienfreiheit aufgrund ihrer politischen Funktion im Sinne von Staatsferne. Muss es da nicht auch ein Gegengewicht gegen die ökonomischen Zwänge geben, denen der Mediensektor zweifellos unterworfen ist? Kann Ethik ein solches Gegengewicht entwickeln helfen?

Es ist das erklärte Ziel namhafter Wirtschaftsethiker, bei grundsätzlicher Anerkennung der Autonomie der Wirtschaft und ihres Hauptkriteriums des effektiven Mitteleinsatzes, gleichzeitig die Berücksichtigung sozialethischer Prinzipien zu verlangen. In diesem Grundanliegen sind sich bei allen Unterschieden die verschiedenen Wirtschaftsethiker einig. Um nur einige von ihnen aufzuführen: Etzioni (1988); Steinmann & Löhr (1991); Homann & Blome-Drees (1992); Ulrich (1998) und Koslowski (1988; 1998) – der die Verbindung ethischer und ökonomischer Theorie sogar „Ethische Ökonomie" nennt. In wissenschaftshistorischer Perspektive sind sich moderne Wirtschaftswissenschaft und Ethik näher als die Kapitalismuskritik ahnen lässt. Vanberg (1997) erinnert daran, dass es von Adam Smith zwei Hauptwerke gibt: ein ökonomisches und ethisches. „An Inquiry into the Nature and Causes of the Wealth of Nations" (1776) zeigt auf, dass – eine gute soziale Ordnung vorausgesetzt – das Eigeninteresse des Bäckers oder Metzgers zugleich dem Wohl aller dient. „The Theory of Moral Sentiments" (1759) behandelt scheinbar etwas ganz anderes: das Gefühl des Wohlwollens und der Empathie als Wurzel moralischen Handelns im Nahbereich; diese früher geschriebene Abhandlung betrachtete Smith gleichwohl nicht durch das spätere Hauptwerk überholt oder diesem widersprechend – es argumentiert einfach auf einer anderen sozialen Ebene.

Für Smith und Vanberg bilden innerhalb reziproker Beziehungen (z.B. in Familie oder überschaubarer Überzeugungsgemeinschaft) Empathie und Solidarität die angemessene Austauschform. Demgegenüber sind für die Märkte einer anonymen Gesellschaft andere Werte und Regulierungen nötig, um zu einem für alle gerechten Austausch von Gütern zu kommen. Ethiker, die sich primär für die Motive moralisch richtigen Handelns interessieren, sehen im Eigennutz etwas Verwerfliches – zumindest etwas Problematisches –, im ehrlichen Altruismus das ethische Ideal. Anders die Vertreter einer *verhaltensorientierten* Ethik: Sie versuchen die Handlungsweisen und Umstände zu bestimmen, die zu sozial erwünschten Ergebnissen führen, abgesehen von den Handlungsmotiven, und fragen: „Welche Möglichkeiten haben wir, unser soziales Zusammenleben so zu ordnen, dass auch eigeninteressierte Akteure gute Gründe haben, in ihren Handlungsentscheidungen den Interessen anderer angemessen Rechnung zu tragen?" (Vanberg 1997, 172)

Diese Einbettung in soziale und kulturelle Normen ergibt sich in modernen Großgesellschaften – anders als in traditionalen Gesellschaften und im familiären Beziehungsgefüge – nicht automatisch, sondern ist als soziale Ordnung immer neu zu etablieren. Dabei braucht der Kapitalismus – als eine Marktform, welche sich in der Rennaissance und im Merkantilismus Europas entwickelt und für moderne Großgesellschaften bewährt hat – nicht grundsätzlich beargwöhnt werden. Dennoch gilt es, ihn durch Prinzipien einer sozialen und ökologischen Marktwirtschaft zu lenken und zu gestalten. Das bedeutet einerseits die Garantierung des Privateigentums und die Ermöglichung von Eigennutz als moralisch neutrales, weil nützliches Motiv für Innovation und Wirtschaftsleistung – andererseits die Etablierung einer beschränkenden sozialen Ordnung, die für alle Marktteilnehmer in gleicher Weise gilt.

Wer einen völlig ethikfreien Markt fordert und vom Automatismus der Konkurrenz erwartet, dass sich von selbst faire Preise bilden, Qualitätserwartungen erfüllt und Bedarfe ausreichend gedeckt werden, hat nach Koslowski (1998, 204) nur unter drei gleichzeitig zu erfüllenden Bedingungen Recht: (1) wenn die Zahl der Anbieter und Nachfrager sehr hoch ist, es also nicht zu Oligopolbildungen und zum Ausschluss weniger potenter Käufer kommt; (2) wenn die Anpassungen an gestiegene Qualitätserwartungen (z.B. ökologischer Art) für das einzelne Unternehmen ohne zusätzliche Kosten und Zeitverlust vorgenommen werden können; und (3) wenn die vertraglichen Vereinbarungen ohne „Transaktionskosten" wie Versicherungen, Patentkosten oder die Finanzierung von Rechtsstreitigkeiten durchgesetzt werden können. Diese Bedingungen sind aber sowohl einzeln wie gemeinsam heute in den seltensten Formen kapitalistischer oder staatlich dirigistischer Marktwirtschaft erfüllt. Marktversagen ergibt sich durch Oligopolbildung und Konzentration wirtschaftlicher Macht. Die Orientierung an den Erwartungen der Kunden und der Gesellschaft ist durch die wirtschaftliche Konkurrenz allein oder staatliches Dekretieren nicht zu gewährleisten. Und die Transaktionskosten bleiben hoch – außer wenn Zuverlässigkeit gegenseitiges Vertrauen begründet. Ethische Haltungen senken also Transaktionskosten und erhöhen die Leistungsfähigkeit des Marktes. Gerade der Kapitalismus, der der Freiheit so großen Raum lässt, braucht die Wirtschaftsethik, damit die Wirtschaft zum Wohl aller funktioniert.

Wirtschaftsethik versucht also ethische Prinzipien einsichtig zu machen, indem sie darauf verweist, dass so elementare Prinzipien wie die Tauschgerechtigkeit (angemessener Preis für qualitätvolle Leistung), die Vertragstreue und andere Regeln der nationalen und internationalen Wirtschaftsordnung im Kern ethische Prinzipien sind. Auch die Orientierung an den Interessen der Shareholder (Anteilseigner) dürfte unstrittig sein. Für viele neuartig ist die konsequente Berücksichtigung der Stakeholder (Anspruchsgruppen). So anerkennt Wirtschaftsethik zwar die Unumgänglichkeit des Effizienzkriteriums bei der Allokation von Ressourcen und sieht auch die positiven sozialen Effekte der Wirtschaft (Bedarfsdeckung und Ermöglichung individueller Selbstentfaltung). Sie zeigt jedoch gleichzeitig auf, dass langfristiger Erfolg und vor allem die gesamtgesellschaftliche Akzeptanz mit der Umsetzung sozialethischer Prinzipien verbunden sind. Ethisch sensible Unternehmen akzeptieren Pflichten, die einem verantwortlichen Wirtschaften entsprechen – und zwar aus ethischer Überzeugung heraus, nicht nur durch den äußeren rechtlichen Zwang.

3.2   Unternehmensethik: Konkrete Umsetzungen korporativer Verantwortlichkeit

Das kapitalistische Wirtschaftssystem kann also als ethisch legitimiert gelten – vorausgesetzt, die zu seinem Funktionieren nötige Wirtschaftsethik wird wirklich praktiziert. Die angesprochenen Akteure sind die Nationalstaaten, Unionen wie die Europäische, die zur Global Governance aufgerufene internationalen Staatengemeinschaft, zivilgesellschaftliche Gruppen und eben die Unternehmen, in unserem Fall die Medienunternehmen. Welche Handlungsspielräume haben sie? Wie können sie diese verantwortlich nutzen? Im Kern handelt es sich nicht um Erkenntnis-, sondern um Umsetzungsprobleme; es gibt eher einen Theorieüberschuss und ein Praxisdefizit (vgl. Ziegler 1992, 174 ff.).

Wie alle (relativ) dauerhaften sozialen Organisationen besitzen Unternehmen eine spezifische „Kultur". *Unternehmenskulturen* unterscheiden sich in der Art, wie mit den Human Ressources – in der Personalentwicklung – umgegangen wird, welche Arten der Kommunikation gepflegt werden, wie Ziele gesetzt und ihre Erreichung überprüft werden, wie sich die Mitarbeitenden – im Sinne einer Corporate Identity – mit ihnen identifizieren, wie sie in ihrer Arbeit von den Führungskräften gefördert werden und sich motivieren lassen. Auf all diesen Interaktions- und Handlungsebenen spielen Werte, aber auch Gewohnheiten (von neutralen Patterns bis zu moralisch bedeutsamen Tugenden) eine orientierende Rolle. Bezogen auf die moralischen Werte spricht man vom *Ethos eines Unternehmens*, von der praktizierten Unternehmensethik. Verantwortungsethisch geht es dabei um „korporative Verantwortung", innerhalb derer aber auch die individuelle Verantwortung jedes einzelnen Mitarbeiters wichtig bleibt (s. oben 1.4.3).

Das Was der Verantwortung kann die Ehrlichkeit in der Firmenbilanz sein, woran vor allem Shareholder und Einzahler in Pensionsfonds interessiert sind, aber auch die Wahrung fundamentaler Menschenrechte und die Einhaltung ökologischer Standards, was eher die gesellschaftlichen Anspruchsgruppen (Stakeholder) einfordern. Selbst wenn das Unternehmen verantwortlich handelt, bleibt offen, inwieweit das auch seine Zulieferbetriebe tun. Freiwilligkeit erbringt in manchen Branchen nur spärliche Resultate, wenn ihr nicht durch ordnungspolitischen Zwang nachgeholfen wird. Dies gilt nicht nur international (vgl. Kerkow, Martens & Schmitt 2003), sondern auch in der nationalen Marktwirtschaft, wie gegenwärtig an den überzogenen Gaspreisen oder am Fehlen Sprit sparender und CO_2-ärmerer Automodelle ersichtlich ist.

Selbstverpflichtungen werden heute in *Unternehmensleitbildern* aufgenommen. Mit diesen Erklärungen reagieren Unternehmen oft auf kritische Anfragen oder auf die Erfahrung eigenen Missmanagements bei ökologischen und kommunikativen Störfällen. Leitbilder sind Ausdruck der Bereitschaft, Transparenz über die Unternehmensziele herzustellen, sich an den gesteckten Zielen (auch denjenigen moralischer Art) messen zu lassen und im lokalen Kontext gesellschaftliche Mitverantwortung zu übernehmen (Corporate Social Responsibility oder Corporate Citizenship). So sehr solche Erklärungen zu begrüßen sind, so nachdrücklich ist vor deren Instrumentalisierung zur bloßen Imagepflege zu warnen (vgl. oben 1.5.2). Häufig haben diese Selbstverpflichtungen auch die Form von intern gültigen *Ethik-Kodizes*. In den letzten Jahren gab es wiederholt Einladungen an Firmen, sich an vernünftige Werte zu binden (in den USA: Gorlin 1990; in Deutschland: „Corporate Governance Code"). Auf die Initiative des Generalsekretärs der Vereinten Nationen auf dem Weltwirtschaftsforum in Davos im Januar 1999 geht der „Global Compact" zurück. Vorläufer solcher internationaler Selbstverpflichtungen sind die (seit 1976 fortgeschriebenen) OECD-Guidelines für multinationale Unternehmen.

Nationale Kulturen prägen nicht nur das konkrete Wirtschaften, sondern auch die Wirtschaftsethik – sowohl was die bevorzugten Prinzipien (Utilitarismus in den USA, Deontologie auf dem europäischen Kontinent) als auch die Denkstile und Lösungswege angeht. In transnationalen Unternehmen sollte man um diese Unterschiede wissen und zu einer „gemischten" Unternehmenspraxis kommen (vgl. Palazzo 2000). Konkret heißt das z.b. Werte nicht nur schlüssig begründen und verstehbar deklarieren (was uns Deutschen wichtig ist), sondern auch Prozeduren zu ihrer Umsetzung und Zielkontrolle etablieren (was US-amerikanische Unternehmen bevorzugen), oder neben der externen Kontrolle (durch Gesetzgeber) auch auf die interne Kontrolle setzen.

Eine von außen kommende Aufforderung zu unternehmensethischem Handeln stellt das „Corporate Responsibility Rating" oder „Ethisch-ökologisches Rating" (Projektgruppe 2002) dar. Mit ihm werden christlich oder ökologisch motivierten Anlegern Hinweise gegeben, welchen Unternehmen unter der Rücksicht einer positiven Wertorientierung der Vorzug zu geben ist. Dabei werden von Analysten der „oekom research AG" in Frankfurt-Hohenheim Unternehmen in folgenden drei Unterbereichen bewertet:

(1)   Wie gut passen sie sich der jeweiligen kulturellen Umwelt an: Fördern sie diese, übernehmen sie gesellschaftliche Mitverantwortung, haben sie überhaupt ein Konzept zum Umgang mit ethischen Fragen?

(2)   Wie sozial verhält sich das Unternehmen bei Fragen von Mitbestimmung, Lohn, Arbeitszeit und Gesundheit seiner MitarbeiterInnen?

(3)   Wie sorgsam geht das Unternehmen mit Rohstoffen, Energie, Transport und anderen Umweltproblemen um?

Aus diesen drei Unterbereichen wird ein Gesamtindex errechnet, wobei lediglich die öffentlich zugänglichen Erklärungen der Unternehmen Grundlage der Analyse sind. Derenthal (2006, 165) bemängelt zu Recht bei der 2001 vorgenommenen Bewertung des „Axel Springer Verlags", dass diese „in vielen branchenspezifischen Punkten nur an der Oberfläche kratzt ... nicht zuletzt dadurch, dass ‚oekom research' zu vielen Kriterien keine Informationen vorlagen".

Um Wertorientierung wirksam im Unternehmen einzuführen, sind *ethische Weiterbildungsveranstaltungen* für MitarbeiterInnen (oft „Ethik-Trainings" genannt), mindestens bis zu mittleren Führungsebene hin, nötig. Zur ethischen Urteils- und Entscheidungskompetenz trägt weniger vertieftes Wissen als vielmehr das Durchspielen von Fällen und konkreter Dilemma-Situationen bei. *Ethik-Kommissionen*, Komitees oder Beiräte mit externen Ethik-Experten können helfen, Konfliktsituationen im Berufsalltag zu klären und die Interpretation oder Anwendung von Werten und Normen einzuüben. Externe oder interne *Ethik-Hotlines* sind schnell reagierende Anlaufstellen für ethisch relevante Fragen der Unternehmensmitglieder; die Beratung sollte anonym erfolgen.

3.3   Ethik von Medienunternehmen

Diese Umsetzungen unternehmerischer Verantwortung gelten für alle Branchen. Welche Konkretionen lassen sich im Blick auf die Medienunternehmen nennen? Karmasin, der im Sinne eines integrativen Ansatzes Ethik und Ökonomie vereinen möchte (1999b, 348), sieht in der strategischen Unternehmensaufgabe „Stakeholder-Management" den zentralen Ansatzpunkt für ethisches Handeln der Medienunternehmen. *Stakeholder* von Medienunternehmen sind eine Vielzahl von Gruppen, zu denen stabile kommunikative Beziehungen aufzubauen sind: da sind die Zulieferfirmen des Medienunternehmens sowie die eigenen Mitarbeiterinnen und Mitarbeiter; dann die verschiedenen Zielgruppen des Publikums; ferner alle, die sich kritisch mit dem Programminhalt auseinandersetzen (die Rezensenten in anderen Medien, die Media-Watchdog- und andere zivilgesellschaftliche Initiativen, Akademien); schließlich die Sachbereiche und Personen, über welche das Medium berichtet: Politiker und andere Prominente aus Wissenschaft, Kunst, Entertainment, Sport, Mode sowie normale Bürgerinnen und Bürger, die Gegenstand der Berichterstattung wurden. Ethisch sensibles Management der Stakeholder-Interessen kann demnach sehr verschiedenes heißen: Kleineren Produktionsfirmen und eigenen Mitarbeiterinnen faire Verträge geben; ethnische oder religiöse Minoritäten im Programm angemessen berücksichtigen und fair darstellen; dem „normalen" Publikum eine gute Qualität bieten.

Medienqualität besteht für Karmasin (1999c, 193–206) aus drei Komponenten: aus der *ökonomischen* Qualität, was eine befriedigende Quote der Medienprodukte und ihre Verkaufbarkeit am Werbemarkt bedeutet; aus der *ästhetischen* oder formalen Qualität, womit die Erfüllung gesellschaftlicher und individueller Geschmackserwartungen angezielt wird; und schließlich die *inhaltliche* Qualität. Diese besitzt für Karmasin im engeren Sinn ethische Relevanz, geht es doch um die Berücksichtigung zentraler Werte (wie Verantwortung, Gerechtigkeit, Bejahung von Freiheit und Vielfalt, Authentizität und Richtigkeit), konkret um die Realisierung der Kriterien journalistischer und künstlerischer Qualität (s. 4.1.1). Diese abstrakten und konkreten Normen zu erreichen, liegt im Interesse der Stakeholder, vor allem eines kritischen und qualitätsbewussten Publikums. Das Interesse der Medienschaffenden zielt auf Anerkennung ihrer Leistungen, auch der durchschnittlichen, unter Zeitdruck erstellten. Die Marketing-Abteilung macht Vorschläge zur Kosteneinsparung durch Bündelung von Redaktions- und Layout- bzw. Postproduktionsaufgaben, durch billiger zu produzierende Formate, durch Product Placement. Die Unternehmensführung ist für Karmasin jene Plattform, auf der die unterschiedlichen Interessen und Ansprüche diskutiert und ethisch verantwortlich ausgehandelt werden.

Dabei sind die beiden Pole der Medienqualität – die ökonomische auf der einen und die publizistische (= ästhetische + inhaltliche) Qualität auf der anderen Seite – so zu berücksichtigen, dass keine der beiden Seiten vernachlässigt wird. Die dabei gefundenen Kompromisse sind Ausdruck dafür, dass Medienprodukte gemischte oder meritorische Güter darstellen. Es ist die typische Aufgabe der Unternehmensleitung, dabei weder den wirtschaftlichen Erfolg noch den öffentlichen Auftrag aus dem Blick verlieren. Die dabei nicht einzuebnenden Unterschiede sind für Altmeppen (2008) Anlass, zwischen sozialer Verantwortung des Journalisten und ökonomischer Verantwortung der Medienunternehmen zu unterscheiden:

> „Das Ziel von Medienunternehmen ist die Profitmaximierung, das Ziel des Journalismus ist die Erkenntnismaximierung. Journalismus ist Dienst am Gemeinwohl, Medien dienen dem Markt. Der Journalismus konkurriert auf dem Markt der Meinungen, die Medien konkurrieren auf dem Absatzmarkt. Es erscheint sinnvoller, diese Unterschiede anzuerkennen, als dauerhaft weiterhin von Medien und Journalismus als einer unterschiedslosen Entität zu sprechen."
> „Damit kein Missverständnis aufkommt: Medien waren immer erwerbswirtschaftliche Betriebe und selbst die öffentlich-rechtlichen Anstalten sind der Wirtschaftlichkeit verpflichtet. An dieser erwerbswirtschaftlichen Ausrichtung gibt es nicht zu kritisieren. Problematisch wird es, wenn die Medienunternehmen wie derzeit das erwerbswirtschaftliche Prinzip in den Vordergrund rücken und dabei die publizistischen Ziele völlig aus den Augen verlieren; wenn ihnen die Qualität wenig, die Profitsicherung aber enorm viel bedeudet" (a.a.O., 248; 248).

Die klassischen Verleger waren und sind Unternehmerpersönlichkeiten, die diese Spannung auszugleichen wussten; ein Beispiel dieser (leider weitgehend vergangenen) Form von Verlegerethik bietet Fleck (1984). Inzwischen ist das Anzeigengeschäft der Zeitungen – eine wichtige finanzielle Basis – drastisch zurückgegangen: aufgrund der Wirtschaftskrise, aber auch weil das Internet den Firmen einen billigeren Weg direkt   zum Interessenten ermöglicht. Gleichzeitig verlieren Zeitungen nicht nur die jungen Leser, sondern auch diejenigen mittleren Alters, die sich mehrmals täglich in Online-Medien informieren. Die Internet-Generation ist immer weniger bereit, für Nachrichten zu bezahlen. Gewinner der massiven Zeitungskrise sind lediglich die Wochenschriften mit ihrem Angebot an Orientierung und tieferer Analyse – „Die Zeit", „Der Spiegel" und die „Frankfurter Allgemeine Sonntagszeitung" konnten ihre Auflage steigern.

> „Das Geschäftsmodell des privat-kommerziellen Journalismus ... erweist sich als nicht mehr zukunftsfähig – zumindest nicht in der Breite, sondern allenfalls in einzelnen Nischen." (Meier 2009)

Birkner (2010) weist darauf hin, dass es die guten wirtschaftlichen Rahmenbedingung vor dem 1. Weltkrieg waren, die zur Ausbildung des Printjournalismus des 20. Jahrhunderts führten; er ist durch Machtdistanz zum politischen System gekennzeichnet (sie ging während des NS-Zeit erneut verloren), es bildeten sich die Ressorts Politik, Feuilleton, Wirtschaft, Sport, Lokales heraus, Layout und Bebilderungen gewannen an Bedeutung. Die wirtschaftlichen und technischen Medienumbrüche am Ende des 20. Jahrhunderts bedrohen diese Form von Zeitung und den sie prägenden Journalismus. Die Zeitungsverlage reagieren darauf mit dem Angebot anderer Güter: sie verkaufen mit und neben der Zeitung Bücher, DVDs, Wein, Reisen, Weiterbildung. Es gibt den Ruf nach Unterstützung der Qualitätsmedien durch den Staat oder durch öffentlich-rechtliche Stiftungen. Auf jeden Fall ist es für die Verlage und die anderen Medienunternehmen mühsamer geworden, unter den neuen Bedingungen ihr Publikum und ihre weiteren Stakeholder zu erreichen.

Eine Form von Stakeholder-Orientierung ist der respektvolle Umgang mit Publikumsbeschwerden oder Leserzuschriften. Unterstützung können die Leserinteressen bei *Ombudstellen* erwarten, welche bisher von Qualitätszeitungen und (in der Schweiz) von öffentlich-rechtlichen Rundfunkanstalten eingerichtet wurden. Dabei wird ein externer, im Kollegenkreis geachteter Senior-Journalist bzw. Journalistin für ein bis zwei Jahre von dem Zeitungsverlag bzw. der Rundfunkanstalt mit dem Auftrag angestellt, in einer regelmäßigen Kolumne seine Recherchen zu Leserbeschwerden darzulegen. Sie können mediale Fehlleistungen freilich nur dann aufklären, wenn ihnen von Redaktion und Unternehmensleitung freie Hand gelassen und bereitwillig Auskünfte gegeben werden – was aber in der Regel der Fall ist, sonst hätte man keine Ombudsstelle schaffen brauchen. Medien-Ombudsleute gibt es vor allem in den USA, der Schweiz, in Großbritannien und in den Niederlanden (vgl. Evers 1999). Ombudsleute sind – verglichen mit dem nationalen Presserat – eine unternehmens-nähere Beurteilungsinstanz.

Darin liegen Vorteile – sie können die besonderen Bedingungen besser berücksichtigen und sich an den (unter Umständen strengeren) ethischen Grundsätzen des Unternehmens orientieren, sie entlasten die Presseräte –, aber auch Nachteile: Nicht jedes Medium hat eine Ombudsstelle, bei der Beurteilung ähnlicher Fälle kommen Ombudsleuten vielleicht zu unterschiedlichen Ergebnissen; die Klärung von Grundsatzfragen muss dem nationalen Presserat überlassen bleiben. Auf jeden Fall können Ombudsstellen der Medienethik zu weiterer Institutionalisierung verhelfen, eine bewusste Zusammenarbeit mit dem Presserat ist zu etablieren, so die Empfehlung von Blum (2007). Im Blick auf die bundesdeutsche Situation – wo es nur einen Stellvertretenden Chefredakteur gibt, der zeitweise die Rolle eines Leseranwalts einnimmt („Main-Post", Würzburg) – sollten Medienethiker die Forderung nach Installierung dieses Instrument der Qualitätssicherung (vgl. Ruß-Mohl 1994, 170 ff.) nachhaltig unterstützen.

Ein spezielle Qualitätserwartung der Eltern unter dem Publikum ist die Rücksicht auf den Jugendschutz berücksichtigen. Fernsehanstalten zeigen gesellschaftliche Verantwortung, wenn sie freiwillig und vor dem Abdrehen bzw. der Postproduktion ihre Jugendschutzbeauftragten einschalten. Weitere Umsetzungen von gesellschaftlicher Verantwortung sind Public-Private-Partnerships. Sie liegen dann vor, wenn Zeitungen Schülerinnen und Schüler beim Erproben ihrer journalistischen Kompetenzen unterstützen, oder wenn IT-Firmen Schulen oder öffentliche Bibliotheken unentgeltlich mit Computern oder Software ausstatten.

4 Berufsethik der Medienschaffenden

Im 2. Teil wurde der Beitrag der Ethik an der Fortentwicklung der Medienordnung durch nationale, europäische und internationale Politik aufgezeigt, im Teil 3 Ansätzen für eine Ethik von Medienunternehmen gefragt. Nun gilt es, die Professionsethik der Medienschaffenden zu behandeln.

Bezogen auf die verschiedenen Kommunikationsmodi (Informieren – Unterhalten – Überreden) gibt es *unterschiedliche Medienprofessionen* und Anstellungsverhältnisse: In den unabhängigen Medien arbeiten Journalisten für Politik, Feuilleton, Wissenschaft, Sport, Medien, die entsprechenden Rundfunk- und Online-Redakteure, die Radio- und Fernsehmoderatoren und Entertainer, Regisseure für die verschiedenen Film- und Fernsehgenres; mit besonderer Loyalität zu ihrer Firma die PR-Leute und die Werbedesigner; daneben gibt es die Medienmanager, die mit Programmentwicklung und finanzieller Steuerung beschäftigt sind, sowie weitere wirtschaftliche und technische Experten. All diese Medienschaffenden werden von je ihrer *Professionsethik* dazu angehalten, ethische Normen und Richtlinien in der täglichen Arbeit ernst zu nehmen und anzuwenden sowie mit ihnen ihre aufgaben- und rollenbezogene Verantwortung zu reflektieren.

Die spezifische Verantwortung eines Berufes lässt sich – neben der allgemeinen Moral – von den Pflichten her ableiten, welche in der *Grundaufgabe* stecken, für die es diesen Beruf in der (heutigen) Gesellschaft gibt. Eine Befragung heutiger Berufsvertreter beschreibt zwar das gegenwärtige Selbstverständnis, aber erbringt keine Maßstäbe zur Kritik und Veränderung des bestehenden Berufsethos. Das leistet nur eine Bestimmung der Grundaufgabe des jeweiligen Berufs und ihre normative Umformulierung: Was sollen Medienschaffende tun, um die ihnen zugedachte Aufgabe gut zu erfüllen? Weitere Pflichten ergeben sich aus *Qualitätsmerkmalen*, die dem Gegenstand (Medienprodukt) angemessen und vom abnehmenden Publikum erwartet werden bzw. ihm zuzumuten sind. Eine solche Bestimmung hat Pöttker (1998; 1999a; 2000; 2010) für den journalistischen Beruf vorgelegt. Auch für die Ethik des Bildjournalismus, für die PR- und die Werbeethik soll – wenn auch weitaus skizzenhafter – die jeweilige Berufsethik von einer gesellschaftstheoretischen Aufgabenbestimmung sowie von gegenstands- und publikumsbezogenen Qualitätsmerkmalen her entwickelt werden.

Eine berufliche Tätigkeit bekommt den Rang einer gesellschaftlich anerkannten *Profession*, wenn für sie eine spezielle Expertise nötig ist, bei der (meist) wissenschaftliches Wissen zur Anwendung kommt, wenn ein abgrenzbares Tätigkeits- und Aufgabenfeld von grundlegender Bedeutung für die Gesellschaft vorliegt; wenn es eine berufsständische Organisation gibt, welche Ausbildungsfragen autonom regelt – wenn auch mit staatlicher Anerkennung – und wenn sie ihre Mitglieder auf ein kodifiziertes Ethos verpflichtet.

Dieses zu formulieren, ist Aufgabe der *Selbstkontrollgremien*, die von den jeweiligen Berufsverbänden oder Medienbranchen errichtet werden. Sie wollen die Qualität der beruflichen Praxis sichern, indem sie diese an sachlichen und ethischen Grundsätzen ausrichten; diese sind in Kodizes niedergelegt und werden – wie im Fall des Deutschen Presserats (Näheres S. 135). Wichtige Anstöße zur Fundierung, Differenzierung, Artikulation und Durchsetzbarkeit der Professionsethik kommen von der *Kommunikationswissenschaft*, insbesondere der Journalistik (vgl. Saxer 1996, 153; Thomaß 1998, 17), aber auch aus den Theorien zur PR und Werbung, zu Medienökonomie und Medienmanagement. Die akademische und praktische Ausbildung zu den verschiedenen Medienberufen macht den Nachwuchs mit der jeweiligen Professionsethik vertraut.

4.1 Ethik des Journalismus

„Journalismus" ist die Sammelbezeichnung für die professionelle Informationsbearbeitung von neben- oder hauptberuflich in und für Medien Tätigen. Ihr Handeln findet auf verschiedenen sozialen Ebenen und Institutionen statt und ist durch soziale Erwartungen und Bezüge gekennzeichnet: zur unmittelbaren Umgebung, zum Publikum und zur Gesamtgesellschaft. Es gibt zwei Argumentationsfelder, in denen die journalistische Ethik begründet wird: im Ethikdiskurs und im Qualitätsdiskurs (vgl. Fabris & Renger 2003; Arnold 2008a und 2008b). Der *Ethikdiskurs* geht von der öffentlichen Aufgabe des Journalismus aus (wie das anschließend geschieht) und beurteilt das journalistische Handeln wesentlich auch nach philosophisch-ethischen und demokratischen Prinzipien; die soziale Einbettung dieses Handelns wird durchaus gesehen (struktur- und sozialethische Perspektive), aber das handelnde Individuum und seine Verantwortung stehen deutlich im Mittelpunkt. Die Wahrnehmung der individuellen Verantwortung ist im korporativen oder institutionellen Rahmen der Medienunternehmung zu ermöglichen und zu honorieren, sie findet ihre Konkretisierungshilfe in den Kodizes der jeweiligen Profession und sie ist auf ein Publikum angewiesen, das Qualität wertschätzt.

Der *Qualitätsdiskurs* fragt demgegenüber: Wie muss ein Medienprodukt beschaffen sein, damit es als gut und nützlich gelten kann? Dabei sind am Publikum orientierte Kriterien wie Verständlichkeit und Unterhaltsamkeit wichtig – ihre Bedeutung lässt sich sowohl in Leserstudien wie am wirtschaftlichen Erfolg nachweisen. Dennoch werden auch in diesem Diskurs gesellschaftliche Anforderungen an die Medienprodukte (als meritorische Güter) aufgenommen.

> „Somit gilt festzuhalten, dass die meisten im Ethikdiskurs genannten Kriterien für guten Journalismus auch im Qualitätsdiskurs zu finden sind, der aufgrund seiner empirischen Orientierung auf die Bewertung verschiedenster Produkte und der stärkeren Beachtung der Publikumsbedürfnisse ein breiteres und präziseres Kriterienraster aufspannt. Die Leistungen des Ethikdiskurses liegen hingegen eher in der tiefer gehenden philosophischen und gesellschaftlichen Begründung von bestimmten Standards, Kriterien oder Werten, die bei den meisten Qualitätskonzepten nur eine geringe Rolle spielt." (Arnold 2008a, 270 f.)

Mindestens ebenso wichtig wie die Begründung der journalistischen Ethik ist die Frage nach ihrer *Reichweite*: Muss sie nicht auch für all jene Amateurjournalisten gelten, die heute in den Blogs des Internets öffentliche Mitteilungen machen und dabei Erwartungen an Qualität einzulösen haben? Einerseits erscheint das journalistische Handlungsfeld personell entgrenzt, da jeder sich journalistisch betätigen kann. Andererseits sind inhaltlich zu den klassischen Kompetenzen (Recherchieren, Schreiben und Redigieren, Fach- und Vermittlungsfähigkeit) neue Anforderungen hinzugekommen: Technik- und Gestaltungsfähigkeit, Projektmanagement und redaktionelles Marketing (vgl. Meier 2009, 9. These). Auch wenn vielfach ein Ende des klassischen Journalismus beschworen wird, so ist Pöttker (2010, 120) zuzustimmen:

> „Der Journalismus wird die Krise der Presse überstehen, wie er andere Medienumbrüche überstanden hat. Denn er verdankt sich nicht in erster Linie materiellen Bedingungen öffentlicher Kommunikation, sondern dem ... fundamentalen Bedarf moderner Gesellschaften an Öffentlichkeit, den keine Medienentwicklung zum Verschwinden bringt."

4.1.1 Grundaufgabe und Qualitätsdimensionen des Informationsjournalismus

Während in vormodernen Dorfgemeinschaften jeder jeden kannte, mit allen in Austausch treten und sich dadurch im Gemeinwesen orientieren konnte, ist das in modernen Gesellschaften nicht mehr möglich. Es braucht eigene technisch-soziale Institutionen (Medien) und den Beruf der Journalisten, um in der komplexen Gesellschaft von heute Öffentlichkeit für Themen herzustellen, die eine Orientierung aller ermöglichen. Diese, von Rühl (1980a) erstmals vorgenommene system-funktionale Aufgabenbeschreibung soll hier mit Pöttker (2000) weiter entfaltet werden, um einen Zugang zur darin liegenden Normativität zu gewinnen.

> „Die zentrale Aufgabe des Journalismus ist die *Komplexitätsüberbrückung*, die Vermittlung zwischen den voneinander geschiedenen Lebenswirklichkeiten, die Übertragung des jeweils isolierten Erfahrungswissens in eine jedermann zugängliche, eben ‚offene' Sphäre, um so für alle die Möglichkeit der Partizipation am gesellschaftlichen Ganzen zu sichern." (Pöttker 2010, 377 f.)

Ein erster Qualitätsmaßstab für das Mediensystem liegt demnach darin, ob und in welchem Maße es die Chance für alle relevanten Tatbestände und Probleme eröffnet, von den Medien publik gemacht zu werden. Die Grundpflicht der Journalisten, Künstler und ‚Öffentlichkeitsarbeiter' ist es daher das *Veröffentlichen-Wollen*. Während die allgemeine Moral dazu anhält, von niemand die privaten Angelegenheiten auszuforschen, ist es nach Pöttker zentral für die Sondermoral von Journalisten, diese im Fall politischer Funktionsträger öffentlich zu machen, soweit diese Angelegenheiten mit ihrer politischen Rolle zu tun haben. Ähnliches gilt bei den Opfern von Gewalttaten oder Unglücken, über welche die Allgemeinheit informiert werden muss.

Gegner dieser Veröffentlichungspenetranz von Journalisten, die sich konsequent auf ihre gesellschaftliche Aufgabe konzentrieren, sind nicht nur die um ihr Image besorgten Politiker, sondern auch große Teile des Publikums. Sie wollen nicht jederzeit mit Problemen belästigt und mit der ungeschminkten Wahrheit konfrontiert werden.

Und das ökonomische Gewinnstreben in den Medien verbündet sich leicht mit deren Widerstand gegen das Unbekannte und Fremde, ja Befremdliche, und bietet dem Publikum lieber das ohnehin Bekannte und Vertraute an. Und doch gelingt diese Vermittlung täglich – bezüglich der schwierigen Themen und Inhalte wenigstens partiell. Das liegt an den bewährten Qualitätsmerkmalen für den seriösen Informationsjournalismus – daneben gibt es ja seit dem 19. Jahrhundert auch den Boulevardjournalismus mit Human-Interest-Themen wie „Kriminalität, Unfälle und Katastrophen, Sport, Sex, Adel und Prominente, Wetter aber auch alltägliche Kuriositäten, die im Prinzip jedermann widerfahren können" (Pöttker 1997, 303).

Für den *Informationsjournalismus* werden meist 7-9 Qualitätsmerkmale aufgezählt, wenn auch mit unterschiedlicher Benennung. Sie stehen zum Teil in einem Trade-off-Verhältnis zueinander, d.h. es lassen sich nicht alle Qualitätsziele gleichzeitig erreichen (vgl. auch Ruß-Mohl 1994, 94 ff.; Held & Ruß-Mohl 2005). Pöttker (2000) sieht in den ersten vier Merkmalen mehr auf den Gegenstand bezogene Qualitäten und in den letzten vier solche, die eher aus ihrem Bezug zum Publikum verständlich sind. Aber diese Systematisierung ist nicht so entscheidend; wichtiger ist die unterschiedliche Ladung mit dem Ethos des Informierens. Dessen Grundpfeiler sind einmal *Wahrheitsorientierung* (mit Relevanz und Verhältnismäßigkeit bei der Selektion), dann *Vollständigkeit und Vielfalt*; drittens die Recherche, die Nennung der Quellen; viertens die *Unabhängigkeit* (die nicht mit Unbeteiligtsein gleichgesetzt werden darf – vgl. Pöttker 1010, 124); schließlich die Orientierung am Publikum. Bei allem Interpretationsspielraum sind diese Qualitätskriterien durchaus inhaltsanalytisch messbar – Ruß-Mohl korrigiert hier sein früheres Bild von der Qualität als einen „an die Wand genagelten Pudding".

(1) *Richtigkeit/Objektivität:* Der Informationsinhalt muss im Prinzip intersubjektiv nachprüfbar sein, sich aus der Sinneserfahrung verschiedener Zeugen ergeben oder aus dem Konsens von mindestens zwei unabhängigen Quellen. Dieses Qualitätsziel setzt meist Gegenprüfung und Recherche voraus. Für manche Autoren gehören zu ihm auch Ausgewogenheit und Fairness bei Beurteilungen, das Trennen von Nachricht und Meinung.

(2) *Vollständigkeit/Relevanz:* Bedeutsamkeit der Information, angelehnt an die üblichen Nachrichtenfaktoren (Schulz 1976).

(3) *Wahrhaftigkeit/Transparenz/Reflexivität:* Richtigkeit und Vollständigkeit sind die beiden Elemente von Wahrheit, die jedoch nie ganz erreichbar ist. Deshalb drückt Wahrhaftigkeit das Bemühen um bestmögliche Annäherung aus, um permanente Vervollständigung und Berichtigung. Dieser Prozess lässt sich auch dadurch dem Publi-

kum gegenüber sichtbar machen, dass man die Zweifel und unvermeidbaren Wahrheitsbeeinträchtigungen mit deklariert (z.B. bei Abhängigkeit von zensierten Kriegsnachrichten). Zur Transparenz gehört es auch, deutliche Hinweise auf die *Aussageabsicht* sowie auf die gewählte Textsorte, das Genre und Format zu geben. Das deskriptive oder darstellende Vorgehen kennzeichnet die *dokumentarischen* Textsorten, das narrative häufig, aber nicht ausschließlich die *fiktionalen* Textsorten. Aussageabsicht und Textsorte kristallisieren sich in – historisch gewachsenen und sich ständig verändernden – *Genres* wie Nachrichten, Kommentar, Reportage, Feature, Talk-show.

(4) *Verschiedenheit/Universalität/Komplexität:* Viele Themen enthalten unterschiedliche, zum Teil gegensätzliche Vorverständnisse und Interessen, sie werden erst durch (historische) Hintergründe und eine Vielfalt von Perspektiven verständlich. Beispiel *Konfliktberichterstattung:* Geht es in Nordirland um den Gegensatz „katholisch – protestantisch", „britisch – irisch" oder „reich – arm"? Werden nur die spektakulären Rückschläge im Friedensprozess berichtet oder auch die (vielleicht noch verborgenen) Lösungsansätze, was Galtung für den „Friedensjournalismus" vorschlägt? Das Prinzip „Folgentransparenz" fordert nach Pöttker Journalisten zur Erläuterung auf, welche konkret erlebbaren Folgen für die Allgemeinheit das Handeln oder Nichthandeln öffentlicher Institutionen hat – es bleibt ansonsten fremd und unverständlich.

(5) *Unabhängigkeit:* In den Augen des Publikums garantiert die politische Unabhängigkeit und Unbestechlichkeit der Journalisten die Glaubwürdigkeit ihrer Informationen – sie ist bei PR-Leuten weniger, zumindest anders vorhanden: Deren Information muss richtig sein, damit das Vertrauen nicht verloren geht, aber nicht vollständig.

(6) *Aktualität/Zeitigkeit:* Damit ist der Gegenwartsbezug von Mitteilungen gemeint. Er bestimmt sich aus der gemeinsamen Zeitgenossenschaft von Journalisten und ihrem Publikum. Aktualität muss nicht immer Tagesaktualität, sondern kann auch Problemaktualität sein, wenn ein Bezug zu jenen 10-20 Themen vorliegt, die gerade für 10-15 Tage auf der Medienagenda stehen. Auch Jubiläen und Gedenktage stellen einen Aktualitätsbezug her. Wegen des Drucks, möglichst als erster mit einer Meldung an die Öffentlichkeit zu gehen, steht Aktualität in Spannung zu Richtigkeit und Vollständigkeit.

(7) *Verständlichkeit:* Wer für ein Thema eine breite Öffentlichkeit erreichen und Aufmerksamkeit herstellen will, muss es sprachlich und sachlich einfach darstellen. Das geht nicht ohne Reduktion von Komplexität, weshalb dieses Merkmal dem vierten entgegen gesetzt ist.

(8) *Unterhaltsamkeit/Stimulanz/Originalität:* Die Verbindung von ‚docere et delectare', von Unterrichten und Unterhalten, ist seit jeher ein Rezept für erfolgreiches Informieren. Der Leseanreiz kann in einer ansprechenden Metapher liegen, in einem Wortspiel, einer Bildirritation oder Satire. Zusammen mit dem vorausgehenden kennzeichnet dieses Merkmal einen „rezipientenorientierten" Journalismus, welcher das kritische Verstehen auch weniger gebildeter Leser, Hörer und Zuschauer ermöglicht (Gottschlich 1980). Dass hier immer auch *Erlebniskommunikation* betrieben wird, dass Unterhaltungs- und Teilhabeangebote gemacht werden, spricht nicht gegen die Wahrheitsverpflichtung des Journalismus, sondern *akzentuiert* und ergänzt sie nur um eine wichtige Bedingung des Gewinnens von Aufmerksamkeit.

Bezogen auf die neuen Medien gibt es noch das Qualitätsmerkmal *Dialogfähigkeit/ Interaktivität.* Das Gemeinsame an den skizzierten Qualitätsmerkmalen des Informationsjournalismus ist die Herstellung von Öffentlichkeit für allgemein relevante Themen und die Ermöglichung von Verstehen und innerer Beteiligung beim Publikum. Nur wenn diese beiden Seiten gelingen, handelt es sich um Kommunikation, d.h. den Austausch von Bedeutungsgehalten und nicht deren einseitige Verbreitung.

Latent spielt bei dieser Wechselbeziehung von Journalisten zu ihrem Publikum auch das *Selbstverständnis* eine Rolle: Fühlen sie sich als „Missionare" oder „Spürhunde", wie Köcher (1985) bei den deutschen und den britischen Journalisten zu entdecken glaubte? Oder verstehen sie sich als Lehrer, die wissen, was sie ihrem Publikums zumuten dürfen und was nicht? Zentral ist auch Verhältnis zum politischen System (Machtdistanz), ihre Abhängigkeit von der (Medien-)Ökonomie (Marktorientierung), aber auch ihre Rolleninterpretation (intervenierend vs. passiv), ihre Wahrheitstheorie und die Begründung ihrer Berufsethik – vgl. die sieben Dimensionen von *Journalismuskultur* nach Hanitzsch (2007), welche auch historische und internationale Vergleiche ermöglichen (Hanitzsch 2009; Hanitzsch & Seethaler 2009).

4.1.2 Kernpunkte und Vertretung des journalistischen Ethos

Nach Auskunft neuerer *Journalismusstudien* – wie sie in Deutschland (Weischenberg u.a. 1993; 1994; 1998 und Weischenberg u.a. 2006a; 2006b) und in Österreich (Karmasin 1996b; 2005) mit zehnjährigem Abstand wiederholt wurden – findet die Absicht, „möglichst neutral und präzise zu informieren" sowie „komplexe Sachverhalte zu erklären und zu vermitteln", die höchste Zustimmung (89 %) unter den heutigen Journalisten (Weischenberg u.a. 2006a, 102 ff.). Es folgt mit 58 % die Aufgabe „Kritik an Missständen üben", obschon diese um 5 % weniger bejaht wird als 10 Jahre zuvor. Noch deutlicher ist der Rückgang bei Aussagen wie „Normalen Leuten eine Chance geben, ihre Meinung zu Themen von öffentlichem Interesse zum Ausdruck zu bringen", „Sich einsetzen für die Benachteiligen in der Bevölkerung" und bei der Meinung, „Politik, Wirtschaft und Gesellschaft kontrollieren" und die politische Agenda beeinflussen zu können. Im Aufgabenspektrum „Service und Unterhaltung" hat nur die Rollenzuschreibung „Lebenshilfe für das Publikum zu bieten, also als Ratgeber zu dienen" zugenommen. Erfragt wurde neben dem Selbstverständnis auch die Einschätzung der Möglichkeit, diese Auffassung im Berufsalltag umzusetzen (Handlungsrelevanz).

Die Doppeluntersuchung von Karmasin (1996b; 2005) differenziert insofern stärker, als sie auch nach den Kriterien für Gut und Böse (z.B. Gewissen – Vernunft – gültiges Recht) fragte sowie nach der Verantwortungsinstanz und nach den Schwierigkeiten der Umsetzung ethischer Grundsätze – und dabei nicht nur das Selbstbild der Journalisten, sondern auch deren Fremdbild in der Bevölkerung erhob.

Von den Journalisten fühlten sich 2004 54 % der JournalistInnen dem Leser, 16 % der Wahrheit, 14 % sich selbst, 12 % dem Gewissen und nur 3 % dem Auftraggeber/ Herausgeber/ Verlag verantwortlich – aber in den Augen der Bevölkerung sollte der Verpflichtungsgrad allen genannten Instanzen höher sein (vgl. Karmasin 1996b, 141). Obwohl sich 38 % zumindest manchmal mit Gewissenskonflikten konfrontiert sehen, haben die Schwierigkeiten, ethische Grundsätze im Berufsalltag zu verwirklichen, abgenommen (1994: 62 % – 2004: 44 %). Dabei stufen JournalistInnen den Konflikt neuerdings eher als „nicht schwierig, nur unbequem" ein, was vielleicht an der größeren Bekanntheit ethischer Richtlinien liegt. Journalisten fühlen sich als relativ autonom Handelnde, sie werden vom Publikum als zunehmend kompetent, ja sogar als moralisch integer wahrgenommen. Die Bedeutung eines freien Journalismus für die Demokratie wird neuerdings leicht höher angesetzt, das anwaltschaftliche Engagement für Benachteiligte als abnehmend.

Bei der Frage, wer die Massenkommunikation kontrollieren soll, favorisieren österreichische JournalistInnen die *Selbstkontrolle*. Sie meinen, dass sich ethische Grundsätze auch ohne gesetzliche Hilfe realisieren lassen; trotz ihrer Zustimmung zu privatem Medieneigentum sind sie skeptisch, dass die andere Form der Fremdkontrolle, die über Marktmechanismen, zu befriedigenden Ergebnissen führt. An diesen, auch gesellschaftlichen Konsens gilt es anzuknüpfen, um nach der De-facto-Auflösung des Österreichischen Presserats im Jahre 2001 – aufgrund hoher Schadensersatzklagen der „Kronenzeitung" (Boulevardblatt mit über 40 % Marktanteil) gegen die Mitglieder des Presserats ad personam – neue Formen der Selbst- oder Koregulierung zu entwickeln (Gottwald u.a. 2006), u.a. solche auf Unternehmens- und Branchenebene.

Der Blick auf Österreich zeigt, dass sowohl die Diskurse zur journalistischen Ethik wie deren Institutionalisierungsformen national unterschiedlich ausfallen. Thomaß (1998) hat profund untersucht, wie sich in drei wichtigen europäischen Ländern – Frankreich, Großbritannien und Deutschland – die Situation von Medien und Journalismus darstellt, welche gesetzlichen Rahmenbedingungen und Kodizes es jeweils gibt, wie der wissenschaftliche Diskurs über journalistische Ethik verlaufen ist, welchen Platz sie im Selbstverständnis der JournalistInnen und in deren Ausbildung einnimmt, welche Beiträge Journalistengewerkschaften und -verbände dazu geliefert haben. Aus den USA, dem Land mit der längsten Tradition von Journalistenausbildung und Ethik-Kodizes, stammt eine interessante Studie zu den leitenden Zielen, Werten, Anreizen und Zwängen im Berufsalltag, dem gesellschaftlichen Auftrag und daraus folgenden ethischen Standards, den prägenden Einflüssen und Vorbildern, der Bedeutung von Bezugsgruppen und familiären Bindungen sowie einer Abschätzung der Veränderungen des Berufsfeldes samt implizierter ethischer Probleme (Gardner u.a. 2001/2005). In halbstrukturierten Tiefeninterviews wurden 60 Journalisten und 56 Genforscher befragt – meist geachtete Experten, aber auch einige Berufsanfänger – und deren Aussagen miteinander verglichen. Ein Auszug aus den lesenswerten Befunden:

„Auch Journalisten schließen einen Pakt mit der Gesellschaft. Als Gegenleistung für gewisse Privilegien und Schutz durch die Verfassung wird von ihnen erwartet, wahrheitsgetreu, objektiv und fair gegenüber allen zu sein, über die sie berichten. Viele empfinden desgleichen eine Verpflichtung, demokratische Werte zu schützen und sicherzustellen, daß Minderheiten und machtlose Gruppen in der Berichterstattung fair dargestellt werden. Sie respektieren adäquat recherchierte, im richtigen Kontext dargestellte, originell und solide präsentierte Arbeit; sie verachten minderwertige, vorurteilsbeladene und ungeschickt präsentierte Beiträge. ... Die meisten Genforscher, mit denen wir sprachen, fühlten sich mit ihrer Arbeit im reinen. ... Bei den Journalisten stießen wir auf ein weit weniger idyllisches Bild. Während sich die meisten stolz oder zumindest zufrieden mit ihrer eigenen Arbeit zeigten, waren sie entschieden pessimistischer bezüglich des Berufsstands insgesamt." (Gardner u.a. 2005, 335 f.)

Als „Stellhebel für gute Arbeit" und als Weg zu einem „authentischen Alignment" empfehlen die Autoren (a.a.O., 337-352) beiden Berufsgruppen, neue ethische Institutionen zu schaffen, die vorhandenen Institutionen zu stärken bzw. zu erweitern – und vor allem selbst Vorbildfunktion zu übernehmen.

Diese Erhebungen zum Ethos bei exzellenten Berufsvertretern haben unzweifelhaft ihre Bedeutung; an ihren inhaltlichen Aussagen ist in den berufspolitischen und medienethischen Diskursen anzuknüpfen. In formal-systematischer Betrachtungsweise lassen sich mit Karmasin (2004b, 39) drei „Quellen" vorbildlichen Handelns – im Sinne primärer und sekundärer Tugenden – benennen:

(1) *Informelle Normen* („Sachzwänge") wie Gruppendruck und Hierarchie in der Medienorganisation, die Orientierung an Politik, Religion, Märkten und Publikumsbedürfnissen;

(2) *Berufs-Moral* („Gewissen"), wie sie sich in der primären und sekundären Sozialisation ausbildet und ein integratives Element für die Fähigkeiten, Fertigkeiten, Erfahrungen und die Motivation im Beruf darstellt;

(3) *Formelle Normen* („Regeln"), wie sie im Medienrecht, in Statuten und Standesregeln vorliegen oder sich aus der Frage nach Legalität und Legitimität ergeben.

Karmasin betont zu Recht, dass solche berufsethischen Reflexionen nur dann zu greifbaren Ergebnissen führen, wenn sie auf folgenden *vier Ebenen* stattfinden: der individualethischen, der institutionsethischen, der professionsethischen und der öffentlichkeits- und publikumsethischen. Diese Reflexionen können zwar in der theoretischen Ausbildung (Studium) vorbereitet werden, praktiziert werden müssen sie in der *beruflichen Sozialisation.* Dort kann der Gehalt von Arbeitsnormen wie das Objektivitätspostulat oder die Forderung, Nachricht und Meinung zu trennen, dann an konkreten Beispielen erfasst werden. Wenn sie auch vorher schon intellektuell erfasst und vorgeklärt sind, begriffen werden sie wohl erst in der Praxis, durch ein „learning by doing" – ein Lernen, in dem es hoffentlich immer wieder Zeit zum Reflektieren und Argumentieren gibt. Dabei kommen dann nicht nur wertneutrale handwerkliche Regeln (wie der Aufbau von Nachrichten) zur Sprache, sondern auch moralische Überzeugungen und ihre Begründungen in Wert- und Tatsachenurteilen. Es ist Wilke recht zu geben, wenn er feststellt: Auch wenn diese Diskussionen nicht mit letzter wissenschaftlicher Akribie geführt werden können, wie das in Vorlesungen oder medienethischen Veröffentlichungen möglich ist, man also „hier gar nicht von Ethik spricht, geht es implizit doch oft um moralische Fragen." (Wilke 1987, 251)

Ein bleibend wichtiger Bezugspunkt bilden die Selbstkontrollgremien mit ihren Kodizes. Die journalistischen Berufskodizes der meisten Länder (vgl. Evers 2000) versuchen, das an der öffentlichen Aufgabe orientierte Berufsethos in praktikable Handwerksregeln umzusetzen, nach denen angehende Journalisten arbeiten lernen sollten und die zugleich das Ansehen des Journalismus in der Öffentlichkeit sichern können. Diese Grundsätze professionellen Arbeitens

> „formulieren interpretationsoffen:
> (1) allgemeine Appelle an das Verantwortungsbewusstsein des Journalisten bei der Erfüllung seiner öffentlichen Aufgaben im Dienst der Allgemeinheit;
> (2) Wahrung der journalistischen Unabhängigkeit nach innen wie nach außen;
> (3) Achtung vor der Wahrheit;
> (4) Korrekte Beschaffung und sorgfältige Wiedergabe von Informationen;
> (5) Richtigstellung unzutreffender Mitteilungen;
> (6) Wahrung der Vertraulichkeit, des Berufsgeheimnisses und des Zeugnisverweigerungsrechtes;
> (7) Respektierung des Privatlebens und der Intimsphäre;
> (8) Eintreten für Menschenrechte und Frieden;
> (9) keine Verherrlichung von Gewalt, Brutalität und Unmoral;
> (10) keine Veröffentlichungen in Wort und Bild, die das sittliche oder religiöse Empfinden verletzen könnten;
> (11) keine Diskriminierung ethnischer, religiöser oder nationaler Gruppen;
> (12) Zurückhaltung in ermittelnden oder schwebenden Gerichtsverfahren;
> (13) Unvereinbarkeit des journalistischen Berufes mit (Geschenk-)Annahme oder Gewährung von Vorteilen." (Teichert 1996,761 f.)

Um einem geplanten Bundespressegesetz zuvorzukommen, entstand 1956 der *Deutsche Presserat,* nach dem Vorbild des bereits 1953 gegründeten British Press Council. Mitglieder sind seit 1960 zu je einem Viertel Repräsentanten der Zeitungsverleger, der Zeitschriftenverleger sowie der gewerkschaftlich organisierten (IG-Druck und Papier) und der freien Journalisten (Deutsche Journalisten-Union). Im Presserat als reiner Standes-Organisation ist also nur die Macher-Seite vertreten, nicht das Leserpublikum bzw. die Öffentlichkeit wie in anderen Ländern, in denen es auch (die S. 125 f. erwähnten) Ombudsleute oder Leseranwältinnen gibt. Mitte der 1960er Jahre traten in allen Bundesländern neue Pressegesetze in Kraft, welche die im Grundgesetz garantierte Pressefreiheit näher regelten. 1973 überreichte der Deutsche Presserat Bundespräsident Gustav Heinemann den *Pressekodex.* Seine 16 Ziffern blieben – bis auf kleinere Änderungen (die letzte zum 1.1.2007) – konstant. Als ständig wachsende Ergänzungen werden, bezogen auf die Ziffern des Kodex, *Richtlinien für die redaktionelle Arbeit* formuliert, wie sie sich aus der Arbeit des 1972 eingerichteten Beschwerdeausschusses ergaben. Eine weitere Ergänzung ist der „Leitfaden zum Datenschutz in Redaktionen" (2000), welcher einer EU-Richtlinie zum Datenschutz nachkam.

Seit 1990 wird die Spruchpraxis des Beschwerdeausschusses (mit ihren Sanktionsmöglichkeiten: öffentliche Rüge – nichtöffentliche Rüge – Missbilligung – Hinweis) in einem Jahrbuch veröffentlicht. Da dort auch zunehmend die Berichterstattung abgedruckt ist, auf welche sich die Beschwerden bezogen, sind die (im Archiv auf der Homepage verfügbaren) Entscheidungen und deren Begründungen hervorragend für das Kennenlernen der journalistischen Ethik geeignet. „Heiße" Zeiten für den Deutschen Presserat waren die als „SPIEGEL-Affäre" bekannte Polizeiaktion auf Anordnung des Verteidigungsministers F. J. Strauß (1962), die „Kieler Affaire" um die Wahlkampfmethoden und den Tod von Ministerpräsident Uwe Barschel (1987), die Interviews mit den Geiselnehmern von Gladbeck (1988). „Kalter Krieg" zwischen der Verleger- und der Journalistenseite herrschte zwischen 1982 und 1985, ausgelöst durch die verdeckte Tätigkeit von Günter Wallraff bei der BILD-Zeitung, d.h. die Tätigkeit des Presserats ruhte.

Was die Ziffern und die konkretisierenden Richtlinien zur „Erklärung der Pflichten und Rechte der Journalistinnen und Journalisten" anlangt, ergibt sich beim *Schweizer Presserat* ein ähnliches Bild. Er formuliert die journalistischen 11 Pflichten und 7 Rechte professionsnäher und aktueller (z.b. auch zur Kriegsberichterstattung). Seine Entscheidungen sind – in einem gut geordneten Archiv auf der Homepage – elektronisch abrufbar. Kommentiert werden die Entscheidungen des Deutschen und des Schweizer Presserats – die Arbeit des *Österreichischen Presserats* ruht seit 2001 (s. Gottwald u.a. 2006) – regelmäßig in den Journalisten-Zeitschriften „Der Journalist", „Message", „Medium. Magazin für Journalisten" und „M. Menschen-Machen-Medien" sowie in den elektronischen Newsletters des „Netzwerk Recherche" und des „Vereins zur Förderung publizistischer Selbstkontrolle" (FPS). Dessen Forderungen nach einheitlichen Kriterien für die Spruchpraxis aller Medien-Selbstkontrollgremien, nach größerer Transparenz ihrer Tätigkeit, nach Beteiligung der Öffentlichkeit werden von den meisten deutschsprachigen Medienethikern mit getragen.

4.1.3 Ethik des Bildjournalismus

Seit der Erfindung des Steindrucks und der Fotografie in der ersten Hälfte des 19. Jahrhunderts wurde das Recht der Öffentlichkeit, informiert zu werden, zunehmend als Recht interpretiert, die Ereignisse und handelnden Personen auch gezeigt zu bekommen. Nicht nur die anwesenden (Foto-)Reporter, sondern auch das interessierte Publikum wollen seither zu „Augenzeugen" wichtiger Vorkommnisse werden. Journalistische Bilder, also Fotos zur Dokumentation des Zeitgeschehens, wurden so immer stärker Teil des kulturellen Wissens und Gedächtnisses unserer Gesellschaft. Das gilt vor allem für jene „Bilder, die die Welt bewegten", oft auch Ikonen oder Schlagbilder genannt, welche wir mit historischen Ereignissen (z.B. Einnahme des Reichstags durch die Rote Armee 1945, Mondlandung 1969) verbinden. Sie werden aus Datenbanken des globalen Mediensystems immer neu in das Gedächtnis Vieler getragen (vgl. Kirschenmann & Wagner 2005).

Der gesellschaftliche Auftrag an die Bildberichterstattung besteht also darin, Referenzpunkte für das öffentliche Wissen und die kollektive Erinnerung zu schaffen. Es ist daher einsichtig, dass zur verantwortlichen Erfüllung dieser Aufgabe die Grundzüge der journalistischen Ethik zu beachten sind: versuchte Objektivität bzw. Authentizität und Achtung der Persönlichkeitsrechte der gezeigten Personen. Im Unterschied zur allgemeinen Augenzeugenschaft des interessierten Publikums ist die spezielle der Bildjournalisten, die für das Zustandekommen, die Bearbeitung und die Veröffentlichung der Bilder zuständig sind, eine *professionelle* Augenzeugenschaft. Nach Leifert (2007) stellt dieser Begriff die zentrale Kategorie dar, um welche sich die professionellen Verpflichtungen der mit der Bildberichterstattung befassten Personen gruppieren lassen.

Da geht es zunächst um die *Authentizität* der Bilder, womit – mit Ziffer 2 und Richtlinie 2.2 des Deutschen Presserats – die Unterlassung von Manipulation (im Sinne einer nachträglichen, nicht kenntlich gemachten Bildbearbeitung) gemeint ist. Dieser bildspezifischen Objektivitätsnorm liegt – bei Produzenten wie Rezipienten – ein „dokumentarisches" Bildverständnis zugrunde: „So ist es gewesen". Diese realistische Auffassung mag naiv sein; denn wir wissen gleichzeitig um die Subjektivität des Kamera-Objektivs, um die Möglichkeiten, Situationen zu inszenieren, die gemachten Fotos in den Nachrichtenredaktionen zu bearbeiten, sie auszuwählen oder nicht zu nehmen. Dennoch entspricht diese Auffassung den Bewusstseinsprozessen, mit denen wir ein Bild aufnehmen: durch die materielle Oberfläche des zweidimensionalen Bildes sehen wir hindurch auf den sichtbar gemachten Gegenstand – die Bilder haben eine große Nähe zum Sehsinn, zu sehenden Wahrnehmung. Aufgrund dieser Analogie, welche Husserl und Sartre in ihrer phänomenologischen Bildtheorie näher entfaltet haben,

> „wird dem Bild mit größerer Selbstverständlichkeit Wahrheitsgehalt und Authentizität zugesprochen als der sprachlich-symbolischen Vermittlung von Wirklichkeit. ... Ein Wissen um die konstruierten, subjektiven und ggf. auch manipulierten Elemente von Bildern ist daher nicht Bestandteil des Bildbewusstseins und der Akte, die in der Bildbetrachtung vollzogen werden. Das in rationaler Reflexion vollzogene kritische Fragen nach der Richtigkeit oder Authentizität eines Bildes ist ein dem Bildbewusstsein vorangehender oder nachträglicher Vorgang." (Leifert 2006, 22)

Diese philosophische Analyse gibt nach Leifert der Spruchpraxis des Deutschen Presserats Recht, wenn er Authentizität der Bildproduktion und -bearbeitung einfordert. Da ist einmal Authentizität im engeren Sinn: Bilder werden nicht nachträglich (durch Löschen, Hinzufügen, Montieren oder falsches Beschriften) verändert bzw. die für notwendig erachtete Bildbearbeitung wird kenntlich gemacht. In einem weiteren Sinn beinhaltet Authentizität auch den Verzicht auf Inszenierung der Aufnahmesituation, das „dramaturgische" Arrangieren der Bildszene. Ferner erfüllen den Anspruch auf Authentizität nur solche Bildeinstellungen (Aufnahmewinkel, Kameraeinstellungen), nur solche Entscheidungen bei der Postproduktion (Bildausschnitt) und nur eine solche Präsentation im Kontext des Mediums, die „einen natürlichen, nicht-inszenierten, nicht-komponierten Blick auf die Wirklichkeit eröffnen, der frei ist von subjektiven Einflüssen" (Leifert 2006, 23).

Der hier geforderte „Realismus" ist nicht so naiv, wie es uns heute manche *Konstruktivisten* glauben machen wollen. Selbstverständlich enthält der natürliche Augenzeugen-Blick eine Reihe konstruktiver und künstlicher Elemente. Aufgrund fotografischer Konvention werden z.b. Bilder aussortiert, in denen nicht-sprechende Personen in die Kamera schauen. Die Erwartung auf Authentizität ist aber vor allem inhaltlich einzulösen, d.h. der Anspruch, ein zutreffendes Bild von der aufgenommen Situation zu bieten, kann und muss verantwortungsethisch den Fotografen und den abnehmenden Redaktionen zugerechnet werden. Ihre Auswahlentscheidungen und Interpretationen sind zwar notwendig subjektiv, aber im Sinne journalistischer Qualität lassen sich die subjektiven Einflüsse in einem kontrollierbaren Rahmen halten. Wie die begrifflichen beziehen sich auch die bildlichen Darstellungen auf einen gesellschaftlichen Konsens. Dieser verändert sich zugegebenermaßen im historischen Prozess; er enthält auch in der Gegenwart soziale und weltanschauliche Kampfpositionen um die Deutungshoheit. Aber aus der Tatsache, dass es keinen direkten Zugriff auf die Wirklichkeit gibt und das journalistische Subjekt nicht übersprungen werden kann, folgert nicht, dass alles nur Konstruktion ist und es unentscheidbar bleibt, ob eine Darstellung als wahrheitsgemäß im Sinn von situativ adäquater Augenzeugenschaft gelten kann.

Neben der Augenzeugenschaft ist die zweite zentrale Kategorie der Bildethik die Wahrung der Rechte der dargestellten Personen (und ihrer Angehörigen), konkret das Vermeiden einer namentlichen Identifizierbarkeit. Diese *Persönlichkeitsrechte* sind abzuwägen gegen das öffentliche Interesse an der vollen, auch die bildliche Darstellung einschließenden Information über Ereignisse der Zeitgeschichte. Das Recht der Öffentlichkeit, darüber informiert zu werden, wird vom Bundesverfassungsgericht sehr hoch angesetzt; es berechtigt freilich meist nur zu einer Erkennbarkeit, aber nicht zur namentlichen Identifizierung der betroffenen Personen.

Eine oft übersehene Verantwortung hat speziell das Fernsehen gegenüber Kindern und ihren Eltern, wenn es um emotional belastende Schadens- und Kriegsberichte in den Nachrichtensendungen geht. Wie langjährige qualitative Rezeptionsstudien gezeigt haben, identifizieren sich die meisten Kinder mit den Opfern der Gewalt – vor allem wenn die Opfer ihr Alter haben und in Umgebungen leben, die den ihrigen ähneln. Die bewegten Bilder ängstigen sie umso mehr, je länger die Opfer in Großaufnahme mit ihren Verletzungen oder Verstümmelungen gezeigt werden (vgl. Theunert 1995). Selbst wenn die Redaktion über keine anderen Bilder verfügt und sie zur Bebilderung von Nachrichten gezwungen ist, so sollte sie doch bei deren Bearbeitung die Kinder im Blick behalten. Die Verantwortung der Eltern besteht darin, den Kindern ausreichend die Art und vor allem die Entfernung des kriegerischen Konflikts oder Terroranschlags zu erklären und ihnen so eine gewisse Sicherheit zu geben.

4.1.4   Ethik im Kontext redaktioneller Qualitätssicherung

Einleitend zu diesem Kapitel über Ethik des Journalismus (S. 128) wurde der Qualitätsdiskurs als eine praxisnahe und stärker empirische Begründungsform bezeichnet. Er fragt: Wie lässt sich journalistische Qualität heute nachhaltig garantieren, welche Infrastruktur ist dazu nötig, wer überprüft wann das Erreichen der angezielten Qualitätsstandards? (Eine gute Zusammenfassung der dabei relevanten Faktoren bietet Weischenberg 2006c) All diese Fragen werden heute zunehmend durch ein systematisches Qualitätsmanagement erfasst, das bevorzugt in den Redaktionen angesiedelt ist. Die Redaktionsführung hat dabei die Aufgabe des Qualitäts-Managements, sie ist – im Zusammenspiel mit den Redakteuren und der Unternehmensleitung – „zuständig für die Implementierung, Steuerung und Kontrolle des redaktionellen Qualitätssicherungssystems" (Wyss 2003, 131). Wyss hat den Ansatz des Total-Quality-Managements (TQM) auf das Qualitätsmanagement in Redaktionen angewendet. Er unterscheidet drei Modalitäten der Qualitätssicherung:

1) Da sind einmal die *kommunikativen Aspekte* oder Regeln der kognitiven Ordnung: Mit ihnen verständigen sich die Redaktionsmitglieder über die Notwendigkeit einer fortlaufenden Qualitätssicherung und deren wichtigste *Deutungsmuster* (z. B. Kundenorientierung).

2) An zweiter Stelle im Schema stehen die *administrativen und ökonomischen Aspekte* von Qualitätssicherung: Es geht um „Machtmittel" wie Ressourcenverteilung (Budget und technische Ausstattung der Redaktion), um die Festlegung der Verfahren von Leistungsbewertung, um den Einbezug in Marketing-Planungen, die Gestaltung von qualitätsrelevanten Arbeitsroutinen (Zeit für Recherche, Gegenlesen). Nur wenn diese Ressourcen zur Verfügung gestellt werden, kann Qualität realisiert werden.

3) Als dritte werden die berufsethischen *Normen als die legitimierenden Aspekte* der Qualitätssicherung genannt: journalistische Qualitätsstandards (wie sie in Ethik-Kodizes formuliert sind), aber auch spezielle Redaktionsstatute (die im Leitbild des Medienunternehmens eine mögliche Verankerung haben), sowie alle ungeschriebenen Pflichten und Rechte der Redaktionsmitglieder, die regelmäßig zur Rechtfertigung journalistischer Leistung herangezogen werden.

Wyss stellt nun die Frage, ob wirklich alle diese Modalitäten de facto in die redaktionelle Qualitätssicherung einbezogen werden und was geschehen müsste, damit das stärker der Fall ist? In einer Journalistenbefragung (vgl. Wyss 2002) stellte sich heraus, dass es in ihren Redaktionen zwar (schriftlich fixierte) Leitbilder gab, dass man sie aber kaum nennen könne – u. a. deshalb, weil sie im Alltag zu wenig herangezogen werden. Eine redaktionsinterne Verständigung über journalistische Qualitätsziele finde hauptsächlich in den Redaktionskonferenzen statt; sie stellten nicht nur die Themenplanung sicher, sondern seien zentrale Instanzen der Wertvermittlung und Qualitätssicherung. Weil sie jedoch häufig unter Zeitdruck stattfänden, schlecht moderiert seien und es Kommunikationsbarrieren gebe, seien informelle Gespräche unter Kollegen bedeutsamer für die Sicherung von Qualität. (vgl. Wyss 2003, 138 f.)

Ambivalent ist die Ausrichtung am Publikumsgeschmack. Das redaktionelle
Marketing versucht, das Medienprodukt so publikumsfreundlich wie möglich
zu machen – die journalistische Berufsauffassung sieht darin schnell eine
Gefahr für die Unabhängigkeit und Autonomie. Hier kann eine zielgenaue und
aussagekräftige Publikumsforschung Daten für ein Gespräch über Qualität
liefern, in dem sowohl die ökonomische wie die publizistische Perspektive zur
Geltung kommen. „Insbesondere muss die Grenze zwischen der Publikums-
und Werbemarktorientierung gezogen werden." (Wyss 2003, 140)

Will man Qualität sichern, gilt es, worauf der Name *Total Quality Management*
hinweist, *alle* potentiellen Sicherungsinstrumente über alle Hierarchien hinweg
wahrzunehmen und zu nützen. Neben der genannten Redaktionskonferenz sind
das ausreichende Recherche, Gegenlesen und Beitragsabnahme, Blatt und
Sendekritiken (im Medienjournalismus). Auch gilt es Qualitätsziele klar zu
definieren, sie im ökonomischen Management zu verankern (Qualität hat ihren
Preis, mangelnde auch) und das Maß ihrer Zielerreichung – durchaus mit
selbstevaluativen Elementen – festzustellen. Schließlich ist auch der, dem
Journalismus „vorgelagerte" PR-Bereich in die Qualitätssicherung einzubezie-
hen (vgl. Ruß-Mohl 2004, 135 ff.) Ob der Markt diese Qualitätsanstrengungen
honoriert, liegt einmal an der entsprechenden Anspruchshaltung und Kritikfähigkeit des Publikums (hier schließt sich der Kreis zur Publikumsethik), zum
anderen ist dazu auch eine Medienpolitik nötig, welche Qualitätsprodukte fördert. Im vorgestellten Modell einer redaktionellen Qualitätssicherung wird dem
medienethischen Argumentieren ein selbstverständlicher Platz bei der Realisierung journalistischer Qualität zugewiesen. Werden Ziffern des Pressekodex
oder Punkte des Redaktionsstatuts auf konkrete Arbeitsentscheidungen hin
angewendet, so verlieren sie Nimbus bloßer Idealnormen. Als Praxisnormen
(vgl. 1.3.1) erhellen sie neben anderen, vormoralischen Richtgrößen einen
konkreten Kontext und machen ihn entscheidbar. Fabris & Renger sehen in der
stärkeren Beachtung der ethischen Dimension eine Bereicherung des Quali-
tätsdiskurses, fügen aber gleichzeitig hinzu: „Hier ist freilich eine Präzisierung
und Operationalisierung der Begriffe und theoretischen Begründungen sowie
eine entsprechende Verständigung darüber mit der journalistischen Berufspraxis gefordert." (Fabris & Renger 2003, 85)

Natürlich gibt es noch andere Praxisfelder der Medienethik als die Beteiligung
an Qualitätssicherungsprozessen. Hier sei u. a. das Stimulieren und Weiterent-
wickeln des beruflichen Verantwortungsbewusstseins in Aus- und Fortbil-
dungsmaßnahmen genannt (Anregungen dazu bei Debatin & Funiok 2003;
Funiok 2011). Was da im Schonraum einer Bildungsveranstaltung an Fallbei-
spielen durch eine gründliche ethische Analyse als richtig und wichtig erkannt
wird, ist anschließend in die unübersichtliche stressige Alltagssituation
einzubringen. Es gehört zu einer gründlichen ethischen Bildung von Medienberufen, auf diesen Praxis-Schock vorzubereiten. Wenn die eigenen Handlungsmöglichkeiten auch ihre Grenzen haben, so ist doch eine Unterstützung durch
den organisationellen Kontext der Redaktion und des Medienunternehmens
einzufordern (vgl. Debatin & Funiok 2003, 9).

4.2   Ethik der Produzenten von Unterhaltung

Etwa 80 % des Programms der elektronischen Medien (Radio und Fernsehen) sind „unterhaltender" Art; vielleicht lässt sich ein ähnlicher Prozentsatz von Buchtiteln der „schönen" und damit der Unterhaltungs-Literatur zuordnen, bei der Gegenüberstellung von U-Musik und E-Musik käme man auf dieselbe Zahl, bei den Computerspielen ohnehin. Der Löwenanteil des Medienangebots ist also zur Unterhaltung – und nicht zu Information, Wissenserwerb und Orientierung – gedacht. Wenigstens überwiegt dabei das Unterhaltungselement, so dass dieses Angebot als unterhaltend, spannend, bewegend usw. angekündigt werden kann. Und doch gab es schon immer eine Verbindung von beiden Elementen – nicht erst, seit man neuhochdeutsch von „Infotainment" oder „Edutainment" spricht.

Als vorwiegend unterhaltend gelten alle Programme, die uns über die Schwelle des Theaters führen: *fiktionale* Programme also wie Melodramen und Liebesromane, Kriegsepen oder Abenteuerfilme von Rittern, Piraten und Fabelwesen, Krimis, Western, Science-Fiction-Stoffe, traditionelle Lustspiele und die neuen Comedies. Das alles gibt es in Einzelproduktionen, vieles auch als Serien. Im Mittelpunkt stehen entweder herausragenden Persönlichkeiten (Helden) oder Menschen wie du und ich, wie in den Soap Operas oder Telenovelas. Als unterhaltend gelten aber auch die *nicht-fiktionalen* Programme wie Spiele, Ratespiele (Quiz-Shows), Talk-Shows, Reality-Shows und Docu-Dramas. Auch die ausführliche Sportberichterstattung hat hauptsächlich Unterhaltungswert; sie wird freilich meist zu den journalistischen Genres gezählt. Die genannten Unterhaltungsgenres verändern sich ständig, das Feld des öffentlich Gezeigten erweitert sich, die neuen Unterhaltungsgenres arbeiten noch stärker als die informierenden Darstellungsformen mit Special Effects, die zunehmend von Computer-Programmen erzeugt werden.

Die Grundfunktion von Unterhaltung besteht darin, Entlastung vom Alltaganzubieten, in eine „schönere", zumindest andere Vorstellungswelt zu entführen, mit vertrauten oder fremden Rollen vertraut zu machen, an interessanten Lebenswelten teilhaben zu lassen. Was aber macht die verschiedenen Unterhaltungsgenres ethisch relevant? Wo liegt die professionelle Verantwortung derer, die sie produzieren? (Die Mitverantwortung des Publikums, das mit diesen Angeboten sein Bedürfnis nach Unterhaltung befriedigt, wird unter 5.3.3 behandelt.) Unterhaltung kann gelingen oder nicht, und so können Teilpublika in ihren Erwartungen enttäuscht werden – das ist eine Frage des Erfolgs von Unterhaltungsprogrammen. Aber es gibt auch eine ethische Problematik. Dabei geht es weniger um die Unterhaltung als solche – außer man lehnt sie als Ausdruck einer niederen Populärkultur ab, an der man angeblich selbst keinen Spaß hat, oder man sieht in ihr den Versuch politischer Einschläferung. Solche kulturpessimistischen und asketischen Argumente sind nicht völlig ausgestorben, brauchen aber im Kontext einer Professionsethik der Unterhaltungskünstler nicht weiter behandelt werden. Die ethischen Anfragen an die Unterhaltung betreffen eher *bestimmte Mittel der Spannungserzeugung:* Die Quantität und Qualität von Gewaltszenen, der Einsatz menschenverachtender Pornographie, die Verunglimpfung von Ethnien, Geschlecht, Altersangehörigen.

Auf der Grundlage von Ergebnissen sozialwissenschaftlicher Forschung und philosophischer Überlegungen lassen sich 10 Thesen zur Mediengewalt formulieren (die Erläuterungen dazu bei Funiok 2002b):

(1) Gewalt – ein bleibendes gesellschaftliches Phänomen.

(2) Medien können auf die Darstellung von Gewalt nicht verzichten.

(3) Diese Thematisierung ist mit Risiken verbunden, vor allem für bestimmte Individuen und Gruppen.

(4) Statt von Wirkungen spricht man besser von Aneignungsprozessen und -schwierigkeiten.

(5) Aneignung schließt persönliches Verstehen und Stellungnehmen ein.

(6) Probleme sind bei der Kombination exzessiver Mediennutzung und sozial-kultureller Verarmung wahrscheinlich.

(7) Die mediale Gestaltung von Gewalt erschwert oder erleichtert ihre angemessene Bewertung.

(8) Die Risiken bei Computer- und Netzspielen sind ähnlich einzuschätzen wie bei der Fernsehgewalt, aber in ihrer Besonderheit noch zu wenig erforscht.

(9) Ästhetisches Vergnügen an Gewaltfilmen lässt sich verstehen und gegebenenfalls moralisch rechtfertigen.

(10) Es bleibt die individuelle und gesellschaftliche Aufgabe einer „Domestizierung" der Gewalt.

Unterhaltend, weil die alltägliche Unterhaltung abbildend, sind die Daytime-Talks, auch Daily Talks genannt. Da billig zu produzieren, kamen sie mit den Privaten Fernsehsendern in Mode. Die Attraktivität dieser Nachmittags-Programme entsteht zum einen mit der Person der Moderatorin bzw. Moderators, zum anderen mit der zugespitzten Themenformulierung. Relativ normal – weil zu jener Form von Alltagskommunikation gehörend, die man traditionell „Tratsch" (engl. Gossip) nennt – sind jedoch die *Themen*: Beziehungsprobleme (vor allem partnerschaftliche und sexuelle), Beziehungen aller Art (familiäre, nachbarschaftliche, freundschaftliche, berufliche), Fragen des Charakters und der Lebenseinstellung, des Aussehens und der Mode (Körperinszenierungen). Zur knalligen Ankündigung und Durchführung der Talks gehört die Bevorzugung von Randphänomenen (interessante Eigenheiten, zum Teil abstruser und abnormer Art). Diese Auswahl ist der Aufmerksamkeitsökonomie der Sender geschuldet, sie entspricht auch den Nutzungsmotiven des Publikums bzw. der jeweiligen Publika (vgl. Buß & Neuwöhner 1999). Als „Affektfernsehen" (Bente & Fromm 1997) beziehen die Daytime Talks Voyeurismus und Schadenfreude mit ein, sie ermöglichen den Kandidaten als „performatives Realitätsfernsehen" Selbstinszenierung und Selbstvermarktung, das Erzählen der eigenen Lebensgeschichte vor Millionen (Schilson 1998), das Ablegen persönlicher Bekenntnisse und die Erfahrung des Verstandenwerden (Keppler 1995).

Was ist daran medienethisch relevant? Da zum Publikum dieser Nachmittagssendungen nicht nur ältere Menschen und Arbeitslose zählen, sondern auch Kinder und Jugendliche, darf Themen- und Kandidatenauswahl nicht sozial desorientierend sein. Ausgehend vom Protest bayerischer Landfrauen, dem sich Politikerinnen und Politiker anschlossen, wurden vom Verband privater Rundfunk und Telekommunikation (1998) „Freiwillige Verhaltensgrundsätze zu Talkshows im Tagesprogramm" formuliert und akzeptiert. Die 9 „Leitlinien zur inhaltlichen Ausgestaltung" betonen die *Verantwortung des Moderators* für eine Gesprächsatmosphäre, in der zwar jeder zu Wort kommen darf, aber rassistische, kriminelle oder sonst nur absonderliche Äußerungen unterbunden bzw. entsprechend kommentiert werden. Hausmanninger (2003) weist darauf hin, dass in den Daytime Talks fast durchwegs Themen der Alltagsmoral behandelt werden – dies freilich nicht in einer hochkulturellen Sprache, sondern mit eher unterschichtspezifischen Momenten expressiver Selbstdarstellung. Auch wenn man moralische Kommunikation nicht für einen Stil reservieren darf, sollten doch beide Behandlungsstile nach vernunftgemäßen, und nicht nur emotionalen Begründungen suchen.

4.3 Ethik der Public Relations

Wie bei der journalistischen Berufsethik ist bei der PR-Ethik zunächst nach dem Grundauftrag und der gesellschaftlichen Kernfunktion von Public Relation oder Öffentlichkeitsarbeit zu fragen, und anschließend: Welche Verpflichtungen ergeben sich daraus für die Berufsrolle der PR-Manager? Als Auftragskommunikation ist ihre Arbeit ähnlich starker Kritik ausgesetzt wie die im nächsten Abschnitt zu behandelnde Werbung, welche manche Kritiker sogar als ehrlicher, weil offener persuasiv, bezeichnen. Als gekaufte „Kommerzheinis" diffamiert, behaftet mit dem „Nimbus des ruchlosen und im Verborgenen agierenden Taktierens" (Rademacher 2003, 48 f.), hat die PR moralische Grundsätze, Selbstverpflichtungen (Kodizes) und Selbstkontrolle (PR-Rat) nötig – und das nicht nur aus Legitimationsgründen, sondern vor allem um Ähnlichkeiten und Unterschiede zur Ethik des Journalismus, mit dem sie wie „siamesische Zwillinge" oder „feindliche Geschwister" (Saxer 2005) verbunden ist, zu verdeutlichen.

Versucht man, PR von den für sie typischen Tätigkeiten und Arbeitsfeldern her zu definieren, so kann sie

> „als Oberbegriff für ein ganzes Bündel von Maßnahmen der Kommunikation von Organisationen angesehen werden, deren gemeinsames Merkmal darin besteht, daß sie sich an ein disperses, im persönlichen Kontakt nicht oder nur schwer erreichbares Publikum wenden. Dazu gehören normalerweise Bezugsgruppen in der äußeren Umwelt einer Organisation (Kunden, Lieferanten, Anwohner, Multiplikatoren, Medienvertreter, etc.), es können aber auch solche der internen Umwelt sein (Mitglieder, Mitarbeiter, Anteilseigner, etc.)." (Krzeminski 1996, 10)

Öffentlichkeitsarbeit muss, will sie erfolgreich sein, proaktiv, kontinuierlich und systematisch betrieben werden – nur in Krisen ist sie reaktiv und defensiv. Die normale Öffentlichkeitsarbeit wird strategisch geplant, als Führungsaufgabe begriffen und als abhängig von den Marketingzielen der Organisation. Zur üblichen PR zählt auch das „Social Marketing": Mit ihm werden soziale Leitbilder, Werte, politische Ideen oder religiöse Inhalte propagiert. Diese Wertekommunikation will nicht nur in der Gesellschaft die Zustimmung zu sozial erwünschtem Verhalten (z.B. Verhütung von Aids mittels Kondome), sondern auch das Organisationsleitbild und das Image der Einrichtung stärken. Grunig & Hunt (1984) unterscheiden vier Typen von PR-Arbeit mit zunehmendem Dialogcharakter, der jedoch nicht überschätzt werden darf – wie der von Avenarius (1994, 306) geschätzte Anwendungsgrad in Klammern zeigt:

(1) Die mit Einwegkommunikation und stark verkürzten Aussagen arbeitende „Publicity" von Parteien, Veranstaltern, Verkaufsförderern (25 %);

(2) Die Informationstätigkeit von Behörden und Unternehmen, mittels umfassender Mitteilungen, jedoch in Einwegkommunikation (35 %);

(3) Die Überzeugungsarbeit von Unternehmen, Verbänden, Kirchen durch asymmetrische Zweiwegekommunikation, da Feedback möglich ist (35 %);

(4) Der Dialog der PR-Agenturen zur Erzeugung wechselseitigen Verständnisses (5 %).

Um ihre externen Bezugsgruppen zu erreichen, wendet sich PR vorzüglich, aber nicht ausschließlich, an die anderen medialen Teilsysteme unserer Gesellschaft: die Werbung, den Journalismus und die Unterhaltungsbranche. Über sie erreicht sie die allgemeine Öffentlichkeit – also auch über den Informations-Journalismus. Das Verhältnis von PR und Journalismus wurde mit der Untersuchung von Baerns (1985), die einen hohen Anteil von PR-Material in tagesaktuellen Medien nachwies, zunächst als Determination des Journalismus durch PR aufgefasst. Seit Bentele (1997) geht man von einer wechselseitigen Beeinflussung (Intereffikation) aus, in der beide Seiten ihre Autonomie und ihr Ethos wahren können (vgl. am Beispiel eines Lokalblatts Schweda & Opherden 1995). Die PR-Manager liefern qualitätvolles Material an, welches sich die Journalisten aufgrund knapper zeitlicher Ressourcen nicht erarbeiten könnten; auch wenn die Übernahmen dieses Materials 70 % der Veröffentlichung ausmachen, so bildet die journalistische Eigenrecherche – zwar mit 30 % quantitativ unterlegen – „das notwendige Drohpotential" (Rolke 1999, 440) in der Hand derer, die die Selektions- und Präsentationsmacht besitzen. Mögen die PR-Leute auch die Termine und den „Spin" von Themen strategisch planen und den Zugang zu prominenten Personalities kontrollieren, so bleibt es doch den Journalisten vorbehalten, mit Bezug auf Nachrichtenwerte und Rezipienteninteressen die Agenda festzuschreiben.

In dieser Zuordnung zum und Arbeitsteilung mit dem Journalismus lässt sich die *Grundaufgabe* der PR als „Mitgestaltung der öffentlichen Informations- und Interpretationsprozesse" (Rolke 1999, 441; ähnlich Saxer 2008) beschreiben. Von den Zielen und Vorgängen in der Wirtschaft und der Politik erfahren die Medien hauptsächlich durch deren PR-Abteilungen. Über ihren Informationscharakter hinaus, in welchem unabweisbar eine Wahrheitspflicht steckt, sind diese Mitteilungen an der Imagepflege und am Reputationserhalt ihrer Arbeitgeber interessiert. Dieses Eigeninteresse haben kritische und unabhängige Journalisten stets im Blick. Gleichzeitig erbringt die PR-Arbeit von Unternehmen und (Non-Profit-)Organisationen – im Sinne des Social Marketing – auch notwendige Konsens- und Vertrauensbildungen zu Wertfragen, sie stellt Normharmonisierungen und die Akzeptanz wichtiger Innovationen her (vgl. Saxer 1994, 208 ff.). Sie erfüllt zweifellos eine wichtige Aufgabe für das gesellschaftliche Orientierungssystem, zu welchem neben den Medien auch Wissenschaft und Forschung, Religion und Kunst sowie das Schulsystem zählen (vgl. Rolke 1999, 435).

Die sich daraus ergebenden moralischen Pflichten sind nicht aus einer Hochstilisierung des „Dialogs" mit den Bezugsgruppen zu gewinnen, auch nicht aus Selbstverpflichtungen, die sich ausschließlich eine (im Sinne der Alltagsmoral) ehrenhafte Berufsausübung einschärfen und damit um die Reputation des Berufsstandes bemüht sind. Da dieser einen noch geringen Organisationsgrad besitzt, ist der Berufskodex – die Deutsche Public Relations Gesellschaft (DPRG) hat den internationalen von Athen (1964) übernommen – und die Arbeit des Deutschen Rats für Public Relations (DRPR, seit 1987) nicht allen bekannt. Kodizes haben ihre Grenzen – allein durch ihre abstrakte Sprache, welche die Praxisprobleme kaum einfängt. Eine rühmliche Ausnahme bildet hier der Code of Professional Standards, den die Public Relations Society of America (PRSA) 1988 formulierte (vgl. Seib & Fitzpatrick 1995, 120–132). Wichtige Befunde zum Berufsethos, das bei deutschen PR-Leuten vorhanden ist, und dessen Anwendung in der Praxis bieten Becher (1996) und Förg (2004). Um die bisher unklare PR-Ethik theoretisch weiter zu entwickeln, hat Saxer (1994) wichtige Anregungen vorgelegt, wenn auch weitgehend formaler Art. Eine größere Kenntnis bei den Praktikern ist allein wegen ihrer wachsenden Zahl angeraten. In den USA gibt es seit Jahren doppelt so viele PR-Leute wie Journalisten; in Europa haben sie die Zahl der Journalisten (2005: 48.000, vgl. Weischenberg 2006a, 36) vielleicht gerade erreicht (2004 auf 30.000 bis 50.000 geschätzt), aber die PR-Berufe differenzieren sich nicht nur weiter aus, sondern nehmen auch zahlenmäßig zu.

Was sind die wichtigsten Elemente der PR-Ethik? Da die Öffentlichkeitsarbeit von Unternehmen und Organisationen an den gesellschaftlichen Informations- und Wissensprozessen mitwirkt, unterliegt sie zunächst der *Wahrheitspflicht:* Die interessensgebundene PR braucht zwar für sie kritische Fakten nicht von sich aus anzusprechen, aber sie darf nur zutreffende Dinge behaupten, sonst verliert sie ihr Glaubwürdigkeit. Schon 1647 formulierte der spanische Jesuit Gracián in seiner Aphorismensammlung „Handorakel und die Kunst der Weltklugheit" diesen absichtsvollen Umgang mit der Wahrheit präzise: „Ohne zu lügen, nicht alle Wahrheiten sagen. ... Es gehört gleich viel dazu, sie zu sagen und sie zu verschweigen zu verstehen." (Nr. 181)

Ferner haben die in der PR Arbeitenden die Freiheit und Unabhängigkeit der
Journalisten achten, deren Verpflichtung auf Trennung von redaktionellen
Anteilen und Werbung anzuerkennen sowie die Grenzen für Product Placement
und Schleichwerbung zu wahren. Wenn die PR-Abteilungen von Unternehmen,
Parteien und Organisationen über das Internet den direkten Weg zum Publikum
suchen, entfällt zwar der kritische Filter des Journalismus. Umso notwendiger
ist eine kritische Haltung bei den Nutzern. Diese müssen die Glaubwürdigkeit
von Mitteilungen auf der Homepage oder in fremden Blogs beurteilen können
– weshalb PR-Leute, die für Parteien arbeiten, dort keine anonymen Beiträge
platzieren dürfen. Sie müssen sich ihren Auftraggebern außerdem loyal verhalten und dürfen ihre Arbeit nicht eitel hochstilisieren – wie es Hunzinger tat
(vgl. Avenarius 2003). Gegenüber den sie beschäftigenden Unternehmen müssen PR-Manager auf Einhaltung unerlässlicher unternehmensethischer Grundsätze pochen. Die unverzichtbaren Elemente der PR-Ethik finden sich in den
sieben ethischen Grundsätze, wie sie Avenarius analog zum hippokratischen
Eid in Ichform formulierte:

„1. Mit meiner Arbeit diene ich der Öffentlichkeit. Ich bin mir bewußt, daß ich
nichts unternehmen darf, was Öffentlichkeiten zu irrigen Schlüssen und fal-
schem Verhalten veranlaßt. Ich habe wahrhaftig zu sein.
2. Mit meiner Arbeit stehe ich in den Diensten eines Auftrag- oder Arbeitsge-
bers. Ich verpflichte mich, ein redlicher Anwalt seiner Interessen zu sein und
ihn vor Schaden zu bewahren.
3. Mit meiner Arbeit bin ich in das Wirken einer Organisation eingebunden. Ich
stehe loyal zu ihren Zielen und ihrer Politik, solange sich beide mit der Würde
des Menschen, seinen Grundrechten und mit darauf gründendem Recht und
Gesetz vereinbaren läßt. Sonst habe ich Konsequenzen zu ziehen.
4. Eine Organisation, die es durch ihr Kommunikationsverhalten an Achtung für
Menschen und Fairneß zu anderen Organisationen fehlen läßt, werde ich, falls
ich für sie arbeite, nach Kräften zu Korrekturen anhalten. Nötigenfalls werde
ich den Auftrag zurückgeben.
5. Ich informiere nach bestem Wissen und Gewissen. Gegenüber Journalisten
und anderen Trägern öffentlicher Verantwortung wende ich keine unlauteren
Mittel an. Ich verleite sie nicht zur Vorteilsannahme.
6. Die Unabhängigkeit und Freiheit meiner Gesprächspartner werde ich achten
und daher ihnen gegenüber keine Machtmittel einsetzen. Ich enthalte mich
insbesondere jeder Nötigung.
7. Öffentlichkeitsarbeit sehe ich als eine notwendige Aufgabe an, um Vertrauen
zu schaffen, Öffentlichkeit herzustellen und gegebenenfalls auch das eigene
Verhalten zu überprüfen. Ich werde daher dem Ansehen meines Berufsstandes
absichtlich keinen Schaden zufügen." (Avenarius 1994, 302)

Eine aktuelle Zusammenstellung der Kodizes und Richtlinien sowie der Arbeitsgrundsätze der Selbstkontrollgremien findet sich bei Avenarius & Bentele
2009. Es ist zu wünschen, dass die PR-Ethik sowohl in ihrer Systematik und
theoretischen Fundierung wie in ihrer Anerkennung und Anwendung weiter
entwickelt wird.

4.4   Ethik der Werbung und Propaganda

Politische und Wirtschaftswerbung ist so alt wie unsere Schriftkultur (vgl. Buchli 1962) und durch eine strategische Rationalität gekennzeichnet. Werbung kontrolliert ihre Informationen „in den Formen der Verhüllung (Geheimhaltung, Schweigen), der Mitteilung und der Demonstration" (Willems 2002, 57). Dabei werden die Dinge mit Reclameklugheit – wie sie der schon erwähnte Gracián Politikern anriet (z.B. in Nr. 130, 150) – idealisiert und ins beste Licht gerückt, und zwar aus der Sicht derer, die beeinflusst werden sollen (vgl. Gracián, 233). Die Konnotation mit Täuschung, gar Manipulation ist der Werbung von jeher inhärent. Die Angezielten wissen jedoch in der Regel um die Werbeabsicht. Und so akzeptieren sie diese strategische Kommunikation nur, wenn sie sie auch goutieren können, d.h. wenn sie unterhaltsam ist, ein gutes Gefühl hervorruft, interessante Geschichten erzählt. Werbebotschaften haben für die Umworbenen vor allem diese Erlebnisfunktion – die zusätzliche Information, meist in Form einer Erinnerung an die Marke, wird „geschluckt". Da die kluge Präsentation der Werbeobjekte oft ihre Schönheit herausstellt und Geschichten nur unterhalten, wenn sie gut erzählt sind, hat Werbung eine Nähe zur darstellenden Kunst und zur Erzählkunst (in den multimedialen Formen von heute).

Mit Werbung werden die spezifischen Handlungen bei der Produktion und Distribution von Werbeaussagen wie die konkreten Werbemittel und -träger bezeichnet.

„Wirtschaftswerbung ist öffentliche und zwangsfreie instrumentelle Kommunikation, die strategisch geplant wird. Diese Planung verbindet die Konzeption auftrags- und zielentsprechender Botschaften mit der Auswahl und Kombination der für ihre Streuung geeigneten Medien. Verbalisierung, Visualisierung und Symbolisierung der Botschaft bieten ihren Empfängern Orientierungshilfen für Kauf und konsumtives Verhalten." (Haseloff 1981, 109)

Angefangen von der Tageszeitung (1605) über Film, Radio und Fernsehen bis zum Internet hat Werbung nicht nur einen Teil des Inhalts bestritten, sondern auch die wirtschaftliche Existenz dieser Medien gesichert. Dennoch bestand und besteht gerade gegenüber Werbung ein massiver Manipulationsvorwurf. Auch wenn Erwachsene als aufgeklärte und selbstverantwortliche Konsumenten zu betrachten sind, so braucht es doch besondere Rücksicht auf Heranwachsende und eine Medienerziehung, welche die kritische Werbekompetenz von Kindern und Jugendlichen sich aufbauen hilft (vgl. Charlton u.a. 1995; Paus-Hasebrink u.a. 2004; Rosenstock & Fuhs 2006). Konsumentensouveränität heißt in der Mediengesellschaft, Werbung von anderen Unterhaltungsformaten wie Spielfilmen unterscheiden zu können, indem man ihre Persuasionsabsichten erkennt. Werbung will von einer Idee überzeugen oder zu einer (Kauf- oder Wahl-) Handlung überreden.

Während Wirtschaftswerbung die Aufmerksamkeit für Produkte und Dienstleistungen schaffen oder erhalten will, geht es der *politischen Werbung* – und
der *Propaganda* als einer besonders rigorosen Form davon – um die „ewige"
Zustimmung zu Ideen, Werten und Weltanschauungen, um Gefolgschaft der
von ihrer Wahrheit überzeugten Mitglieder (vgl. Westerbarkey 2004, 201).
Arnold (2003) bezeichnet daher Propaganda als „ideologische Kommunikation", die nicht von verfälschenden Vereinfachungen, bewusster Lüge und
Verteufelung des Gegners zurückschreckt. Propaganda entfaltet ihre größte
Wirkung in Diktaturen; in ihnen benutzt sie nicht nur soziale Sanktionen als
begleitendes Druckmittel, sie versucht auch die Rezeptionssituation als solche
zu kontrollieren: Wenn der Führer sprach, musste man das Radio einschalten,
das Hören von Feindsendern war verboten.

Heute ermöglichen ausländische Internetinformationen, das Netz staatlicher
Kontrolle zu durchlöchern. Aber auch in funktionierenden Demokratien, wo es
keiner Partei möglich ist, die Rezeptionssituation derart zu kontrollieren, gibt
es Propaganda: Wenn es darum geht, die Zustimmung der Bevölkerung zu
einem Krieg zu bekommen, durch „Gräuelpropaganda" ein geeignetes Feind-
bild aufzubauen (vgl. Funiok 1999c). Da Wahrhaftigkeit ein unverzichtbarer
Grundsatz jeder Kommunikationsethik ist, verbietet sich diejenige Propaganda,
die mit Lügen oder Diffamierung arbeitet. Um bei Wahlkämpfen eine Gleichheit in den Kampfmitteln herzustellen und das Ansehen der Politik in den
Augen des Volkes nicht weiter zu schädigen, gibt es neuerdings Allparteien-
Regeln für einen fairen Wahlkampf.

Differenzierter fällt die ethische Beurteilung der *Wirtschaftswerbung* aus.
Auch wenn man bei jeder Form persuasiver Kommunikation auf der Hut sein
sollte, ist ein Großteil der gängigen Werbekritik überzogen und ideologisch
(vgl. Hanas 1998, 196 ff.). Auf der Grundlage einer integrativen Wirtschaftsethik, wie sie im Teil 3 skizziert wurde, darf die Wirtschaftswerbung aufgrund
ihrer marktwirtschaftlichen Funktion als unbedenklich gelten, wenn die
Kommunikationsziele (wie Markenbekanntheit, Produktwissen und Abgrenzung von Konkurrenzprodukten, Erhaltung eines positiven Images) auf faire
und transparente Weise angestrebt werden. Ferner lässt sich die Wirtschaftswerbung als legitimes Element unserer Alltagskultur sehen – wenn sich dabei
auch Konflikte zwischen Kindern und Eltern ergeben.

Auch unter ethischer Perspektive beachtenswert ist jene Werbung, die die Qualität freier Kunst erreicht. Der Fotograf Oliviero Toscani hat sie einige Jahre
für Benetton entwickelt. Die übliche Werbung ist um Verständigung und
Übereinstimmung mit dem Konsumenten (und dessen Werten) bemüht, verhält
sich also – unter kritischer Rücksicht – affirmativ und sedativ, sie vermeidet
als Teil des ökonomischen Systems unabhängige Stellungnahmen zum
Werbeobjekt. Die Möglichkeit, mit einem Produktlogo Wertaussagen von
allgemein gesellschaftlicher Relevanz zu transportieren, stellt eine hochinte-
ressante Erweiterung von Werbung dar (vgl. Könches 2001; Petzuch 2005).
Das Bundesverfassungsgericht hat zwei Urteile des Bundesgerichtshofs, das in
der Benetton-Werbung Toscanis unlauteren Wettbewerb vorliegen sah,

aufgehoben und Wirtschaftsunternehmen ausdrücklich das Recht zugesprochen, sich mit Werbung am gesellschaftlichen Wertediskurs zu beteiligen.

Normalerweise werden gegen Werbung kapitalismuskritische Argumente (z.b. Verschwendung von Geld) und die Verletzung von gutem Geschmack vorgebracht. Um dieser stets vorhandenen Kritik zu begegnen, schuf sich die deutsche Werbewirtschaft, die sich 1949 in einem Zentralverband (ZAW) zusammengeschlossen hatte, 1972 ein Organ freiwilliger Selbstkontrolle, den *Deutschen Werberat*. Offizieller und äußerer Anlass war eine Resolution des Europarats vom 1972, welche die Mitgliedstaaten zur Gründung selbstdisziplinärer Institutionen der Werbebranche aufforderte. Den Werberat bilden Delegierte aus der werbetreibenden Wirtschaft, von den werbedurchführenden Medien, den Kommunikationsagenturen und aus dem Verband der Werbeberufe. Zu den Aufgaben des Werberats gehört, „verantwortungsbewusstes Handeln zu fördern, Missstände im Werbewesen festzustellen und zu beseitigen sowie als ständiges Ansprechorgan für verbraucherbezogene Werbprobleme zur Verfügung zu stehen." (Punkt 1 der Arbeitsgrundsätze)

In den folgenden Jahren formulierte der Deutsche Werberat zwar keinen systematischen Kodex, gab sich aber eine Verfahrensordnung zur Behandlung von Beschwerden und veröffentlichte verschiedene bereichsbezogene Leitlinien:

- Verhaltensregeln für die Werbung mit und vor Kindern in Hörfunk und Fernsehen (1974)

- Verlautbarung zur Werbung mit unfallriskanten Bildmotiven (1974)

- Verlautbarung zur Reifenwerbung (1974)

- Verhaltensregeln über die Werbung und das Teleshopping für alkoholische Getränke (1976, 2004)

- Verlautbarung über Herabwürdigung und Diskriminierung von Personen (1991, 2004)

- Verlautbarung zur Werbung mit Politikern (2000)

- Verlautbarung zum verantwortungsvollen Umgang mit Verkehrsgeräuschen in der Hörfunkwerbung (2000).

Nicht zu verwechseln mit der freiwilligen Selbstdisziplinierung der Werbewirtschaft sind gesetzliche Regelungen zur Werbung. Das Herzstück des deutschen Werberechts ist das Gesetz gegen den unlauteren Wettbewerb (UWG) mit seiner problematischen Generalklausel: „Wer im geschäftlichen Verkehr zu Zwecken des Wettbewerbs Handlungen vornimmt, die gegen die guten Sitten verstoßen, kann auf Unterlassung und Schadensersatz in Anspruch genommen werden." (§ 1 UWG) Direkte staatliche Werbeverbote oder -auflagen, zunehmend durch EU-Recht initiiert, gibt es zum Schutze der Volksgesundheit: z.B. für die Zigaretten- oder Alkoholwerbung. Andere quantitative und zeitliche Einschränkungen für Werbeblöcke sind im Rundfunkrecht formuliert, ebenso Regeln mit Blick auf Kinder und Jugendliche sowie Regelungen zum Product Placement. Hinzu kommt die Tätigkeit von Institutionen des Verbraucherschutzes; sie versuchen einerseits schwarze Schafe unter den Anbietern zu verklagen, andererseits die Verbraucher zu informieren und zu beraten.

Über die Tätigkeit des Deutschen Werberats wird sowohl in monatlichen Pressemeldungen wie im Jahrbuch berichtet. Der Werberat diskutiert und entscheidet zügig über Beschwerdefälle überwiegend in einem separaten Chatroom im Internet. Über die 35 Jahre seines Bestehens hinweg (1972-2006) gab es 14.449 Proteste, von denen 6.400 behandelt wurden. 2.209 Werbemaßnahmen wurden auf die Intervention des Werberats eingestellt oder abgeändert, nur 83 (bei Uneinsichtigkeit der Firma) öffentlich gerügt, das sind lediglich 2-3 pro Jahr. Die Bereitschaft, die Werbung sofort einzustellen oder abzuändern, also die „Durchsetzungsquote" des Werberats war dadurch beachtlich hoch, sie lag durchschnittlich bei 96 %. Am häufigsten waren – am Beispiel des Jahres 2006 – Beschwerden über Frauendiskriminierung (38%), Gewaltverherrlichung oder -verharmlosung (11%), Gefährdung von Kindern und Jugendlichen (8%), Diskriminierung von Personengruppen (8%), Verstoß gegen moralische Mindestanforderungen (7%), Verletzung religiöser Gefühle (5%). Bei einer Veranstaltung in einer Münchner Grafik-Design-Akademie legte der Autor Studierenden einige 2006 eingegangene Beschwerden vor und forderte sie auf, ihre Entscheidung mit Bezug auf die oben aufgeführten Verhaltensregeln und Verlautbarungen zu begründen. Die Studierenden nahmen die ihnen zugemutete Schiedsrichterrolle durchaus ernst; dennoch urteilten sie in der Hälfte der (freilich geringen) Zahl der Fälle nachsichtiger als der Deutsche Werberat.

Gotzmann (2005) bestätigt in ihrer Gesamtwürdigung dem Deutschen Werberat Effektivität, Rückhalt in der Branche und eine hohe Durchsetzungsquote. Schicha (2005, 263 ff.) schließt sich diesem Gesamturteil zwar an, macht aber eine Reihe von Verbesserungsvorschlägen: Der Anteil von Frauen im Werberat wäre zu erhören, die Öffentlichkeit durch Vertreter zu beteiligen. Bei Entscheidungen, wodurch religiöse Gefühle verletzt werden, sowie bei der Interpretation, was mit der „aktuell herrschenden Auffassung von Sitte, Anstand und Moral" gemeint ist, könnte der Werberat von wissenschaftlicher Expertise profitieren. Problematisch ist für Schicha, dass sich der Werberat nur für die kommerzielle Wirtschaftswerbung zuständig fühlt und nicht für die Werbemaßnahmen politischer Parteien, religiöser Gruppen und Non-Profit-Organisationen, auch nicht für die Online-Werbung. Schließlich wäre der allgemeine Bekanntheitsgrad des Werberats noch zu erhöhen, ebenso der wissenschaftliche Diskurs über seine Tätigkeit.

4.5 Genre-Transparenz als zentrale Forderung

Was lässt sich abschließend an genreübergreifende Forderungen an die Medienschaffenden formulieren? (Für das Folgende vgl. Funiok 2005b)

4.5.1 Hybridbildungen als Problem

Nach Westerbarkey gibt es Verständnis- oder „Assimilationsfallen", denen wir heute – in einer Zeit der kulturellen Hybridbildungen – begegnen.

Das „Postulat, der Leser und Zuschauer sei in der Lage (oder müsse es zumindest sein) zu erkennen, welche Angebote und welche Details interessensneutral oder interessensgeleitet, realistisch oder fiktiv sind", sei heute schwer einzulösen; „denn genau dieses wird von den Medien durch eine konsequente *Hybridisierung* konventioneller Frames und Designs zunehmend unterlaufen, man denke nur an *Infotainment, Werbeshows* oder Event-PR." (Westerbarkey 2004, 195) Es gebe ein planmäßiges, ökonomisch begründetes Bemühen von Medienmachern, die Grenzen bisher üblicher „Rahmen" unkenntlich zu machen, zu überschreiten oder gar aufzulösen.

> *„Westerwelle* im Container, der telegene *Reispapst* und die *Drei Tenöre* – alle arbeiten unablässig an der Entdifferenzierung jener bürgerlichen Kategorien, die anscheinend ihre historische Mission erfüllt haben." (a.a.O, 196)
> So ist oft nicht leicht zu verstehen, wovon im jeweiligen Medienangebot „eigentlich die Rede ist. Gerade *weil* Kommunikationsangebote praktisch immer enger miteinander verknüpft und immer ähnlicher werden, sollten wir uns darum bemühen, sie möglichst exakt zu unterscheiden, um kritisch prüfen zu können, was wo wie mit welchem Ziel und welchem Geltungsanspruch etikettiert wird." (a.a.O. 195)

Es gilt also, nicht in die durch die Vermischung von Formaten aufgestellten „Assimilationsfallen" zu tappen. Mit Bezug auf die Rahmen-Analyse von Goffman (1977) erläutert dies Willems (2000, 219):

> „Medienerzeugnisse können als Genre-Rahmen differenziert werden. ... Genres wie Werbung oder Nachrichten sind in diesem Sinne mehr oder weniger verfestigte und kollektiv gewusste Definitionen dessen, was (im Medium) ‚eigentlich vorgeht'. Es handelt sich um Sinn- und Wissenstypen, die von einer Meta-Ebene aus Verstehen anweisen und Erwartungen konfigurieren." Auch wenn die „Genres und Subgenres Entwicklungsgeschichten haben und, wenn auch typischerweise langfristig, (Grenz-)Wandlungen unterworfen sind" (a.a.O., 220), so gelte es sie doch als Konventionen anzunehmen. „Auf der Ebene der Genre-Rahmen gibt es also nur sehr begrenzte Offenheiten und Spielräume für einen ‚aktiven' Umgang mit Medienerzeugnissen." (a.a.O., 219)

Wer also Klarheit darüber behalten will, was in einem Angebot „vorgeht", d.h. was unter sachlichen und auch normativen Gesichtspunkten bestimmend ist, wird der berechnenden Opakisierung dadurch entgegenzuwirken versuchen, dass er sich den dominanten Kommunikationstyp und dessen typische Kennzeichen klar macht und an diesen Konventionen festhält. Sonst werden sowohl das kritische (d.h. unterscheidende) Verstehen verhindert als auch die Existenzbedingungen der einzelnen medialen Subsysteme – vor allem des Journalismus und der PR – korrumpiert.

4.5.2 Verlässliche Bestimmung des Kommunikationstyps als Lösung

Es ist Westerbarkey (2004) zuzustimmen, wenn er betont, wie wichtig hier der Erhalt von Klarheit ist: für das kritisch-unterscheidende Verstehen der Rezipienten, für die wissenschaftliche Beschreibung, aber auch für die Autonomie und Funktionstüchtigkeit des Journalismus. Er argumentiert, „dass die Rede von Hybridformen oder Assimilation bereits konventionelle Unterscheidung logisch und zeitlich voraussetzt, dass so genannte Hybridprodukte also immer eine praktische Synthese bisher getrennt wahrgenommener Merkmale sind." (a.a.O., 198) Er räumt ein, dass seine Ordnungsentwürfe „idealtypische Konstrukte und nicht etwa empirische" sind – im Sinne der Idealtypen von Max Weber. Aber diese „Prototypen" eigneten sich doch „hervorragend als Maßstab zur Abgrenzung von denen, die man gerade nicht beobachtet, sowie zur Beobachtung und Messung von Assimilationen." (a.a.O., 199)

Westerbarkey unterscheidet drei große Kommunikationstypen: *Journalismus, Werbung und Spiel & Entertainment*. Von jeder dieser drei „medialen Makroformen" gibt er (a) die Referentialität, (b) den Realititäsbezug, (c) den vorherrschenden Sprachstil, (d) den Anspruch und (e) die Interessensgebundenheit oder -freiheit an.

(1) *Journalismus* meint einen Kommunikationstyp, der sich (a) fremdreferentiell (b) auf Fakten (Ereignisse, gesellschaftliche Mitteilungen, Zustände) bezieht, dabei (c) meist einen deskriptiven Stil praktiziert, und das (d) mit dem Anspruch auf Objektivität und (e) Ungebundenheit.

(2) *Werbung*, als Sammelbegriff aller persuasiven Kommunikationsformen, ist (a) selbstreferentiell auf (b) ausgewählte Fakten und Werte bezogen, bedient sich (c) eines präskriptiven Stils, (d) mit dem Anspruch auf Effektivität und (e) deutlicher Interessensgebundenheit.

(3) *Spiel & Entertainment* sind ebenfalls (a) selbstreferentiell auf (b) spezielle Welten und Fiktionen ausgerichtet, tragen (c) regulative Kommunikationen vor, (d) mit dem Anspruch der Varianz und (e) einer Interessensgebundenheit (an das Lust- oder Unterhaltungsbedürfnis).

Westerbarkey insistiert nicht darauf, dass die Merkmale genau so bestimmt werden müssten wie er es getan hat; das sei eine Frage der Plausibilität und der Übereinstimmung in der kommunikationswissenschaftlichen Forschung. Wesentlich sei jedoch das Bemühen um Unterscheidungen, welche die Formate ihrem sachlichen Kern nach bestimmen und problematische Vermischungen erkennen lassen.

Für den Kommunikationstyp *Journalismus* zentral sind sein *Geltungsanspruch* der Objektivität, das *Postulat* der Interessens-Unabhängigkeit und die *generelle Aufgabe* der Herstellung von Öffentlichkeit für alle gesellschaftlich relevanten Themen und Vorgänge. Diese normativen Elemente sind für alle Journalisten unverzichtbar. Bei den quasi-journalistischen Formen der Web-logs im Internet kann dieses Selbstverständnis nicht für alle Anbieter unterstellt werden; deshalb gibt es dort auch stark selbstreferentielle und subjektive Berichte, gibt es ungeprüfte Gerüchte, Irrtümer und bewusste Täuschungen (Fakes).

Den „Geltungsanspruch" der werbenden Kommunikation (s. vorletzte Zeile in der nachfolgenden Tabelle) erläutert Westerbarkey mit Habermas (1981, 439), der zwischen Wahrheitsanspruch, Wahrhaftigkeit als Ausdruck von Glaubwürdigkeit und Richtigkeit als Einhaltung von Regeln, hier durch die Wirtschaftswerbung/ Reklame (z.B. das Verbot unlauteren und ruinösen Wettbewerbs) unterscheidet. Auch die unterschiedliche Zeitperspektive legt jeweils andere Kommunikationsstile und Selbstverständnisse nahe; so muss PR versuchen, langfristig Akzeptanz und Vertrauen aufzubauen, während Wirtschaftswerbung kurzfristige Kaufanreize lanciert – freilich auf dem Hintergrund einer mittelfristigen Sicherung von „Marken-Kenntnis".

Merkmale	*Propaganda*	*Public Relations*	*Reklame*
Objektgruppen	Ideen & Werte Weltanschauungen	Organisationen Repräsentanten	Produkte Dienstleistungen
Ziele	Zustimmung Anschluss	Akzeptanz Vertrauen	Kauf Zahlung
Klientel	Gefolgschaft Mitglieder	Freunde Förderer	Kunden Käufer
Strategien	Verkündigung Belehrung	Selbstdarstellung ‚Betörung'	Agitation Verführung
Geltungsanspruch	Wahrheit	Wahrhaftigkeit	Legitimität/Richtigkeit
Zeitperspektive	Immer & ewig	langfristig	kurzfristig

Abbildung: Charakteristika von Werbetypen (Westerbarkey 2004, 201)

Problematisch sind für Westerbarkey (2004, 203 f.) wohl weniger die Vermischungen mit der dritten Kommunikationsform (Product Placements bei Gameshows und TV-Serien oder die Infotainmentangebote) als die Assimilationsfallen durch Kombination von journalistischen mit werbenden Kommunikaten. Vor allem die ungefilterte und unkommentierte Übernahme von PR-Material in den Journalismus – in Berichten, Servicesparten, Magazinen – führe die Rezipienten in einer unzulässigen Weise in die Irre. Denn im Modus journalistischer Fremddarstellungen, die mit Anspruch von Objektivität und Interessensneutralität auftreten, würden in Wirklichkeit selektive und interessensgeleitete Selbstdarstellungen von Unternehmen und Institutionen transportiert. Die Rezipienten, die mangels Quellenangaben die Täuschung nicht gleich, sondern meist erst später – durch entsprechende kritische Berichte – erkennen, seien dann zu Recht verstimmt. So steht bei derartigen Vermischungen die Glaubwürdigkeit des Journalismus wie die Vertrauenswürdigkeit der wirtschaftlichen oder gesellschaftlichen Organisationen auf dem Spiel. Das Misstrauen des Publikums gilt dann – was zutreffend wäre – nicht nur einzelnen Journalisten oder Redaktionen, sondern leicht dem Journalismus und der PR-Arbeit in genere. Das würde die Funktionstüchtigkeit beider Systeme untergraben und könne nicht deren langfristiges Interesse sein.

Das Festhalten an klaren Unterscheidungskriterien begründet sich u.a. in der Forderung nach journalistischer Qualität. Ein unentbehrliches Element ist ferner die Arbeit der freiwilligen Selbstkontrolle im Presserat, der Freiwilligen Selbstkontrolle Fernsehen, des PR-Rats und des Werberats. Diese Gremien setzen sich neuerdings das Ziel, ihre Arbeit – vor allem die Entscheidungen in den Beschwerdeausschüssen – stärker publik zu machen. Nur wenn die Beurteilungskriterien journalistischer Qualität und nicht hinnehmbarer Verstöße transparent sind und einheitlich gehandhabt werden, kann die Öffentlichkeit und ein kritisches und medienkompetentes Publikum „mitkontrollieren" und die Entwicklungen auf dem Medienmarkt mitgestalten.

5 Publikums- und Nutzerethik

Die „Abnehmer" von Medienprodukten – obwohl sie deren Adressaten und „Zielgruppen" sind – kommen bei der Aufzählung medienethischer Fragestellungen üblicherweise kaum in den Blick. Man bezieht sich meist auf die journalistische Berufsethik – sie ist (in Verhaltenskodizes) vergleichsweise klar ausformuliert; die Berufspraxis der Journalisten und anderer Kommunikationsberufe ist zudem durch Mediengesetze normiert. Für die Publikumsethik dagegen gibt es kaum ethische Handlungsorientierungen und an rechtlichen Regelungen kommt lediglich der Jugendschutz in Betracht. Publikumsethik bezeichnet keine ausschließliche, sondern eine *Mit-Verantwortung* zum Beispiel dafür, dass Verständigung zwischen Menschen und Völkern über Medien gelingt, dass individuelle und kollektive Identitäten durch Medienangebote stimuliert, gewahrt und gestärkt werden; dass Wissen, Kunst und unterhaltenden Erzählungen verstanden werden und das Leben bereichern.

Diese Liste konkreten Verantwortungen des Publikums ließe sich verlängern. Sie zu systematisieren und zu begründen, ist Aufgabe der Publikumsethik. Dabei ist meist von Pflichten die Rede: Pflichten in der Rolle der zur demokratischen Mitbestimmung aufgerufener Staatsbürger, Pflichten von Eltern und Lehrenden, Pflichten auch sich selbst gegenüber. Und bei diesen Pflichten wird auf die Unterstützung durch bildungs- und medienpolitische Maßnahmen hinzuweisen sein; denn eine verantwortliche Mediennutzung ist auf eine, durch Bildungsprozesse unterstützte Medienkompetenz angewiesen. Die Perspektive der individuellen und sozialen Pflichtenethik (5.2) ist jedoch auch durch eine Bedürfnisethik und eine Glücksethik zu ergänzen (5.3). Eine sozialwissenschaftliche Kategorie stellt die „medienökologische" Perspektive dar (5.4). Alle genannten Perspektiven sind für Medienerziehung relevant; sie ist hier als eine Voraussetzung praktizierter Mediennutzungsmoral zu behandeln (5.5).

5.1 Berechtigung und zutreffende Benennung

Eine Schwierigkeit dieses Teilbereichs von Medienethik besteht in seiner *uneinheitlichen Benennung*. Die verschiedenen in Frage kommenden Begriffe – Rezipient, Konsument, Publikum, Nutzer – sind freilich keineswegs gleichwertig; sie drücken zum Teil divergierende Grundauffassungen von der „Tätigkeit" der Mediennutzung aus.

(1) Der Begriff „Rezipient" besitzt den Vorteil einer umfassenden Anwendbarkeit über die verschiedenen Medien hinweg: So können die Leser der Printmedien, die Hörer der Radiosender und die Zuschauer des Fernsehens als „Rezipienten" bezeichnet werden, obwohl sie verschiedene Medien nutzen, und das mit unterschiedlichen Motiven, in unterschiedlichen sozialen und individuellen Situationen. Der Nachteil des Rezipientenbegriffs ist die in seiner etymologi-

schen Herkunft (lat. recipere = annehmen/aufnehmen) nahegelegte Bedeutung des *passiven* Empfangens von informativen und unterhaltenden Angeboten. Die Vorstellung von einem *aktiven* Rezipienten ist einmal bei Pädagogen zu finden, welche damit ein „normatives Ideal" oder Bildungsziel formulieren; es gibt aber auch in der deskriptiv bleibenden Kommunikationswissenschaft Ansätze, welche die Informationsaufnahme als aktiven, problemlösenden Prozess verstehen (vgl. Neuberger 1997).

(2) Der Begriff „Konsument" betont stärker die verbrauchende Aneignung von Medienangeboten, aber auch den ökonomischen Aspekt des Medienprozesses. Medienangebote werden unter dieser Rücksicht als „Waren" oder „Dienstleistungen" aufgefasst – und darauf reduziert. Damit werden weiterreichende Funktionen und Leistungen der Massenmedien für die öffentliche Kommunikation nicht ausreichend berücksichtigt.

(3) Eine dritte Möglichkeit ist, von „Publikum" zu sprechen. Die demokratische Gesellschaft ist wesentlich auf politische Meinungsbildung durch umfassend informierende Massenmedien angewiesen. Es ist die Aufgabe der Medien, alles politisch Relevante zu publizieren, ihrem „Publikum" zugänglich zu machen. Dessen Aufgabe ist es, sich diesen Mitteilungen – in dem Meer an unterhaltenden und zerstreuenden Medienangeboten – mit Interesse und Kritikfähigkeit zu öffnen. In dem Begriff „Publikumsethik" steckt also eine politische Konnotation, und sie bleibt unverzichtbar.

(4) Schließlich ist vom (aktiven und auswählenden) „User/Nutzer" die Rede. Bei diesem vierten Begriff kommt das Aktivsein und das Auswählen-können zum Ausdruck. Die Selektivität ist nicht nur bei den neuen Medien möglich und ständig erforderlich (Stichwort: Interaktivität); auch die klassischen massenmedialen Angebote werden in einer Form innerer Aktivität aufgenommen und verarbeitet.

Fragt man, wie das Publikum kommunikationswissenschaftlich zu fassen ist, lassen sich mit Hasebrink (2007; vgl. auch Herzog u.a. 2006) drei Interessensebenen unterscheiden:

(1) Aus der Sicht der Medienanbieter sind die Nutzer *Konsumenten-Gruppen* mit individuellen Bedürfnissen und Präferenzen. Aggregierte Daten darüber werden täglich von der gängigen Publikumsforschung zu erfassen gesucht und den Medienunternehmen sowie der Werbewirtschaft angeboten. Dabei wird die Bindung des Publikums an ein Angebot wie eine „Ware" gesehen.

(2) In der Perspektive des Medienrechts sind die Nutzer Inhaber von Rechten (z.B. des Rechts auf Gegendarstellung) bzw. schutzbedürftige Individuen – Menschen, die sich durch Medienangebote in ihren religiösen Gefühlen verletzt fühlen können, oder Kinder und Jugendliche, deren soziale Orientierung (als wichtiger Teil ihrer Entwicklung) beeinträchtigt werden kann. Die Nutzer erscheinen hier als betroffene *Kritiker und als Opfer* der Medienangebote.

(3) Die demokratische Perspektive betont das Interesse des Publikum an öffentlicher Kommunikation, an Meinungsbildung und Medienqualität. Hier erscheinen die Nutzenden als Bürgerinnen und Bürger, die in den Aufsichtsgremien von öffentlich-rechtlichen Medien repräsentiert sind, aber als *zivilgesellschaftliche Akteure* auch andere Beteiligungsformen entwickeln, und das europaweit.

Im Hinblick auf die Publikumsethik werden folgenden alle drei Interessensebenen angesprochen und, wenn auch anders strukturiert, auf die individuellen Konsumethik hin vertieft.

5.2 Pflicht- und verantwortungsethische Perspektive

Unter der Perspektive der Verantwortungsethik kommt bei der „Wer"-Frage das Publikum als Kollektiv, aber auch der einzelne Nutzer in den Blick. Die Fernsehnutzung findet oft – vor allem in der Kindheit, wo sie erlernt wird – im sozialen Kontext der Familie statt. Aber auch dort, wo eine Einzelperson Radio hört, Zeitung liest, vor dem Fernseher oder Computer sitzt, wird sie das dabei Aufgenommene zum Teil in Gespräche mit anderen einbringen. Es fehlt dem Publikum freilich an sozialer Organisation. Um etwas zu bewirken, braucht es die Aktivität Einzelner das Schreiben von Briefen an Zeitungen oder Rundfunkanstalten oder die Mitarbeit in Fernsehbeobachtungs-Kreisen und Media-Watch-Dogs-Initiativen.

Bei der „Weswegen"- und der „Wovor"-Frage kommen einmal die drei grundsätzlichen Pflichtenkreise Individual-, Sozial- und Umweltverträglichkeit allen Medienhandelns, also auch des Handelns und Unterlassens des Publikums ins Spiel; auf sie wurde unter 1.2.2 verwiesen und sie werden auch in diesem Kapitel nochmals ins Spiel zu bringen sein (5.3.4). Konkreter lassen sich die Gründe der verantwortlichen Mediennutzung jedoch von drei typischen Rollen oder lebensweltlichen Bezügen her formulieren, in welchen wir uns als Rezipienten befinden (vgl. Funiok 1996; 1999b; 2000 b):

(1) von unserer Rolle als *Staatsbürger,*
(2) von unserer Rolle als *Gestalter unserer eigenen Freizeit* und
(3) von der Rolle als *Erzieher,* welche wir zumindest zeitweise einnehmen.

5.2.1 Staatsbürgerliche Mitverantwortung für die Medien

So privat Mediennutzung erscheinen mag, sie ist gleichzeitig *öffentlich wirksam und relevant,* da die Mediennutzer an der Sphäre medienvermittelter Öffentlichkeit teilnehmen. Zum „Publikum" (messbar u.a. in Einschaltquoten) zu gehören, ist eine Form des sozialen Daseins und Handelns des Menschen.

Als *Bürger und Bürgerinnen* tragen wir eine soziale Mitverantwortung für das Funktionieren demokratischer Institutionen und damit auch der Medienordnung. Vor allem der öffentlich-rechtliche Rundfunk ist Eigentum der Gesellschaft – und nicht des Staates oder der Parteien! – und fordert Mitbestimmung und Mitverantwortlichkeit geradezu heraus. Die Rundfunkräte kontrollieren nur stellvertretend für uns die Erfüllung des öffentlichen Programmauftrags, vor allem den Auftrag zur Grundversorgung mit umfassender politischer Information und regionaler und nationaler Kultur. Aber auch für die „kommerziellen" Medien wie Presse, Privat-Hörfunk und Privat-Fernsehen ist die verfassungsrechtlich garantierte Medienfreiheit so zu verstehen, dass sie eine dem Publikum dienende Freiheit, keine schrankenlose Kapitalfreiheit ist.

Ob die Medien diesem verfassungsmäßigen Verständnis entsprechend agieren – das zu überprüfen sollten wir nicht völlig unseren Repräsentanten überlassen. Wenigstens die wichtigsten medienpolitischen Entscheidungen, Eklats oder preiswürdigen Leistungen sollten wir wahrnehmen, mit ablehnen oder mittragen. Das Ethos von aktiven Staatsbürgerinnen und -bürgern erfordert dies; aktiv sind wir durch bewusstes Suchen nach relevanten Informationen und durch die Bildung einer eigenständigen Meinung, gelegentlich auch durch äußeres Handeln wie das Schreiben von Leserbriefen. Die Mitarbeit in einem Lokalradio oder -fernsehen hängt von den Freizeitmöglichkeiten und einem besonderen Interesse ab. Die Teilnahme an einem Fernsehbeobachtungskreis wird eher Eltern zusammenführen, die sich Gedanken um kindergeeignete Sendungen machen. Um diese staatsbürgerliche Verantwortung des Publikum für die gesellschaftliche Medienordnung zu unterstreichen, spricht Christians (1988; 1989) von einer „communal responsibility" des Publikums.

So gehört zu einer verantwortlichen Mediennutzung die Aufmerksamkeit für die *demokratische Rolle der politischen Medieninformation*. Diese Aufmerksamkeit schließt das Einfordern und die Unterstützung eines unabhängigen und aufklärerischen Journalismus ein. Hamelink betont, dass das Publikum verpflichtet sei, einen aktiven Beitrag zur Freiheit und Qualität der Medien zu leisten: „This implies that the client also actively contributes to the professional performance." (Hamelink 1995, 499) Wo in unverantwortlicher Weise irreführende Informationen verbreitet werden – das war eklatant bei der Golfkriegsberichterstattung der Fall, ist es aber auch bei mancher Politikinszenierung –, da geht das beide Seiten an: diejenigen, die andere in die Irre führen, und diejenigen, die sich täuschen lassen.

In den meisten Ländern haben die Mediennutzer die rechtlich garantierte Möglichkeit von *Rückmeldungen*. Die Nutzer entscheiden mit darüber, in welchem Ausmaß und mit welchem Ziel von diesem Recht Gebrauch gemacht wird: zum Einfordern bloß subjektiver Programmwünsche oder auch zum Einfordern von journalistischer Qualität. Hamelink verweist auf die Bedeutung von Kreisen und Initiativen zur kritischen Medienbeobachtung, um dann abschließend festzuhalten:

„Media consumption should be viewed, like professional media performance, as a social practice which implies moral choices and the assumption of accountability for these choices." (Hamelink 1995, 504)

Er fasst seine Forderungen an das Publikum in „Ten Commandments for Media Consumers" zusammen:

„1. Thou shalt be an alert and discriminating media consumer.
2. Thou shalt actively fight all forms of censorship.
3. Thou shalt not unduly interfere with editorial independence.
4. Thou shalt guard against racist and sexist stereotyping in the media.
5. Thou shalt seek alternative sources of information.
6. Thou shalt demand a pluralist supply of information.
7. Thou shalt protect thine own privacy.
8. Thou shalt be a reliable source of information.
9. Thou shalt not participate in chequebook journalism.
10. Thou shalt demand accountability from media producers."
(Hamelink 1995, 505)

Diese „zehn Gebote" will Hamelink nicht als endgültigen Katalog verstanden wissen, sondern lediglich als Anregung zum öffentlichen Diskurs über Medienfreiheit, Qualität der Medienprodukte und die gemeinsame Verantwortung von Medienproduzenten und -nutzern. Um die journalistische Qualität zu verbessern, braucht es jedoch nicht nur kritische Aktivitäten des Publikums. Wichtig sind alle darauf gerichteten „Infrastrukturmaßnahmen" wie Aus- und Fortbildung der Medienschaffenden, die redaktionelle Ausstattung, das Ausloben von Journalistenpreisen, die Tätigkeit der Selbstkontrollgremien usw. (vgl. Ruß-Mohl 1994) sowie *eine staatliche Rahmenordnung*. Sie anzumahnen, ist mit Aufgabe der Medienethik. Denn so wichtig die Mediennutzungsmoral sein mag, ihr darf nicht die alleinige Verantwortung im Medienbereich zugeschoben werden.

„Wenn also beispielsweise zuviel Gewalt in den Medien zu einem Anwachsen realer Gewalt führt (..), so ist dieser Argumentation zufolge der die Gewalt rezipierende Zuschauer der Verursacher, denn er hat sie sich ja schließlich – wegen Fehlens einer anständigen Moral – angesehen. Der Produzent, der Schauspieler, der Programmdirektor – sie sind ebenso von ihrer Verantwortung befreit wie der Medienpolitiker und -jurist." (Winterhoff-Spurk 1996, 190)

Eine solche, gelegentliche anzutreffende Argumentation verteilt die Verantwortung einseitig. Die individuelle Mediennutzungsmoral ist nur eine Seite. Zur Publikumsethik braucht es auch den sozialethischen Argumentationsstrang: die Forderungen nach politischen, ökonomischen und juristischen Rahmenbedingungen zur Sicherung journalistischer Qualität, zum Umgang mit Gewalt und Pornographie in unterhaltenden Genres sowie in Reality-Shows und Werbung (vgl. die Forderungen an die Produzentenethik bei Fenner 2010, 271-310).

5.2.2 Verantwortung für sich selbst und die eigene Freizeit

Der überwiegende Teil der Mediennutzung liegt zeitlich und situativ in unserer *Freizeit*. In ihr haben wir *Verantwortung nur für uns selbst*: für unsere Zeitplanung, für unsere (mit Spaß verbundene) Lernbereitschaft, für die Wahl der Inhalte, mit denen wir uns anregen und unterhalten lassen. Um hier nicht in einem überzogenen Sinne „moralisch" zu werden, ist von einer grundsätzlich positiven Sicht auf die freizeitliche Mediennutzung auszugehen, ohne die Augen vor Passivität zu verschließen und die Aufgabe einer bewussten Lebensgestaltung zu verdrängen. Dazu zählt die Fähigkeit und Bereitschaft des einzelnen,

– aus den Medienangeboten mit einer *bewussten Prüfung auszuwählen*:

– die Informations- und Unterhaltungsangebote bei und/oder nach der Nutzung *kritisch zu beurteilen* – nach unterschiedlichen, genrespezifischen und gegenstandsadäquaten Kriterien – und dies vor allem bei der *politischen Berichterstattung oder Werbung*;

– bei der Medienauswahl *bedürfnisorientiert* voranzugehen – u.a. auch um eine eigene *Identität*, um individuelle Erlebnisformen und eine bewusste Lebenskultur auch über die Mediennutzung zu entwickeln.

Da unsere Freizeit begrenzt ist, kommt eine bewusste Programmauswahl nicht ohne *partiellen Medien- und Programmverzicht* aus. Die Entscheidung, eine Zeitung, eine Zeitschrift zu lesen, Radio zu hören oder fernzusehen, steht immer im Kontext und in Konkurrenz zu anderen Freizeitaktivitäten, sozialen Kontaktmöglichkeiten, häuslichen Arbeiten; wird die Mediennutzung nicht begrenzt, vertut man unnötig viel Zeit mit dieser Form von Freizeitaktivität. Ohne die Kardinaltugend des Maßhaltens versinken wir nach Lübbe (1994) in der Flut des Informations- und Unterhaltungsangebots. Ein unmäßiger Medienkonsum wirke destruktiv, mache freiheitsunfähig. In einer gekonnten Rhetorik klingt der Appell, auf jeden Fall der Aktivität oder der Lektüre den Vorzug zu geben, so:

> „Abendsport statt Sportschau, Gartenarbeit statt Serienfrust, Übungsabend im Posaunenchor statt noch einmal Musikantenstadl, sorgfältige Lektüre des Fachberichts im Wirtschaftsteil der Tageszeitung über Inhalt und Auswirkungen gesundheitspolitischer Reformgesetze statt Meinungsschlagabtausch in der einschlägigen Talkshow" (Lübbe 1994, 317).

Eine Publikumsethik darf freilich nicht nur von der „hehren" Nutzung informierender und bildender Angebote ausgehen. Sie hat ebenso die (quantitativ bedeutendere) Nutzung von *Unterhaltungsangeboten* (einschließlich der Musik) zu berücksichtigen – und das nicht in einer bloß kulturkritischen Attitüde. Vor allem im Blick auf die unterhaltende Mediennutzung ist ein *positive Sichtweise* des Publikums wichtig. Die menschliche Wirklichkeit umfasst nicht nur die Ratio: Wir möchten als einzelne oder in Gemeinschaft etwas erleben, Phantasiereisen machen, spannende Geschichten erzählt bekommen. Wo Medien dies gekonnt tun, da sind sie attraktiv. Ob und wann durch solche unterhaltende Mediennutzung die Freiheit und Rationalität beeinträchtigt wird, lässt sich nicht global und nicht von außen entscheiden. Eine „menschenfreundliche" Theorie der Mediennutzung bewertet nicht nur die Informationssuche und Bildung, sondern auch Spiel und Unterhaltung grundsätzlich positiv (vgl. Hausmanninger 1993, 553–563; 1994; 1999).

Doch es gibt auch ein kritikloses Konsumieren von unterhaltenden oder (politisch) manipulierenden Medienangeboten. Deshalb bedarf unsere Freiheit in jüngeren Jahren der *Orientierung und erzieherischen Hilfe*, in späteren Jahren der Selbstdisziplin und Selbstbildung. Aus der Kulturpolitik von Diktaturen des 20. Jahrhunderts wissen wir von der beruhigenden Kraft der Medienunterhaltung. Huxley beschreibt in seiner „Schönen neuen Welt" die „Verdunkelung" von Rationalität durch ein Zuviel an oberflächlicher Unterhaltung und ein Zuwenig an Distanz zu ihr. Wir bleiben nur durch Arbeit an uns selbst medienkompetent. Ohne Medien(selbst)erziehung gibt es kein greifbares Publikumsethos.

5.2.3 Verantwortung für Heranwachsende

Die dritte, bei der Mediennutzung relevante Rolle ist die von *Eltern, Erzieherinnen* im Kindergarten, *Lehrern und Lehrerinnen* in der Schule. Die meisten von uns sind immer wieder mit Kindern und Jugendlichen im Gespräch über Medien. Dabei gab es schon immer eine „Wissenskluft". Die jüngere Generation stand und steht kulturellen und technischen Innovationen aufgeschlossener gegenüber als die ältere. Das hat sich mit den neuen Medien verschärft: Was das Internet alles bereit hält, vor allem was es an Online-Spielen gibt und was sie vergnüglich macht – darin haben die meisten Eltern keine oder zu wenig Erfahrung. Entsprechend unsicher und übertrieben besorgt bewerten sie die Wirkungen auf die Heranwachsenden – oder sie überschätzen in einer Laissez faire-Haltung die Verarbeitungskompetenz ihrer Kinder. Mögen dabei auch die eigenen Bildungsvoraussetzungen eine Rolle spielen (vgl. die entsprechenden Forschungen von Paus-Hasebrink & Bichler 2008 und den Überblick von Düssel 2010) – die elterliche Verantwortung für die Entwicklung ihrer Kinder und Jugendlichen in der Mediengesellschaft ist nicht delegierbar.

Medien beeinflussen den Alltag der Heranwachsenden, sie bieten Material für die eigene Entwicklung: für die Abgrenzung von den Eltern, für Freundschaftsbeziehungen, erotisch-sexuelle Erfahrungen u.ä. (vgl. Barthelmes 2001). Medien spielen eine kaum zu überschätzende Rolle für die Identitätsarbeit Heranwachsender; im produktiven Umgang mit Medieninhalten entdecken sie heute verbreitete Konzepte von Mann- oder Frausein, sie entwickeln ihr Selbstbild und finden Beispiele für gelingende und befriedigende Beziehungen. Mehr noch als die Eltern sind dabei Gleichaltrige als Interpreten und Helfer bei der Verarbeitung von Medienerfahrung gefragt.

Innerhalb der Familie stehen heute vor allem das Fernsehen und das Internet im Mittelpunkt von Mediengesprächen. Ihre Nutzung ist nur noch zum Teil gemeinsam. Aber Bescheidwissen, was ihre Kinder in diesen Medien auswählen und interaktiv tun, sollten die Eltern auf jeden Fall. Bis zum Alter von 12 Jahren mag es sinnvoll sein zu versuchen, sie von problematischen Medienangeboten fernzuhalten – dabei dürfte das Angebot gemeinsamer Aktivitäten einen gewissen Ersatz für Fernseherlebnisse und Internetstreifzüge darstellen. Aber Eltern werden nicht darum herumkommen, mit den Kindern über schwierige und problematische Inhalte zu sprechen – spätestens wenn sie bemerken, welche Probleme Kinder mit bestimmten Formen von Gewaltdarstellung geben. Hurrelmann u.a. (1996, 257 ff.) haben zur familiären Fernsehnutzung erforscht; in ihren pädagogischen Schlussfolgerungen betonen sie, dass Fernseherziehung immer im Kontext der Familienform (Ein-Eltern-Familien – Zwei-Eltern-Familien mit einem Kind – Familien mit zwei Kindern – und mit drei oder mehr Kindern) mit ihren unterschiedlichen Belastungen und Chancen zu sehen ist. Fernseh-Erziehungsprobleme sind in den strukturellen Problemen der Familien verankert – kompetente Mediennutzung ist Teil gelungener Alltagsbewältigung.

Eine, auf qualitative Kinder- und Jugendmedienforschung gestützte „Programmberatung für Eltern", kann dafür sensibilisieren. Seit einigen Jahren verbreitet der gleichnamige Verein, dem die Landeszentralen für neue Medien bzw. privaten Rundfunk angehören, die vier Mal im Jahr erscheinende Broschüre FLIMMO. ELTERNTALK sind Gesprächsrunden von und für Eltern zu „Medien, Konsum, Suchtvorbeugung und Familie"; nach einem Gesprächseinstieg durch Kartensets, Bilder und kurze Sachinformationen kommt es zu einem Erfahrungsaustausch und Lernen auf Augenhöhe, auch in milieugenauen Lebenswelten (vgl. m+erz 4/2010, 33–37). Auch wenn Kindern eine grundsätzliche Medienkompetenz unterstellt werden muss, so bleibt doch eine Förderung und Vertiefung der Fähigkeit, angstfrei, selbstbestimmt und kritisch mit Medien umzugehen, ein wichtiges Erziehungsziel. Dabei ist immer zu fragen: Welche Beurteilungskriterien haben die Kinder schon? Wie gelingt es ihnen, zu schwierigen Inhalten Distanz zu entwickeln? An welchen Punkten ist eine kritische Einstellung erst zu entwickeln?

In den *Jugendschutzgesetzen* und ihrer Umsetzung in Zeitzonen der Ausstrahlung bzw. entsprechende Kennzeichnungen kommt die Gesellschaft den Eltern zu Hilfe. Neben gewalthaltigen, rassistischen oder pornographischen Inhalten sind die Glücksversprechungen der Werbung ein wichtiges Thema der Mediengespräche zwischen Eltern und Kindern. Eltern müssen ihren Kindern klar machen, dass man nicht alles haben kann (auch an Informationstechnik nicht), dass Zufrieden- und Mit-sich-identisch-sein nicht am Besitz dieses oder jenes Spielzeugs oder Computerprogramms liegt.

Eine Fortführung findet die elterliche Medienerziehung in der *schulischen Medienbildung* (Überblick bei Tulodziecki 1988) und in der *handlungsorientierten Jugendmedienarbeit*, wie sie in manchen Jugendzentren, Internetcafés mit medienpädagogischer Zielsetzung praktiziert wird (vgl. Schell 1993). Entsprechende Wettbewerbe in Film-, Video-, Radio- und Handy-Produktionen von Kindern und Jugendlichen schaffen Anreize zum kreativen Umgang mit diesen Medien und zur selbstbestimmten Behandlung von kinder- und jugendgemäßen Themen.

5.3 Bedürfnis- und glücksethische Perspektive

So plausibel die pflichtethische Aufforderung an das Publikum sein mag, es solle seine „kollektive Verantwortlichkeit" (Christians 1988; 1989) wahrnehmen, so bekommt diese nur selten einen sozial greifbaren Ausdruck. Sicher, kompetente Mediennutzer wissen „im Hinterkopf" von der Inszeniertheit der Mediendarstellungen, von verkürzten und nur mäßig recherchierten Behauptungen. Diese kritische Wachsamkeit ist bei ihrer täglichen Mediennutzung nur teilweise prägend. Eine mindestens ebenso starke Rolle spielen ihre Programmkenntnis, ihre beruflichen und privaten Interessen, der Wunsch und das Bedürfnis, sich durch Medien anregen, informieren, unterhalten zu lassen. Sollte die Publikumsethik diese medienbezogenen Bedürfnisse nicht ernster nehmen und von ihnen her fragen, worin eine humane Mediennutzungsmoral besteht? Die Mediennutzung ist ja nicht nur eine mediale Form politischer Partizipation, sondern vor allem ein Teil des privaten *Konsumstils*. Dieser soll hier daraufhin befragt werden, wie aus ethischer Perspektive die Aufgaben und Grenzen eines humanen Konsumverhaltens zu bestimmen sind.

Um es gleich vorwegzunehmen: Auch dieses Ernstnehmen der individuellen Wünsche und Bedürfnisse kommt nicht ohne Werte, ohne soziale und politische Verantwortung, ohne die Aufmerksamkeit für den Erhalt des Humanen aus (vgl. für das folgende Funiok 2000c). Aber dieser Ansatz tut es erst „nach" oder, besser gesagt, im Kontext der Anerkennung unserer (medienbezogenen) Wünsche und Bedürfnisbefriedigungen. Er ist daher vielleicht besser geeignet, die Konsumenten und Mediennutzer bei ihrem Lebensgefühl abzuholen und ethische Dimensionen der von ihnen bejahten Lebensstilwahl und -gestaltung aufzuzeigen, als dies Publikumsethiken vermögen, die sofort und ausschließlich bei ihrer politischen und sozialen Mitverantwortung ansetzen.

5.3.1 Rechtfertigung von Bedürfnissen als ethischer Ausgangspunkt

Die „Rechtfertigungsfähigkeit gegebener Bedürfnisse" ist für Korff das erste ethische Problemfeld und konstitutive Bauelement einer modernen Wirtschaftsethik – erst dann folgen die gewohnten Ethiken des Eigentums, der Arbeit und der Technik, die Folgen der Auslagerung der Produktion aus der Fa-

milie, die Auswirkung der ökonomischen Entwicklung auf die Bevölkerungs-
entwicklung und schließlich das Problem des Verbrauchs von Natur-
Ressourcen (vgl. Korff 1999, 30 f.). Warum verdienen die Bedürfnisse eine
stärkere Beachtung – auch innerhalb der Medienethik?

Im Unterschied zu ähnlichen Begriffen wie Trieb, Antrieb, Wunsch oder Interesse ist mit „Bedürfnis" nicht nur ein Handlungsimpuls bezeichnet, der auf
Überwindung eines Mangels gerichtet ist, sondern es wird in ihm auch ein *Anspruch auf Erfüllung* formuliert. Diese Forderung kann im Zusammenhang mit
elementaren Lebens- und Überlebenserfordernissen wie Schlaf, Hunger, Durst,
Sexualität stehen, aber sie wird auch für „höhere" Bedürfnisse erhoben, wie die
Bedürfnisse nach „Orientierung, nach sozialer Anerkennung und Geborgenheit,
nach Freiheit, nach Wahrheitserkenntnis, nach künstlerischem Ausdruck und
schließlich nach letzter Sinnerfüllung (vgl. Korff 1999, 30 f.). Von der Befriedigung solcher „Grundbedürfnisse" hänge wesentlich die Erfüllung eines ge-
glückten menschlichen Lebens ab; Bedürfnisse seien mit der menschlichen
Natur gegeben und von daher zunächst einmal legitim. Aber muss die Befriedigung von Bedürfnissen nicht begrenzt werden – mit Rücksicht auf die beschränkten Ressourcen, auf die eigene Gesundheit (Appetit kann zur Fresslust
entarten), auf die Rechte anderer? Es geht hier um eine *umfassend* verantwortliche Gestaltung des Bedürfnislebens. Dabei sind immer auch Grenzen ziehen
und Kriterien zu benennen. Aber es ist die Frage, ob diese Grenzen gleichsam
von einer feststehenden menschlichen Natur, einer generellen Qualifizierung
von Bedürfnissen als wahr oder falsch, als natürlich oder künstlich gezogen
werden – oder ob uns die *Kultivierung unserer Bedürfnisse* als eine persönliche
Gestaltung aufgegeben ist, deren Orientierungspunkte aus dem Ernstnehmen
unserer Freiheit und Selbstentfaltung zu gewinnen sind und nicht mehr gleichsam „von außen" vorgegeben werden. Korff und Mertens (1999) plädieren für
die persönliche Gestaltungsaufgabe als angemessenen Bezugspunkt der ethischen Beurteilung und verweisen auf die – in geschichtlicher Perspektive –
neue Situation der Überflussgesellschaft.

Insofern die Wirtschaft mit der Bereitstellung von Gütern und Dienstleistungen
auf die Befriedigung menschlicher Bedürfnisse ausgerichtet ist, ist auch das
konkrete Ausmaß und die Art der Bedürfnisansprache und -befriedigung mit
deren historischen Besonderheiten verbunden. Die Gestalt der Wirtschaft und
die von ihr angesprochenen Bedürfnisse haben sich in den letzten beiden Jahr-
hunderten erheblich verändert. In vorindustriellen Gesellschaften wurde weitgehend auf Bestellung produziert; es ging um die verbrauchsnahe Produktion
von elementaren und zugleich knappen Gütern. In der modernen Wirtschaft
würden ständig neue, bisher unbekannte Güter entwickelt, mit denen man
„zwar an gegebene Bedürfnisse anknüpft, diese aber damit auch ständig fort-
entwickelt" (Korff 1999, 32). Modernes Wirtschaften sei nicht mehr nur auf
Bedarfsdeckung, sondern auch auf Bedarfsweckung ausgelegt. Dies gilt auch
vom Bedarf an Medienprodukten. Deren Angebotspalette erweitert und differenziert sich ständig, ohne an eine „natürliche" oder „äußere" Grenze zu kommen.

Aber kommt die Wahlfreiheit des Menschen nicht an eine Grenze bei dem riesigen Angebot an Informationen, Unterhaltung und Werbung, verliert sie nicht schnell ihr Gleichgewicht und ihren Selbstand? Passiert es nicht, dass im Medienzeitalter aus der unvermeidlichen Außenorientierung eine freiheitsgefährdende Außenlenkung wird? Die Risiken für den Freiheitsverlust kann man in der Tat nicht leugnen. Aber es bleibt die Frage, worin die Gefährdungen ihre Wurzeln haben und wo sie folgerichtig zu kontrollieren sind: im System der Marktwirtschaft selbst, welches Unsummen für das Management der Nachfrage, für die Bedarfsweckung und die Werbung ausgibt – oder im einzelnen Konsumenten und in seinen lebensweltlichen Bezugsgruppen, wenn diese es versäumen, ihr Bedürfnisleben verantwortlich zu gestalten und zu kultivieren?

5.3.2 Konsumfreiheit und Konsumentensouveränität

Auf der Suche nach den Ordnungsprinzipien der modernen Wirtschaft wie des neuzeitlichen Rechtstaats muss der Mensch „als sich selbst bestimmendes und sich selbst aufgegebenes moralisches Subjekt" (Korff 1999, 45) als tragender Bezugspunkt gesehen werden. Damit werde nicht nur Freiheit postuliert, sondern gleichzeitig Verantwortung für die eigene Lebensführung als undelegierbare Aufgabe benannt. Freiheit besage in der Neuzeit zunächst Überwindung feudaler, ständischer oder patriarchaler Strukturen; aber in einem zweiten Schritt gehe es um die Herstellung einer neuen Ordnung, welche sowohl der personalen Würde wie Gestaltungsbereitschaft des Einzelnen (der „Bürgerin", des „Bürgers") stärker Rechnung tragen sollte. Aus diesem Impuls wurden auch die neuzeitlichen Grundrechte formuliert: das Recht auf Gewissens-, Religions- und Meinungsfreiheit, das Recht auf freie Berufswahl, auf unternehmerische Initiative, auf Privateigentum und die unternehmerische Freiheit. Für Korff gilt es nun einen weiteren Schritt zu tun und auch „in der Ausfaltung und Gestaltung der eigenen Bedürfniswelt" einen Fall des Rechts auf Selbstbestimmung zu sehen; konsequent spricht Korff von „Konsumfreiheit" oder „Konsumentensouveränität". (Korff 1999, 30) Ein wesentlicher Pfeiler unseres freiheitlichen Rechtsstaats sei

> „das emanzipierte, mündige Individuum, das dazu befähigt ist, selbstbestimmter und verantwortungsbewusster Gestalter seiner eigenen Bedürfniswelt zu sein. ...
> Das Recht selbst nimmt sich hier also wesentlich als Steuerungsinstanz zurück und verschafft so erst dem Individuum den dazu notwendigen Freiraum." (Korff 1999, 45)

Diesen Grundgedanken von Korff faltet Mertens (1999) weiter aus: Mit Konsumfreiheit sei

> „mehr als die formale Freiheit des Einzelnen bei der Wahl der Konsumgüter im Sinne des Freiseins von willkürlichen, fremdbestimmten Einschränkungen des Verbrauchs" gemeint, sondern der „Freiheits-*Vollzug*, die verantwortliche *Selbst*bestimmung" mit dem Ziel, einen bewussten Konsumstil zu entwickeln und „dabei *zu sich selbst* und zu seiner *Identität* zu finden, und d.h. sich selbst zu verwirklichen und zu entfalten." (Mertens 1999, 450)

Die Bedürfnisethik wäre keine umfassende Ethik, würde sie nur die Freiheit des Individuums betonen; sie spricht gleichzeitig von der sozialen Verantwortung bei der Gestaltung der Konsumentwicklung und von der Konsumerziehung der jüngeren Generation. Aber zentral bleibt doch das eigene Bemühen um ein „kultiviertes Bedürfnisleben" und die Ausbildung eines Konsumstils, welcher an der Selbstentfaltung ausgerichtet ist. Welche Kategorien und Maßstäbe – auch wenn sie „erheblich behutsamer" (Mertens 1999, 453) sind – lassen sich bei dabei nennen?

5.3.3 Kategorien zur Bewertung eines kultivierten Bedürfnislebens

Für Mertens weisen die menschlichen Grundbedürfnisse, wenn sie unter dem Aspekt der Persönlichkeitsentwicklung gesehen werden, eine „innere dynamische Strukturiertheit" auf und stellen ein System ineinander greifender Teilstrukturen von zunehmender Komplexität dar (vgl. Mertens 1999, 453 f.) Von einer solchen „Architektur" oder Rangfolge menschlicher Grundbedürfnisse gehe auch die bekannte Klassifizierung von Maslow aus. Zwar ließen sich von solchen, durch Abstraktion gewonnenen Interpretationsschemata keine konkreten Einzelbedürfnisse ableiten oder gar ethisch rechtfertigen. Unter der Perspektive optimaler Persönlichkeitsentwicklung machten sie aber „eine Tendenz zunehmender Komplexität, Anreicherung, Differenzierung und Verfeinerung bis hin zu den zentralen Regionen personalen Seins" sichtbar und regten dazu an, diese Rangfolge in Erziehungs- oder eigenen Reflexionsprozessen als Denkimpuls aufzugreifen. Zumindest im Sinne einer generellen Orientierung gilt: Den physischen Basisbedürfnissen (Ernährung, Schlaf, Wärme, Bewegung) kommt eine elementare Dringlichkeit zu, die psychischen Grundbedürfnisse (Zugehörigkeit, soziale Geltung) haben eine persönlichkeitskonstituierende, existenzielle Bedeutung, und die Bedürfnisse geistig-personaler Sinnrealisation (Verlangen nach Wissen, Schönheit, sittlichem Gutsein, Transzendenz) verhelfen zu vollem Menschsein. Wann immer es Anlass gibt, über die eigenen Bedürfnisse nachzudenken, könne dieses Ordnungsschema Hinweise auf eine wünschenswerte Weiterentwicklung des eigenen Bedürfnislebens geben.

Der Vorstellung einer Hierarchie der Bedürfnisse entnimmt Mertens noch einen zweiten Hinweis:

> Verhindert „eine anhaltende Mangelsituation die Absättigung des jeweils vormächtigeren Bedürfnissektors, so birgt dies die Gefahr der Dominanz dieser einen Bedürfnissituation in sich. ... Und umgekehrt gibt die rechtzeitige relative Absättigung einer vorgeordneten Bedürfnisdimension den Weg frei für die *fortschreitende Evolution* des Bedürfnislebens bis hin zur *Selbstentfaltung der Person.*" (Mertens 1999, 454)

Im Zusammenhang mit der Kultivierung der Bedürfnisse stellt sich die Aufgabe, einen Konsumstil zu entwickeln, der als Ausdruck freier Selbstbestimmung gelten kann, also wirklich Freiheit praktiziert, zugleich aber auch ökologisch und sozial verantwortlich ist. Um unserer Verantwortung für die Natur zu ent-

sprechen, werden heute Tugenden eines „neuen Lebensstils", der „Bescheiden-
heit" und des „Maßhaltens" in ganzen Bereichen propagiert. Damit ist, wie
Mertens feststellt, der alte antike und christliche Gedanke des Verzichts bzw.
der Askese neu formuliert. So anerkennenswert es sei, wenn man nach gründlicher Überlegung freiwillig auf bestimmte Konsumgüter verzichte und sich damit eine Bedürfnisbefriedigung teilweise oder ganz versage, so sei doch daran
festzuhalten: Askese ist ein *Begleitwert*, der lediglich im Dienst der Einübung
(=Askese) eines bestimmten Lebensstils steht – z.B. eines Lebens für die Wissenschaft, für die Kontemplation oder für ein soziales Engagement. Die Askese
ist nicht der *Zielwert*, sondern allenfalls ein Mittel, wenn auch ein nützliches
und notwendiges.

Diese Unterscheidung mag manchen sophistisch vorkommen. Sie verweist
jedoch darauf, dass jeder Konsumstil (mit seinen Verzichtsmomenten) Teil
eines bewusst gewählten und immer wieder reflektierten Lebensstiles ist. Die
freie und bewusste Wahl dürfe und solle sich an der Weiterentwicklung der
individuellen Erlebnis- und Gestaltungsmöglichkeiten, also an der eigenen
Selbstentfaltung orientieren – ohne freilich die sozialen und ökologischen
Rücksichten außer Acht zu lassen. Nicht das generelle Nein einer die Freiheit
überrumpelnden Verzichtsparole, sondern das vernünftig-abwägende, kritisch-
bewusste, selektierende Konsumverhalten tauge als Ziel einer, an die Freiheit
und Vernunft appellierenden Verbraucherbildung (vgl. Mertens 1999, 455).
Ein freier Konsumstil sei dadurch gekennzeichnet, dass er „die schöpferischen,
geselligen, spielerischen Kräfte des Individuums entfalten" helfe (a.a.O., 456).

Im Gegensatz dazu stehen für Mertens Konsumstile, die von einer Instrumentalisierung des Konsums oder von der Dominanz *eines* Bedürfnisses geprägt
sind. Diese Verschiebungen lägen z.B. vor, wenn es beim Konsum nicht mehr
um Selbstentfaltung und Genießen geht, sondern vordringlich um Statusreprä-
sentanz – und damit um zwanghaft gesuchte soziale Anerkennung – oder um
Konkurrenzkampf (vgl. a.a.O., 457). Solche Zwänge und Fixierungen auf bestimmte Bedürfnisse und Konsumgüter signalisieren in der Tat jeweils einen
Verlust an Freiheit und möglicher Selbstentfaltung. Sie weisen auf *Abhängig-
keiten* hin, die aber nicht den Konsumgütern selbst anzulasten sind, sondern
ihre Wurzel im Individuum selbst, in seinen Ängsten und Suchttendenzen haben.

Oft ist von *Konsumpassivismus* die Rede, vor allem im Blick auf das Bedürfnis
nach medialer Unterhaltung. Zuviel Fernsehen mache passiv, meinen viele. Für
Lübbe liegt das moralische Problem des Fernsehens nicht in der Unmoral der
Inhalte vieler Unterhaltungsangebote, sondern in den „akkumulierende(n) Wir-
kungen unterschiedlicher Mediennutzung" (Lübbe 1994, 317), also auch von
Informationssendungen. Durch das ständige Vorhandensein eines übervollen
Fernsehangebots gebe es eine stete „Verführung zum Passivismus andauernden
Unterhaltenseins." (Lübbe 1994, 314) Dieser Verführung müsse man durch die
„Tugend der Mäßigkeit" und die bewusste Ausbildung eines Zeitumgangsstils,
der dem Fernsehen entsprechende aktive Tätigkeiten entgegensetzt, begegnen.

Lübbes Ausführungen sind ein beredtes Beispiel für die Bewertung des filmischen Unterhaltungsbedürfnisses, die sich oft findet: Sich vom Fernsehen oder
im Film unterhalten zu lassen, verstärke auf jeden Fall Passivität.

Dem steht die Deutung der Filmwahrnehmung als einer inneren Aktivität gegenüber. Hausmanninger, übrigens ein Schüler Korffs, sieht in der Unterhaltung eine „spezifische Form des Tätigseins", eine mit Lust verbundene Aktivität (vgl. Hausmanninger 1993, 554) Er greift dazu auf Thomas von Aquins
Begriff der „delectatio" (=Lust, Vergnügung) zurück; der mittelalterliche Phi-
losoph habe das Lusterleben als Handlung („operatio"), als Empfindungs- und
Bewusstseinsaktivität verstanden. Bezogen auf die filmischen Inhalte, mehr
aber noch aufgrund des individuellen Erlebens dieser Inhalte, unterscheidet
Hausmanninger dann verschiedene Formen der Unterhaltung. „Unterhaltung"
kommt nicht zwangsläufig durch Merkmale des Medieninhalts zustande, sondern ergibt sich erst durch eine „spezifische, subjektive Aktivität" des jeweiligen Rezipienten (Hausmanninger 1994, 82): delectatio est operatio.

Im einzelnen unterscheidet er vier Ebenen dieses unterhaltsamen Lusterlebens:

(1) Das reine Angesprochensein der Sinne („delectatio sensibilis"), die „Schaulust"
(2) Die durch die Medieninhalte hervorgerufenen Gefühle („delectatio emotionalis")
(3) Die „Lust aus Informationsgewinn und -besitz" („delectatio cognitionis")
(4) Die Lust an der „Selbstverständigung und -erprobung" („delectatio reflexiva"). Die
     typische Fähigkeit unseres Bewusstsein, alle Inhalte nochmals zum Gegenstand der
     Reflexion zu machen ist als „Erlebnis reflexiver Freiheit ebenfalls nochmals lust-
     besetzt" (Hausmanninger 1994, 85). Die Reflexion richte sich dabei nicht nur auf
     die hervorgerufenen Gefühle der zweiten und die kognitiven Inhalte der dritten E-
     bene, sie bestehe auch im Vergleich des eigenen Selbstverständnisses mit den fil-
     mischen Handlungsentwürfen, also in einer „geistigen Selbstverständigung und -
     erprobung", welche in der heutigen Mediengesellschaft ein Teil der „Selbstver-
     wirklichung des Menschen" sei (Hausmanninger 1993, 557).

Weil jede dieser Unterhaltungsformen die Lebendigkeit des Menschen in allen
Bereichen seiner Existenz entfalte, sei Unterhaltung grundsätzlich legitim, auch
die sog. seichte Unterhaltung – bei ihr gehe es primär um das sinnliche und
emotionale Lusterleben. Dennoch sieht Hausmanninger in der Vielzahl der
Formen auch eine Aufforderung zum bewussten Aufsuchen „gehobener Unterhaltung", zur Hinzunahme der wissensmäßigen und reflexiven Unterhaltungs-
form; sie „stellen einen höheren, umfassenderen Anspruch an die sich unterhaltend betätigende menschliche Person". (Hausmanninger 1993, 460) Im Sinne
der Ausbildung eines „delektativen Raffinements" (Hausmanninger 1999, 13)
böten sie aber auch die Chance umfassender Entfaltung der eigenen Persönlichkeit. Wie schon bei Mertens taucht als zentrale Perspektive und ethisches
Kriterium der Mediennutzung die Dienlichkeit für eine umfassende menschliche Entfaltung auf.

5.3.4 Verankerung der Bedürfnisethik in der Verantwortungsperspektive

Die Aufforderung, jede Bedürfnisbefriedigung daraufhin zu befragen, inwieweit sie einer umfassenden Selbstentfaltung dient, bildet also einen Kernpunkt des hier erläuterten bedürfnisethischen Ansatzes. Gerade wegen der wiederholten Betonung ist zu fragen: Sind da nicht andere, ebenso wichtige Fragen zu stellen? Welche Prinzipien müssen bei der ethischen Beurteilung hinzugenommen werden? Mit der Frage nach der eigenen Entfaltung ist in der Tat nur die Verantwortung des Menschen gegenüber sich selbst als eines Wesens der Freiheit und Selbstbestimmung ausgedrückt; das entscheidende Kriterium ethischer Beurteilung ist das der individuellen Stimmigkeit. Aber es geht nicht um puren Individualismus! Ausgangspunkt ist und bleibt das *moralische* Subjekt, und zu diesem gehören unabdingbar auch die beiden anderen Verantwortungsperspektiven: die Verantwortung für die soziale Mitwelt und für die Umwelt (vgl. Korff 1999, 40). Die hier maßgeblichen Kriterien lassen sich mit der Frage nach der Sozialverträglichkeit und der Umweltverträglichkeit der Bedürfnisbefriedigung gewinnen. Nur durch die Berücksichtigung aller drei Verantwortungsperspektiven – der Verantwortung für sich selbst, für die soziale Mitwelt und für die natürliche Umwelt – kann ein in Konsum- oder Mediennutzungsstil als zugleich gerecht und mitverantwortlich gelten (vgl. Cortina 2006). Die – in liberaler Perspektive – einzig zulässige Einschränkung der Konsumentensouveränität begründet sich in den Rechten Dritter, die durch meinen Konsumstil betroffen sind (vgl. Lerch 2006).

Was heißt es, dass individuelle Mediennutzung *sozialverträglich* sein muss? Man kann da an Probleme denken, die sich aus der gemeinsamen Mediennutzung im familiären Kontext ergeben. Es geht aber auch um Stellungnahmen zu Inhalten, in denen die Rechte von Minderheiten missachtet werden, für deren Zustandekommen Menschen missbraucht wurden wie im Fall der Kinderpornographie. Damit wären wir wieder bei jenen „politischen" Forderungen, ohne die auch eine Publikumsethik nicht auskommt, bei der Mitverantwortung für eine humane und demokratische Medienkultur. Die Mediennutzung muss aber auch *umweltverträglich* sein. Zu verbessern ist der Verbrauch an Strom beim Betrieb, an Rohstoffen bei der Herstellung der Geräte und vor allem das Recycling des zum Teil hochgiftigem Elektronikschrotts (vgl. Funiok 1999b, 238).

Wenn diese beiden Verantwortungsperspektiven mit im Blick sind, dann braucht das Kriterium der Stimmigkeit mit der eigenen Lebensführung und dem individuellen Lebensentwurf sich nicht verdächtigen lassen, einer Beliebigkeit Vorschub zu leisten. Das konsequente Ansetzen am Individuum und seiner Entfaltung ist berechtigt und liegt in der Linie der neuzeitlichen Geistesgeschichte. Es ist auch speziell der Publikumsethik angemessen; denn ihr Ansatzpunkt ist der konsumierende Mensch. Die moralische Bewertung der Mediennutzung an der persönlichen Entfaltung festzumachen, mag ungewöhnlich sein, kann sich aber als fruchtbar erweisen und der Zustimmung sicherer sein als Appelle, die als von außen kommend erlebt werden. Im Rahmen des „Prozesses der Selbsterkundung" (Neuner 2006, 114) ist nach der „humanen Angemessenheit" der eigenen Bedürfnisse zu fragen. Diese sind dabei nicht nur nach ihrer Dringlichkeit, sondern auch in normativer Reflexion nach ihrer „Ranghöhe" zu beurteilen. Mit einer Unterscheidung moderner Konsum- und Glücksforschung formuliert: Im „terminalen", extrinsisch motivierten Konsum werden Bedürfnisse lediglich zum Statuserhalt oder zur Kompensation von Selbstwertdefiziten befriedigt. Ein „instrumenteller Konsum" hingegen orientiert sich intrinsisch an selbstkonkordanten Zielen wie der Weiterentwicklung von Autonomie, Kompetenz und einer sozialer Zugehörigkeit, welche die Sorge um andere mit einschließt. Eine derart verfeinerte Bedürfnisbefriedigung dient der Weiterentwicklung des individuellen Erlebnispotentials und der sozialen Verantwortung. Wird diese Perspektive in die Publikumsethik eingebracht, so tritt die Verantwortung für die eigenen Mediennutzung und ihre jeweiligen Präferenzen nochmals deutlich zu Tage.

5.3.5 Glücksethische Überlegungen

In seiner Ethik des Erziehens betont Fuhr (1998), dass Eltern nicht nur verpflichtet sind, ihren Kindern eine angemessene Vorstellung von Gerechtigkeit zu vermitteln und mit ihnen Empathie, Verständnis und Toleranz einzuüben – also in ihnen moralische Tugenden und Verantwortlichkeit anzubahnen. Eine, im Alltag ähnlich wichtige Pflicht der Eltern sieht er darin, das (kindliche) Bedürfnis nach Glück ernst zu nehmen und entsprechendes Glückserleben zu ermöglichen oder – weil Kinder ja selbst wissen, was ihnen Freude macht – dieses wenigstens nicht unnötig zu behindern. Die Mediennutzung ist und bleibt eine Quelle des Glückserlebens von Kindern und Jugendlichen – in der Prioritätenliste übrigens erst nach dem ungezwungenen Zusammensein mit Eltern, Geschwistern und Freunden, nach dem Spiel mit ihnen (vor allem im Freien), nach dem Umgang mit Tieren. Daher muss nicht jedes Fernsehprogramm oder Computerspiel rigoros auf Lernen, Bildung von zutreffenden sozialen Vorstellungen usw. ausgerichtet werden, sondern es darf den Heranwachsenden auch einfach Spaß machen – so wie die Erwachsenen sich das ja auch zugestehen und praktizieren (vgl. Lange 2000, 53).

5.4 „Medienökologische" Perspektive

Eine in vielem entgegen gesetzte Perspektive wählen die Vertreter der „medienökologischen" Betrachtungsweise. Diese zielt entweder (nicht-normativ) auf die „Medienumgebungen" oder auf die öffentlichen und privaten „Räume", die von Medien mehr oder weniger stark geprägt werden: Kinos, Diskotheken, Spielhallen, Boutiquen, Warenhäuser, reklameübersäte Straßen; eine solche sozialisatorische oder „sozialökologische" Perspektive betont, dass die Mediennutzung eingebettet ist in andere Aktivitäten wie Kaufen, Arbeiten, Lernen, personale Kommunikation (vgl. Baacke, Sander & Vollbrecht 1990 a,b). Oder die medienökologische Betrachtungsweise setzt die medialen Kommunikationsmöglichkeiten in einen kritischen und normativen Bezug zu denen der

personalen Kommunikation; dies tun Eurich (1980) und Mettler-v. Meibom
(1986; 1994), die prominenten Gründer des „Instituts für Kommunikationsökologie" in Dortmund (1989).

Den Begriff Medienökologie verwendeten auch die Konstanzer Soziologen Lüscher & Wehrspaun (1985), in Kanada sprach zuerst von „Communication eco-
logy" der Mc-Luhan-Schüler Nevitt (1982). Schließlich wird auch Postman
von Kommunikationsökologen für ihre Position reklamiert. Eine systematische
Darstellung ihrer Grundannahmen findet sich bei Donath & Mettler-v. Meibom
(1998); Schicha (2000) fragt (z.T. selbstkritisch), welchen Beitrag dieser Ansatz zur Medienethik liefern kann. Während Eurich, bekannt in den frühen 80er
Jahren durch seine Kritik an Bildschirmtext und Verkabelung, seinen Kampf
für eine umfassende menschliche Kommunikation heute eher im Kontext einer
spirituellen Bewegung – „Aufruf zu einem neuen Orden" (1993) – führt, sind
Mettler-v. Meibom und Schicha mit einer breiteren Palette wissenschaftlicher
Projekte befasst, u.a. zur medialen Inszenierung des Politischen (Schicha &
Ontrup 1999).

Anders als der bedürfnisethische Ansatz, der auch im Konsum eine mögliche
Ausdrucksform menschlicher Freiheit und Selbstbestimmung zu sehen vermag,
macht Mettler-v. Meibom (1997) auf die Voraussetzungen von Selbstbestimmung und Freiheit aufmerksam. Freiheit sei nicht zu realisieren ohne ernsthaft
praktizierte Formen der Selbstsorge. Mettler-v. Meibom stützt sich dabei auf
den Philosophen Foucault, der die Kultur der Selbstsorge – mit Rückgriff auf
Platon – als „Technologien des Selbst" bezeichnet.

Dazu zählt der bewusste Umgang mit der Zeit, das Sich-etwas-Versagen-
Können (Askese), die Hinwendung nach innen und das Horchen auf die Re-
gungen der Seele, „um die Wahrheiten, deren man bedurfte, für sich selbst ak-
tivieren zu können." Solche Elemente einer Distanznahme und ruhigen Verarbeitung seien nötig, weil uns bestimmte Medienangebote so stark faszinieren
können, dass unsere Mediennutzung wenigstens vorübergehend suchthafte Zü-
ge annimmt. Es gehört für Mettler-v. Meibom zur Förderung von Medienkompetenz im privaten Alltag, dass man solche anspruchsvollen Wege der Persön-
lichkeitsförderung sucht. Zentral sei die *Balance* von interpersonaler, sozialer
Kommunikation einerseits und medienvermittelter, „virtueller" Kommunikation andererseits. Sie sei individuell, aber auch gesellschaftlich zu bestimmen.

5.5   Verantwortliche Mediennutzung als Teil von Medienkompetenz

Es ist heute viel von Medienkompetenz als einer Schlüsselqualifikation für die Informations- oder Wissensgesellschaft die Rede. Medienkompetenz ist eine globale Zielgröße, welche durch verschiedenartige erzieherische, unterrichtliche und selbstorganisierte Bildungsprozesse erreichbar oder aktualisierbar ist. Mit Baacke (1996, 1997, 98 f.) lassen sich vier Kompetenzfelder unterscheiden:

(1)   Die Fähigkeit, die gesellschaftlichen Veränderungen hinter den Medienentwicklungen kritisch zu verstehen und zu hinterfragen („Medienkritik");

(2)   das notwendige Wissen, von den Geräten bis hin zur Politik der großen Medienorganisationen („Medienkunde"),

(3)   die Fähigkeit zur praktischen „Mediennutzung", die rezeptive und die interaktive Nutzung (wie beim Computer) und

(4)   die Fähigkeit zur eigenen „Mediengestaltung" (z.B. zum Erstellen einer Homepage, zur aktiven Videoarbeit u.a.).

Ethische Fragen spielen in allen vier Feldern eine Rolle, nicht nur im ersten Feld der Medienkritik – hier sind persönliche Qualitäts- und Wertmaßstäbe gefragt, aber auch politische Rahmenbedingungen für Medienfreiheit und -vielfalt. Von Bedeutung sind ethische Fragen auch beim vierten Feld, wo aus dem Mediennutzer ein Mediengestalter wird: Er soll sich nicht nur ästhetisch kreativ, sondern auch sozial-verantwortlich verhalten. Will man heute die Medienentwicklung zumindest verstehend begleiten, so ist nach Baacke eine „kritische Reflexivität" nötig, die sich in drei Dimensionen auffächert:

„a) *Analytisch* sollten problematische gesellschaftliche Prozesse (z.B. Konzentrationsbewegungen) angemessen erfaßt werden können;

b) *reflexiv* sollte jeder Mensch in der Lage sein, das analytische Wissen auf sich selbst und sein Handeln anzuwenden zu können;

c) *ethisch* ist die Dimension, die analytisches Denken und reflexiven Rückbezug als sozialverantwortet abstimmt und definiert." (Baacke 1997, 98 f.)

Schorb macht darauf aufmerksam, dass Medienethik früher selbstverständlich unter Reflexivität subsumiert wurde, heute aber als eigener Gesichtspunkt eingebracht werden muss. Früher sei das Denken und Handeln immer auch als gesellschaftlich bedeutsam gedacht worden und sei gesellschaftlich zu verantworten gewesen. In Zeiten zunehmender Individualisierung, aber auch der individualisierten Mediendistribution und der wechselseitigen Netzkommunikation erscheinen die Entwicklungen im Medienbereich nicht mehr selbstverständlich unter der Perspektive der sozialen Verantwortung. Der ethische Standpunkt müsse heute eigens betont und als Bestandteil der Medienkompetenz herausgestellt werden (vgl. Schorb 1997, 67 f.).

Publikums- oder Nutzerethik hat eine natürliche Nähe zur Medienerziehung oder – bezogen auf das Erwachsenenalter – zur Medien-*Selbsterziehung*. Als Teil der Gesamterziehung oder des gestalteten Hineinwachsens in die Kultur versucht Medien-*Selbsterziehung* das aktive Suchen und Auswählen aus dem Medienan- gebot zu fördern und auf Bildungsziele und Werte hin zu orientieren. Für moderne Medienpädagogen sind Medien nicht etwas, vor dem man Menschen einfach bewahren muss (Bewahrpädagogik). Medienpädagogen und -philosophen praktizieren im Unterschied dazu eine differenzierte Medienkritik und betonen, dass Medieninhalte immer aktiv be- und verarbeitet werden – auf dem Hintergrund erworbener Wissensstrukturen und Erlebnisbereitschaften.

Das passive Publikum ist also eine Mythologie des unter besorgten Intellektuellen immer noch anzutreffenden Kulturpessimismus. „Kinder *können* fernsehen", lautet der Buchtitel von Rogge (1990) Andererseits überschrieb der Verfasser seine Dissertation mit: „Fernsehen lernen – eine Herausforderung an die Pädagogik". (Funiok 1981) Wie sich zeigen lässt, ist beides richtig, nur unter verschiedener Rücksicht. Wir *sind schon medienkompetent* in dem Sinne, dass niemandem – aufgrund seiner Geistigkeit und seines Hineingewachsenseins in die Kultur (Enkulturation) – der Kern einer kritischen Beurteilungsfähigkeit abgesprochen werden darf. Wir müssen jedoch im vollen Sinne medienkompetent werden. Wir

– können bei einer für uns optimalen Auswahl und Nutzung von Medien (zu Zwecken der Unterhaltung, Information, zum Spielen, Lernen, Problemlösen, zum Fällen von Entscheidungen) hinzulernen, ja wir müssen es aufgrund der Veränderungen der Angebotsstruktur (denken wir nur an Multimedia und Internet);

– können immer noch erfahrener werden im Verstehen der Mediensprachen, der Genres, der realen und virtuellen Welten – sowie im Bedienen der Hard- und Software, die uns dahin bringt;

– sollten fähig sein, Medien und ihre Produkte in ihren Rahmenbedingungen (wirtschaftlicher, politischer, produktionstechnischer, ästhetischer Natur) zu analysieren und gegebenenfalls zu intervenieren;

– Wir sollten auch die Wirkungen der Medien auf die Emotionen, Vorstellungen und Verhaltensmuster von uns und anderen wahrnehmen (Kultivierungshypothese) – es gilt da sicher keine einfache und lineare Kausalität, sondern wir geben allen Medienangeboten *unsere subjektiven* Bedeutungen, aber auch diese sind zu problematisieren;

– und wir sollten bereit sein, für die Inhalte, die wir (z.B. im Internet) präsentieren, verantwortlich zu sein – das ist ein deutlich medienethisches Element in der Medienkompetenz.

Eine solche Medien(selbst)erziehung ist noch immer dem einzelnen Subjekt aufgetragen und erfährt wenig staatliche Förderung – trotz gegenteiliger Beteuerungen. Betrachtet man die faktischen Ziele staatlicher Medienpolitik, so hat die Wirtschaftsförderung, welche heimischen Medienunternehmen und bloßen Infrastrukturmaßnahmen („Schulen ans Netz") zugute kommt, einen hohen Stellenwert. Gleichzeitig fordert man – wenigstens in Reden – umfassende Medienkompetenz, nicht nur für den beruflichen, sondern auch für den Freizeitbereich. Kompetenz stellt sich aber nicht von selbst ein. Bei aller Bedeutung des beiläufigen Lernens braucht das Strukturwissen und die Kritikfähigkeit gegenüber den Medienangeboten gezielte Lernprozesse. Für diese fehlt es an effektiver Förderung, wie Roegele schon 1970 feststellte,

> „traut man dem Staatsbürger offenbar eine eminente natürliche Begabung zu, mit den Medien umzugehen, so daß man darauf verzichten kann, ihn darin eigens auszubilden. ... Was soll aus den Massenmedien in der Zukunft werden, wenn die Menschen, für die sie geschaffen wurden und an die sie ihre Aussagen richten, mit ihnen nichts Rechtes anzufangen wissen? ... Wir wissen noch längst nicht genug über Aufbau, Eigenheiten und Wirkungsweise der Kommunikationsmittel Der Weg zu einer wissenschaftlich gesicherten, in der Praxis brauchbaren Funktionslehre der Medien ist noch weit." (Roegele 1970, 50 f)

Die „klassische" demokratieorientierte Kritikfähigkeit ist heute, wo sich Computerspieler in unterschiedlichen „virtuellen" Welten bewegen, durch die *Rahmungskompetenz* zu ergänzen (vgl. Pietraß 2006, 124 ff.). Damit ist die Fähigkeit bezeichnet, die Reizeindrücke und Präsentationen, die sich in ihren Erscheinungsformen sehr ähneln, den jeweiligen „Welten" angemessen zuzuordnen und nicht zu vermischen, was sich zwar ähnelt, aber eine grundsätzlich andere Bedeutung hat.

6 Ethik des Internets

Das heutige Internet ist die technische Plattform einzelner Computeranwendungen und Netzdienste, wie sie sich seit dem ARPANET der 1960er Jahre herausgebildet haben. Es handelt sich um eine „Selbstevolution des Netzes durch Nutzung" (Castells 2005, 38). Stand am Anfang der Austausch schriftlicher Mitteilungen – das E-Mailen und Chatten –, stieß das World Wide Web (auch Web 1.0 genannt) der 90er Jahre mit seiner Multimedialität und Hypertextstruktur in eine neue Dimension vor: Das Verknüpfen von Informationsquellen durch „Links" wurde möglich. Durch leistungsfähigere Netze wurde zudem das Herunterladen (Download, Streaming) von Dateien erleichtert.

Das globale Netz stellt seit den 1990er Jahren eine *allgemeine Infrastruktur* bereit, welche den überkommenen Medienbegriff sprengt. Castells (1996–1998, dt. 2001–2003) beschreibt in seinem dreibändigen Werk die Wirkungen des Netzes als tief greifende Transformationen sehr vieler gesellschaftlicher Bereiche. Das Internet verändert die Produktfertigung in Unternehmen sowie ihren Absatz (E-Commerce), es ermöglicht Teamarbeit über große Distanzen hinweg, lässt Netzwerkunternehmen entstehen, es erleichtert Fernunterricht (E-Learning), beschleunigt und vereinfacht die Verwaltungskommunikation zwischen staatlichen Stellen und zu den Bürgerinnen und Bürgern hin (E-Government), hilft aber auch oppositionellen und zivilgesellschaftlichen Gruppen sich zu vernetzen – und ermöglicht Hackern das Eindringen in Computer und Intranetze, auch deren Schädigung oder Zerstörung. Zudem machen sich kriminelle und terroristische Vereinigungen die Schnelligkeit und Unübersichtlichkeit des Netzes zu Nutze.

Die verschiedenen Dienste ermöglichen unterschiedliche *Kommunikationsmodi*: synchrone (wie das Chatten und das Spielen) und asynchrone wie E-Mail und News; als Hybridmedium kombiniert das Internet die Möglichkeiten der Massenkommunikation (one-to-many) mit denen der interpersonale Kommunikation (one-to-one, wie schon beim Telefon) und ergänzt sie durch individuelle Abrufmöglichkeiten und Foren (many-to-many) (vgl. Greis 2003). Die „Sprache" des Internet ist ebenfalls eine hybride: Neben dem Schreiben auf der 100 Jahre alten Schreibmaschinen-Tastatur kann man auch mit gesprochener Sprache eingeben, vor allem aber (mit der Maus oder Bildschirmberührung) auf Piktogramme, Schrift und Bilder hinzeigen und so durch das Programm „navigieren". Die Medienkompetenz spezifiziert sich zur Navigations-Kompetenz (Röll 2003). Die im Internet mögliche Interaktion und Kommunikation ist einerseits reduziert – weil das Gegenüber nicht voll wahrnehmbar ist oder sich hinter einem „Avartar" versteckt –, gleichzeitig aber auch entgrenzt, weil zeit- und raumunabhängig, und stärker interaktiv – Ong (1971, 285) spricht hier von „sekundärer Oralität".

Der „Raum" des elektronischen Austausches wird oft als „virtueller" Raum bezeichnet. „Virtuell" meint sowohl die technische Ermöglichung durch digitale
Speicherung und Netzübertragung (auf Computern und im Netz vorhanden)
wie die Simulation bestehender Umwelten und Gemeinschaften (virtuell im
Unterschied zu real), ferner die Schaffung neuer Räume und das freie Sich-
Bewegen im „Cyberspace". Als soziale Räume können die Online-Gruppen
und Netzwerken gelten, heute gern E-Communities, elektronische (Höflich
1996) oder virtuelle Gemeinschaften (Rheingold 1994) genannt. Diese verändern vielleicht Umfang und Art der realen „Offline-Beziehungen" im privaten
und beruflichen Feld. Sie machen diese jedoch nicht überflüssig – wie die Ve-
reinsamungs-These unterstellt –, sondern ergänzen sie. Online zu sein ist eine
wichtige Form der Zugehörigkeit geworden. Da das Sich-Bewegen im Netz als
Handeln anzusprechen ist – auch das Als-ob-Handeln in den Spielen –, steht es
unter der Perspektive der Handlungsverantwortung (vgl. Greis 2001).

Seit wir beim Arbeiten und Lernen über große Strecken am Computer sitzen,
haben wir an ihn die Erwartung eines idealen *Werkzeugs*, das uns beim Lernen
und Problemlösen, beim Flanieren und Spielen optimal unterstützt (vgl. Funiok
1993, 200 ff.). Bezogen auf die herkömmlichen didaktischen Speichermedien
ist der Computer eine Kreuzung zwischen dem diskursiven, eher exklusiven
(weil Literalität erfordernden) Buch und dem präsentativen, eher inklusiven
(weil leicht verständlichen) Fernsehen (vgl. Meyrowitz 1987, 80 ff., 219; Funiok 1993, 75 ff.). Der Computer ist die symbolverarbeitende Universalmaschine
von heute, das Netz die mediale Verbindung zu nahen und entfernten Datenbe-
ständen, Wissens- und Fantasiewelten.

Neuerdings macht das Web 2.0 von sich reden: ein Begriff für das Internet der
2. Generation, welches das aktive Mitwirken des Einzelnen an den Inhalten des
World Wide Web anbietet. Genutzt wird diese Möglichkeit freilich erst von
einem kleineren Teil der gegenwärtigen Internetnutzer (2009 waren es 67 %
der deutschen Bevölkerung) – wenn das „Mitmachnetz" zum ersten Mal in der
Mediengeschichte auch bildungsbenachteiligten Jugendlichen die gleichen
Chancen gibt (vgl. Wagner 2008). Die meisten bleiben freilich passive Nutzer;
sie besuchen nur die Video- oder Foto-Communities, schauen in Weblogs Einzelner (Internet-Tagebüchern) und die Social-Networking-Sites hinein oder
laden sich Podcast-Dateien herunter (Radio- und Videobeiträge von Sendern).
Wie neueste Untersuchen zeigen, stellt nur etwa 7 % der Web 2.0-Nutzer eigene Daten ins Netz oder gestaltet vorhandene mit (vgl. Busemann & Gscheidle
2010).

Erst in Entwicklung ist das Web 3.0 oder das Semantic Web, welches für um-
gangssprachlich eingegebene Anfragen bisher getrennte Datenquellen zusam-
menführt (Beispiel: „Ehepaar mit 2 Kindern im Alter von 6 und 8 Jahren sucht
günstige Ferienwohnung für letzte August- und erste Septemberwoche im
Raum Lindau").

Computer und Netz stellen auch unter *ethischer* Perspektive ein neuartiges,
vielseitiges Phänomen dar. Man kann nicht, wie bei den bisherigen Unterberei-

chen von Medienethik, von einer einheitlichen Funktion dieses Hybridmediums oder Grundaufgabe der darin Arbeitenden ausgehen und daraus ethische Forderungen entwickeln. Die meisten Monografien und Sammelbände zur Computer-, Netz- oder Cyberethik (Capurro u.a. 1995, Kolb u.a. 1998, Schwenk 2002, Capurro 2003, Kuhlen 2004, Capurro 2007) nennen folgende ethisch relevante Probleme:

- Beschränkung der Meinungs- und Informationsfreiheit, um Strafverfolgung zu ermöglichen (Jugendschutz, Aufstachelung zu Gewalt und Hass);
- Achtung vor dem Selbstbestimmungsrecht über die Daten zur eigenen Person (Datenschutz); Wissen um die Gefahren des bedenkenlosen Ins-Netz-Stellens eigener Daten;
- Nutzung und Sozialpflichtigkeit geistigen Eigentums (Urheberrecht);
- Verantwortung für ins Netz gestellte Informationen (Impressumspflicht, Accuracy);
- Gewährleistung von Computersicherheit und langfristiger Lesbarkeit der digital gespeicherten Daten (Nachhaltigkeit);
- Allgemeine und preisgünstige Zugänglichkeit von Software (Open Source) und von Informationen (Wissensallmende);
- Berechtigung und Grenzen der Finanzierung durch Werbung;
- Verhinderung der Exklusion von benachteiligten Gruppen (z.B. Sehbehinderte), von Angehörigen niederer sozialer Schichten, von Kulturen und Nationen (Digital Divide);
- Orientierung und verantwortliches Handeln in den Spielewelten.

Diesen inhaltlichen Problemen, dem *Was* der Verantwortung, gilt zuzuordnen, *wer* auf welcher Ebene zu ihrer Lösung Mitverantwortung übernehmen sollte. Da ist die *Makroebene* rechtlicher Regulierungen oder entwicklungspolitischer Hilfsprogramme, dann die *Mesoebene* der großen Software-Entwickler und der Netzprovider, der Informatiker und ihrer Selbstkontrollgremien, und schließlich die *Mikroebene* der individuellen Nutzung. Bei der Frage nach dem *Weswegen* der Verantwortung kann dagegen auf die schon im Verlauf der Arbeit genannten ethischen Prinzipien verwiesen werden: auf soziale Gerechtigkeit zur Überwindung von Exklusion, auf Achtung der Menschenwürde bei rassistischen Sites, auf die Notwendigkeit, gegen suchthafte Computernutzung einen humane Bedürfniskultur zu entwickeln. Im Folgenden werden die oben aufgeführten Probleme in fünf ausgewählten Lösungskontexten behandelt:

(1) Ethik von Informatikern und IT-Unternehmen; (6.1)
(2) Verantwortung für ins Netz gestellte Inhalte; (6.2)
(3) demokratische und publizistische Nutzung sowie Lernen im Netz; (6.3)
(4) Überwindung von digitalen Spaltung und Zugangsbarrieren; (6.4)
(5) Verantwortung bei Computerspielen (6.5).

Damit lassen sich gewiss nicht alle relevante Fragen der Internetethik erfassen, geschweige denn vertieft behandeln. Aber die Nutzungsarten und inhaltlichen Genres des Internets verändern sich alle zwei bis drei Jahre so gravierend – und produzieren für Individuen und Gesellschaften ständig neue Probleme.

Ihre ethische Bewältigung erbringt dann Praxisnormen, die nur mittelfristig anwendbar bleiben. Immerhin sind differenzierte Problemanalysen und behutsame Verantwortungszuschreibungen schon heute möglich – die euphorischen Lobeshymnen und aufgeregten Verdächtigungen, wie sie die öffentliche Diskussion über das Internet gelegentlich beherrschen, helfen wenig. Von der Dringlichkeit und der stetig steigenden Nutzung her ist Internetethik sicher vordringlich. Aber sie wird noch geraume Zeit vage bleiben und ständig fortgeschrieben werden müssen – ein Grund dafür, dass sie als letzter Unterbereich in diese Darstellung aufgenommen wurde.

6.1 Professions- und Unternehmensethik der Informationstechnologie

Computer- und Softwarefirmen waren seit Beginn der 1980er Jahre an der a-merikanischen Börse notiert. Die New Yorker Börse macht für die Notierung einer Firma u.a. zur Auflage, dass sie einen Unternehmenskodex vorlegt und diesen in transparenter und glaubwürdiger Weise praktiziert. Werden ernste Verstöße gegen diese Selbstverpflichtung öffentlich, so kommt es zu hohen Geldbußen – was unweigerlich zu Kursabschlägen führt. Im schlimmsten Fall landet die Firma auf einer schwarzen Liste – was den Verlust von internationalen Aufträgen bedeutet. Diesen Druck, sich moralisch zu verhalten, hat die SIEMENS AG Ende 2006 leidvoll zu spüren bekommen: Die Aufforderung, die Zahlung von Bestechungsgeldern bei Großaufträgen offen zu legen und umgehend einzustellen, kam aus New York – von dort auch die ersten firmeninternen Ermittler. Was die deutsche Staatsanwaltschaft an Anklagepunkten gegen einzelne Mitarbeiter zusammen trug, bereitete der SIEMENS AG keine so großen Sorgen wie die Tatsache, dass dieser börseninterne Selbstkontrollmechanismus in Gang gekommen war. Unmoralisches Verhalten von Firmen wird – wenigstens in diesem Beispiel – deutlich sanktioniert.

Schon vor den Computer- und Softwarefirmen haben sich die Berufsverbände der *Informatiker* weltweit mit ihrer professionellen Verantwortung befasst. Nur mit guten Computerprogrammen funktionieren die Expertensysteme (in Reaktoren, Flugzeugen, Verkehrsleitsystemen) richtig; nur wenn sie stabil laufen, kommt es zu keiner Gefährdung von Menschenleben und Natur. Nach der Zusammenstellung von Capurro (2003, 236 ff.) stammen die ersten Codizes von Informatikern von „The British Computer Society" (BCS, 1984) und der „Assiociation for Computing Machinery" (ACM, 1985). Die deutsche „Gesellschaft für Informatik" (GI) folgte 1989. Schließlich gab sich auch die „International Federation of Information Processing Societies" (IFIP) 1991 einen – auch unter multikultureller Perspektive – gelungenen Verhaltenskodex. Diese Codizes müssen nicht nur Mehrheiten bei Jahresversammlungen von Berufsverbänden finden, sondern auch das Berufsethos praktizieren helfen. Erschwerend ist dabei der Umstand, dass durch die Arbeitsteilung bei der Programmierstellung individuelle Verantwortung sich auf viele Programmierer verteilt verteilt, die sich untereinander kaum kennen. Eine Verzahnung der individuellen Verantwortlichkeit ist innerhalb der Branche zu fördern, was dann in der Wertkultur der Unternehmen Unterstützung finden muss. Hier gibt es häufig Interessens- und Pflichtenkollisionen. So ist Capurro Recht zu geben, wenn er – in Korrektur einer Trennungsregel von Privatleben und Firmenloyalität in den Geschäftsgrundsätzen bei IBM – die Informatiker auffordert:

> „Das Prinzip der Vermeidung eines Interessenskonfliktes ist offensichtlich unmoralisch. Es müsste heißen: Bleiben Sie wach für die Interessenskonflikte und meiden Sie diese nicht, sondern stellen Sie stets Ihre moralische Verantwortung über Ihre Rollenverantwortung!" (Capurro 2003, 237)

Wenn Ethik nicht nur der Imageaufbesserung des Unternehmens und der Selbstaufwertung einer Berufsgruppe dienen soll, so sind diese Interessens- und Wertkonflikte als Anlass zu nehmen, die jeweilige Situation gemeinsam zu analysieren, sie moralisch zu bewerten und diese Bewertung bei der Entscheidung – die freilich immer auch ökonomisch vertretbar sein muss – zu berücksichtigen. Meist bleiben dafür nur ein paar Tage oder Wochen Zeit. So können Softwareunternehmen – auch um der Konkurrenz nicht zu viele Informationen zu liefern – nur in Ausnahmefällen übergeordnete Selbstkontrollgremien anrufen. Die Ethik-Kompetenz ist in der Firma selbst „vorzuhalten" – z.B. in Form von Ethik-Kommissionen. Auf jeden Fall brauchen möglichst viele Mitarbeiterinnen und Mitarbeiter eine *Aus- und Weiterbildung* in der ethischen Beurteilung von beruflichen und geschäftlichen Entscheidungssituationen. Dazu sind die Szenarios sorgfältig konstruieren, wie Huff & Frey (2005) in ihrer Taxonomie von Fällen für die Ingenieursausbildung verdeutlichen: Historische Fälle eignen sich oft besser als hypothetische, komplexe eher als simple; aus den Medien bekannte Fälle sind oft weniger geeignet als unspektakuläre, aber für den betrieblichen Alltag typische Situationen; auch macht nicht die Schadenshöhe aus dem Fall einen geeigneteren. Außerdem ist es für das Einfühlen in die Entscheidungssituationen nützlich, nicht nur die Perspektive des übergeordneten Beurteilergremiums (Ethik-Kommission) einzunehmen, sondern auch die der Beteiligten.

6.2   Verantwortung für ins Netz gestellte Inhalte

Etliche ethische Probleme mit dem Internet stellen sich von den dort eingestellten Inhalten her. Sie stammen von unterschiedlichen Autoren: von Individuen, Firmen, Organisationen mit ihren unterschiedlichen Marketing-, Kontakt- oder Veröffentlichungsinteressen. Sie haben die Inhalte zu verantworten. Verantwortlich sind jedoch auch die Provider, welche die entsprechenden Sites weiterreichen und vorhalten.

Problematisch sind die *pornographischen Inhalte* – Sites, auf denen abstruse und gewalthaltige Sexpraktiken gezeigt werden. Mag das Internet für entsprechend interessierte Menschen eine billige Kontaktbörse sein – diese Sites bereiten Lehrern und Eltern Sorgen und bilden die Schmuddel-Ecke des ansonsten zu Lernzwecken begrüßten Internets. Moralisch bedenklich ist u.a. die Verlinkung solcher Sites mit völlig neutralen Suchbegriffen, so dass Kinder und Jugendliche unbeabsichtigt auf solche gelangen. Noch viel vehementer zu verurteilen ist die so genannte Kinderpornographie – in Wirklichkeit ein Euphemismus; denn es handelt sich um menschenverachtenden und überall strafbaren Missbrauch von Kindern. Von Schülern selber ins Netz gestellt werden neuerdings *Gewalt- und Folter-Videos,* zum Teil per Handy auf dem Pausenhof hergestellt. Gerade die Kurzvideos, welche sich leicht in sozialen Netzwerken wie Facebook einstellen lassen, werden zunehmend auch für Mobbing, Stalking oder unbewiesene und boshafte Verdächtigungen benutzt.

Problematisch sind auch die rassistischen oder sexistischen Portale. Bei den politisch motivierten Inhalten sind den demokratischen Staaten (mit der Ausnahme der deutschen Sondersituation, welche das Verbreiten von nationalsozialistischer Symbole verbietet) im Blick auf Meinungsfreiheit die Hände gebunden. Das Internet ist zwar gelegentlich noch ein straffreier, aber kein grundsätzlich rechtsfreier Raum – es fehlt lediglich an der effektiven Strafverfolgung, vor allem über Ländergrenzen hinweg. Für Menschenrechtsverletzungen gibt es auf nationaler Ebene Einrichtungen wie das Kinderschutz-Net, Spezialeinheiten der Kriminalpolizei (Cyber-Cops) und private Einzelfahnder, die Hinweise geben. Es sind auch einige internationale Konventionen zustande gekommen, z.B. gegen Verbreitung von Kinderpornographie. Im deutschen Sprachraum versuchen Initiativen wie der „Erfurter Netcode", die Anbieter von Kinderportalen auf bestimmte Gütekriterien zu verpflichten. Für die Mikroebene der familiären Internetnutzung werden technische Barrieren (Filtersoftware) empfohlen; besser ist eine präventive und begleitende Medienerziehung in Familie und Schule.

Urheberrechtsverletzungen werden zunehmend von großen Verlagen und von Verwertungsgesellschaften (GEMA) durch darauf spezialisierte Rechtsanwälte verfolgt. Die postindustrielle Gesellschaft hat Information als grundlegenden „Wertstoff" zu sehen gelernt. Um ihn wirtschaftlich verwerten zu können, wurden die Rechte am geistigen Eigentum formuliert, meist *Urheberrechte, Copyright oder Intellectual Property Rights (IRP)* genannt (vgl. zum folgenden Kuhlen 2004, 311-383). „Geistiges Eigentum" kann es nach der Demokratietheorie der Moderne eigentlich nicht geben – das Wissen der Menschheit gehört allen. Worauf Verwertungsansprüche erhoben werden können, sind lediglich die aus dem Wissen abgeleiteten Informations- und Dienstleistungsprodukte, zu deren Erstellung oft erhebliche Investitionen nötig sind. Mit privaten Verwertungsansprüchen für den „return of investment" zu sorgen, ist heute einerseits schwieriger geworden, andererseits engagieren sich Politiker gegenwärtig so stark wie noch nie für Copyright und Patentschutz, zum Schutz der heimischen IT-Branche.

Information stellt ein meritorisches Gut dar, es kann zwar privatwirtschaftlich gehandelt werden und hat doch eine zu garantierende Voraussetzung für die demokratische Mitgestaltung aller. So stellt die kostengünstige *Zugänglichkeit* des Grundstoffs der Informationsgesellschaft ein Bürgerrecht dar. Die Free-Software-Bewegung, der die Linux-Community und Wikipedia angehören, möchte mit der Idee der Wissens-Allmende (Grassmuck 2004) eine allgemeine und kostengünstige Zugänglichkeit von öffentlich relevanten Informationen sichern. Inwieweit es ihnen gelingt, sich gegen die profitorientierten Unternehmen Microsoft und Google zu behaupten, wird von der Politik, aber auch vom Verhalten der Nutzer abhängen. Zudem gibt es neuerdings Bestrebungen, das Internet in einen langsameren Basisdienst und einen Hochgeschwindigkeits-Premiumsdienst aufzusplitten. Die Regulierungsbehörden sind aufgerufen, diese unsoziale Aufteilung der Datenautobahn in Kriech- und Überholspur zu verhindern und auch die demokratische Meinungsvielfalt im Internet zu sichern (vgl. Neuberger & Lobigs 2010).

Das zunächst mehr im akademischen Bereich genutzte Internet entwickelte sich unter der Devise, Wissen sei von allen für alle „frei" zur Verfügung zu stellen. Dass frei nicht „kostenlos" bedeutet, darauf weisen all jene hin, die nicht wie die Professoren für ihre Arbeit einen festen Gehalt bekommen. Wer vom Verkauf seiner Informations- und Dienstleistungsprodukte oder seiner Erfindungen leben muss, hält sich an das (unterschiedliche) nationale und hofft auf das internationale Urheberrecht – für letzteres werden vereinheitlichende Lösung innerhalb der „World Trade Organisation" (WTO) gesucht. Da die ärmeren Länder auch weniger solche Informationsprodukte und Erfindungen erbringen, verschärfen Urheberrechte die – gleich anzusprechende – Digital Divide. Aber auch innerhalb der reicheren Länder ist der Gegensatz zwischen öffentlicher Nutzung von Informationen – für lebenslanges Lernen, für die demokratische Kontrolle von Forschung und Industrie – und der ökonomischen Verwertung von Informationen noch nicht gelöst. Es braucht nicht nur geeignete Organisationsmodelle wie die Pauschalabrechnung für das Kopieren von Büchern, das Bespielen von CDs und DVDs, die „Digital Rights Management"-Systeme für das Herunterladen von Filmen. Wichtig ist auch der politische Wille, die Sozialpflichtigkeit des geistigen Eigentums in entsprechende rechtliche Regelungen zu fassen. Deshalb sollten Informationen zu Bildungszwecken allgemein verfügbar bleiben, wie das schon bisher bei Bibliotheken und Archiven der Fall war.

Eine individualethische Seite dieses Problems betrifft den Respekt vor Autoren, denen man den eigenen Diskurs- und Forschungsbeitrag wenigstens teilweise verdankt. Es ist keine überholte akademische Pflicht, beim Zitieren wissenschaftlicher Texte oder beim Veröffentlichen empirischer Ergebnisse, die Autoren(teams) zu nennen, die sie erstmals erarbeitet haben. *Plagiate*, also das Übernehmen von Formulierungen oder Ergebnissen ohne Nennung der Autoren, werden durch das Netz und die Copy-and-Paste-Funktion der Textprogramme erheblich erleichtert. Um so mehr ist bei der Sozialisation von Studierenden darauf zu achten, dass sie zu einer korrekten und Praxis finden und dieses Element des akademischen Ethos verinnerlichen.

Schließlich sei hier noch der Schutz von besonderen Daten angesprochen, nämlich der *personbezogenen Daten*. Jede Nutzerbewegung im Netz kann von Profis nachverfolgt werden, E-Mails können mitgelesen werden, ohne dass man es bemerkt. Ethisch geht es um den respektvollen Umgang mit den personenbezogenen Daten. Dieser Datenschutz liegt in der Verantwortung des Staates (Gewährleistung der „informationellen Selbstbestimmung" der Bürgerinnen und Bürger), aber auch der Softwareproduzenten, der Internet-Provider und aller Unternehmen, bei denen Kundendaten anfallen. Die von den Parlamenten bestellten Datenschutzbeauftragten versuchen, den Datenhunger der staatlichen Sicherheitsorgane in Schranken zu halten. Aber wer kontrolliert den Werbung treibenden Handel? Cookies – d.h. bei der Artikelsuche gegebene Erlaubnisse, die Adresse zu speichern – werden zur Bildung von Nutzerprofilen verwendet; ebenso der Minichip im Kleidungsstück, mit dem das Kaufhaus nicht nur Diebe, sondern auch die rechtmäßigen Käuferinnen und Käufer zu verfolgen vermag. Verbinden sich Kaufhausketten mit Netzprovidern, so kommt es auch auf dem Handy oder bei der Informationssuche mit dem PC zu unbestellten Werbeunterbrechungen. Der Konfrontationsschutz vor ungewollter Werbung ist heute leider immer weniger Menschen wichtig – zu stark scheint Lebensgefühl mit Kauferlebnissen und Identität mit dem öffentlichen Besitz bestimmter Marken verbunden.

6.3 Meinungsfreiheit und Bürgerjournalismus

Beim Ausbau des globalen Netzes kommt es immer wieder zu Engpässen. Beck & Vowe (1997) diskutieren für das Problem der knappen Netzkapazität verschiedene Lösungen: staatliche und internationale Regulierungen, den Marktmechanismus und die Selbstregulierung der Nutzenden mit ihren, auf Sparsamkeit und Fairneß drängenden Konventionen („Netiquetten"). Sie plädieren für einen Mix dieser Regulierungsformen, wobei die Kreativität von Entwicklern und der Eigensinn der Nutzergemeinschaft wichtig bleiben für die Selbstentwicklung des Netzes. Wo staatliche Regulierung gefordert wird und wo sie zu unterbleiben hat, darüber machen die einzelnen nationale Rechts- und Nutzerkulturen unterschiedliche Vorschläge. In den USA ist die Idee des Free Speech, niedergelegt im berühmten First Amendment, so wichtig, dass auch wirre und historisch geächtete politische Werbung (z.B. für den Nationalsozialismus) erlaubt ist. Wenn es dagegen um Obzönes und Pornographisches geht, greift der – im Vergleich zu Europa strengere – Communication Decency Act (1996); die Gerichte legen freilich an das Internet, in dem man Inhalte eigens aufsuchen muss, keine so strengen Maßstäbe an wie an Radio und Fernsehen, die für jedermann durch bloßes Einschalten (und in den USA auch gebührenfrei) zugänglich sind.

Meinungsfreiheit garantiert den (staatlich) unzensierten öffentlichen Diskurs über alle gesellschaftlich relevanten Themen. Im Netz können daher *zivilgesellschaftliche Gruppen* alternative Informationen verbreiten und zu konzertierten Aktionen aufrufen. Neue soziale Bewegungen, aber auch nationalistische und fundamentalistische Gruppen nutzen das Netz, um ihre Kritik an der Darstellung in den großen Massenmedien zu formulieren und „Gegenöffentlichkeiten" herzustellen (was Castells in seinem 2. Band behandelt). In ethischer Perspektive sind dabei das Engagement und die Risikobereitschaft anzuerkennen, ohne welche viele Umwelt-, Friedens- und Menschenrechtsthemen keine Aufmerksamkeit gewonnen hätten. Gleichzeitig ist kritisch anzumerken, dass ein guter Zweck nicht die Mittel der Lüge und Propaganda rechtfertigt.

Blogs von Oppositionellen und zivilgesellschaftlichen Gruppen werden zunehmend wichtiger als Quellen für den *Journalismus*; denn sie bieten aus Ländern mit autoritären Regimen ergänzende Berichte und Kommentare zu den staatlich kontrollierten Nachrichten. Dies spricht für eine *Ergänzungsfunktion* der ambitionierten Weblogs zum Journalismus der klassischen Massenmedien. Zweifellos besteht auch eine *Konkurrenzsituation:* Blogs weisen dem Journalismus Fehler nach und wollen selbst einen besseren Journalismus praktizieren. Wie Inhaltsanalysen bestätigten (vgl. Eilders u.a. 2010; Engesser & Wimmer 2009), finden sich bei den Blogs eine größere Themenvielfalt und andere geographische Schwerpunkte. Gemeinsam ist ihnen ein journalistisches Selbstverständnis, was Wahrheitspflicht und Quellentransparenz angeht – viele Blogbetreiber haben journalistische Erfahrungen. Auch das Moment der diskursiven öffentlichen Meinung, also der demokratierelevante Forumscharakter, findet sich bei den Blogs, nicht nur die demoskopische Addition der geäußerten Bürgermeinungen (vgl. Schweiger & Weihermüller 2008). Die in Selbst- wie Fremdwahrnehmung bestehenden Unterschiede betreffen Subjektivität und Meinungsfreude auf Seiten der Blogs sowie Richtigkeit, Relevanz und Neutralität beim professionellen Journalismus (vgl. die Forschungssynopse von Neuberger, Nuernbergk & Rischke 2007; 2009). Durch die vielfältigen gegenseitigen Bezüge kann man auch von einer zunehmenden *Integration* beider Medienstränge sprechen.

Gelten bei den hier verglichenen politischen Blogs grundsätzlich dieselben Qualitätsansprüche und Professionsnormen, sieht das beim *Bürgerjournalismus*, wie ihn die Boulevardmedien fördern wollen, anders aus. Man hat den Eindruck, dass Leser und Leserinnen hier lediglich als billige Zulieferer von (mit dem Handy gemachten) Fotos und skuriler Geschichten benutzt werden. Ähnliche Einschränkungen sind bei den nur-privaten Blogs zu machen: Nach einer Untersuchung von Koop & Schönhagen (2007) wird in ihnen aus dem Privatleben berichtet, werden eigene oder bevorzugte Kurzgeschichten und Gedichte gebracht und persönliche kulturelle Vorlieben publik gemacht. Was die Motive der Nachrichtenauswahl angeht, so sind es nicht die gängigen Kriterien wie Relevanz für die Allgemeinheit, sondern persönliche Gründe: wenn die Bürgerjournalisten etwas freut, ärgert oder nachdenklich macht, sie ein persönliches Interesse am Thema haben (vgl. Armborst 2006). Auch wenn man hier von einer Ergänzung im lokalen Raum sprechen kann, bleibt der an Relevanz und Meinungsvielfalt orientierte Journalismus für die Gesellschaft unerlässlich, gerade als Orientierung in einer oft unübersichtlichen Welt.

Zu fordern ist die *Qualität* im Netz nicht nur für journalistische Mitteilungen, sondern auch bei allen Mitteilungen, die einen Wahrheits- oder einen ästhetischen Anspruch stellen – und das sind wohl die meisten. Die Erkennbarkeit der Herkunft ist Voraussetzung für deren kritische Beurteilung. Nur wer sich zu erkennen gibt, zeigt, dass er Verantwortung für seine Mitteilungen zu übernehmen bereit ist. Die Impressums- und Kennzeichnungspflicht der Pressegesetze hat sich im Internet noch nicht überall durchgesetzt. Auch bleibt es die Aufgabe des Bildungssystems, die heranwachsende Generation – die ja flinker mit dem Computer umgeht als ihre Lehrer – zur Prüfung der Glaubwürdigkeit von Informationen zu befähigen und immer wieder anzuhalten. Bei der wissenschaftlichen Suche hilft die Angabe der Autoren, des Instituts oder der Forschungsrichtung, was bei Wikipedia-Artikeln nicht immer der Fall ist, die Qualität der theoretischen Argumente und die Reichweite der referierten Ergebnisse abzuschätzen. Heute fasziniert noch immer zu stark die Fülle dessen, was alles im Netz auffindbar ist. Für die Zukunft unserer „Wissensgesellschaft" ist eine Anspruchshaltung an die Qualität des angebotenen Wissens unumgänglich. Viele gegenwärtig Studierende sind mit dem „Instant Knowledge" (Hug 1998), also mit dem „Schnell-Aufguss" aus nur einem Hause vollauf zufrieden. Neben der Qualität der Informationsangebote sind auch fachspezifische Suchmaschinen, mit denen die Informationen aufgefunden werden, auf die Ausgewogenheit und Transparenz ihrer Suchkriterien zu prüfen.

Der im gesellschaftlichen Auftrag arbeitende Journalismus kann zwar bei Personen der Zeitgeschichte, wo es sich um Vorgänge im Zusammenhang mit ihrer öffentlichen Rolle handelt, eine Ausnahme für die Achtung der *Privatsphäre* beanspruchen. Was aber, wenn die Veröffentlichung des Privaten von den Betreffenden selbst gewollt und bewerkstellig wird? Eine wachsende Zahl von Menschen macht ihr Privatleben – mittels Kamera und tagebuchartigen Blogs – der Öffentlichkeit zugänglich. Sie tun das, um eine eigene Marke zu kreieren und deren Marktchancen zu erhöhen. Das Öffentlichmachen des Privatlebens haben Intellektuelle, Künstler und Politiker schon seit dem 18. Jahrhundert vorgemacht. Aber gibt es nicht auch einen inneren Widerstand gegen die Zurschaustellung des Privaten? Scham als ein „kurzfristiger Zustand der inneren Desorganisation" (Lietzmann 2003, 114 f.) reagiert auf den Blick des Anderen in die eigene Privatsphäre. Scham ist jedoch auch kulturabhängig: Anders als der Buchdruck forciert das Internet nach Swertz & Wallnöfer (2006, 75 f.) „öffentliche Nähe" und „eine am Äußeren orientierte Persönlichkeit", womit sich auch die Ziele der Persönlichkeitsbildung verschieben.

„Immer mehr Menschen müssen als öffentliche Menschen einen medialen Habitus entwickeln, der es erlaubt, öffentliche Entblößung nicht als Scham zu erleben. Damit wird nicht mehr das Verhältnis zu mir selbst, die Ausbildung meiner eigenen Kräfte zu einem proportionierlichen Ganzen forciert, sondern die feinen Unterschiede (Meder 1998) zu den Anderen. Es wird weniger wichtig, ein Verhältnis zu mir selbst aufzubauen. Statt dessen rücken die Verortung in der Kultur, das Erzeugen von Aufmerksamkeit und die Inszenierung stärker in den Mittelpunkt. Ist es unter den Bedingungen des Buchdrucks als dominantem Medium das öffentliche Dasein, das das unmittelbare Erleben stört und Scham auslöst (Lietzmann 2003: 112), ist das öffentliche Dasein unter der Bedingung der

Computertechnologie als dominantem Medium der Normalfall." (Swertz & Wallnöfer 2006, 75 f.)

Was im Internet eingestellt ist, bleibt dort erbarmungslos erhalten. Ist diese Archivfunktion für die Forschung ein Vorteil, so bedauert wohl mancher nachträglich, zu vieles von sich ins Netz gestellt zu haben.

6.4 Verhinderung der Exklusion (Digital Divide)

Beim vierten Kontext ist wieder stärker die Politik angesprochen. Es geht um die Trennungslinie (Digital Divide) zwischen Onlinern und Offlinern, zwischen Computer- und Netznutzenden und solchen, die davon faktisch ausgeschlossen sind. Wie Bonfadelli (2005) in einem Überblick zum gegenwärtigen kommunikationswissenschaftlichen Forschungsstand erläutert, besteht diese Exklusion zumindest bei der Einführung. Wie immer erreichen neue Technologien zunächst die early adopters, ihr folgen die frühen und späten Mehrheiten. Im Jahr 2009 lag die Versorgung mit Computer und Internetanschluss für Deutschland bei ca 67 %. Es bleibt abzuwarten, bei wie viel Prozent der Diffusionsprozess zum Stillstand kommt.

Aber auch mit der technischen Vollversorgung sind nicht alle sozialen Unterschiede überwunden. Denn einmal bleiben Minderheiten – darunter die weniger Gebildeten und Besitzenden, aber auch behinderte und ältere Menschen – ausgeschlossen. Zum anderen besteht selbst bei eingeebneter Zugangskluft eine Nutzungskluft noch weiter, was die Häufigkeit und die Nutzungsarten angeht; diese „Wissenskluft" vergrößert sich sogar noch. Für die politische Information gilt das nur eingeschränkt, weil die Online-Ausgaben von Zeitungen oder digitale Zusatzinformationen des Fernsehens in etwa dem Angebot der klassischen Massenmedien ähneln. Aber viele sozial und wissenschaftlich relevante Informationen gibt es – zukünftig noch stärker – nur im Internet. Für ziviles Engagement und politische Partizipation kommt es also darauf an, dass das Internet angemessen ins eigene Medienrepertoir integriert ist und sich die Nutzungskompetenz mitentwickelt.

Die Digital Divide bleibt also eine Herausforderung für die Sozial- und Bildungspolitik. Castells spricht in seinem dritten Band (1998/2003, 170 ff.) von „Schwarzen Löchern" in unseren Gesellschaften, von einer „Vierten Welt" inmitten prosperierender Regionen, z.B. im Silicon Valley Kaliforniens. Die ethische Forderung geht dahin, diese Verlierer der „dritten Modernisierung" nicht einfach abzuhängen. Es wird viel und anhaltende Aufmerksamkeit und auch Geld brauchen, um diese Menschen bildungsmäßig so zu qualifizieren und sozial aufzubauen, dass sie mit der Entwicklung mithalten können.

Ein anderer, nicht unerheblicher Kreis, der von den Informationen im Internet teilweise ausgeschlossen wird, sind die Blinden und Sehbehinderten. In Deutschland gibt es 155.000 Blinde und ca. 500.000 Sehbehinderte; 2 Millionen Menschen haben eine Macula-Degeneration, d.h. die Mitte ihres Sehfelds, welche man zum scharfen Sehen braucht, ist bleibend geschädigt. Da diese Augenerkrankung vor allem die über 80jährigen trifft, ist mit der wachsenden Zahl alter Menschen auch eine Zunahme dieser Behinderung abzusehen. Wie andere Behinderte auch haben sie Anspruch darauf, dass ihnen ein barriere-freier Zugang zu allen Medien ermöglicht wird, die Voraussetzung zur vollen und gleichberechtigten Teilhabe am gesellschaftlichen Leben sind. Behinderte können sich dabei inzwischen auf Gesetze berufen: In den USA wurde 1990 der People with disabilities Act verabschiedet, das deutsche Grundgesetz fügte 1993 bei Art. 3 am Ende den Satz an: „Niemand darf wegen seiner Behinde-rung benachteiligt werden." In den letzten Jahren kam es auch in der Sozial-politik zu einem Paradigmenwechsel: Nicht mehr die Defizite der Behinderten und ihr Angewiesensein auf Fürsorge und Betreuung stehen im Vordergrund, sondern ihre Fähigkeiten und Ressourcen (Sozialgesetzbuch IX, 2001).

Diese Ressourcen ermöglichen ihnen eine „gleichberechtigte Teilhabe am Le-ben in der Gesellschaft" – so die neue Leitidee – aber nur dann, wenn Barrieren abgebaut werden. Im Bundes-Gleichstellungs-Gesetz (BGG) 2002 wurde „Bar-rierefreiheit" als ungehinderter Zugang zu allen Angeboten und Produkten de-finiert. Das Internet-Konsortium W3C erließ mit der Web Accessability Initia-tive (WAI) Richtlinien für ein entsprechendes Software Design. Und in der Tat nimmt die Zahl barrierefreier Internetseiten zu, Seitenvorleseprogramme wer-den preisgünstiger und auch die Technik zur Spracheingabe hat sich verbessert. Für all das braucht es freilich auch individuelle Beratung. Die Barrierefreiheit ist in Form von Benutzerfreundlichkeit (vgl. Funiok 1993, 169–195) auch für nicht behinderte Menschen in etwas höherem Alter relevant; denn schon ab 40 kann man z.B. kleine schwarze Tasten auf schwarzem Hintergrund, wie bei HiFi-Musikanlagen üblich, schwer erkennen. In späterem Alter lässt dann die Feinmotorik der Finger nach. Sowohl die Nutzung der Haushaltstechnik wie öffentlicher Automaten, auch das selbstorganisierte Lernen im Netz, setzen eine barrierefreie, zumindest eine benutzerfreundliche Gestaltung der Informa-tions- und Kommunikationstechnik voraus.

Unübersehbar ist die digitale Trennungslinie zwischen entwickelten Ländern (samt den Schwellenländern) zu Ländern der sog. Dritten Welt, in denen es meist keine verlässliche Stromversorgung gibt. 70 % der Afrikaner leben in ländlichen Gebieten ohne elektrische Versorgung oder in Städten, die auch keinen konstanten Strom haben, weil die Regierung aufgehört hat, Geld in die Infrastruktur zu investieren. Nur 80 % der Weltbevölkerungen haben einen Telefonfestnetzanschluss – ins Internet lässt sich freilich auch über Satelliten gelangen. Hier ist die Entwicklungspolitik gefragt – und findige Ingenieure. Auf der CeBit-Messe 2007 in Hannover wurde ein 100-Dollar-Laptop vorge-stellt. Im Rahmen eines UN-Programms soll er in Entwicklungsländern günstig an Schulen abgegeben werden, wenn sich die Regierungen vor Ort an dem Pro-jekt beteiligen. Der Laptop ist robust und einfach zu bedienen – mithilfe einer Kurbel oder eines Pedals kann die Energie für ihn erzeugt werden.

Wie schon im Abschnitt 2.3.5 erwähnt, hat der „World Summit for Information Society" (WSIS) seine achtjährigen Beratungen über eine „Neue Welt-Informations- und Kommunikationsordnung" im Jahre 2005 mit einem ehrgeizigen Aktionsplan abgeschlossen. Bis 2015 soll beispielsweise jedes Dorf der Welt einen Zugang zum Netz haben und mehr Menschen die Lese- und Schreibkompetenz als Grundlage eines allgemeinen Kommunikationsrechtes erwerben. Es bedarf in den nächsten Jahren jedoch fortgesetzter Argumentation, um diese ehrgeizigen Ziele nicht aufzugeben und alle staatlichen Stellen, die zwischenstaatlichen Gremien und zivilgesellschaftlichen Gruppen an den versprochenen Beitrag zu erinnern. Medienethik kann und sollte diese Argumentation stützen, z.b. mit Verweis auf das Prinzip der Beteiligungsgerechtigkeit, welches Filipović (2007, 170 ff.) überzeugend entfaltet hat.

6.5 Spielen in virtuellen Welten

Als letzter Kontext der Internetethik soll auf die Faszination der *Computerspiele* eingegangen werden. Sie erfreuen sich zunehmend auch öffentlicher Aufmerksamkeit. Ihre wirtschaftliche Bedeutung übertrifft inzwischen die der Filmindustrie: Die Entwicklung eines Computerspiels ist heute genau so aufwändig wie die Produktion eines großen Hollywood-Films und sie ist meist profitabel. Kam das Spielprogramm früher offline durch eine CD-ROM auf die Spielkonsole oder den Computer, so werden sie heute online im Netz gespielt. Das Angebot für den PC umfasst über 10.000 Spiele und lässt sich mit Dittler & Mandl (1994) grob in vier Klassen aufteilen, wobei zu beachten ist, dass viele Spiele mehrere Genres in sich vereinen:

(1) *Geschicklichkeitsspiele* (Baller-, Prügel- oder Abschussspiele wie die berüchtigten Ego-Shooter-Spiele – Run-and-Jump-Spiele – Sportspiele),

(2) *Abenteuerspiele* (Rollenspiele in Phantasiewelten wie „World of Warcraft" – Actionspiele und Adventurespiele, in denen man Helden oder Heldinnen steuert, die Rätsel lösen und Bewährungsproben bestehen),

(3) *Simulationsspiele* (Fahr- und Flugsimulationen – Wirtschaftssimulationen – Systemsimulationen wie „Sim City" oder „Second Life") sowie

(4) *Denk- und Logikspiele*, auch mit Spasselementen (Edutainment).

Worin bestehen persönlicher Gewinn und Faszination der Computerspiele? Die Geschicklichkeitsspiele erfordern und entwickeln die Auge-Hand-Koordination, also *sensumotorische* Fertigkeiten. Alle attraktiven Computerspiele sind auch *motivational* bedeutsam: Sie ermöglichen den Spielenden das Gefühl der Wirksamkeit, das lustvolle Erleben von Spannung und Entspannung, sie bieten Anregung durch Neues, Involviertsein bis hin zum Flow-Erlebnis oder völligem Aufgehen im Spiel. Computerspiele können ferner *kognitiv* anregend und herausfordernd sein. Und schließlich sind sie *sozial* wirksam – durch die Spielsituation, welche Isoliertheit oder Kooperation bzw. Kommunikation fördert, aber auch durch die Inhalte, die Vorbildcharakter erlangen können. In der Search & Play-Datenbank der Bundeszentrale für politische Bildung werden alle wichtigen Computerspiele nicht nur unter Jugendschutzgesichtspunkten nach ihrer (möglicherweise sozial desorientierenden) Wirkung, sondern auch nach ihrer Spielqualität beurteilt. Dabei werden Erfahrungen mit dem Spiel dokumentiert, welche Pädagogen, aber auch (jugendliche) Spieler gesammelt haben.

Im Rahmen des Kölner Forschungsprojekt von Fritz & Fehr (1995) untersuchten Esser & Witting (1996) die Neigung von Computerspielern, die Spielinhalte, aber auch ihre Emotionen und sozialen Orientierungen von den Spielen in ihr normales Leben hinüber zu nehmen. Einen Problem lösenden Transfer stellen Spielende her, die sich weiter mit den im Spiel ungelösten Aufgaben beschäftigen. Spielinhalte wecken Assoziationen zu real Erlebtem, regen die Phantasie an, beschäftigen mental und bleiben im Gedächtnis haften. Wie das Musikhören wirkt das Computerspielen emotional nach. Von überindividueller Bedeutung ist die Frage, ob es zu *ethisch-moralischem Transfer* kommt: Ob das Welt- und Menschenbild, die Rollen- und Identifikationsangebote des jeweiligen Spiels geeignet sind, die soziale Kompetenz und die moralische Urteilskompetenz zu fördern oder ob sie fragwürdige Orientierungen bestärken können. Die mit dem Jugendschutz befassten Einrichtungen versuchen abzuschätzen, wie sie auf Kinder und Jugendliche wirken. Eine Evaluation des Hans-Bredow-Instituts (Brunn u.a. 2007) bescheinigt dem deutschen Jugendschutz im Bereich der Computerspiele angemessene rechtliche Rahmenbedingungen, zeigt jedoch auch Optimierungen bei der Kooperation der mit dem Jugendschutz befassten Stellen und bei der Anwendung von Indizierungskriterien auf und fordert eine verstärkte Forschung.

Das Spielen sollte freilich nicht nur auf mögliche *Gefahren* hin untersucht werden, sondern auch deren *bildungsrelevanten Potenziale*. Zu einem „informationell-realitätsstrukierenden Transfer" (Esser & Witting 1996) besonders geeignet erscheinen die Spiele, in denen soziale Kontexte simuliert oder historisches, geographisches und interkulturelles Wissen gefragt sind. Auch unterhaltende Spiele fördern Kompetenzen, das konnten Gebel, Gurt & Wagner (2005) belegen. Das gilt weniger für die sozialen Kompetenzen, wohl aber für kognitive Kompetenzen (viele Spiele stellen hohe Wissensanforderungen) und persönlichkeitsbildende Kompetenzen, da Konzentrationsfähigkeit und der Umgang mit Stress und Misserfolg geübt werden. Weil man das Computerspiel auf verschiedenen Anforderungsniveaus spielen und auch unterbrechen oder ganz lassen kann, wird der dabei erlebte Stress meist als Eu-Stress empfunden und das Versagen nicht so gravierend wie im wirklichen Leben. Dennoch gilt: Die spielerisch erworbenen oder vertieften Kompetenzen sind bedeutsam auch für die berufliche Qualifikation und deren Weiterentwicklung.

Früher waren die Bereiche Spielen, Lernen, Arbeiten als Altersphasen (Kindheit, Jugend, Erwachsenenalter) oder örtlich (Spielzimmer, Schreibtisch, Betrieb) getrennt. Diese „eingewöhnte Ordnung" löst sich nach Leithäuser (1997, 69 f.) durch den Computer zunehmend auf, der „zum Spielen, Lernen und Arbeiten gleichermaßen zu gebrauchen ist." Spiele scheinen für postmoderne Gesellschaften eine zentrale Bedeutung gewonnen zu haben (vgl. Kreutzer 2007): Sie konstruieren soziale Ordnungen und erlauben gleichzeitig, sich von ihnen zu distanzieren. Man kann das eigene fragile Ich zeigen und es zugleich schützen, was für die Identitätsbildung wichtig ist. Das Ich des Anderes fordert zum Entdecken heraus und lädt gleichzeitig ein, es in der Andersheit zu belassen und zu respektieren – das Computerspiel als Einübung von Toleranz?

Vielfach wird das Arbeiten, Lernen und Spielen am Computer skeptischer beurteilt – man befürchtet bei aller Arbeitserleichterung durch ihn gleichzeitig die Ausbreitung von Eintönigkeit, bei all seiner Adaptivität den Verlust an persönlicher Gestaltungsmöglichkeit. Diese Ambivalenz konnte Schachtner (1993) sogar bei Software-Entwicklern nachweisen – von notorischen Kulturkritikern ist man diesen Hinweis ja gewohnt. Vor allem bezogen auf die Spiele wird die Gefahr der *Internetsucht* beschworen. Spielefieber erfasst nicht nur männliche Jugendliche zwischen 13 und 17 Jahren, sondern auch Hausfrauen und die „Silver Gamer". Es ist zwar nicht korrekt, exzessives Computerspielen als Sucht zu bezeichnen – es fehlt die darin enthaltene Intoxikation –, wohl aber als „nichtstoffgebundene" *Abhängigkeit* (vgl. Sacher 1993, 318).

Sucht lässt sich freilich nicht nur medizinisch, sondern gesellschaftswissenschaftlich definieren „als unabweisbares Verlangen nach einer Droge (z.b. Heroin, Alkohol, Tabletten) oder einem bestimmten Verhalten (Z.B. Spielen, Essen, Arbeiten, Sex) mit dem Ziel, vor dem gegenwärtigen unerwünschten Erlebnis- und Bewusstseinszustand in einen anderen gewünschten zu fliehen." (Robert 2001, 60) Zweifellos gibt es dieses pathologische Spielverhalten. Aber es hängt nicht stärker mit dem Internetanschluss zusammen als mit dem Fernsehkabel oder anderen Fluchtwegen aus einer als unangenehm erlebten Realität.

„Einige Menschen verbringen sehr wohl zuviel Zeit im Internet. Dieses kann aber mit anderen Aktivitäten wie Fernsehen, Lesen und Arbeiten gleichgesetzt werden. Bei diesen Tätigkeiten kann man genauso seine Familie ignorieren und Problemen aus dem Weg gehen. Trotzdem werden diese Aktivitäten nicht mit Sucht in Verbindung gebracht." (Robert 2001, 63)

Warum jemand sein gegenwärtiges Lieblingsspiel nicht für die Anforderungen des real life unterbrechen kann – das muss diese Person in der „Selbstsorge" oder „Selbstführung" klären, wenn nötig mit therapeutischer Hilfe. Um sich auch als normaler Nutzer nicht in den Spiele-Welten zu verlieren und die diversen Reizeindrücke angemessen den jeweiligen Welten zuzuordnen – dazu wird die reflexiv-kritische Dimension von Medienkompetenz immer wichtiger. Sie lässt sich als „Rahmungskompetenz" im Sinne Goffmans (1977) bezeichnen. Welche Art Wirklichkeit wird hier präsentiert, welche Art von Handeln und Urteilen ist ihr angemessen? Die Umstellung von simulierter zu realer

Wirklichkeit – z.B. nach Stunden des Trainings im Flugsimulator – ist ein Problem selbst für daran gewöhnte Piloten (vgl. Funiok 1995, 854 f.).

Die virtuelle Realität ist eine „Fast-Realität" (Brüntrup 2010, 50), welche der sozialen Realität sehr nahe kommt, sich aber in bestimmten Punkten von ihr unterscheidet. Die meisten Spiele stehen unverkennbar in Beziehung zur sozialen Wirklichkeit, sie veranschaulichen deren Komplexität und machen sie für die Spielenden erfahrbar. Da soziales Handeln immer vor dem Hintergrund von Werten und Normen erfolgt, kann Spielen auch für moralisches Urteilen einen Experimentierraum darstellen; das Bewusstmachen der im Spiel auftretenden Wertkonflikte und möglichen Entscheidungskriterien geschieht oft in den Chatforen und Communitys zu den Spielen (vgl. Ring 2010a; 2010b).

Es ist kein Zufall, dass die Überlegungen zur Ethik des Hybridmediums Internet mit einer publikumsethischen Erwägung enden. Denn so unübersehbar globale ökonomische Faktoren die Medienentwicklung bestimmen, so entscheidend ist doch der Einfluss – und die Mitverantwortung – der Nutzenden. Je nach Interesse, Bedürfnis und Lebensführung greifen sie die von den Medienkonzernen gemachten Angebote auf, integrieren sie in ihren Alltag, lassen sich rezeptiv informieren und unterhalten oder nutzen sie aktiv. Der kompetente Umgang mit den Medien, die uns durchschnittlich 10 Stunden unserer Tageszeit begleiten, ist zur Lebensbewältigung im 21. Jahrhundert unerlässlich. Ebenso wichtig für eine humane Welt wichtig ist es, die ethische Dimension nicht aus dem Auge zu verlieren – sowohl innerhalb der individuellen Medienkompetenz wie bei der gesellschaftlichen Gestaltung des Internets und der von ihm transportierten Inhalte.

Literaturverzeichnis

Alsdorf, J. (2007). *Medienethik und Medienkritik. Wege zu einer politischen Philosophie der Medien.* Saarbrücken: VDM-Verlag Dr. Müller.

Altenloh, E. (1914). *Zur Soziologie des Kinos. Die Kino-Unternehmung und die sozialen Schichten ihrer Besucher.* (=Schriften zur Soziologie der Kultur, III). Jena.

Altmeppen, K.-D. (2008). Die soziale Verantwortung des Journalismus. *Communicatio Socialis, 41,* 241–253.

Apel, K.-O. (1976). Das Apriori der Kommunikationsgemeinschaft und die Grundlagen der Ethik. In: ders., *Transformation der Philosophie, Bd. 2,* (S. 358–436). Frankfurt a. M.: Suhrkamp.

Apel, K.-O. (1984). Ist die philosophische Letztbegründung moralischer Normen auf reale Praxis anwendbar? In: K.-O. Apel & D. Böhler & K. Rebel (Hrsg.), *Funk-Kolleg Praktische Philosophie/Ethik* (S. 606–634). Weinheim & Basel: Beltz.

Arens, E. (1996a). Die Bedeutung der Diskursethik für die Kommunikations- und Medienethik. In: R. Funiok (Hrsg.), *Grundfragen der Kommunikationsethik* (S. 73–96). Konstanz: UVK Medien.

Arens, E. (1996b). Zum Ansatz und Anspruch einer theologischen Diskursethik. In: A. Holderegger (Hrsg.), *Fundament der Theologischen Ethik. Bilanz und Neuansätze* (Studien zur theologischen Ethik, 72) (S. 450–468). Freiburg i. Ue: Universitätsverlag & Freiburg i. Br.: Herder.

Arens, E. (Hrsg.) (1997). *Kommunikatives Handeln und christlicher Glaube. Ein theologischer Diskurs mit Jürgen Habermas.* Paderborn: Schöningh.

Armborst, M. (2006). *Kopfjäger im Internet oder publizistische Avantgarde? Was Journalisten über Weblogs und ihre Macher wissen sollten.* Münster: LIT Verlag.

Armbrecht, W. & Zabel, U. (Hrsg.) (1994). *Normative Aspekte der Public Relations. Grundlagen und Perspektiven. Eine Einführung.* Opladen: Westdeutscher Verlag.

Arnold, K. (2003). Propaganda als ideologische Kommunikation. *Publizistik, 48,* 63–82.

Arnold, K. (2008a). Kann guter Journalismus unmoralisch sein? Zum Verhältnis von Qualität und Ethik in den Medien. *Communicatio Socialis, 41,* 254–275.

Arnold, K. (2008b). Qualität im Journalismus – ein integratives Konzept. *Publizistik, 53,* 488–508.

Auer, A. (1979a). Verantwortete Vermittlung. Bausteine einer medialen Ethik. In: Zentralstelle Medien der Deutschen Bischofskonferenz & Katholische Akademie Stuttgart (Hrsg.), *Ethik und Kommunikation. Telekommunikation – ein Fortschritt für den Menschen?* (=Hohenheimer Medientage 27.–29. Juni 1979) (S. 61–80). Bonn: DBK.

Auer, A. (1979b). Verantwortete Vermittlung. Bausteine einer Informationsethik des Rundfunks. *Stimmen der Zeit, 197,* 15–24.

Auer, A. (1980). Ist Unterhaltung vertane Zeit? *Stimmen der Zeit, 198,* 735–749.

Auer, A. (1981). Verantwortete Vermittlung. Neue Überlegungen zu einer medialen Ethik. *Stimmen der Zeit, 199,* 147–160.

Avenarius, H. (1994). Die Ethik des Kommunizierens. Praktische Erfahrungen mit PR-Kodizes. In: W. Armbrecht & U. Zabel (Hrsg.), *Normative Aspekte der Public Relations. Grundlagen und Perspektiven. Eine Einführung* (S. 297–307). Opladen: Westdeutscher Verlag.

Avenarius, H. (1998). *Die ethischen Normen der Public Relations. Kodizes, Richtlinien, freiwillige Selbstkontrolle.* Neuwied & Kriftel: Luchterhand.

Avenarius, H. (2003). Hunzinger und die Folgen. Zur Moral in der Öffentlichkeitsarbeit. *Communicatio Socialis, 36,* 23–42.

Avenarius, H. & Bentele, G. (Hrsg.) (2009). *Selbstkontrolle im Berufsfeld Public Relations. Reflexionen und Dokumentation.* Wiesbaden: VS Verlag für Sozialwissenschaften.

Baacke, D., Sander, U. & Vollbrecht, R. (1990a). *Lebenswelten sind Medienwelten. Medienwelten Jugendlicher,* Bd. 1. Opladen: Leske + Budrich.

Baacke, E., Sander, U. & Vollbrecht, T. (1990b). *Lebensgeschichten sind Mediengeschichten.* *Medienwelten Jugendlicher,* Bd. 2. Opladen: Leske + Budrich.

Baacke, D. (1996). Medienkompetenz – Begrifflichkeit und sozialer Wandel. In. A. v. Rein (Hrsg.), *Medienkompetenz als Schlüsselbegriff* (S. 112–124). Bad Heilbrunn: Klinkhardt.

Baacke, D. (1997). *Medienpädagogik.* (Grundlagen der Medienkommunikation, 1). Tübingen: Niemeyer.

Baerns, B. (1985). *Öffentlichkeitsarbeit oder Journalismus? Zum Einfluß im Mediensystem.* Köln: Verlag Wissenschaft und Politik.

Barthelmes, J. (2001). Funktionen von Medien im Prozess des Heranwachsens. Ergebnisse einer Längsschnittuntersuchung bei 13- bis 20-Jährigen. *Media Perspektiven, 2/2001,* 84–89.

Baum, A., Langenbucher, W. R., Pöttker, H. & Schicha, C. (Hrsg.) (2005). *Handbuch Medienselbstkontrolle.* Im Auftrag des Vereins zur Förderung der publizistischen Selbstkontrolle. Wiesbaden: VS Verlag für Sozialwissenschaften.

Bayertz, K. (1991). Praktische Philosophie als angewandte Ethik. In: ders. (Hrsg.), *Praktische Philosophie. Grundorientierungen angewandter Ethik* (S. 7–47). Hamburg: Rowohlt.

Bayertz, K. (1995). Eine kurze Geschichte der Herkunft der Verantwortung. In: ders. (Hrsg.), *Verantwortung. Prinzip oder Problem?* (S. 3–71). Darmstadt: Wissenschaftliche Buchgesellschaft.

Bayertz, K. (1999). Moral als Konstruktion. Zur Selbstaufklärung der angewandten Ethik. In: P. Kampits & A. Weiberg (Hrsg.), *Angewandte Ethik/Applied Ethics.* (S. 73–89). Wien: öbv & hpt Verlagsgesellschaft.

Bayertz, K. (2002). Einleitung: Warum moralisch sein? In: ders. (Hrsg.), *Warum moralisch sein?* (S. 9–33). Paderborn u.a.: Schöningh.

Becher, M. (1996). *Moral in der PR? Eine empirische Studie zu ethischen Problemen im Berufsfeld Öffentlichkeitsarbeit.* Berlin: Vistas.

Beck, K. & Vowe, G. (1998). Zwischen Anarchie und Zensur – Zur Regulierung internationaler computervermittelter Kommunikation. In: S. Quandt & W. Gast (Hrsg.), *Deutschland im Dialog der Kulturen. Medien – Images – Verständigung* (S. 349–363). Konstanz: UVK Medien (Schriftenreihe der DGPuK, 25).

Beck, K., Voigt, S. & Wünsch, J. (2006). *Medienethische Qualitätskriterien für den Rundfunk. Analysen und Empfehlungen für Rundfunkmacher.* (=Schriftenreihe der Sächsischen Landesanstalt für privaten Rundfunk und neue Medien, 15). Berlin: Vistas.

Beirer, G. (1995). Wert, Tugend und Identität: zur Gestaltung und Vermittlung sittlicher Kompetenz. In: V. Eid & A. Elsässer & G. W. Hunold (Hrsg.), *Moralische Kompetenz. Chancen der Moralpädagogik in einer pluralen Lebenswelt* (S. 76–116). Mainz: Grünewald.

Bente, G. & Fromm, B. (1997). *Affektfernsehen. Motive, Angebotsweisen und Wirkungen.* Opladen: Leske + Budrich.

Bentele, G., Liebert, T. & Seeling, St. (1997). Von der Determination zur Intereffikation. Ein integriertes Modell zum verhältnis von Public Relations und Journalismus. In: G. Bentele & M. Haller (Hrsg.), *Aktuelle Entstehung von Öffentlichkeit. Akteure. Strukturen. Veränderungen* (S. 225–250). Konstanz: UVK Verlagsgesellschaft.

Bergmann, J. & Luckmann, Th. (1999). Moral und Kommunikation. In: dies. (Hrsg.), *Kommunikative Konstruktion von Moral. Bd. 1: Struktur und Dynamik der Formen moralischer Kommunikation* (S. 13–36). Wiesbaden: Westdeutscher Verlag 1999.

Bernhard, U. & Scharf, W. (2008). „Infotainment" in der Presse. Eine Längsschnittuntersuchung 1980–2007 dreier regionaler Tageszeitungen. *Publizistik, 53,* 231–250.

Bielefeldt, H. (1993). Moderne Demokratietheorien, *Information Philosophie 5/1993,* 20–28.

Bierhoff, H. W. (1995). Verantwortungsbereitschaft, Verantwortungsabwehr und Verantwortungszuschreibung. In: K. Bayertz (Hrsg.), *Verantwortung. Prinzip oder Problem?* (S. 217–240). Darmstadt: Wissenschaftliche Buchgesellschaft.

Binkowski, J. (1981). Publizistisches Berufsethos. *Publizistik, 26,* 25–32.

Birkner, Th. (2010). Das Jahrhundert des Journalismus – ökonomische und Grundlagen und Bedrohungen. *Publizistik, 55,* 41-54.

Birnbacher, D. (1988). *Verantwortung für zukünftige Generationen.* Stuttgart: *Verlag*

Birnbacher, D. (2000). Medienethik – ideale Forderungen oder praktische Verhaltensregeln? In: C. Schicha & C. Brosda (Hrsg.), *Medienethik zwischen Theorie und Praxis. Normen für die Kommunikationsgesellschaft* (S. 33–42). Münster: LIT Verlag.

Birnbacher, D. (2003). *Analytische Einführung in die Ethik.* Berlin & New York: de Gruyter.

Bleicher, J. K. (1998). Ritualisierungen und Inszenierungsstrategien des Fernsehprogramms. In: U. Göttlich, J.-U. Nieland & H. Schatz (Hrsg.), *Kommunikation im Wandel. Zur Theatralität der Medien* (S. 54–72). Köln: von Halem.

Blum, R. (2007). *Ein europäisches Modell für die Struktur der Ethikinstitutionen?* Vortrag auf der Tagung „Europäische Medienethiken" der DGPuK-Fachgruppe „Kommunikations- und Medienethik", München 23.02.2007.

Böckenförde, E.-W. (1999). Recht und Sittlichkeit. *zur debatte – Themen der Katholischen Akademie in Bayern, Juli-Oktober 1996,* 20–21.

Böhler, D. (1985). *Rekonstruktive Pragmatik.* Frankfurt a. M.: Suhrkamp.

Bohrmann, Th. (1997). *Ethik – Werbung – Mediengewalt. Werbung im Umfeld von Gewalt im Fernsehen. Eine sozialethische Programmatik.* München: R. Fischer.

Bohrmann, Th. (2000). Big Brother. Medienethische Überlegungen zu den Grenzen von Unterhaltung. In: *Aus Politik und Zeitgeschichte. Beilage zur Wochenzeitung Das Parlament, B 41-42,* 3–10.

Bonfadelli, H. (2005). Die Rolle digital-interaktiver Medien für gesellschaftliche Teilhabe. *medien + erziehung,* 49, 6–16.

Boventer, H. (1975). Moralisieren ist kein Informationsersatz: zum Rollenverständnis des Journalisten. *Communicatio Socialis, 8,* 112–121.

Boventer, H. (1981). Journalismus, Wahrheit und Kirche. *Communicatio Socialis, 14,* 1–14.

Boventer, H. (1983a). Ethik des Journalismus. Ansätze und Fragestellungen. *Stimmen der Zeit, 201,* 387–400.

Boventer, H. (1983b). Journalismus ist philosophiebedürftig. *Communicatio Socialis, 16,* 316–330.

Boventer, H. (1983c). Journalistenmoral als „Media Ethics". Kodifizierte Pressemoral und Medienethik in den Vereinigten Staaten von Amerika. *Publizistik, 28,* 19–39.

Boventer, H. (1984a). Ethik und System im Journalismus. Der Steuerungsbedarf moderner Mediensysteme. Kritische Anmerkungen zu einem Aufsatz von Manfred Rühl und Ulrich Saxer. *Publizistik, 29,* 34–48.

Boventer, H. (1984b). *Ethik des Journalismus. Zur Philosophie der Medienkultur.* Konstanz: Universitätsverlag.

Boventer, H. (1985). Das Prinzip der Verantwortung in der Massenkommunikation. Problem einer kommunikationswissenschaftlich fundierten Ethik des Journalismus. In: M. Maier (Hrsg), *Ethik der Kommunikation* (S. 53–72). Fribourg: Universitätsverlag.

Boventer, H. (1986a). Angestrengter über Moral nachdenken. Literaturbericht aus USA: Medienanalyse und Medienkritik. *Communicatio Socialis, 19,* 69–73.

Boventer, H. (1986b). *Wahrheit und Lüge im Journalismus.* Köln (=Schriftenreihe Kirche und Gesellschaft. Hrsg. von der Katholischen Sozialwissenschaftlichen Zentralstelle Mönchengladbach, 131).

Boventer, H. (1988a). Macht der Medien. Zum aktuellen Stand der Ethik-Debatte in Journalismus und Wissenschaft. *Aus Politik und Zeitgeschichte, B 46/47,* 3–13.

Boventer, H. (Hrsg.) (1988b). *Medien und Moral. Ungeschriebene Regeln des Journalismus.* Konstanz: Universitätsverlag.

Boventer, H. (1989). *Pressefreiheit ist nicht grenzenlos: Einführung in die Medienethik.* Bonn: Bouvier.

Boventer, H. (Hrsg.) (1993a). *Medien und Demokratie. Nähe und Distanz zur Politik.* Konstanz: Universitätsverlag.

Boventer, H. (1993b). Ohnmacht der Medien. Die Kapitulation der Medien vor der Wirklichkeit. *Aus Politik und Zeitgeschichte, B 40,* 27–35.

Boventer, H. (1994). Moral in einer massenmedialen Kultur. *Communicatio Socialis, 27,* 73–80.

Boventer, H. (1995). *Medienspektakel. Wozu Journalismus?* USA und Deutschland. Frankfurt a. M.: Knecht.

Bradtka, M. (2009). Zwischen öffentlichem Interesse und Voyeurismus. Die Ethik journalistischer Informationsbeschaffung und -verwertung. *Communicatio Socialis, 42,* 138–163.

Brehm, S.S. & Brehm, J. W. (1981). *Psychological reactance. A theory of freedom and control.* New York: Academic Press.

Brosda, C. (2008). *Diskursiver Journalismus. Journalistisches Handeln zwischen kommunikativer Vernunft und mediensystemischem Zwang.* Wiesbaden: Verl. f. Sozialwissenschaften.

Brosda, C. & Schicha, C. (2000). Medienethik im Spannungsfeld zwischen Ideal- und Praxisnormen – Eine Einführung. In: dies. (Hrsg.), *Medienethik zwischen Theorie und Praxis. Normen für die Kommunikationsgesellschaft* (S. 7–32). Münster: LIT Verlag.

Brosius, H.-B., Rössler, P. & Schulte zur Hausen, C. (2000). Zur Qualität der Medienkontrolle: Ergebnisse einer Befragung deutscher Rundfunk- und Medienräte. *Publizistik, 45,* 417–441.

Brüggemann, M., Hepp, A., Kleinen-von Königslöw, K. & Wessler, H. (2009). Transnationale Öffentlichkeit in Europa: Forschungsstand und Perspektiven. *Publizistik, 54,* 391–413.

Brunn, I. u.a. (2007). *Das deutsche Jugendschutzsystem im Bereich der Video- und Computerspiele. Endbericht 28.6.2007.* Hamburg: Hans-Bredow-Institut.

Brüntrup, G. (2010). Virtuelle Welten, das Problem des Fremdpsychischen und die Entwicklung des moralischen Bewusstseins. In: M. Pietraß & R. Funiok (Hrsg.), *Mensch und Medien. Philosophische und sozialwissenschaftliche Perspektiven* (S. 47–64). Wiesbaden: VS Verlag für Sozialwissenschaften.

Buchli, H. (1962). *6000 Jahre Werbung. Geschichte der Wirtschaftswerbung und der Propaganda.* 2 Bände. Berlin: de Gruyter.

Bühl, W. (1998). *Verantwortung für soziale Systeme. Grundzüge einer globalen Gesellschaftsethik.* Stuttgart: Klett-Cotta.

Bülow, E. (1994). Der Wandel der Kommunikationsgemeinschaft durch die neuen Kommunikationstechniken. *Ethik und Sozialwissenschaften, H. 4,* 505–519.

Burkart, R. (1995, ⁴2002). *Kommunikationswissenschaft. Grundlagen und Problemfelder. Umrisse einer interdisziplinären Sozialwissenschaft.* Wien u.a.: Böhlau.

Busemann, K. & Gscheidle, C. (2010). Web 2.0: Nutzung steigt – Interesse an aktiver Teilhabe sinkt. Ergebnisse der ARD/ZDF-Onlinestudie 2010. *Media Perspektiven, 7-8/2010,* 359–368.

Buß, M. & Neuwöhner, U. (1999). Die MedienNutzerTypologie in der Fernsehprogrammplanung. *Media Perspektiven, 10/1999,* 540–548.

Büttner, C. (2005). The Protection of Minors Against Harmful Media Content in Europe. How European Film Classifiers View Childhood and Adolescence. *Nordicom Review, 26, no. 1,* 121–129.

Capurro, R. (1998). Informationsgerechtigkeit. Selbstkontrolle und Weltinformationsordnung. *Medien Praktisch, 4/1998,* 42–44.

Capurro, R. (1998). Ethik für Informationsanbieter und -nutzer. In: A. Kolb. u.a. (Hrsg.), *Cyberethik. Verantwortung in der digital vernetzten Welt* (S. 58–72). Stuttgart u.a.: Kohlhammer.

Capurro, R. (2003). *Ethik im Netz.* Stuttgart: Franz Steiner (=Medienethik, 2).

Capurro, R., Frühbauer, J. & Hausmanninger, T. (Hrsg.) (2007). *Localizing the Internet. Ethical aspects in intercultural perspective.* (Schriftenreihe des ICIE, 4) München: Fink.

Capurro, R. & Grimm, P. (Hrsg.). (2004). *Krieg und Medien. Verantwortung zwischen apokalyptischen Bildern und paradiesischen Quoten?* Stuttgart: Steiner (=Medienethik, 4)

Capurro, R., Wiegerling, K. & Brellochs, A. (Hrsg.) (1995). *Informationsethik.* (Schriften zur Informationswissenschaft, 18) Konstanz: Universitätsverlag.

Castells, M. (1996/2001). *The Information Age: Economy, Society and Culture. Vol. I: The Rise of the Network Society.* Oxford: Blackwell 1996 (dt. Das Informationszeitalter: Wirtschaft, Gesellschaft, Kultur. Bd. 1: Der Aufstieg der Netzgesellschaft. Opladen: Leske + Budrich 2001).

Castells, M. (1997/2002). *The Information Age: Economy, Society and Culture. Vol. II: The Power of Identity.* Oxford: Blackwell 1997 (dt. Das Informationszeitalter: Wirtschaft, Gesellschaft, Kultur. Bd. 2: Die Macht der Identität. Opladen: Leske + Budrich 2002).

Castells, M. (1998/2003). *The Information Age: Economy, Society and Culture. Vol. III: End of Millenium.* Oxford: Blackwell 1998 (dt. Das Informationszeitalter: Wirtschaft, Gesellschaft, Kultur. Bd. 3: Jahrtausendwende. Opladen: Leske + Budrich 2003).

Castells, M. (2001/2005). *The Internet Galaxy. Reflections on Internet, Business and Society.* Oxford: Oxford Univ. Press 2001 (dt. Die Internet-Galaxie. Internet, Wirtschaft und Gesellschaft. Wiesbaden: VS Verlag für Sozialwissenschaften 2005).

Charlton, M. u.a. (1995). *Fernsehwerbung und Kinder. Das Werbeangebot in der Bundesrepublik Deutschland und seine Verarbeitung durch Kinder.* 2 Bände. Opladen: Leske + Budrich.

Christians, C. G. (1988). Can the Public be held accountable? *Journal of Mass Media Ethics, 3*, No. 1, 50–58.

Christians, C. G. (1989). Gibt es eine Verantwortung des Publikums? In: W. Wunden (Hrsg.), *Medien zwischen Markt und Moral. Beiträge zur Medienethik* (S. 195–213). Stuttgart: Steinkopf.

Christians, C. G. (2000). An Intellectual History of Media Ethics. In: B. Pattyn (Ed.), *Media Ethics. Opening Social Dialogue* (S. 15–46). Leuven: Peeters.

Cortina, A. (2006). Eine Ethik des Konsums. Die Bürgerschaft des Verbrauchers in einer globalen Welt. In: P. Koslowski & B. P. Priddat (Hrsg.), *Ethik des Konsums* (S. 91–103). München: Fink.

Dallmann, H.-U. (1997). Die Herausforderung der Ethik durch die Systemtheorie. In: A. Bondolfi, S. Grotefeld, R. Neuberth (Hrsg.), *Ethik, Vernunft und Rationalität. Ethics, Reason and Rationality.* Beiträge zur 33. Jahrestagung der Societas Ethica in Luzern, Schweiz 1996 (S. 255–275). Münster: LIT Verlag 1997.

Day, L. A. (1997). *Ethics in Media Communications. Cases and Controversies.* Belmont, CA u.a.: Wadsworth Publishing Company.

Debatin, B. (1997a). Medienethik als Steuerungsinstrument? Zum Verhältnis von individueller und korporativer Verantwortung in der Massenkommunikation. In: H. Weßler u.a. (Hrsg.), *Perspektiven der Medienkritik. Die gesellschaftliche Auseinandersetzung mit der öffentlichen Kommunikation in der Mediengesellschaft* (S. 287–303). Opladen/Wiesbaden: Westdeutscher Verlag.

Debatin, B. (1997b). Ethische Grenzen oder Grenze der Ethik? Überlegungen zur Steuerungs- und Reflexionsfunktion der Medienethik. In: G. Bentele & M. Haller (Hrsg.), *Aktuelle Entstehung von Öffentlichkeit. Akteure – Strukturen – Veränderungen* (S. 281–290). Konstanz: UVK Verlagsgesellschaft.

Debatin, B. (1998a): Verantwortung im Medienhandeln. Medienethische und handlungstheoretische Überlegungen zum Verhältnis von Freiheit und Verantwortung in der Massenkommunikation. In: W. Wunden (Hrsg.), *Freiheit und Medien* (S. 113– 130). Frankfurt a. M.: gep Buch.

Debatin, B. (1998b). Ethik und Internet. Überlegungen zur normativen Problematik von hochvernetzter Computerkommunikation. In: B. Dernbach, M. Rühl & A. M. Theis-Berglmair (Hrsg.), *Publizistik im vernetzten Zeitalter. Berufe – Formen – Strukturen* (S. 207– 221). Wiesbaden: Westdeutscher Verlag.

Debatin, B. (1999). Gibt es eine Medienethik für das Internet? *Medien Praktisch, 1/ 1999,* 61 f.

Debatin, B. (2002). Zwischen theoretischer Begründung und praktischer Anwendung: Medienethik auf dem Weg zur kommunikationswissenschaftlichen Teildisziplin. In: *Publizistik, 47,* 259–264.

Debatin, B. (2006). Die Grenzen der Pressefreiheit? Der Karikaturenstreit als inszenierte Farce. *Publizistik, 51,* 149–152.

Debatin, B. & Funiok, R. (Hrsg.) (2003). *Kommunikations- und Medienethik.* Konstanz: UVK Verlagsgesellschaft.

Debatin, B. (Hrsg.) (2007). *Der Karikaturenstreit – Werte und Normen in der globalen Medienkultur. The Cartoon Debate and the Freedom of the Press. Conflicting Norms and Values in the Global Media Culture.* Münster u.a.: LIT Verlag.

Derenthal, B. (2006). *Medienverantwortung in christlicher Perspektive. Ein Beitrag zu einer praktisch-theologischen Medienethik.* Münster u.a.: LIT Verlag.

Deussen, G. (1969). Ethik und Massenkommunikation bei Papst Paul VI. *Communicatio Socialis, 2,* 303–312.

Deussen, G. (1973). *Ethik der Massenkommunikation bei Papst Paul VI.* München u.a.: Schöningh.

Deutscher Werberat (2007). *Jahrbuch 2007.* Berlin: Verlag edition ZAW.

Dittler, U. & Mandl, H. (1994). Computerspiele unter pädagogisch-psychologischer Perspektive. In: J. Petersen & G. B. Reinert (Hrsg.), *Lehren und Lernen im Umfeld der neuen Technologien – Reflexionen vor Ort* (S. 95–126). Frankfurt a. M.: Lang.

Donath, M. & Mettler-von Meibom, B. (1998). *Kommunikationsökologie: Systematische und historische Aspekte*. Münster: LIT 1998.

Donges, P. (Hrsg.) (2007). *Von der Medienpolitik zur Media Governance?* Köln: von Halem.

Donsbach, W. & Rentsch, M. & Schielicke, A.-M. & Degen, S., hrsg. vom Institut zur Förderung publizistischen Nachwuchses (2009). *Entzauberung eines Berufs. Was die Deutschen vom Journalismus erwarten und wie sie enttäuscht werden*. Konstanz: UVK.

Döring, N. (1999, [2]2003). *Sozialpsychologie des Internet. Die Bedeutung des Internet für Kommunikationsprozesse, Identitäten, soziale Beziehungen und Gruppen*. Göttingen: Hogrefe.

Döveling, K. (2005). *Emotionen – Medien – Gemeinschaft. Eine kommunikationssoziologische Analyse*. Wiesbaden: VS Verlag für Sozialwissenschaften.

Döveling, K. & Funiok, R. (2007): Vergemeinschaftung durch religiöse Media Events. *medien + erziehung Wissenschaft, 51, Nr. 6*, 108–118.

Dovifat, E. (1968/69). *Handbuch der Publizistik*. 3 Bde. Berlin: De Gruyter.

Dowe, C. & Märker, A. (2003). Der UNO-Weltgipfel zur Wissens- und Informationsgesellschaft. *Aus Politik und Zeitgeschichte, B 49-50*, 5–12.

Düssel, M. (2010). Familiäre Mediennutzung: Einsam oder gemeinsam? Forschungsergebnisse zu Medienerziehung im Kontext sozialer Benachteiligung. *medien + erziehung, 4/2010*, 11–17.

Düwell, M. (2002). Angewandte oder Bereichsspezifische Ethik. In: Ders., C. Hübenthal & M. H. Werner (Hrsg.), *Handbuch Ethik* (S. 243–247). Stuttgart & Weimar: Metzler.

Eid, V., Elsässer, A. & Hunold G. (Hrsg.) (1995). *Moralische Kompetenz. Chancen der Moralpädagogik in einer pluralen Lebenswelt*. Mainz: Grünewald.

Eilders, C., Geißler, S., Hallermayer, M., Noghero, M. & Schnurr, J.-M. (2010). Zivilgesellschaftliche Konstruktionen politischer Realität. Eine vergleichende Analyse zu Themen und Nachrichtenfaktoren in politischen Weblogs und professionellem Journalismus. *Medien & Kommunikationswissenschaft, 58*, 63–82.

Eilers, F.-J. (2002). Kurzer Kommentar zu den vatikanischen Veröffentlichungen zum „Internet" im Januar und Februar 2002. *Communicatio Socialis, 35*, 58 f.

Eisermann, J. (2001). *Mediengewalt. Die gesellschaftliche Kontrolle von Gewaltdarstellungen im Fernsehen*. Wiesbaden: Westdeutscher Verlag.

Elsässer, A. (1982). Verantwortete Daten- und Informationsverarbeitung. Versuch einer ethischen Orientierung. *Stimmen der Zeit, 200*, 113–124.

Engesser, S. & Wimmer, J. (2009). Gegenöffentlichkeit(en) und partizipativer Journalismus im Internet. *Publizistik, 54*, 43–63.

Erbring, L., Ruß-Mohl, St., Seewald, B. & Sösemann, B. (Hrsg.). (1988). *Medien ohne Moral. Variationen über Journalismus und Ethik*. Berlin: Argon Verlag.

Esser, H. & Witting, T. (1996). *Transferprozesse beim Bildschirmspiel*. Köln: Fachhochschule Köln, Studiengang Sozialpädagogik, Diplomarbeit. (Veröffentl. als Referat auf der Homepage der Bundeszentrale für politische Bildung: http://snp.bpb.de/snp/referate/essertra.htm, 1–14)

Etzioni, A. (1988/1994). *The Moral Dimension. Toward a New Economics*. London & New York 1988. Dt. *Jenseits des Egoismusprinzips. Ein neues Bild von Wirtschaft, Politik und Gesellschaft*. Stuttgart: Schäffer-Poeschel 1994.

Eurich, C. (1980). *Das verkabelte Leben. Wem schaden und wem nützen die neuen Medien?* Reinbek: Rowohlt.

Europäisches Fernseh- und Filmforum (1994). Verantwortlichkeit in der Mediengesellschaft. Stellungnahme zum Europäischen Fernsehen aus der Sicht der Nutzer. *Rundfunk und Fernsehen, 42*, 259–263.

Evers, H. (1999). Der Presse-Ombudsmann. Erfahrungen in den Niederlanden und anderen Ländern. *Communicatio Socialis, 32*, 384–395.

Evers, H. (2000). Codes of Ethics. In: B. Pattyn (Hrsg.), *Media Ethics. Opening Social Dialogue* (European Ethics Network, Core Materials for the Development of Courses in Professional Ethics) (S. 265–281). Leuven: Peeters.

Fabris, H. H. & Renger, R. (2003). Vom Ethik- zum Qualitätsdiskurs. In: H.-J. Bucher & K.-D. Altmeppen (Hrsg.), *Qualität im Journalismus. Grundlagen – Dimensionen – Praxismodelle* (S. 79–91). Wiesbaden: Westdeutscher Verlag.

Feige, A. (1994). Öffentlichkeit und Öffentliche Meinung. *Stimmen der Zeit, 212,* 316–324.

Feldhaus, S. (1998). *Verantwortbare Wege in eine mobile Zukunft. Grundzüge einer Ethik des Verkehrs.* Hamburg: Abera Verlag Meyer.

Fenner, D. (2008). *Ethik. Wie soll ich handeln?* Tübingen/ Basel: Francke.

Fenner, D. (2010). *Einführung in die Angewandte Ethik.* Tübingen: Francke.

Filipović, A. (2003). Niklas Luhmann ernst nehmen? (Un-)Möglichkeiten einer ironischen Ethik öffentlicher Kommunikation. In: B. Debatin & R. Funiok (Hrsg.), *Kommunikations- und Medienethik* (S. 83–95). Konstanz: UVK.

Filipović, A. (2007). *Öffentliche Kommunikation in der Wissensgesellschaft. Sozialethische Analysen.* Bielefeld: W. Bertelsmann (Reihe Forum Bildungsethik, 2)

Fleck, F. H. (1984/1985). Die Berufsethik des Presseverlegers in einer demokratischen Gesellschaft. *Communicatio Socialis, 17,* 1–22. Wiederabgedruckt in: Maier, H. (Hrsg.), *Ethik der Kommunikation. Arbeiten aus dem Institut für Journalistik und Kommunikationswissenschaft an der Universität Freiburg, Schweiz* (S. 17–40). Freiburg i. Ue.: Universtitätsverlag 1985.

Förg, B. (2004). *Moral und Ethik der PR. Grundlagen – Theoretische und empirische Analysen – Perspektiven.* Wiesbaden: VS Verlag für Sozialwissenschaften.

Friedrich, V. (1997). *Aspekte philosophischer Anthropologie im Zeitalter der Massenmedien.* Stuttgart: Universität, Diss. (erschienen mit dem Titel: *Massen, Medien, Menschen.* Münster u.a.: LIT Verlag 2003)

Frindte, W. & Obwexer, I. (2003). Ego-Shooter – gewalthaltige Computerspiele und aggressive Neidungen. *Zeitschrift für Medienpsychologie, 15 (N.F. 3),* 140–148.

Fritz, J. & Fehr, W. (Hrsg.) (1995). *Warum Computerspiele faszinieren. Empirische Annäherungen an Nutzung und Wirkung von Bildschirmspielen.* Weinheim & München: Juventa.

Früchtl, J. (1998). Spielerische Selbstbeherrschung. Ein Beitrag zur ,Ästhetik der Existenz'. In: H. Steinfath (Hrsg.), *Was ist ein gutes Leben? Philosophische Reflexionen* (S. 124–148). Frankfurt a. M.: Suhrkamp.

Fuchs, J. (1991). Verantwortung. *Stimmen der Zeit, 209,* 485–493.

Fuhr, T. (1998). *Ethik des Erziehens. Pädagogische Handlungsethik und ihre Grundlegung in der elterlichen Erziehung.* Weinheim: Beltz.

Funiok, R. (1981). *Fernsehen lernen – eine Herausforderung an die Pädagogik. Theorie und Praxis der Fernseherziehung.* München: Minerva-Publikation.

Funiok, R. (1983). Grundzüge einer Fernseh(selbst)erziehung Erwachsener. *Communicatio Socialis, 16,* 1–17.

Funiok, R. (1993). *Didaktische Leitideen zur Computerbildung. Zielsetzungen und Kriterien einer allgemeinen Computernutzungskompetenz als Anregungen für Medienpädagogik, technische Allgemeinbildung und informationstechnische Grundbildung.* München: Profil.

Funiok, R. (1995). Spieler im Cyberspace. *Stimmen der Zeit, 213,* 847–855.

Funiok, R. (1996). Grundfragen einer Publikumsethik. In: ders. (Hrsg.), *Grundfragen der Kommunikationsethik* (S. 107–122). Konstanz: UVK Medien.

Funiok, R. (1996/1997). Über Medien auf Werte zu sprechen kommen. Teil 1: Werterzieherische Medienpädagogik in der Schule. *Medien Praktisch, 20,* H. 4., 19–22 und Teil 2: Praktische Vorschläge für den Unterricht. *Medien Praktisch, 21,* H. 1, 53–56.

Funiok, R. & Schmälzle, U. F. (1999a). Medienethik vor neuen Herausforderungen. In: R. Funiok, U.F. Schmälzle & C. Werth (Hrsg.), *Medienethik – die Frage der Verantwortung* (S.15–31). Bonn: Bundeszentrale für politische Bildung.

Funiok, R. (1999b). Grundfragen einer Publikumsethik. In: A. Holderegger (Hrsg.), *Kommunikations- und Medienethik. Interdisziplinäre Perspektiven* (S. 234–252). Fribourg.: Universitätsverlag & Freiburg/Brsg.: Herder.

Funiok, R. (1999c). Art. Propaganda. *Lexikon für Theologie und Kirche, Bd. 8,* Sp. 626 f. Freiburg: Herder.

Funiok, R. (2000a). Zwischen empirischer Realität und medienpädagogischer Praxis. Das Publikum als Adressat der Medienethik. In: M. Rath (Hrsg.), *Medienethik und Medienwirkungsforschung* (S. 89–104).Wiesbaden: Westdeutscher Verlag.

Funiok, R. (2000b). Fundamental Questions of Audience Ethics. In: B. Pattyn (Hrsg.), *Media Ethics. Opening Social Dialogue.* (European Ethics Network. Core Materials for the Development of Courses in Professional Ethics) (S. 403–422). Leuven: Peeters.

Funiok, R. (2000c). Legitime Bedürfnisbefriedigung in einer gemeinwohlorientierten Rahmen-ordnung. In: C. Schicha & C. Brosda (Hrsg.), *Medienethik zwischen Theorie und Praxis. Normen für die Kommunikationsgesellschaft* (S. 53–61). Münster: LIT Verlag.

Funiok, R. (2000d). Medienethik. Der Wertediskurs über Medien ist unverzichtbar. *Aus Politik und Zeitgeschichte, B 41-42*, 11–18.

Funiok, R. (2001). Mit Medien über Werte sprechen. *tv diskurs, Nr. 17*, 64–68.

Funiok, R. (2002a). *Einführung in die Medienethik.* (Studienbrief für FESTUM – Fernstudien Medien, Zusatzqualifikation Medien und Informationstechnologien in Erziehung, Unterricht und Bildung, 3 Kursabschnitte). Hagen: Fernuniversität (53 Seiten).

Funiok, R. (2002b). *Mediengewalt und Medienethik. Die Frage nach verantwortlichem Medienhandeln.* (Lehrbrief für den Masterstudiengang Educational Media der Universität Duisburg, Fakultät 1). Duisburg: Universität, nur elektronisch verfügbar (48 Seiten).

Funiok, R. (2005a). Art. „Medienethik". In: J. Hüther & B. Schorb (Hrsg.), *Grundbegriffe Medienpädagogik.* 4., vollständig neu konzipierte Auflage (S. 243–251). München: KoPäd Verlag 2005.

Funiok, R. (2005b). Kritische Medienkompetenz als Unterscheidungs- und Rahmungskompetenz. In: H. Kleber (Hrsg.), *Perspektiven der Medienpädagogik in Wissenschaft und Bildungspraxis.* Dieter Spanhel gewidmet (S. 86–96). München: Kopaed.

Funiok, R. (2006). Bedürfnisse und Freiheit bei der Nutzung von Massenmedien. Anregungen für eine pädagogische Medienanthropologie. In: M. Drewsen & M. Fischer (Hrsg.), *Die Gegenwart des Gegenwärtigen. Festschrift für P. Gerd Haeffner SJ zum 65. Geburtstag* (S. 305– 316). Freiburg & München: Karl Alber

Funiok, R. (2007). Werteerziehung in der Schule. *tv diskurs, Nr. 39 (1/2007),* 46–49.

Funiok, R. (2010). Bildung und Religiosität. Der Mensch braucht eine umfassende Welt- und Sinndeutung. *Communicatio Socialis, 43,* 27–40.

Funiok, R. (2011). Verantwortung im Journalismus. Methoden und Ziele der Einführung in die journalistische Ethik. In: B. Dernbach & W. Loosen (Hrsg.), *Didaktik der Journalistik. Best-Practice-Beispiele aus der Journalistenausbildung.* Wisebaden: VS Verlag für Sozialwissenschaften (in Vorbereitung).

Galliker, M., Herman, J., Wagner, F. & Weimer, D. (1996). Latente Abwertung sozialer Gruppen im öffentlichen Diskurs. *Medienpsychologie, 8,* 3–20.

Galtung, J. (1994). *Menschenrechte – anders gesehen.* Frankfurt a. M.: Suhrkamp.

Gardner, H., Czikszentmihalyi, M. & Damon, W. (2005). *Good Work! Für eine neue Ethik im Beruf.* Stuttgart: Klett-Cotta. (Amerik. Original: Good Work. When Excellence and Ethics meet. New York: Basic Books 2001)

Gebel, C., Gurt, M. & Wagner, U. (2005). Kompetenzförderliche Potenziale populärer Computerspiele. In: Arbeitsgemeinschaft Berufliche Weiterbildungsforschung (ABWF) (Hrsg.), *QUEM-report 92 „E-Lernen: Hybride Lernformen, Online-Communities, Spiele"* (Bd. 2, S. 241–376). Berlin: ABWF.

Gerecke, U. & Suchanek, A. (1998). Technikethik und Wirtschaftsethik: zwei angewandte Ethiken? In: H. Lenk & M. Maring (Hrsg.), *Technikethik und Wirtschaftsethik. Fragen der praktischen Philosophie* (S. 75–94). Opladen: Leske + Budrich.

Gerhardt, R. & Pfeifer, H.-W. (Hrsg.) (2000). *Wer die Medien bewacht. Medienfreiheit und ihre Grenzen im internationalen Vergleich.* (Beiträge zur Medienethik, 5). Frankfurt a. M.: gep Buch.

Giesecke, H. (2005). *Wie lernt man Werte? Grundlagen der Sozialerziehung.* Weinheim & München: Juventa.

Gilligan, C. (1982/1984). *In a Different Voice. Psychological Theory and Women's Development.* Cambridge, Mass. & London: Harvard Univ. Press (dt.: *Die andere Stimme. Lebenskonflikte und Moral der Frau.* München & Zürich: Piper).

Goffman, E. (1977). *Rahmen-Analyse. Ein Versuch über die Organisation von Alltagserfahrungen.* Frankfurt a.M.: Suhrkamp.

Gomes, W. (2002). Die Diskursethik und die durch die Massenmedien vermittelte und bearbeitete Kommunikation. In: M. Niquet, F. J. Herrero & M. Hanke (Hrsg.), *Diskursethik. Grundlegungen und Anwendungen* (S. 337–360). Würzburg: Königshausen & Neumann.

Gorlin, R. A. (Hrsg.) (1990). *Codes of Professional Responsibility.* Washington, DC.

Gottschalk-Mazouz, N. (1999). *Diskursethik. Theorien, Entwicklungen, Perspektiven*. Berlin: Akademie Verlag.

Gottschlich, M. (1980). *Journalismus und Orientierungsverlust. Grundprobleme öffentlichkommunikativen Handelns*. Wien, Köln & Graz: Böhlau.

Gottwald, F., Kaltenbrunner, A. & Karmasin, M. (2006). *Medienselbstregulierung zwischen Ökonomie und Ethik. Erfolgsfaktoren für ein österreichisches Modell*. (= Studien zur Medienpraxis. Schriften des Medienhauses Wien, 1). Berlin u.a.: LIT Verlag.

Gotzmann, N. (2005). *Möglichkeiten und Grenzen der freiwilligen Selbstkontrolle in der Presse und der Werbung. Der Deutsche Presserat und der deutsche Werberat*. München: Beck.

Gracián y Morales, B. (1647). *Oraculo manuàl, y arte de prudencia sacada*. Aus dem Spanischen übersetzt von Arthur Schopenhauer: Handorakel und Kunst der Weltklugheit (1832). München & Zürich: Droemersche Verlagsanstalt Th. Knaur Nachf. 1960.

Grassmuck, V. (2004). *Freie Software. Zwischen Privat- und Gemeineigentum*. Bonn: Bundeszentrale für politische Bildung.

Greis, A. (2001). *Identität, Authentizität und Verantwortung. Die ethischen Herausforderungen der Kommunikation im Internet*. München: KoPaed Verlag.

Greis, A., Hunold, G. W. & Koziol, K. (Hrsg). (2003a). *Medienethik. Ein Arbeitsbuch*. Tübingen: Francke.

Greis, A. (2003b). Problemsichtung: Vernetzung und Kommunikation, Handlung und Virtualität. In: Ders., G. W. Hunold & K. Koziol (Hrsg), *Medienethik. Ein Arbeitsbuch* (S. 157–174). Tübingen: Francke.

Greis, A. (2003c). Medienethik. In: Th. Laubach (Hrsg.), *Angewandte Ethik und Religion* (S. 309–336). Tübingen/ Basel: A. Francke.

Grimm, J. (1997). Physiologische und psychosoziale Aspekte der Fernsehgewalt-Rezeption. TV-Gefühlsmanagement zwischen Angst und Aggressionen. *Medienpsychologie, 9*, 127–166.

Grimm, P. & Capurro, R. (Hrsg.) (2002). *Menschenbilder in den Medien – ethische Vorbilder?* (Medienethik, 1). Stuttgart: Steiner.

Grimm, P. & Capurro, R. (Hrsg.) (2005). *Tugenden in der Medienkultur. Zu Sinn und Sinnverlust tugendhaften Handelns in der medialen Kommunikation. Ergebnis und Weiterführung des III. Medienethik-Symposiums, das in der Hochschule der Medien in Stuttgart im Herbst 2003 veranstaltet wurde*. (Medienethik, 5). Stuttgart: Steiner.

Grimm, P. & Horstmeyer, S. unter Mitarbeit von J. Weiß & M. Calmbach (2003). *Kinderfernsehen und Wertekompetenz*. (Medienethik, 3). Stuttgart: Steiner.

Groebel, J. u.a. (1996). *Bericht zur Lage des Fernsehens für den Präsidenten der Bundesrepublik*. Gütersloh: Bertelsmann Stiftung.

Groebel, J. (2003). Tendenz zu Koregulierung und ,user empowerment'. Europäische Jugendschutzkonzepte im Vergleich. *Tendenz – Magazin für Funk und Fernsehen der Bayerischen Landeszentrale für neue Medien, 3/2003*, 29–33.

Gruber, T. (2004). Journalismus als Dienst an der Gesellschaft. Gefährdungen durch Fehlentwicklungen, Versuchungen, Beeinflussungen. *Communicatio Socialis, 37*, 26–40.

Grunwald, A. (1996). Ethik der Technik – Systematisierung und Kritik vorliegender Entwürfe. *Ethik und Sozialwissenschaften, H. 2/3*, 191–204.

Grunig, J. E. & Hunt, T. (1984). *Managing public relations*. Fort Worth u.a.: Harcourt Brace & Company.

Habermas, J. (1962). *Strukturwandel der Öffentlichkeit*. Darmstadt/Neuwied: Luchterhand.

Habermas, J. (1981). *Theorie des kommunikativen Handelns*. 2 Bände. Frankfurt a.M.: Suhrkamp.

Haller, M. & Holzhey, H. (Hrsg.) (1992). *Medienethik. Beschreibungen, Analysen, Konzepte für den deutschsprachigen Journalismus*. Opladen: Westdeutscher Verlag.

Hamelink, C. (1995). Ethics for Media Users. *European Journal of Communication, 10*, 497–512.

Hamm, I. & Hart, Th. (Hrsg.) (2001). *Kommunikationsordnung 2010. Mächte und Regulierung im interaktiven Zeitalter. Mit Beiträgen von Jürgen Doetz, Jörg Eberspächer, Hans-Willi Hefeküuser, Dieter Stolte*. Gütersloh: Verlag Bertelsmann Stiftung.

Hanas, Z. (1998). *Vertrauen in der Werbung. Notwendigkeit und Grenzen in der werblichen Kommunikation*. Zabki (PL): Apostolicum.

Hanitzsch, Th. (2007). Journalismuskultur: Zur Dimensionierung eines zentralen Konstrukts der kulturvergleichenden Journalismusforschung. *Medien & Kommunikationswissenschaft, 55*, 372–389.

Hanitzsch, Th. (2009). Zur Wahrnehmung von Einflüssen im Journalismus. Komparative Befunde aus 17 Ländern. *Medien & Kommunikationswissenschaft, 57*, 153–171.

Hanitzsch, Th. & Seethaler, J. (2009). Journalismuswelten. Ein Vergleich von Journalismuskulturen in 17 Ländern. *Medien & Kommunikationswissenschaft, 57*, 464–483.

Hartmann, T. & Dohle, M. (2005). Publikumsvorstellungen im Rezeptionsprozess. In: *Publizistik, 50*, 287–303.

Hasebrink, U. (2007). Mediennutzer als Akteure der Medienpolitik. In: O. Jarren & P. Donges (Hrsg.), *Ordnung durch Medienpolitik?* (S. 303–324). Konstanz: UVK Verlagsgesellschaft.

Haseloff, O. W. (1981). Werbung als instrumentelle Kommunikation. In: B. Tietz (Hrsg.), *Die Werbung. Handbuch der Kommunikations- und Werbewirtschaft. Bd. 1: Rahmenbedingungen, Sachgebiete und Methoden der Kommunikation und Werbung*, (S. 63–151). Landsberg a. Lech: Verlag moderne Industrie.

Hasler, L. (1992). Die Tugend des Unterlassens. Ethik wirkt auch negativ – oder: Das Prinzip Offenheit läßt es gelegentlich ratsam erscheinen, auf Öffentlichkeit zu verzichten. In: M. Haller & H. Holzhey (Hrsg), *Medienethik. Beschreibungen, Analysen, Konzepte für den deutschsprachigen Journalismus* (S. 212–221). Opladen: Westdeutscher Verlag.

Hausmanninger, T. (1993). *Kritik der medienethischen Vernunft.* München: Fink.

Hausmanninger, T. (1994). Grundlinien einer Ethik medialer Unterhaltung. In: W. Wolbert (Hrsg.), *Moral in einer Kultur der Massenmedien* (S. 77–96). (Studien zur theologischen Ethik, 61). Fribourg: Universitätsverlag & Freiburg: Herder.

Hausmanninger, T. (1999). Von der Humanität vergnüglicher Mediennutzung. Überlegungen zu einer Ethik medialer Unterhaltung. *Theologie der Gegenwart, 42*, 2–14.

Hausmanninger, T. (2002a). Voraussetzungen: Was in diesem Buch unter Ethik und unter Gewalt verstanden wird. In: T. Hausmanninger & T. Bohrmann (Hrsg.), *Mediale Gewalt. Interdisziplinäre und ethische Perspektiven* (S. 287–314). München: Fink.

Hausmanninger, T. (2002b). Ethik der Distribution und institutionalisierten Kommunikationskontrolle. In: T. Hausmanninger & T. Bohrmann (Hrsg.), *Mediale Gewalt. Interdisziplinäre und ethische Perspektiven* (S. 335–376). München: Fink.

Hausmanninger, T. (2002c). Grundlegungsfragen der Medienethik. Für die Rückgewinnung der Ethik durch die Kommunikationswissenschaft. *Publizistik, 47*, 280–294.

Hausmanninger, T. (2003). Der Medienmarkt als Moral-Markt – Zur Vermittelbarkeit moralischer Diskurse in kommerziellen Medien. In: G. Bachleitner & W. Winger (Hrsg.), *Moderne im Umbruch. Fragen nach einer zukunftsfähigen Ethik. Sozialethisches Symposium zum 75. Geburtstag von Wilhelm Korff* (S. 72–94). Freiburg i. Br.: Herder.

Haybäck, G. (1989). *Medium und Wahrheit. Ethische Implikationen des Journalismus aus kommunikationswissenschaftlicher Sicht.* Salzburg: Univ. Salzburg.

Haybäck, G. (1990). Medium und Wahrheit. Grundprobleme journalistischer Ethik. *Communicatio Socialis, 23*, 18–36.

Heesen, J. (2008). *Medienethik und Netzkommunikation. Öffentlichkeit in der individualisierten Mediengesellschaft.* Franfurt a. M.: Humanities Online.

Heidbrink, L. (2003). *Kritik der Verantwortung. Zu den Grenzen verantwortlichen Handelns in komplexen Kontexten.* Weilerswist: Velbrück Wissenschaft.

Held, B. & Ruß-Mohl, S. (2005). Qualitätsmanagement als Mittel der Erfolgssicherung. Erfahrungen – Probleme – Perspektiven. In: C. Fasel (Hrsg.), *Qualität und Erfolg im Journalismus. Michael Haller zum 60. Geburtstag* (S. 49–63). Konstanz: UVK Verlagsgesellschaft.

Heming, R. (1997). *Öffentlichkeit, Diskurs und Gesellschaft. Zum analytischen Potential und zur Kritik des Begriffs der Öffentlichkeit bei Habermas.* Leverkusen: Deutscher Universitätsverlag.

Hentig, H.v. (1999). *Ach, die Werte! Ein öffentliches Bewußtsein von zwiespältigen Aufgaben. Über eine Erziehung für das 21. Jahrhundert.* München: C. Hanser.

Herzog, A., Hasebrink, U. & Eilders, C. (2006). Medien-Qualitäts aus der Sicht des Publikums. Europas Mediennutzer zwischen Konsum, Kritik und Partizipation. In: S. Weischenberg, W. Loosen & M. Beuthner (Hrsg.), *Medien-Qualitäten. Öffentliche Kommunikation zwischen ökonomischen Kalkül und Sozialverantwortung* (S. 399–414). Konstanz: UVK.

Höffe, O. (1981). *Sittlich-politische Diskurse. Philosophische Grundlagen. Politische Ethik. Biomedizinische Ethik.* Frankfurt a. M.: Suhrkamp.

Höflich, J. R. (1996). *Technisch vermittelte interpersonale Kommunikation. Grundlagen, organisatorische Verwendung, Konstitution „elektronischer Gemeinschaften".* Opladen: Westdeutscher Verlag.

Höhn, H.-J. (1992). Konkrete Freiheit und soziale Gerechtigkeit. Handlungstheoretische Analysen – Systemtheoretische Perspektiven. In: W. Ernst (Hrsg.), *Gerechtigkeit in Gesellschaft, Wirtschaft und Politik* (S. 85–107). Freiburg i. Ue.: Universitätsverlag & Freiburg i. Br.: Herder.

Holderegger, A. (1995). Die ethische Dimension der Medienwirklichkeit. Elemente einer Medienethik. *Communicatio Socialis, 28,* 378–394.

Holderegger, A. (Hrsg.) ([2]1999). *Kommunikations- und Medienethik. Interdisziplinäre Perspektiven.* (vollst. überarb. und erw. Auflage der „Ethik der Medienkommunikation", 1992) Freiburg: Herder.

Holderegger, A. (Hrsg.) (1992). *Ethik der Medienkommunikation. Grundlagen.* Freiburg: Herder.

Hölscher, L. (1978). Öffentlichkeit. In: *Geschichtliche Grundbegriffe. Historisches Lexikon zur politisch-sozialen Sprache in Deutschland.* Hrsg. von O. Brunner, W. Conze & R. Koselleck. Bd. 4, 413–467. Stuttgart: Klett-Cotta.

Hölscher, L. (1979). *Öffentlichkeit und Geheimnis.* Stuttgart: Klett-Cotta.

Holtz-Bacha, C. (2006). *Medienpolitik für Europa.* Wiesbaden: VS Verlag für Sozialwissenschaften.

Homann, K. & Blome-Drees, F. (1992). *Wirtschafts- und Unternehmensethik.* Göttingen: Vandenhoeck & Ruprecht.

Hopf, W. H. (2004). Mediengewalt, Lebenswelt und Persönlichkeit – eine Problemgruppenanalyse bei Jugendlichen. *Zeitschrift für Medienpsychologie, 16 (N.F. 4),* 99–115.

Horster, D. (1997). Recht und Moral. Analogien, Komplementaritäten und Differenzen. *Zeitschrift für philosophische Forschung, 51,* 367–389.

Hubig, C. (1993). *Technik- und Wissenschaftsethik. Ein Leitfaden.* Berlin u.a.: Springer. ([2]1995).

Hubig, C. (1997). *Technologische Kultur.* Leipzig: Leipziger Universitätsverlag.

Hubig, C. (1999). Sachzwänge: Herausforderung oder Entlastung einer Technik- und Wirtschaftsethik? In: P. Kampits & A. Weiberg (Hrsg.), *Angewandte Ethik/Applied Ethics* (S. 219–234). Wien: öbv & hpt Verlag.

Huff, C., Frey, W. (2005). Moral Pedagogy and Practical Ethics. *Science and Engineering Ethics, 11, issue 3,* 1–20.

Huff, C., Barnard, L. & Frey, W. (2008). Good Computing: A pedagogically focused model of virtue in the practice of computing. *Journal of Information, Communication and Ethics in Society, 6 (3),* 246–278.

Huff, C. & Barnard, L. (2009). Good Computing: Moral Exemplars in the Computing Profession. *IEEE Technology and Society Magazine, Fall 2009,* 47–54.

Hug, T. (1998). Lesarten des ‚Instant Knowledge'. In: ders. (Hrsg.), *Technologie und Medienpädagogik. Zur Theorie und Praxis kritisch-reflexiver Medienkommunikation* (S. 180–188). Baltmannsweiler: Schneider Verlag Hohengehren.

Hügli, A. (1992). Was haben Medien mit Ethik zu tun? In: M. Haller & H. Holzhey (Hrsg.), *Medienethik. Beschreibungen, Analysen, Konzepte für den deutschsprachigen Journalismus* (S. 56–72). Opladen: Westdeutscher Verlag.

Hurrelmann, B., Hammer, M. & Stelberg, K. (1996). *Familienmitglied Fernsehen. Fernsehgebrauch und Probleme der Fernseherziehung in verschiedenen Familienformen.* Opladen: Leske+Budrich.

Hutter, M. (2006). *Neue Medienökonomik.* München: Fink.

Imhof, K., Jarren, O, & Blum, R. (Hrsg.) (2002). *Integration und Medien.* (Mediensymposium Luzern, 7). Wiesbaden: Westdeutscher Verlag.

Imhof, K. (2003). Öffentlichkeitstheorien. In: G. Bentele, H.-B. Brosius & O. Jarren (Hrsg.), *Öffentliche Kommunikation. Handbuch Kommunikations- und Medienwissenschaft* (S. 193– 209). Wiesbaden: Westdeutscher Verlag.

Inglehart, R. (1998). *Modernisierung und Postmodernisierung. Kultureller, wirtschaftlicher und politischer Wandel in 43 Gesellschaften.* Frankfurt a.M./New York: Campus.

Irrgang, B. (1998). *Praktische Ethik aus hermeneutischer Sicht.* Paderborn u.a.: Schöningh.

Jackob, N. (2009). Vergessen oder Vergeben? Journalistische Fehlleistungen und ihre Folgen für das allgemeine Vertrauen in die Medien. *Communicatio Socialis, 42,* 382–404.

Jacobi, R. & Höhns, M. (1997). „Chancen und Risiken der Mediengesellschaft". Die Gemeinsame Erklärung der Deutschen Bischofskonferenz und des Rates der Evangelischen Kirche in Deutschland vom 30. April 1997. *Communicatio Socialis, 30,* 267–270.

Jansen, G. M. (2003). *Mensch und Medien. Entwurf einer Ethik der Medienrezeption.* Frankfurt a.M. u. a.: Lang.

Jarren, O. (1998). Medien, Mediensystem und politische Öffentlichkeit im Wandel. In: U. Sarcinelli (Hrsg.), *Politikvermittlung und Demokratie in der Mediengesellschaft. Beiträge zur politischen Kommunikationskultur* (S. 74–94). Wiesbaden: Westdeutscher Verlag.

Jarren, O. (1999). Medienregulierung in der Informationsgesellschaft? Über die Möglichkeiten zur Ausgestaltung der zukünftigen Medienordnung. *Publizistik, 44,* 149– 164.

Jarren, O. & Donges, P. (2000). *Medienregulierung durch die Gesellschaft? Eine steuerungstheoretische und komparative Studie mit Schwerpunkt Schweiz.* Wiesbaden: Westdt. Verlag.

Jarren, O. (2001). „Mediengesellschaft" – Risiken für die politische Kommunikation. *Aus Politik und Zeitgeschichte, B 41-42,* 10–19.

Jarren, O. & Donges, P. (Hrsg.) (2007). *Ordnung durch Medienpolitik?* Konstanz: UVK.

Joas, H. (1997). *Die Entstehung der Werte.* Frankfurt a. M.: Suhrkamp.

Joas, H. (2004). *Braucht der Mensch Religion? Über Erfahrungen der Selbsttranszendenz.* Freiburg i. Br.: Herder.

Jonas, H. (1979). *Das Prinzip Verantwortung. Versuch einer Ethik für die technische Zivilisation.* Frankfurt a.M.: Insel Verlag.

Junker-Kenny, M. (1998). *Argumentationsethik und christliches Handeln. Eine praktisch-theologische Auseinandersetzung mit Jürgen Habermas.* Stuttgart: Kohlhammer.

Kaiser, H. (2001). „Elektronische" Marktwirtschaft? Grundlegende Veränderungen durch den Electronic Commerce. *Zeitschrift für Evangelische Ethik, 45,* 29–46.

Kamber, E. & Schranz, M. (2002). Von der Herstellung zur Darstellung demokratischer Öffentlichkeit? Die Politikvermittlung der Massenmedien unter den Bedingungen eines ausdifferenzierten Mediensystems. In: K. Imhof, O. Jarren & R. Blum (Hrsg.), *Integration und Medien.* (Mediensymposium Luzern, 7) (S. 347–363). Wiesbaden: Westdt. Verlag.

Kaminsky, C. (1998). *Embryonen, Ethik und Verantwortung. Eine kritische Analyse der Statusdiskussion als Problemlösungsansatz angewandter Ethik.* Tübingen: Mohr Siebeck.

Kaminsky, C. (1999). „Angewandte Ethik" zwischen Moralphilosophie und Politik. In: K. P. Rippe (Hrsg.), *Angewandte Ethik in der pluralistischen Gesellschaft* (S.143–159). Fribourg: Universitätsverlag.

Kaminsky, C. (2000). Medienethik – Ein Engagement zwischen Verunsicherung und Verantwortung. In: Schicha, C. & Brosda, C. (Hrsg.), *Medienethik zwischen Theorie und Praxis. Normen für die Kommunikationsgesellschaft* (S. 43–52). Münster: LIT Verlag.

Karmasin, M. (1993). *Das Oligopol der Wahrheit. Medienunternehmen zwischen Ökonomie und Ethik.* Wien u.a.: Böhlau.

Karmasin, M. (1996a). *Ethik als Gewinn. Zur ethischen Rekonstruktion der Ökonomie: Konzepte und Analysen von Wirtschafts-, Unternehmens- und Führungsethik.* Wien: Linde.

Karmasin, M. (1996b). *Journalismus: Beruf ohne Moral? Journalistisches Berufshandeln in Österreich. Mit einem Vorwort von Wolfgang R. Langenbucher.* Wien: Linde.

Karmasin, M. (1998). *Medienökonomie als Theorie (massen-)medialer Kommunikation. Kommunikationsökonomie und Stakeholder Theorie.* Graz & Wien: Nausner & Nausner.

Karmasin, M. (1999a). Art. Medien. In: *Handbuch der Wirtschaftsethik.* Hrsg. im Auftrag der Görres-Gesellschaft von W. Korff u.a. (Bd. 4, S. 351–381). Gütersloh: Gütersloher Verlagshaus.

Karmasin, M. (1999b). Medienethik als Wirtschaftsethik medialer Kommunikation? In: *Communicatio Socialis, 32,* 343–366.

Karmasin, M. (1999c). Stakeholder-Orientierung als Kontext zur Ethik von Medienunternehmen. In: R. Funiok & U. F. Schmälzle & C. H. Werth (Hrsg.), *Medienethik – die Frage der Verantwortung* (S. 183-211). Bonn: Bundeszentrale für politische Bildung.

Karmasin, M. (2002a) (Hrsg.). *Medien und Ethik.* Stuttgart: Reclam.

Karmasin, M. (2002b). Zum Verhältnis von Kommunikationswissenschaft und Medienethik. *Communicatio Socialis, 35,* 394–409.

Karmasin, M. (2005). *Journalismus: Beruf ohne Moral? Von der Berufung zur Profession.* (FH Studiengang Journalismus Wien). Wien: Facultas.

Kaufmann, F.-X. (1992). *Der Ruf nach Verantwortung. Risiko und Ethik in einer unüberschaubaren Welt.* Freiburg/Brsg.: Herder.

Kaufmann, F.-X. (1995). Risiko, Verantwortung und gesellschaftliche Komplexität. In: K. Bayertz (Hrsg.), *Verantwortung. Prinzip oder Problem?* (S.72–97). Darmstadt: Wissenschaftliche Buchgesellschaft.

Keller, A. (1979). Das Menschliche in der Kommunikation. *Stimmen der Zeit, 197,* 219–232.

Keppler, A. (1995). Die Kommunion des Dabeiseins. Formen des Sakralen in der Fernsehunterhaltung. *Rundfunk und Fernsehen, 43,* 301–311.

Kepplinger, H. M. & Vohl, I. (1976). Professionalisierung des Journalismus? Theoretische Probleme und empirische Befunde. *Rundfunk und Fernsehen, 24,* 309–343.

Kepplinger, H. M. & Knirsch, K. (2000). Gesinnungs- und Verantwortungsethik. Sind Max Webers theoretischen Annahmen empirisch haltbar? In: M. Rath (Hrsg.), *Medienethik und Medienwirkungsforschung* (S.11–44). Wiesbaden: Westdeutscher Verlag.

Kepplinger, M., Ehmig, S.C. & Hartung, U. (2002). *Alltägliche Skandale. Eine repräsentative Analyse regionaler Fälle.* Konstanz: UVK.

Kerkow, U., Martens, J. & Schmitt, T. (2003). *Die Grenzen der Freiwilligkeit. Handlungsmöglichkeiten und Erfahrungen von NGOs und Gewerkschaften bei der Anwendung freiwilliger Selbstverpflichtungen der Wirtschaft.* Bonn & Berlin: Weltwirtschaft, Ökologie und Entwicklung e.V. (WEED), Arbeitspapier.

Kilian, W. (1998). Menschenrechte in einer Weltinformationsordnung. In: S. Lamnek & M.-T. Tinnefeld (Hrsg.), *Globalisierung und informationelle Rechtskultur. Informationelle Teilha- be und weltweite Solidarität* (S. 276–280). Baden-Baden: Nomos.

Kirchenamt der Evangelischen Kirche in Deutschland & Sekretariat der Deutschen Bischofskonferenz (1997). *„Chancen und Risiken der Mediengesellschaft" – Gemeinsame Erklärung der Deutschen Bischofskonferenz und des Rates der Evangelischen Kirche in Deutschland.* Hannover u. Bonn.

Kirschenmann, J. & Wagner, E. (Hrsg.) (2005). *Bilder, die die Welt bedeuten. ‚Ikonen' des Bildgedächtnisses und ihre Vermittlung über Datenbanken.* München: KoPaed Verlag.

Klages, H., Hippler, H.-J. & Herbert, W. (1992). *Werte und Wandel. Ergebnisse und Methoden einer Forschungstradition.* Frankfurt a. M./ New York: Campus.

Klaus, E. (1996). Der Gegensatz von Information ist Desinformation, der Gegensatz von Unterhaltung ist Langeweile. *Rundfunk und Fernsehen, 44,* 402–417.

Kleinsteuber, H. J. (2005). Medienpolitik. In: A. Hepp, F. Krotz & C. Winter (Hrsg.), *Globalisierung der Medienkommunikation. Eine Einführung* (S. 93–116). Wiesbaden: VS Verlag für Sozialwissenschaften.

Kleinwächter, W. (2005). Weichenstellung für die Zukunft? Weltgipfel zur Informationsgesellschaft. In: K.-D. Felsmann (Hrsg.), *Aufklärung im Zeitalter virtueller Netze. Buckower Mediengespräche 8, Erweiterte Dokumentation 2004* (S. 107–117). München: KoPaed.

Kluxen, W. (1997). *Moral – Vernunft – Natur. Beiträge zur Ethik.* Hrsg. von W. Korff u. P. Mikat. Paderborn: Schöningh.

Knieper, T. (2003). Der Journalisten- und Medienfilm. Eine Filmographie und Bibliographie zur Einführung. *Zeitschrift für Kommunikationsökologie, 5, 1/2003,* 48–50.

Köcher, R. (1985). *Spürhund und Missionar. Eine vergleichende Untersuchung über Berufsethik und Aufgabenverständnis britischer und deutscher Journalisten.* München: Universität (Diss., Manuskript)

Kohlberg, L. (1981). *The Philosophy of Moral Development. Moral Stages and the Idea of Justice.* Cambridge, Mass.: Harper & Row.

Kolb, A., Esterbauer, R. & Ruckenbauer, H.-W. (Hrsg.) (1998). *Cyberethik. Verantwortung in der digital vernetzten Welt.* Stuttgart: Kohlhammer.

Könches, B. (2001). *Ethik und Ästhetik der Werbung. Phänomenologie eines Skandals.* Frankfurt a.M. u.a.: Lang.

König, A. (2006). *Medienethik aus theologischer Perspektive.* Medien und Protestantismus – Chancen, Risiken, Herausforderungen und Handlungskonzepte. Marburg: Tectum.

Konken, M. (2005). Medienmacht und Medienmissbrauch. *Aus Politik und Zeitgeschichte, B 51–52,* 27–32.

Koop, M. & Schönhagen, P. (2007). Bürgerjournalismus. Bedrohung oder Ergänzung der professionellen Medien? *Medienheft.ch* (17. April 2007), 1–7.

Kopp, M. (2000). „Ethik in der sozialen Kommunikation". Ein Blick nach vorn. *Communicatio Socialis, 33,* 335–340.

Korff, W. (1996). Normen als Regelwerke menschlichen Handelns. In: *Jahres- und Tagungsbericht der Görres-Gesellschaft* (S. 59–75). Köln.

Korff, W. (1999). Neue Dimensionen der bedürfnisethischen Frage. In: *Handbuch der Wirtschaftsethik.* Hrsg. im Auftrag der Görres-Gesellschaft von W. Korff u.a. Gütersloh: Gütersloher Verlagshaus, Bd. 1, 31–49.

Kos, E. (1997). *Verständigung oder Vermittlung? Die kommunikative Ambivalenz als Zugangsweg einer theologischen Medienethik.* Frankfurt/M.: Lang.

Koslowski, P. (1988). *Prinzipien der ethischen Ökonomie. Grundlegung der Wirtschaftsethik und der auf die Ökonomie bezogenen Ethik.* Tübingen: Mohr.

Koslowski, P. (1998). Wirtschaftsethik. In: A. Pieper & U. Thurnherr (Hrsg.), *Angewandte Ethik. Eine Einführung* (S. 197–218). München: Beck.

Kottlorz, P. (1994). *Fernsehmoral. Ethische Strukturen in fiktionaler Fernsehunterhaltung.* Berlin: Wissenschaftsverlag Volker Spiess.

Krainer, L. (2001). *Medien und Ethik. Zur Organisation medienethischer Entscheidungsprozesse.* München: KoPäd.

Krainer, L. & Heintel, P. (2010). Prozessethik. Zur Organisation ethischer Entscheidungsprozesse. Wiesbaden: VS Verlag für Sozialwissenschaften.

Kreutzer, A. (2007). Die neue Lust am Spiel. Soziologischer Sinn, ethischer Wert und theologisches Potential einer Handlungsform. *Stimmen der Zeit, 132,* 483-494.

Krotz, F. (1993). Fernsehen fühlen. Auf der Suche nach einem handlungstheoretischen Konzept für das emotionale Erleben des Fernsehens. *Rundfunk und Fernsehen, 41,* 477–496.

Krotz, F. (1997). Verbraucherkompetenz und Medienkompetenz. Die „Stiftung Medientest" als Antwort auf strukturelle Probleme der Medienentwicklung. In: H. Weßler u.a. (Hrsg.), *Perspektiven der Medienkritik. Die gesellschaftliche Auseinandersetzung mit öffentlicher Kommunikation in der Mediengesellschaft.* Dieter Ross zum 60. Geburtstag (S. 251–263). Opladen/ Wiesbaden: Westdeutscher Verlag.

Krotz, F. (2010). Leben in mediatisierten Gesellschaften. Kommunikation als anthropologische Konstante und ihre Ausdifferenzierung heute. In: M. Pietraß & R. Funiok (Hrsg.), *Mensch und Medien. Philosophische und sozialwissenschaftliche Perspektiven.* (S. 91–113) Wiesbaden: VS Verlag für Sozialwissenschaften.

Krzeminski, M. (1996). Werbung, Öffentlichkeitsarbeit und Social Marketing – ein Beitrag zur Definition zentraler Begriffe. In: L. Rademacher (Hrsg.), *Die Öffentlichkeit im Visier – Konzepte und Praxisbeispiele moderner Öffentlichkeitsarbeit* (S. 3–18). MuK 97/98 (Veröffentlichungen zum Forschungsschwerpunkt Massenmedien und Kommunikation an der Universität – Gesamthochschule – Siegen). Siegen.

Kubicek, H. (1995). Die soziale Dimension der Neuen Medien als politische Herausforderung. In: H. Kubicek u.a. (Hrsg.), *Jahrbuch Telekommunikation und Gesellschaft 1995* (S.54–66). Heidelberg: R. V. Decker's Verlag, G. Schenck.

Kuhlen, R. (2004). *Informationsethik. Umgang mit Wissen und Information in elektronischen Räumen.* Konstanz: UVK Verlagsgesellschaft.

Kutschera, F.v. (^{2}1999). *Grundlagen der Ethik.* Berlin/New York: W. de Gruyter. (Völlig neu bearb. Aufl.).

Ladeur, K.-H. (2000). Rechtliche Möglichkeiten der Qualitätssicherung im Journalismus. *Publizistik, 45,* 442–461.

Lange, A. (2000). „Neue Medien" und Familie. *forum medienethik,* 2/2000, 43–54.

Langenbucher, W. R. (1993). Wahrheit – Aufklärung – Verantwortung. Thesen zu einer historischen Theorie des modernen Journalismus. *Publizsitik, 38,* 311– 321.

Laubach, T. (2003). Was hat die Religion in der Angewandten Ethik verloren? Eine Problemorientierung. In: Ders. (Hrsg.), *Angewandte Ethik und Religion.* Gerfried W. Hunold zum 65.Geburtstag zugeeignet (S. 1–18). Tübingen & Basel: Francke.

Laux, B. (2002). Wert der Werte. Zur Bedeutung und Tragfähigkeit des Wertkonzepts in der pluralen Gesellschaft. *Stimmen der Zeit, 220,* 507–518.

Leif, T. (2001). Macht ohne Verantwortung. Der wuchernde Einfluss der Medien und das Desinteresse der Gesellschaft. *Aus Politik und Zeitgeschichte B 41-42,* 6–9.

Leifert, S. (2006). Professionelle Augenzeugenschaft. Manipulation und Inszenierung als Gegenstand von Selbstkontrolle und Bildethik. *Zeitschrift für Kommunikationsökologie und Medienethik, 8, 1/2006,* 16–23.

Leifert, S. (2007). *Bildethik. Theorie und Moral im Bildjournalismus der Massenmedien.* München: Fink (Diss. Hochschule für Philosophie München 2006)

Leiner, M. (2006). Medienethik in der Gegenwart (Medienethik II). In: N. Knoepffler u.a. (Hg.), *Einführung in die Angewandte Ethik* (S.155–193). Freiburg/München: K. Alber.

Leithäuser, T. (1997). Ordnendes Denken. Vom medialen Gebrauch des Personalcomputers. In: C. Schachtner (Hrsg.), *Technik und Subjektivität. Das Wechselverhältnis von Menschen und Computer aus interdisziplinärer Sicht* (S. 69–85). Frankfurt a. M.: Suhrkamp.

Lenk, H. (1992). *Zwischen Wissenschaft und Ethik.* Frankfurt a.M.: Suhrkamp.

Lenk, H. (1993). Über Verantwortungsbegriffe und das Verantwortungsproblem in der Technik. In: H. Lenk & G. Ropohl (Hrsg.), *Technik und Ethik* (S.112–146). Stuttgart: Reclam.

Lenk, H. (1997). *Einführung in die angewandte Ethik. Verantwortlichkeit und Gewissen.* Stuttgart u.a.: Kohlhammer.

Lerch, A. (2006). Zwischen Fiktion und Dogma: Das Prinzip Konsumentensouveränität aus ethischer Sicht. In: P. Koslowski & B. P. Priddat (Hrsg.), *Ethik des Konsums* (S. 75–90). München: Fink.

Leschke, R. (2001). *Einführung in die Medienethik.* München: Fink.

Lietzmann, A. (2003). *Theorie der Scham. Eine anthropologische Perspektive auf ein menschliches Charakteristikum.* Tübingen: Universität (Diss.).

Linke, T. & Pickl, d. (2000). Mit Selbstkritik durch den Mediendschungel. Die Strukturen es deutschen Medienjournalismus und das Selbstverständnis der Medienredakteure. *Communicatio Socialis, 33,* 18–42.

Loretan, M. (1999): Ethik der Medienkommunikation. Curriculum am Institut für Journalistik und Kommunikationswissenschaft der Universität Freiburg Ue. In: R. Funiok, U. F. Schmälze & C. H. Werth (Hrsg.), *Medienethik – die Frage der Verantwortung* (S. 294–308). Bonn: Bundeszentrale für politische Bildung.

Loretan, M. (2001). Aktuelle Beiträge zur Begründung der Medienethik. In: *Communicatio Socialis, 34,* 487–496. (zugleich in: *Medienheft* 24.10.2001)

Loretan, M. (2002). Diskursethisches Programm zur kognitiven Begründung der Medienethik. Von der zeitdiagnostischen Qualität der Medienethik und ihrem Beitrag zur Sensibilisierung kommunikativer Kompetenz in mediatisierten modernen Gesellschaften. *Communicatio Socialis, 35,* 265–297.

Lorig, W. H. (2004). „Good Governance" und „Public Service Ethics". Amtsprinzip und Amtsverantwortung im elektronischen Zeitalter. *Aus Politik und Zeitgeschichte, B 18,* 24–30.

Lübbe, H. (1994). Mediennutzungsethik. Medienkonsum als moralische Herausforderung. In: H. Hoffmann (Hrsg.), *Gestern begann die Zukunft. Entwicklung und gesellschaftliche Bedeutung der Medienvielfalt* (S. 313–318). Darmstadt: Wissenschaftliche Buchgesellschaft.

Ludwig, J. (2002). Lizenzverleger zwischen Monopol und Wettbewerb. Interessen und Motive, Unternehmensziele und langfristige Sicherung des publizistisch-ökonomischen Konzepts 1949 bis 1999. *Publizistik, 47,* 135–169.

Luhmann, N. (1984). *Soziale Systeme. Grundriß einer allgemeinen Theorie.* Frankfurt a. M.: Suhrkamp.

Luhmann, N. (^{2}1996). *Die Realität der Massenmedien.* Opladen: Westdeutscher Verlag. (Erw. Auflage).

Luhmann, N. (1997): Politik, Demokratie, Moral. In: Konferenz der deutschen Akademien der Wissenschaften (Hrsg.), *Normen, Ethik und Gesellschaft* (S. 19–39). Mainz.

Lüscher, K. (1983). Wir brauchen dringend eine Medienethik. *Zeitschrift für Evangelische Ethik, 4,* 367–374.

Lüscher, K. & Wehrspaun, M. (1985). Medienökologie: Der Anteil der Medien an unserer Gestaltung der Lebenswelten. *Zeitschrift für Sozialisationsforschung und Erziehungssoziologie, 5,* 187–204.

Maar, E. (1995). *Bildung durch Unterhaltung: die Entdeckung des Infotainment in der Aufklärung. Hallenser und Wiener Moralische Wochenschriften in der Blütezeit des Moraljournalismus, 1748-1782.* (Bochumer Frühneuzeitstudien, 3) Pfaffenweiler: Centaurus-Verlagsgesellschaft. (zugl. Diss. Bochum 1993)

Machill, M. & Beiler, M. (Hrsg.) (2007). *Die Macht der Suchmaschinen – The Power of Search Engines.* Köln: von Halem.

Maier, H. (Hrsg.). (1985): *Ethik der Kommunikation.* Fribourg: Universitätsverlag.

Mayer, V. (2002). Tugend und Gefühl. In: S. A. Döring & V. Mayer (Hrsg.), *Die Moralität der Gefühle* (S. 125–209). Berlin: Akademie Verlag.

Meder, N. (1998). Neue Technologien und Erziehung/Bildung. In: M. Borrelli & J. Ruhloff (Hrsg.), *Deutsche Gegenwartspädagogik. Band III* (S. 26–40). Baltmannsweiler: Schneider Verlag Hohengehren.

Meiden, A. van der (1987). Kommunikation, Medien und Moral. Ein Beitrag zu einer „Ethik der Zurückhaltung" im Rahmen der Berufsethik. *Zeitschrift für Evangelische Ethik, 31,* 190–209.

Meier, K. (2009). Journalismus in Zeiten der Wirtschaftskrise. Neun Thesen zum Strukturwandel der Medien. *Journalistik Journal, 12, (1)* 14-17 (auch: http://journalistik-journal.lookingintomedia.com)

Merkert, R. (1980). Rundfunk als Legimationsproblem. *Stimmen der Zeit, 198,* 637–639.

Merkert, R. (1986). Medientransparenz als Bildungsaufgabe. *Communicatio Socialis, 19,* 232–237.

Merkert, R. (1988). Die Verantwortung des Mediennutzers. *Stimmen der Zeit, 206,* 859 f.

Merten, K. (2000). Struktur und Funktion von Propaganda. *Publizistik, 45,* 143–162.

Mertens, G. (1999). Konsum und personale Identität. In: *Handbuch der Wirtschaftsethik.* Hrsg. im Auftrag der Görres-Gesellschaft von W. Korff u.a. Gütersloh: Gütersloher Verlagshaus, Bd. 3, 449–463.

Mettler-v. Meibom, B. (1986). *Breitbandtechnologie. Über die Chancen sozialer Vernunft in technologiepolitischen Entscheidungsprozessen.* Opladen: Westdeutscher Verlag.

Mettler-v. Meibom, B. (1994). *Kommunikation in der Mediengesellschaft. Tendenzen, Gefährdungen, Orientierungen.* Berlin: Ed. Sigma.

Mettler-v. Meibom, B. (1997). Spiel – Unterhaltung – Sucht. Die Frage nach den Grenzüberschreitungen. *Aus Politik und Zeitgeschichte, B 19-20/97,* 34–46.

Metze-Mangold, V. & Merkel, C. M. (2006). Magna Charta der internationalen Kulturpolitik. Die UNESCO-Kulturkonvention vor der Ratifizierung. *Media Perspektiven, 7/2006,* 362–373.

Meyen, M. (2001a). *Mediennutzung. Mediaforschung, Medienfunktionen, Nutzungsmuster.* Konstanz: UVK Verlagsgesellschaft.

Meyen, M. (2001b). Das „duale Publikum". Zum Einfluss des Medienangebots auf die Wünsche der Nutzer. *Medien & Kommunikationswissenschaft, 49,* 5–23.

Meyer, T. (1999a). Aufklärung durch politische Informationsdiskurse der Massenmedien. Schwerpunkt Fernsehen. Demokratietheoretische und demokratiepolitische Fragen. In: P. Luder & H. Schanze (Hrsg.), *Medienwissenschaften und Medienwertung* (S. 147–160). Opladen/Wiesbaden: Westdeutscher Verlag.

Meyer, T. (1999b). Inszenierung und Rationalität. In: C. Schicha & R. Ontrup (Hrsg.), *Medieninszenierung im Wandel. Interdisziplinäre Zugänge.* (IKÖ Publikationen, 1) (S. 168–172). Münster u.a.: LIT Verlag.

Meyrowitz, J. (1985/1987). *No Sense of Place. The Impact of Electronic Media on Social Behavior.* New York/Oxford: Oxford Univ. Press (Dt. *Die Fernseh-Gesellschaft. Wirklichkeit und Identität im Medienzeitalter.* Weinheim/Basel: Beltz 1987)

Mock, Th. (2006). Was ist ein Medium? Eine Unterscheidung kommunikations- und medienwissenschaftlicher Grundverständnisse eines zentralen Begriffs. *Publizistik, 51,* 183–200.

Moore, D. E. (1970). *Principia Ethica.* Stuttgart: Reclam.

Müller, A.W. (1995). *Ende der Moral?* Stuttgart: Kohlhammer.

Müller, A.W. (1996). Zur Begründung moralischer Normen. In: L. Honnefelder & G. Krieger (Hrsg.), *Philosophische Propädeutik*. Band 2: Ethik (S. 71–158). Paderborn: Schöningh.

Müller, A.W. (1998). *Was taugt die Tugend? Elemente einer Ethik des guten Lebens*. Stuttgart: Kohlhammer.

Müller, C. (2001). *Medien, Macht und Ethik. Zum Selbstverhältnis der Individuen in der Medienkultur*. Wiesbaden: Westdeutscher Verlag.

Müller, J. (2003). Weltgipfel zu Informationsgesellschaft. *Stimmen der Zeit, 221*, 793–794.

Müller-Ullrich, B. (1996). *Medienmärchen. Gesinnungstäter im Journalismus*. München: Karl Blessing Verlag.

Nagenborg, M. (2005). *Das Private unter den Bedingungen der IuK-Technologie*. Wiesbaden: VS Verlag für Sozialwissenschaften.

Neidhardt, F. (1994a). Öffentlichkeit, öffentliche Meinung, soziale Bewegungen. *Kölner Zeitschrift für Soziologie und Sozialpsychologie, Sonderheft 34*, 7–41.

Neidhardt, F. (1994b). Jenseits des Palavers. Funktionen politischer Öffentlichkeit. In: W. Wunden (Hrsg.), *Öffentlichkeit und Kommunikationskultur (=Beiträge zur Medienethik, 2)* (S. 19–30). Frankfurt a. M.: gep-Buch.

Nethöfel, W. (1999). *Ethik zwischen Medien und Mächten. Theologische Orientierung im Übergang zur Dienstleistungs- und Informationsgesellschaft*. Neukirchen-Vluyn: Neukirchener.

Neuberger, C. (1997). Was das Publikum wollen könnte. Autonome und repräsentative Bewertung journalistischer Leistungen. In: H. Weßler u.a. (Hrsg*.), Perspektiven der Medienkritik. Die gesellschaftliche Auseinandersetzung mit öffentlicher Kommunikation in der Mediengesellschaft. Dieter Roß zum 50. Geburtstag* (S. 171–184). Opladen & Wiesbaden: Westdeutscher Verlag.

Neuberger, C., Nuernbergk, C. & Rischke, M. (2007). Weblogs und Journalismus: Konkurrenz, Ergänzung oder Integration? Eine Forschungssynopse zum Wandel der Öffentlichkeit im Internet. *Media Perspektiven 2/2009*, 96–112.

Neuberger, C., Nuernbergk, C. & Rischke, M. (2009). Journalismus im Internet: Zwischen Profession, Partizipation und Technik. Ergebnisse eines DFG-Forschungsprojekts. *Media Perspektiven 4/2009*, 174–188.

Neuberger, C. & Lobigs, F. (2010). *Die Bedeutung des Internets im Rahmen der Vielfaltssicherung. Gutachten im Auftrag der Kommission zur Ermittlung der Konzentration im Medienbereich (KEK)*. Berlin: Vistas.

Neuner, M. (2006). Terminaler Konsum, instrumenteller Konsum und das gute Leben. Konsumethik unter dem Aspekt einer Bedürfnisethik. In: P. Koslowski & B. P. Priddat (Hrsg.), *Ethik des Konsums* (S. 105–120). München: Fink.

Nida-Rümelin, J. (1996). Theoretische und angewandte Ethik: Paradigmen, Begründungen, Bereiche. In: Ders. (Hrsg.), *Angewandte Ethik. Die Bereichsethiken und ihre theoretische Fundierung. Ein Handbuch* (S. 2–85*)*. Stuttgart: Kröner.

Noelle, E. (1966). Öffentliche Meinung und Soziale Kontrolle. Antrittsvorlesung an der Universität Mainz 9.12.1965. *Recht und Staat in Geschichte und Gegenwart Nr. 329*, 1–28.

Nussbaum, M.C. (1993). Menschliches Tun und soziale Gerechtigkeit. Zur Verteidigung des aristotelischen Essentialismus. In: M. Brumlik & H. Brunkhorst (Hrsg.), *Gemeinschaft und Gerechtigkeit* (S. 323–361). Frankfurt a. M.: Fischer.

oekom research AG (2001). *Corporate Responsibility Rating Axel Springer Verlag*. München: oekom Verlag.

Ong, W. (1971). *Rhetoric, Romance, and Technology. Studies in the Interaction of Expression and Culture*. Ithaca & London: Cornell Univ. Press.

Ott, K. (2001). *Moralbegründungen zur Einführung*. Hamburg: Junius.

Palazzo, B. (2000). *Interkulturelle Unternehmensethik. Deutsche und amerikanische Modelle im Vergleich*. Wiesbaden: Gabler; Deutscher Universitätsverlag.

Päpstliche Kommission für die Instrumente der Sozialen Kommunikation (1971). *Pastoralinstruktion „Communio et Progressio" über die Instrumente der sozialen Kommunikation*. Veröffentlicht im Auftrag des II. Vatikanischen Ökumenischen Konzils. Von den deutschen Bischöfen approbierte Übersetzung. Kommentiert von Hans Wagner. Trier: Paulinus.

Päpstlicher Rat für die Sozialen Kommunikationsmittel (1997). *Ethik der Werbung.* Rom.

Päpstlicher Rat für die Sozialen Kommunikationsmittel (2000). *Ethik in der sozialen Kommunikation.* Rom.

Päpstlicher Rat für die Sozialen Kommunikationsmittel (2002). *Ethik im Internet.* Rom.

Pattyn, B. (Hrsg.) (2000). *Media Ethics. Opening Social Dialogue.* Leuven: Peeters. (European Ethics Network. Core Materials fort the Development of Courses in Professional Ethics)

Paus-Hasebrink, I. u.a. (2004). *Medienkindheit – Markenkindheit. Untersuchungen zur multimedialen Verwertung von Markenzeichen.* München: KoPaed.

Paus-Hasebrink, I. & Bichler, M. (2008). *Mediensozialisationsforschung – theoretische Fundierung und Fallbeispiel sozial benachteiligte Kinder.* Wien: Österr. Studienverlag.

Peters, B. (1994). Der Sinn von Öffentlichkeit. *Kölner Zeitschrift für Soziologie und Sozialpsychologie, Sonderheft 34,* 42–76.

Petzuch, S. (2005). *Ästhetisierung von Werten in der Werbung. Analysen zu Markenkommunikation mit Moralbezug.* München: Hochschule für Philosophie (unveröffentl. Magisterarbeit).

Picht, G. (1969). *Wahrheit, Vernunft, Verantwortung. Philosophische Studien.* Stuttgart: Klett.

Pieper, A. & Thurnherr, U. (1998): Einleitung. Zu: Dies. (Hrsg.), *Angewandte Ethik. Eine Einführung* (S. 7–13). München: Beck.

Pieper, A. (^{4}2000). *Einführung in die Ethik.* Tübingen & Basel: Francke. (Überarb. u. aktualisierte Aufl.).

Pietraß, M. (2006). *Mediale Erfahrungswelt und die Bildung Erwachsener.* Bielefeld: W. Bertelsmann.

Platter, G. (1994). *Die elektronische Medienwelt als Gegenstand einer philosophischen Ethik.* Bonn: Holos Verlag.

Pohla, A. (2006). *Medienethik. Eine kritische Orientierung.* Frankfurt a.M. u.a.: Lang.

Pötscher, A. M. (1998). *Medienethik.* Thaur bei Innsbruck: Thaur Verlag.

Pöttker, H. (1997). *Entfremdung und Illusion. Soziales Handeln in der Moderne.* Tübingen: Mohr Siebeck.

Pöttker, H. (1998). Öffentlichkeit durch Wissenschaft. Zum Programm der Journalistik. *Publizistik, 43,* 229–249.

Pöttker, H. (1999a). Öffentlichkeit als gesellschaftlicher Auftrag. Zum Verhältnis von Berufsethos und universaler Moral im Journalismus. In: R. Funiok, U. F. Schmälzle & Chr. W. Werth (Hrsg.) (1999). *Medienethik – die Frage der Verantwortung* (S. 215–232). Bonn: Bundeszentrale für politische Bildung.

Pöttker, H. (1999b). Initiative Nachrichtenaufklärung: Zwölf Thesen über das öffentliche (Ver-)Schweigen. In: P. Ludes & G. Schanze (Hrsg.), Medienwissenschaften und Medienwertung (S. 161–169). Opladen & Wiesbaden: Westdeutscher Verlag.

Pöttker, H. (2000). Kompensation von Komplexität. Journalismustheorie als Begründung journalistischer Qualitätsmaßstäbe. In. M. Löffelholz (Hrsg.), *Theorien des Journalismus. Ein diskursives Handbuch* (S. 375–390). Wiesbaden: Westdeutscher Verlag.

Pöttker, H. (2010). Der Beruf zur Öffentlichkeit. Über Aufgabe, Grundsätze und Perspektiven des Journalismus in der Mediengesellschaft aus der Sicht praktischer Vernunft. *Publizistik, 55,* 107–128.

Pöttker, H. & Schulzki-Haddouti, C. (Hrsg.) (2007). *Verschwiegen? Verdrängt? Vergessen? Zehn Jahre „Initiative Nachrichtenaufklärung".* Wiesbaden: Verl. f. Sozialwissenschaften.

Priesemann, G. (1988). *Medien-Alltag und Erziehung. Beiträge zur Theorie und Praxis der Medienerziehung.* Vorw. u. hrsg. v. Jörg Petersen. Kiel: Mende.

Projektgruppe Ethisch-ökologisches Rating & oekom research AG (Hrsg.) (2002). *Ethisch-ökologisches Rating. Der Frankfurt-Hohenheimer Leitfaden und seine Umsetzung durch das Corporate Responsibility Rating.* München: oekom Verlag.

Pürer, H. (1990/1991). Journalismus-Krisen und Medienethik. *Communicatio Socialis, 23,* 3–17. (wiederabgedruckt in: Stuiber, H.-W. & Pürer, H. (Hrsg.), Journalismus. Anforderungen – Berufsauffassungen – Verantwortung. Eine Aufsatzsammlung zu aktuellen Fragen des Journalismus. Nürnberg: Verl. Kommunikationsw. Forschungsvereinigung 1991, 87–105).

Pürer, H. (1992). Ethik in Journalismus und Massenkommunikation. Versuch einer Theorien-Synopse. *Publizistik, 37,* 304–321.

Raabe, J. (2004). Die sozialen Grundlagen journalistischer Praxis. Journalisten und ihr Handeln in der Sicht wissenschaftlicher Forschung. *Communicatio Socialis, 37,* 3– 25.

Rademacher, Lars (2003). Zwischen Wahrhaftigkeit, Legitimation und Loyalität. Thesen zur Ethik der Öffentlichkeitsarbeit. *Communicatio Socialis, 36,* 43–50.

Rager, G. (1999). Inszenierungspotential als Auswahlkriterium. In: P. Ludes & G. Schanze (Hrsg.), *Medienwissenschaften und Medienwertung* (S. 139–145). Opladen / Wiesbaden: Westdeutscher Verlag.

Rath, M. (1988). *Intuition und Modell. Hans Jonas ‚Prinzip der Verantwortung' und die Frage nach einer Ethik für das wissenschaftliche Zeitalter.* Frankfurt a. M.: Lang.

Rath, M. (2000). Kann denn empirische Forschung Sünde sein? Zum Empiriebedarf der angewandten Ethik. In: M. Rath (Hrsg.), *Medienethik und Medienwirkungsforschung* (S. 63–87). Wiesbaden: Westdeutscher Verlag.

Raths, L.E., Harmin, M. & Simon, S.B. (Hrsg.) (1976). *Werte und Ziele. Methoden zur Sinnfindung im Unterricht.* München: Pfeiffer.

Reich, H. (1991). Serien und Wertvermittlung. Moralische und religiöse Entwicklung durch „Knight Rider" und „Alf". *Medien Praktisch, 1991, H. 4,* 30–34.

Reljić, D. (2001). Der Vormarsch der Megamedien und die Kommerzialisierung der Weltöffentlichkeit. In: T. Brühl u.a. (Hrsg.), *Die Privatisierung der Weltpolitik. Entstaatlichung und Kommerzialisierung im Globalisierungsprozess* (S. 58–81). Bonn: Dietz.

Rheingold, H. (1994). *Virtuelle Gemeinschaft. Soziale Beziehungen im Zeitalter des Computers.* Bonn, Paris, Reading: Addison-Wesley.

Ricken, F. (^{4}2003). *Allgemeine Ethik.* Stuttgart: Kohlhammer.

Ring, S. (2010a). *Welt- und Menschenbilder in Computerspielen. Analyse ausgewählter Spiele und deren Erörterungen in Onlineforen.* München: Hochschule für Philosophie, unveröff. Magisterarbeit.

Ring, S. (2010b): „das hat mir echt mein kleines herz zerrissen". Anmerkungen zur Rolle von Emotionen beim moralischen Urteilen im Spiel Grand Theft Auto IV. In: J. von Brinken, H. Konietzny & M. Meadows (Hg.): *Emotional Gaming* (Reihe Intervisionen Band 10). München: epodium.

Robert, S. (2001). Internetsucht, gibt es das? Zur Diskussion eines neuen Phänomens. *Medien Praktisch 2/2001,* 60–63.

Rödding, G. (1994). Menschenwürde und Gewaltdarstellung im Fernsehen. *Medienpsychologie, 6,* 323–341.

Roegele, O. B. (1970). *Die Zukunft der Massenmedien.* Osnabrück: Fromm.

Rogge, J.-U. (1990). *Kinder können fernsehen. Vom sinnvollen Umgang mit dem Medium.* Reinbek: Rowohlt.

Rokeach, M. (1973). *The Nature of Human Values.* New York: Free Press & London: Collier Macmillan.

Rolfes, H. (2002). Katholische Kirche und Medienethik. Überlegungen zu einer Standortgeschichte. *Communicatio Socialis, 35,* 381–393.

Rolke, L. (1999). Die gesellschaftliche Kernfunktion von Public Relations – ein Beitrag zur kommunikationswissenschaftlichen Theoriediskussion. *Publizistik, 44,* 431– 444.

Röll, F. J. (2003). *Pädagogik der Navigation. Selbstgesteuertes Lernen durch Neue Medien.* München: Kopaed.

Ropohl, G. (1994). Das Risiko im Prinzip Verantwortung. *Ethik und Sozialwissenschaften, H. 1,* 109–120; 185–194 (Replik).

Ropohl, G. (1998 a). Wider den Sektoralismus in der Praktischen Philosophie. In: H. Lenk & M. Maring (Hrsg.), *Technikethik und Wirtschaftsethik* (S. 274–292*).* Opladen: Leske + Budrich.

Ropohl, G. (1998 b). Technikethik. In: A. Pieper & U. Thurnherr (Hrsg.), *Angewandte Ethik. Eine Einführung* (S. 264–287). München: Beck.

Ropohl, G. (1999). Welche Schwierigkeiten die Technik mit der Ethik hat. In: P. Kampits & A. Weiberg (Hrsg.), *Angewandte Ethik/Applied Ethics* (S. 235–246). Wien: öbv&hpt Verlag.

Ropohl, G. (2001). Der Informationsbegriff im Kulturstreit. *Ethik und Sozialwissenschaften, H. 1,* 3–13.

Rosenstock, R. & Fuhs, B. (2006). Kinder – Werte – Werbekompetenz. *tv-diskurs, 10*, Nr. 4/ 2006, 40–45.

Roth, P. (1979). Macht und Ohnmacht der Information. *Stimmen der Zeit, 197*, 732–742.

Roth, P. (1983). Die Auseinandersetzung zwischen Ost und West über eine „Neue Weltinformationsordnung". *Stimmen der Zeit, 201*, 18–30.

Roth, P. (1986). Die „Neue Weltinformationsordnung" und die Krise der UNESCO. *Stimmen der Zeit, 204*, 704–714.

Röthlin, H.-P. (1997). Wie es zum Dokument „Ethik in der Werbung" kam. *Communicatio Socialis, 30*, 163–165.

Rühl, M. (1980a). *Journalismus und Gesellschaft*. Mainz: von Hase & Köhler.

Rühl, M. (1980b). Ethik – ein Gegenstand der Kommunikationswissenschaft? In: Zentralstelle Medien der Deutschen Bischofskonferenz & Katholische Akademie Stuttgart (Hrsg.), *Ethik und Kommunikation. Vom Ethos des Journalisten.* (Hohenheimer Medientage, 25.-27.06. 1980) (S. 29–49). Stuttgart.

Rühl, M. & Saxer, U. (1981). 25 Jahre deutscher Presserat. Ein Anlaß für Überlegungen zu einer kommunikationswissenschaftlich fundierten Ethik des Journalismus und der Massenkommunikation. *Publizistik, 26*, 471–507.

Rühl, M. (1994a). Europäische Public Relations. Rationalität, Normativität und Faktizität. In: W. Armbrecht & U. Zabel (Hrsg.), *Normative Aspekte der Public Relations. Grundlagen und Perspektiven. Eine Einführung* (S. 171–194). Opladen: Westdeutscher Verlag.

Rühl, M. (1994b). Verstanden? Publizistische Freiheit und öffentliches Gebrauchsverstehen. In: W. Wunden (Hrsg.), *Öffentlichkeit und Kommunikationskultur* (Beiträge zur Medienethik, 4) (S. 65–77). Frankfurt a. M.: gep Buch.

Rühl, M. (1999). Publizieren und Publizistik – kommunikationswissenschaftlich beobachtet. *Publizistik, 27*, 58–74.

Rühl, M. (2001). Alltagspublizistik. Eine kommunikationswissenschaftliche Wiederbeschreibung. *Publizistik, 46*, 249–276.

Ruß-Mohl, S. (1994). *Der I-Faktor. Qualitätssicherung im amerikanischen Journalismus – Modell für Europa?* Osnabrück: Fromm.

Ruß-Mohl, S. & Fengler, S. (Hrsg.) (2000). *Medien auf der Bühne der Medien.* Berlin: Dahlem Univ. Press.

Sacher, W. (1993). Jugendgefährdung durch Video- und Computerspiele? Diskussion der Risiken im Horizont internationaler Forschungsergebnisse. *Zeitschrift für Pädagogik, 39*, 313–333.

Sarcinelli, U. & Wissel, M. (1998). Mediale Politikvermittlung, politische Beteiligung und politische Bildung: Medienkompetenz als Basisqualifikation in der demokratischen Bürgergesellschaft. In: U. Sarcinelli (Hrsg.), *Politikvermittlung und Demokratie in der Mediengesellschaft. Beiträge zur politischen Kommunikation* (S. 408–427). Opladen & Wiesbaden: Westdeutscher Verlag.

Saxer, U. (1970). Publizistische Ethik und gesellschaftliche Realität. *Communicatio Socialis, 3*, 24–35.

Saxer, U. (1984). Journalismus und Medienethik: Möglichkeiten und Grenzen ethischer Selbstverpflichtung. *Media Perspektiven, 1*, 21–32.

Saxer, U. (1986): Konstituenten einer Medien- und Journalismus-Ethik. Zur Theorie von Medien- und Journalismus-Regelungssystemen. *Zeitschrift für Evangelische Ethik, 30*, 21–45.

Saxer, U. (1992). Strukturelle Möglichkeiten und Grenzen von Medien- und Journalismusethik. In: M. Haller & H. Holzhey (Hrsg.), *Medienethik. Beschreibungen, Analysen, Konzepte für den deutschsprachigen Journalismus* (S. 104–128). Opladen: Westdeutscher Verlag.

Saxer, U. (1994). Norm und Gegennorm: Probleme von Normenverträglichkeit in der PR-Arbeit. In: W. Armbrecht & U. Zabel (Hrsg.), *Normative Aspekte der Public Relations. Grundlagen und Perspektiven. Eine Einführung* (S. 195–224). Opladen: Westdt. Verlag.

Saxer, U. (2005). Journalisten und PR-Spezialisten: Siamesische Zwillinge oder feindliche Geschwister? *Communicatio Socialis, 38*, 359–377.

Saxer, U. (2008). Gestaltung von Realität durch Public Relations. *Communicatio Socialis, 41*, 360–271.

Schachtner, C. (1993). *Geistmaschine. Faszination und Provokation am Computer.* Frankfurt a. M.: Suhrkamp.

Schanze, H. (1995). Neue Medien – Digitalmedium – Multimedia. *Medienwissenschaft, 12,* 395–401.

Schell, F. (²1993). *Aktive Medienarbeit mit Jugendlichen. Theorie und Praxis.* München: KoPäd Verlag.

Scheule, R. M., Capurro, R. & Hausmanninger, T. (Hrsg.) (2004). *Vernetzt gespalten. Der Digital Divide in ethischer Perspektive.* (Schriftenreihe des ICIE, 3) München: Fink.

Schicha, C. (1998). *Medien, Moral und Kommunikation. Handlungsoptionen zwischen normativen Ansprüchen und praktischen Umsetzungen.* Duisburg: Institut für Informations- und Kommunikationsökologie, Ms.

Schicha, C. & Ontrup, R. (1999). Die Transformation des Theatralischen – eine Einführung In: Dies. (Hrsg), *Medieninszenierungen im Wandel – Interdisziplinäre Zugänge.* (IKÖ-Publikationen, Bd. 1) (S. 7–18). Münster: LIT Verlag.

Schicha, C. (2000). Kommunikationsökologische Kriterien einer Medienethik. Zur Wahrnehmung politischer Berichterstattung. *Communicatio Socialis, 33,* 43–66.

Schicha, C. (2005). Wirtschaftswerbung zwischen Information, Provokation und Manipulation. Konsequenzen für die Selbstkontrolle des Deutschen Werberats. In: A. Baum u.a. (Hrsg.), *Handbuch Medienselbstkontrolle* (S. 255–269). Wiesbaden: VS Verlag für Sozialwissenschaften.

Schicha, C. (2007). *Legitimes Theater? Inszenierte Politikvermittlung für die Medienöffentlichkeit am Beispiel der „Zuwanderungsdebatte".* Münster: LIT Verlag (zugl. Habil.-Schrift, Univ. Gießen 2006).

Schicha, C. & Brosda, C. (Hrsg.) (2010). *Handbuch Medienethik.* Wiesbaden: VS Verlag für Sozialwissenschaften.

Schilson, A. (1998). Die Freiheit, seine Geschichte zu erzählen. Über den Zusammenhang zwischen Talkshows und Biographisierung. *Communicatio Socialis, 31,* 218–245.

Schlögel, H. (2001). Situationsanalyse und Zeitdiagnostik. Zu den gemeinsamen Texten von EKD und DBK. *Zeitschrift für Evangelische Ethik, 45,* 86–94.

Schmitz, P. (1996). Ist Normfindung induktiv? In: A. Holderegger (Hrsg.), *Fundamente der Theologischen Ethik. Bilanz und Neuansätze* (S. 502–524). (Studien zur theologischen Ethik, 72) Fribourg: Universitätsverlag.

Schmolke, M. (1977). Rezipienten ohne Bewußtsein? *Communicatio Socialis, 10,* 31–39.

Schmolke, M. (1990). Stereotypen, Feindbilder und die Rolle der Medien. *Communicatio Socialis, 23,* 69–77.

Schneider, N. (2006). Werte, Tabus und Medien. In: S. Ganguin & U. Sander (Hrsg.), *Sensation, Skurrilität und Tabus in den Medien* (S. 109–122). Wiesbaden: VS Verlag für Sozialwissenschaften.

Scholl, A. & Weischenberg, S. (1998). *Journalismus in der Gesellschaft. Theorie, Methodologie und Empirie.* Wiesbaden: Westdeutscher Verlag.

Scholtz, G. (1995). Brauchen wir eine neue Ethik? In: F. Hermanni & V. Steenblock (Hrsg.), *Philosophische Orientierung.* Festschrift zum 65. Geburtstag von Willi Oelmüller (S. 77–83). München: Fink.

Schönhagen, P. (1995). *Die Mitarbeit der Leser. Ein erfolgreiches Zeitungskonzept des 19. Jahrhunderts.* München: R. Fischer.

Schönhagen, P. (2008). Ko-Evolution von Public Relations und Journalismus: Ein erster Beitrag zu ihrer systematischen Aufarbeitung. *Publizistik, 53,* 9-24.

Schönhagen, P. (1999). Der Journalist als unbeteiligter Beobachter. *Publizistik, 44,* 271–287.

Schorb, B. (1997). Vermittlung von Medienkompetenz als Aufgabe der Medienpädagogik. In: Deutscher Bundestag (Hrsg.), *Medienkompetenz im Informationszeitalter/ Enquete-Kommission „Zukunft der Medien in Wirtschaft und Gesellschaft. Deutschlands Weg in die Informationsgesellschaft"* (S. 63–75). Bonn: ZV Zeitungsverlag Service.

Schorb, B. (1998). Stichwort: Medienpädagogik. *Zeitschrift für Erziehungswissenschaft, 1,* 7–22.

Schorb, B. & Theunert, H. (2001). *Jugendmedienschutz – Praxis und Akzeptanz: Eine Untersuchung von Bevölkerung und Abonnenten des digitalen Fernsehens zum Jugendmedien-*

schutz, zur Fernseherziehung und zum Jugendschutzinstrument Vorsperre. (Schriftenreihe der Landesmedienanstalten, 20) Berlin: Vistas.

Schultz, T. (2003). Authentizität im Zeitalter ihrer medialen Inszenierbarkeit. Überlegungen zur Ambivalenz des Ansatzes von Jürgen Habermas. In: B. Debatin & R. Funiok (Hrsg.), Kommunikations- und Medienethik (S. 127–141). Konstanz: UVK Medien.

Schulz, D. (1990). Die Auseinandersetzung um das erste Jugendschutzgesetz in Deutschland 1926. Publizistik, 35, 465–480.

Schulz, W. (1976). Die Konstruktion von Realität in den Nachrichtenmedien – Analyse des aktuellen Berichterstattung. Freiburg & München: Alber ([2]1990).

Schütz, M. R. (2003). Journalistische Tugenden. Leitplanken einer Standesethik. Wiesbaden: Westdeutscher Verlag.

Schwarz, M. (1999). Überblick über die seit 1987 vom Bundesverfassungsgericht erlassenen kommunikationspolitisch bedeutsamen Entscheidungen. Publizistik 44, 1–34.

Schweda, C. & Opherden, R. (1995). Journalismus und Public Relations. Grenzziehungen im System lokaler politischer Kommunikation. Wiesbaden: Deutscher Universitäts-Verlag.

Schweiger, W. & Weihermüller, M. (2008). Öffentliche Meinung als Online-Diskurs – ein neuer empirischer Zugang. Publizistik, 53, 535–559.

Schwenk. J. (2002). Cyberethik. Ethische Problemstellungen des Internets und Regulierungsansätze aus Sicht der Online-Nutzer. München: R. Fischer.

Schweppenhäuser, G. (2003). Grundbegriffe der Ethik zur Einführung. Hamburg: Junius.

Seib, P. & Fitzpatrick, K. (1995). Public Relations Ethics. Fort Worth u.a.: Harcourt Brace & Company.

Simonis, W. (2001). „Menschenwürde" und „Würde des Menschen". Überlegungen zu einer aktuellen Debatte. Stimmen der Zeit, 219, 345–355.

Spaemann, R. (1989). Glück und Wohlwollen. Versuch über Ethik. Stuttgart: Klett-Cotta.

Stapf, I. (2005). Medienselbstkontrolle – Eine Einführung. In: A. Baum u. a. (Hrsg.), Handbuch Medienselbstkontrolle (S. 17–36). Wiesbaden: VS Verlag für Sozialwissenschaften.

Stapf, I. (2006). Medienselbstkontrolle. Ethik und Institutionalisierung. Konstanz: UVK Verlagsgesellschaft.

Steinmann, H. & Löhr, A. (1991). Grundlagen der Unternehmensethik. Stuttgart: Poeschel.

Stolte,D. (2004). Wie das Fernsehen das Menschbild verändert. München: C. H. Beck.

Stuiber, H.-W. & Pürer, H. (Hrsg.) (1991). Journalismus. Anforderungen – Berufsauffassungen – Verantwortung. Eine Aufsatzsammlung zu aktuellen Fragen des Journalismus. Nürnberg: Verlag Kommunikationsw. Forschungsvereinigung (= Kommunikationsw. Studien, 11).

Swertz, C. & Wallnöfer, E. (2006). Internet und Scham – Sensationen, Skurrilitäten und Tabus im Internet. In: S. Ganguin & U. Sander (Hrsg.), Sensation, Skurrilität und Tabus in den Medien (S. 69–76). Wiesbaden: VS Verlag für Sozialwissenschaften.

Theunert, H. (1995). Ethik des Fernsehens – Ethik des kindlichen Publikums. medien + erziehung, 39, 73–80.

Thomas, G. (2003). Umkämpfte Aufmerksamkeit. Medienethische Erwägungen zu einer knappen kulturellen Ressource. Zeitschrift für Evangelische Ethik, 47, 89–104.

Thomaß, B. (1996). Journalistische Ethik: Die französische Diskussion um die déontologie. Publizistik, 41, 172–186.

Thomaß, B. (1998). Journalistische Ethik. Ein Vergleich der Diskurse in Frankreich, Großbritannien und Deutschland. Wiesbaden: Westdeutscher Verlag.

Thomaß, B. (2003). Didaktische Methoden der Vermittlung journalistischer Ethik. Zeitschrift für Kommunikationsökologie, 5, 1/2003, 30–36.

Treml, A. K. (1992). Überlebensethik. Stichworte zur praktischen Vernunft im Schatten der ökologischen Krise. Tübingen & Hamburg: Schöppe und Schwarzenbart.

Trepte, S. & Reinecke, L. & Behr, K.-M. (2008). Qualitätserwartungen und ethischer Anspruch bei der Lektüre von Blogs und von Tageszeitungen. Publizistik, 53, 509–534.

Tulodziecki, G. (1988). Medienerziehung in Schule und Unterricht. Bad Heilbrunn: Klinkhardt ([2]1991).

Tulodziecki, G. (1987). Moralische Orientierung beim Umgang mit Medien. Am Beispiel des Horrorfilm-Konsums von Schülern. Medien Praktisch, 1/1987, 47–49.

Turrey, C. (1990). Wird das Publikum missachtet? Zum Publikumsbild von Journalisten und seinen medienethischen Konsequenzen für die Publizistische Praxis. *Communicatio Socialis, 23,* 276–318.

Uden, R. (2004). *Kirche in der Medienwelt. Anstöße der Kommunikationswissenschaft zur praktischen Wahrnehmung der Massenmedien in Theologie und Kirche.* Erlangen: Christliche Publizistik Verlag.

Ulrich, P. (²1998). *Integrative Wirtschaftsethik. Grundlagen einer lebensdienlichen Ökonomie.* Bern u.a.: Haupt.

Vanberg, V. (1997). Moral und Interesse, Ethik und Ökonomik. In: R. Hegselmann & H. Kliemt (Hrsg.), *Moral und Interesse. Zur interdisziplinären Erneuerung der Moralwissenschaft* (S. 167–181). München: Oldenbourg.

Veith, W. (2002). Ethik der Rezeption. In: T. Hausmanninger & T. Bohrmann (Hrsg.), *Mediale Gewalt Interdisziplinäre und ethische Perspektiven* (S. 377–390). München: Fink.

Verband Privater Rundfunk und Telekommunikation (VPRT) (1998). Freiwillige Verhaltensgrundsätze der im VPRT zusammengeschlossenen privaten Fernsehveranstalter vom 30. Juni 1998. *Media Perspektiven, 12/1998,* 632–634.

Voß, P. (1998). *Mündigkeit im Mediensystem. Hat Medienethik eine Chance?* Baden-Baden. Nomos.

Vossenkuhl, W. (1983). Moralische und nicht-moralische Bedingungen verantwortlichen Handelns: Eine ethische und handlungstheoretische Analyse. In: H. M. Baumgartner & A. Eser (Hrsg.), *Schuld und Verantwortung. Philosophische und juristische Beiträge zur Zurechenbarkeit menschlichen Handelns* (S. 109–140). Tübingen: Mohr.

Vowe, G. (1999). Medienpolitik zwischen Freiheit, Gleichheit und Sicherheit. *Publizistik, 44,* 395–415.

Wagner, U. (Hrsg.) (2008). *Medienhandeln in Hauptschulmilieus – Mediale Interaktion und Produktion als Bildungsressource.* München: Kopaed.

Weber, K. (2005). *Das Recht auf Informationszugang. Begründungmuster der politischen Philosophie für informationelle Grundversorgung und Eingriffsfreiheit.* Berlin: Frank & Timme.

Weber, M. (1921, ³1971). Politik als Beruf. In: ders., *Gesammelte politische Schriften* (S. 505–560), hrsg. von J. Winkelmann. München: Drei Masken Verlag.

Weber, St. (2002). Optionen einer konstruktivistischen Medienethik angesichts des aktuellen Trash-Fernsehens. *Communicatio Socialis, 35,* 137–146.

Weil, F. (2001). *Die Medien und die Ethik. Grundzüge einer brauchbaren Medienethik.* Freiburg & München: Alber.

Weischedel, W. (³1972). *Das Wesen der Verantwortung. Ein Versuch.* Frankfurt a. M.: Klostermann.

Weischenberg, S., Löffelholz, M. & Scholl, A. (1993). Journalismus in Deutschland. Design und erste Befunde der Kommunikatorstudie. *Media Perspektiven, 1/1993,* 21–33.

Weischenberg, S., Löffelholz, M. & Scholl, A. (1994). Journalismus in Deutschland II. Merkmale und Einstellungen von Journalisten. *Media Perspektiven, 4/1994,* 154–167.

Weischenberg, S., Malik, M. & Scholl, A. (2006a). Journalismus in Deutschland 2005. *Media Perspektiven, 7/2006,* 346–361.

Weischenberg, S., Malik, M. & Scholl, A. (2006b). *Die Souffleure der Mediengesellschaft. Report über die Journalisten in Deutschland.* Konstanz: UVK.

Weischenberg, S. (2006c). Medienqualitäten: Zur Einführung in den kommunikationswissenschaftlichen Diskurs über Maßstäbe und Methoden zur Bewertung öffentlicher Kommunikation. In: S. Weischenberg, W. Loosen & M. Beuthner (Hrsg.), *Öffentliche Kommunikation zwischen ökonomischem Kalkül und Sozialverantwortung* (S. 9–34). Konstanz: UVK Verlagsgesellschaft.

Welsch, W. (³1993). *Ästhetisches Denken.* Stuttgart: Reclam.

Wendlin, M. (2008). Systemtheorie als Innovation in der Kommunikationswissenschaft. Inhaltliche Hemmnisse und institutionelle Erfolgsfaktoren im Diffusionsprozess. *Communicatio Socialis, 41,* 341–359.

Werner, J. (2002). *Süddeutsche Zeitung Nr. 154 (6./7.02.2002),* S. I.

Westerbarkey, J. (1991). Vom Gebrauchswert der Massenmedien: Prämissen, Präferenzen und Konsequenzen. *Medienpsychologie, 3,* 27–52.

Westerbarkey, J. (1994). Öffentlichkeit als Funktion und Vorstellung. Der Versuch, eine All-tagskategorie kommunikationstheoretisch zu rehabilitieren. In: W. Wunden (Hrsg.), *Öffentlichkeit und Kommunikationskultur.* (Beiträge zur Medienethik, 2) (S. 53–64). Frankfurt a.M.: gep Buch.

Westerbarkey, J. (1995). Journalismus und Öffentlichkeit. Aspekte publizistischer Interdependenz und Interpenetration. *Publizistik, 40*, 152–162.

Westerbarkey, J. (2001). Propaganda – Public Relations – Reklame. Ein typologischer Entwurf. *Communicatio Socialis, 34,* 438–447.

Westerbarkey, J. (2004). Die Assimilationsfalle, oder was eigentlich vorgeht. Ein Plädoyer für anschlussfähige Unterscheidungen. In: B. Baerns (Hrsg.), *Leitbilder von gestern? Zur Trennung von Werbung und Programm. Eine Problemskizze und Einführung* (S. 193–204). Wiesbaden: VS Verlag für Sozialwissenschaften.

Wiegerling, K. (1998). *Medienethik.* Stuttgart/Weimar: Metzler.

Wieland, G. (1996). Ethik als praktische Wissenschaft. In: L. Honnefelder & G. Krieger (Hrsg.), *Philosophische Propädeutik.* Band 2: Ethik (S. 19–70). Paderborn: Schöningh.

Wieland, W. (1999). *Verantwortung – Prinzip der Ethik?* Vorgetragen am 28. Juni 1997. Heidelberg: Universitätsverlag C. Winter.

Wild, C. (1990). *Ethik im Journalismus. Individualethische Überlegungen zu einer journalistischen Berufsethik.* Wien: VWGÖ-Verlag (Diss. Univ. Wien 1985).

Wilke, J. (1987): Journalistische Berufsethik in der Journalistenausbildung. *Communicatio Socialis, 20*, 113–124. Wiederabgedruckt in: J. Wilke (Hrsg.), *Zwischenbilanz der Journalistenausbildung* (S. 233–252). (Schriftenreihe der Deutschen Gesellschaft für Publizistik- und Kommunikationswissenschaft, 14) München: Ölschläger.

Wilke, J. (Hrsg.) (1996). *Ethik der Massenmedien.* (Studienbücher zur Publizistik- und Kommunikationswissenschaft, 10). Wien: Braumüller.

Willems, H. (2000): Medienproduktion, Medienprodukt und Medienrezeption: Überlegungen zu den medienanalytischen Möglichkeiten der „Rahmentheorie" und komplementärer Ansätze. *Medien & Kommunikationswissenschaft, 48*, 212–225.

Willems, H. (2002). Vom Handlungstyp zur Weltkultur: Ein Blick auf Formen und Entwicklungen der Werbung. In: ders. (Hrsg.), *Die Gesellschaft der Werbung. Kontexte und Texte. Produktionen und Rezeptionen. Entwicklungen und Perspektiven* (S. 55–99). Wiesbaden: Westdeutscher Verlag.

Winterhoff-Spurk, P. (1996). Individuelles Informationsmanagement: Psychologische Aspekte der Medienkompetenz. In: M. Jäckel & P. Winterhoff-Spurk (Hrsg.), *Mediale Klassengesellschaft? Politische und soziale Folgen der Medienentwicklung* (S. 177–195). München: R. Fischer.

Wolbert, W. (Hrsg.) (1994). *Moral in einer Kultur der Massenmedien.* (Studien zur theologischen Ethik, 61) Freiburg/Schweiz: Universitätsverlag.

Wolling, J. (2001). Skandalberichterstattung in den Medien und die Folgen für die Demokratie. Die Bedeutung von Wahrnehmung und Bewertung der Berichterstattung für die Einstellung zur Legitimität des politischen Systems. *Publizistik, 46*, 20–36.

Wunden, W. (1981): Vom Ethos des Rezipienten. *Communicatio Socialis, 14*, 15–22.

Wunden, W. (1985). Medienethik. *Medien Praktisch, 4/1985*, 75.

Wunden, W. (1986). Medienethik – Medienpädagogik. *Zeitschrift für Evangelische Ethik, 30*, 60–73.

Wunden, W. (1996). Kommunikationswissenschaftler und Ethiker – Plädoyer für einen Dialog. In: W. Hömberg & H. Pürer (Hrsg), *Medien-Transformation. Zehn Jahre dualer Rundfunk in Deutschland* (S. 316–321). (Schriftenreihe der Deutschen Gesellschaft für Publizistik- und Kommunikationswissenschaft, 22). Konstanz: UVK Medien.

Wunden, W. (2001). Netzwerk Medienethik – ein Experiment. In: *Medienethik. Freiheit und Verantwortung. Festschrift zum 65. Geburtstag von Manfred Kock.* Hrsg. von C. Drägert & N. Schneider, bearb. von H.-W. Fricke-Hein & M. Schibilsky (S. 319–333). Stuttgart & Zürich: Kreuz Verlag.

Wunden, W. (Hrsg.) (1989). *Medien zwischen Markt und Moral.* Beiträge zur Medienethik 1. Stuttgart: Steinkopf.

Wunden, W. (Hrsg.) (1994). *Öffentlichkeit und Kommunikationskultur.* Beiträge zur Medienethik 2. Frankfurt a. M.: gep Buch.

Wunden, W. (Hrsg.) (1996). *Wahrheit als Medienqualität.* Beiträge zur Medienethik 3. Frankfurt a. M.: gep Buch.

Wunden, W. (Hrsg.) (1998). *Freiheit und Medien.* Beiträge zur Medienethik 4. Frankfurt a. M.: gep Buch.

Wyss, V. (2002). *Redaktionelles Qualitätsmanagement. Ziele, Normen, Ressourcen.* Konstanz: UVK Verlagsgesellschaft.

Wyss, V. (2003). Journalistische Qualität und Qualitätsmanagement. In: H.-J. Bucher & K.-D. Altmeppen (Hrsg.), *Qualität im Journalismus. Grundlagen – Dimensionen – Praxismodelle* (S. 129–145). Wiesbaden: Westdeutscher Verlag.

Zerfaß, A. (1999). Soziale Verantwortung in der Mediengesellschaft. Handlungsspielräume und politische Ansätze einer ethisch aufgeklärten Unternehmensführung. In: R. Funiok, U. F. Schmälzle & C. H. Werth (Hrsg.), *Medienethik – die Frage der Verantwortung* (S. 163–182). Bonn: Bundeszentrale für politische Bildung.

Ziegler, A. (1992). *Verantwortungssouveränität. Unternehmensethik heute.* Bayreuth: J. Schmidt.

Namensregister

Sachregister